BBBB

유사품, 모조품, 복제품, 그리고 완성품

12권으로 구성된 유니타스브랜드 시즌I의 주제는 '브랜딩branding'이었습니다. 브랜딩의 정의는 마케팅이 아닌 것, 비본질적인 것, 그리고 소비자와의 관계에 관한 것이라고 말할 수 있습니다. 시즌II의 주제는 '솔루션solution'입니다. 어떻게 브랜딩할 것인가에 대한 실제적인 방법을 다룰 예정입니다. 그래서 시즌II는 브랜드 경영을 작동(?)하게 하기 위한 교육, 통찰력, 리더십, 전략, 문화, 경영 등 브랜드의 OS Operating System에 관한 것이다.

시즌II의 시작을 여는 Vol.14의 특집 주제는 '브랜드 교육'입니다. 저희가 소개하는 교육 시간표(p12 참고)를 통해 브랜드 비전 실재론, 브랜드 개체 보존학, 브랜드 조직 기억론, 브랜드 공유 자산론, 브랜드 인적 전이론, 브랜드 학습 궤적론, 브랜드 발아 학습론, 브랜드 자가 증폭론, 브랜드 절대 관계학 등 낯선 용어들을 접하게 될 것입니다. 그렇다고 이번 특집을 특정 이론을 근거로 구성한 것은 아닙니다. 또한 이것들은 현재 학계에서 연구 중인 주제도 아닙니다. 아티클을 보다 매력적으로 보이게 하기 위한 카피도 아닙니다. 저희들이 이번 특집에서 다룬 브랜드에게 배운 '관점'입니다.

10년 전만 해도 브랜드라고 하면 단순히 로고와 상징으로만 생각했습니다. 그러나 지금은 '경영' 그 자체입니다. 10년 동안 강산(시장)은 변했는데 그것을 설명하는 이론은

Marketing
Branding

아직 없습니다. 왜냐하면 이론을 세울 만한 사례가 없었기 때문입니다. 하지만 이번 특집에서 보게 될 브랜드는 브랜딩의 규칙과 법칙을 모두 소유한 브랜드들입니다. 물론 시작한 지 얼마 되지 않아 미약한 결과만을 가진 브랜드도 있습니다. 하지만 지금으로서는 '기준'을 제시하는 브랜드들입니다. 우리는 이런 브랜드들을 경쟁사가 아니라 시장의 스승으로 바라보고 그들에게 한 수 배워 보려고 합니다. 그들은 그동안 시장을 지배했던 법칙인 '최초가 최고가 된다'는 개념을 뛰어넘은 브랜드로서, '최고가 최초가 된다'로 시장의 규칙을 바꾸어 놓았습니다. 이들은 지금 '궁극의 브랜드' 그리고 '원형의 브랜드'로 완성되고 있습니다.

'생각이 결과를 낳는다'라는 말이 있습니다. 예를 들어 '브랜드 절대 관계학'이라는 이론은 없지만 이번 특집에서는 우리에게 이런 영감을 준 브랜드를 이런 관점으로 보면서 기존의 이론을 버리고 다시 생각하게 되었습니다. 결국 우리는 '결과가 생각을 낳는다'라는 것을 배웠습니다.

변화되는 시장에서 생존하기 위해서는 새로운 상품도 필요하지만 새로운 생각이 더 중요합니다. 마케팅에 관해서 스스로 정의해 보십시오. 아마 알고는 있어도 말로 정의하기는 어려울 것입니다. 혹시 marketing이라는 단어에도 유사품이 있는 것을 아시나요? 바로 marking^{마킹}입니다. marking의 사전적 정의는 '①표하기, 채점 ②표, 점, 반점, 무늬 ③심벌, 마크 ④특징 있는, 특출한' 입니다. 혹시 상품에 로고만 박거나, 디자인만 화려하게 하거나 아니면 특징에만 집중하고 있다면 marketing이 아니라 marking일 수 있습니다. marketing을 한다고 하면 market(시장)을 움직여야(ing)할 정도여야 합니다. 트렌드를 만들고, 시장을 이끌고, 기준을 정하고 그리고 새로운 판을 만들어 내는 것이 진정한 marketing일 것입니다.

branding에도 유사품이 있습니다. blending입니다. 사전적 정의는 '①혼합, 융합, 혼성 ②혼성어'입니다. 많은 브랜드 매니저가 브랜드를 구축하기 위해서 무엇인가를 많이 하려고 합니다. 스타 마케팅을 비롯해서 브랜드를 다른 어떤 것으로 자꾸 덧칠을 합니다. branding은 가장 자기다워지는 것, 즉 자신의 아이덴티티에 가까워지는 것입니다. 브랜드가 브랜드되기 위해서 가장 먼저 가져야 할 것은 '새로운 생각'입니다. 브랜드 아이덴티티를 이해하는 데 도움이 되는 단어(생각)인 BrandView, BrandNess 그리고 BrandSync가 그것입니다. 이번 특집에서 유니타스브

www.sampartners.co.kr

하루 7잔의 커피

자료로 터질 듯한 책상

24시간이 모자르는 회의

끊임없이 고민하는
우리의 일상

왜 이러고 사냐고 물으신다면

이유는 단 하나
당신의 브랜드와
브랜드를 통한 놀라운 경험을 만드는
진심어린 노력의 과정

진짜 브랜딩은
사람들에게 잊지못할
경험을 만들어 내는 것입니다

Real branding is creating brand experience!

sampartners
creating brand experience

Sampartners inc. 609 - 25 yoeksamdong, gangnamgu, seoul, korea, zipcode 135-907, telephone 02 508 7871 facsimile 02 508 7651

BrandView
BrandNess
BrandSync

랜드가 새롭게 소개하는 이 단어들은 새로운 시장을 보게 하고 새롭게 시장을 볼 수 있는 통찰력을 줄 것입니다.

이러한 통찰력은 비즈니스를 Art예술로 만들어 줄 수 있습니다. 피겨 스케이팅은 올림픽 스포츠 중에 예술 점수와 기술 점수의 합산으로 우열을 따지는 몇 안 되는 스포츠입니다. 공중에 날아오르는 것도 중요하지만 날아오르는 느낌도 중요합니다. 아트Art의 정의도 '예술'과 '기술'입니다. 마케팅의 아트라고 불리는 브랜드 경영은 (돈을 버는) 기술과 (가치를 나누는)예술로 시장을 리딩하는 것입니다. 돈을 어떻게 버느냐하는 수준에 관한 것입니다. 그렇다면 Art예술과 기술를 배우기 위해서 무엇을 해야 할까요? 스포츠 선수처럼 훈련이 필요합니다. 기술과 예술을 하나로 만드는 훈련, 곧 브랜드 교육이 필요합니다.

브랜드는 상품의 해석이고 이것은 또 다른 이야기입니다. 브랜딩은 과정을 만드는 이야기라고 할 수 있습니다. 브랜드를 사는 소비자로 하여금 상품의 사용 과정을 즐기고 느끼게 하여 결국 행복하게 만듭니다. 그렇다면 누가 이런 과정을 만들까요? 바로 사람입니다. 정확히 말한다면 자신을 자신이 일하고 있는 브랜드의 일부분이라고 믿는 사람들에 의해서 브랜드는 구축됩니다. 이번 특집에서 다루는 내용은 직원이 브랜드가 되어 가는 신기하고 진기한 과정입니다. 바로 Art입니다.

편집장 권 민

  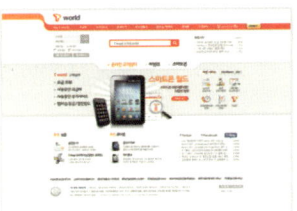

Online One-Stop Full Service Enabler

Client List SK그룹 삼성그룹 LG그룹 SK텔레콤 KT KTH 구글 SK텔레시스 SK브로드밴드 삼성전자 팬택앤 큐리텔 소니 SK에너지 르노삼성자동차 기아자동차 한국존슨앤드존슨 롯데제과 동서식품 언일 파스퇴르유업 삼성생명 국민은행 비씨카드 롯데카드 신한증권 우리투자주식회사 신한카드 메리츠 아이스베리 교보자동차보험 동양파이낸셜 푸르덴셜생명 넥슨 현대스위스저축은행 LG백화점 롯데백화점 롯데마트 신세계 디아지오코리아 SKC&C 삼성SDS OK캐쉬백 하이텔 국민대학교 신사고 크레듀 서울특별시 보건복지부 온미디어 한샘 CJ미디어 네오비즈 삼성문화재단 인텔 삼성종합기술원 힐스테이트
2010 Award SK텔레콤 기업대표 웹어워드코리아 생활브랜드부문 통합대상 삼성물산 건설부문 웹어워드코리아 기업일반부문 대상 르노삼성자동차 드라이빙케어 코리아디지털미디어어워드 모바일앱 정보 및 서비스 부문 대상 에르고다음다이렉트 코리아디지털미디어 어워드 금융보험부문 대상

Homepage_ www.media4th.co.kr Blog_ www.onlinefirst.co.kr Twitter_ www.twitter.com/media4th Tel_ 02. 536. 0517

8 BRANDSYNC

Contents

SEASON Ⅱ-1 Vol.14 2010

126 198 88 48

30 166

SPECIAL ISSUE

브랜드 교육

브랜드 교정시력, **BRANDVIEW**
브랜드 자아실현, **BRANDNESS**
브랜드 병렬교류, **BRANDSYNC**

지금까지 기업의 직원 교육 목적은 탁월한 전문가를 만들어서 기업의 이윤을 극대화하는 것이었다. 그러나 진정한 브랜드 교육은 이와는 다르다. 브랜드 교육은 직원이 주인 정신을 넘어 브랜드의 '창업자 정신'을 공유하게 한다. 브랜드 교육을 받은 직원들은 단순히 돈을 버는 것이 목적이 아니라 자신도 브랜드의 사명에 동기화되어 브랜드의 가치와 성공을 경험한다. 이번 특집에서 다룬 브랜드 교육은 브랜드 매니저brand manager를 위한 교육이 아니라 직원을 '비욘드 마스터beyond master'로 만드는 교육에 가깝다.

- **03** EDITOR'S LETTER | 편집장의 편지
- **16** SELF CHECK LIST | 귀사의 브랜드 교육 지수는?
- **18** 브랜드 교육 패턴 키워드 11
- **20** INSIGHT | 브랜드 교육, BrandSync

28 BRANDVIEW

"세상은 바라보는 방식에 따라서 그 모습이 결정된다." 염세주의자 쇼펜하우어의 말이다. 같은 세상일지라도 염세주의자에게는 세상은 불행한 것이고, 낙관주의자에게 세상은 행복한 것이다. 당신 브랜드의 직원들은 어떠한 관점으로 세상을 바라보고 있는가? 당신의 직원들에게 브랜드를 믿게 하여 브랜드 관점BrandView으로 세상을 바라보게 하라. BrandView를 갖게 되면 비즈니스가 아닌 브랜딩의 관점으로 모든 행동과 의사결정을 할 것이다. 또한 로고를 브랜드 언약표로 생각하고, 포장지를 볼 때는 패키지 디자인의 일관성에 대해 고민하게 된다. 여기 소개하는 다음커뮤니케이션, 현대자동차, GS SHOP, SK텔레콤의 네 브랜드는 성장의 방법으로 '브랜드'를 택한 후, 전 직원이 세상을 브랜드의 관점으로 바라보게 하는 각각의 교육법을 고안해 냈다.

- **30** 브랜드 내재화 교육, Life On Daum
- **48** 고속 주행에서 고속 비행으로, 현대자동차
- **54** 작은 성공이 만들 변화, GS SHOP
- **60** 브랜드의 '생각대로' 소통하다, SK텔레콤

206　202　192

68 BRANDNESS

"처음부터 나는 우리 기업이 완성되면 어떤 모습을 갖게 될지 아주 분명한 상(像)을 가지고 있었다. 나는 IBM이 대기업이 되려면 대기업이 되기 훨씬 전부터 대기업답게 행동해야 한다는 사실을 깨달았다." IBM의 창립자, 톰 왓슨의 말이다. 자기 브랜드가 완성되었을 때의 분명한 상(像)을 가지고, 그 '자기다움'에 맞게 행동하는 것, 그 '자기다움'이 무엇인지 알리고 교육하는 것, 이것이 BrandNess 교육이다. 우리가 만난 9개의 성공적인 브랜드들은 '자기다움'에 대하여 리더 혼자가 아니라 전 직원이 알 수 있도록 BrandNess 교육을 하고 있었다. 자기다움을 완성하는 것은 바로 직원들이기 때문이다.

- 70　브랜드의 본(本)을 세우다, 본죽
- 80　비전이 이끄는 브랜드, 교보생명
- 88　영혼의 스위트룸, JW메리어트호텔
- 98　프리스키비의 비행술, 프리스비
- 114　Uniqlo Manual, Uniqlo Spirit, Uniqlo Way
- 126　the Soul Stylist, 준오헤어
- 144　비즈니스에 브랜드로 불을 밝히다, 필립스
- 154　스타벅 선장의 항해술, 스타벅스
- 166　선(善)인을 만드는 Habitualization, 대전 선(善)병원
- 182　NEVERENDING STORY | Brand Avatar

190 BRAND LECTURE

브랜드를 교육한다는 것은 무엇을 교육한다는 것일까? 브랜드를 교육하는 것이 가능하기는 할까? 브랜드 아이덴티티를 최초로 주장한 장 노엘 캐퍼러 교수, 고려대학교에서 마케팅을 가르치고 있는 토니 가렛 교수, 북유럽의 브랜드 컨설턴트 니콜라스 인드, 미국 유나이티드 슈퍼마켓의 CEO 댄 J. 샌더스. 이 네 명 중 누구도 어떠한 '지식'을 가르치라고 하지 않았다. 오히려 브랜드의 내부적 진리inner truth, 브랜드에 대한 '확신' 같은 보이지 않는 것을 교육하라거나, 브랜드 챔피온을 양성하라거나, 브랜드 교육이란 직원들과의 '관계'를 구축하는 것이라는 더 어려운 대답을 들려주었다. 하지만 이것이 정답이다. 브랜드 교육의 다른 이름은 브랜드 동기화BrandSync이기 때문이다.

- 192　INTERVIEW | 장 노엘 캐퍼러에게 배우는 브랜드 교육법_장 노엘 캐퍼러
- 198　INTERVIEW | 브랜드 챔피온들의 삶, Living the brand_니콜라스 인드
- 202　INTERVIEW | 브랜딩의 영혼을 강조하는 브랜드 교육_댄 J. 샌더스
- 206　INTERVIEW | BrandWay를 유지하는 브랜드 교육_토니 가렛

10 BRANDSYNC

Contents
SEASON II-1 Vol.14 2010

225

258

238

246

SEASON I 2.0

248 HIGHER BRAND 2.0
대한민국 0.0004%를 위한 밥을 짓는 사람들, CJ햇반

258 RAW 2.0
도구의 원형을 찾아 나서다, OXO GOOD GRIPS

268 DESIGN MANAGEMENT 2.0
가치를 재단하고, 가치에 의해 재단되는 디자인

IDEA ESSAY

272 안녕하신가? 민과장!

274 기술+경제+문화+인간, 세상을 바꾸는 이종異種 생각들의 장場

276 Unitas BRAND Book Collection

212
BRAND LECTURE NOTE

BrandView의 필요성을 알았다면, BrandNess 교육의 다양한 방법을 간접 경험했다면, 브랜드 교육에서 잊지 말아야 할 기본 마인드를 재정비했다면, 이제 당신 브랜드의 브랜드 교육에 어떻게 적용할 것인지 고민할 차례다. 마지막으로 브랜드 교육 전문가들에게 조언을 구하고, 추천 도서들을 검토한 후, 각자 자기 브랜드에 맞는 자기다운 브랜드 교육 커리큘럼 시트를 작성해 보길 바란다.

214 INTERVIEW | One Point Lesson 10

225 거리에서 브랜드를 배우다 2.0

234 INTERVIEW | 브랜드 교육? 인터러뱅interrobang | 유영만

238 브랜드 교육을 위한 서재

240 HRD 담당자의 브랜드 교육 기획 점검 매뉴얼

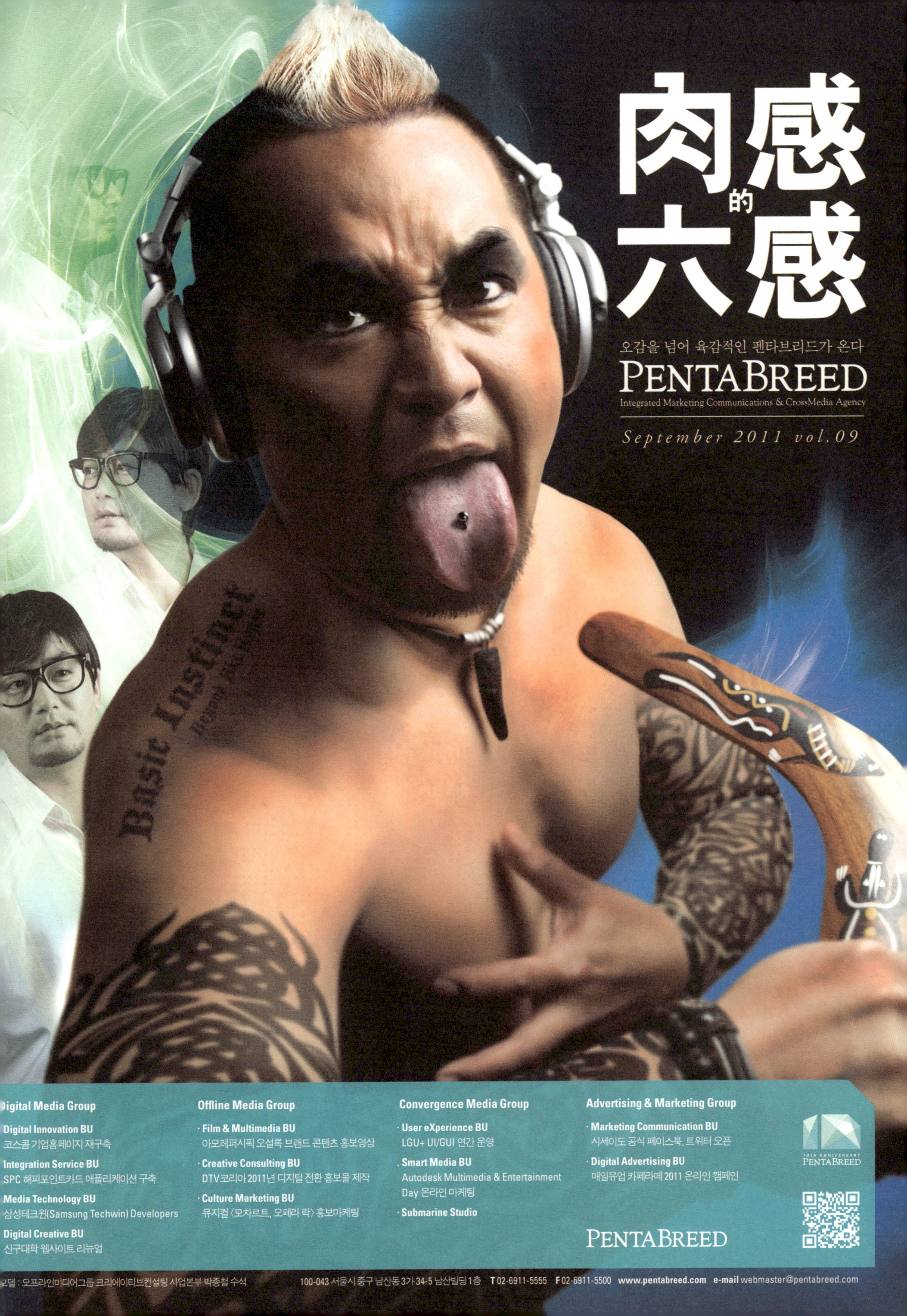

肉感的六感

오감을 넘어 육감적인 펜타브리드가 온다

PENTABREED
Integrated Marketing Communications & CrossMedia Agency

September 2011 vol.09

Digital Media Group
- Digital Innovation BU
  코스콤 기업홈페이지 재구축
- Integration Service BU
  SPC 해피포인트카드 애플리케이션 구축
- Media Technology BU
  삼성테크윈(Samsung Techwin) Developers
- Digital Creative BU
  신구대학 웹사이트 리뉴얼

Offline Media Group
- Film & Multimedia BU
  아모레퍼시픽 오설록 브랜드 콘텐츠 홍보영상
- Creative Consulting BU
  DTV코리아 2011년 디지털 전환 홍보물 제작
- Culture Marketing BU
  뮤지컬 〈모차르트, 오페라 락〉 홍보마케팅

Convergence Media Group
- User eXperience BU
  LGU+ UI/GUI 연간 운영
- Smart Media BU
  Autodesk Multimedia & Entertainment Day 온라인 마케팅
- Submarine Studio

Advertising & Marketing Group
- Marketing Communication BU
  시세이도 공식 페이스북, 트위터 오픈
- Digital Advertising BU
  매일유업 카페라떼 2011 온라인 캠페인

PENTABREED

모델 : 오프라인미디어그룹 크리에이티브컨설팅 사업본부 박종철 수석

100-043 서울시 중구 남산동 3가 34-5 남산빌딩 1층　T 02-6911-5555　F 02-6911-5500　www.pentabreed.com　e-mail webmaster@pentabreed.com

Vol.14 Timetable

	Mon	Tue	Wed	Thu	Fri
1			브랜드 개체 보존학 ● P126_준오헤어	브랜드 사명화 학습론 ● P70_본죽	
2	브랜드 변화 관리론 ● P30_Daum	브랜드 학습 무대론 ● P114_유니클로	브랜드 상황 학습론 ● P144_필립스	브랜드 지식 수유론 ● P60_SK텔레콤	브랜드 개체 전이론 ● P198_니콜라스 인드
3	브랜드 절대 관계학 ● P154_스타벅스		브랜드 이종 배합론 ● P98_프리스비	브랜드 조직 기억론 ● P166_선병원	호혜적 브랜드 관계론 ● P202_댄 J. 샌더스
4	브랜드 발아 학습론 ● P48_현대자동차	브랜드 비전 실재론 ● P80_교보생명	선행적 브랜드 실천 교육론 ● P88_JW메리어트호텔		브랜드 공유 자산론 ● P192_장 노엘 캐퍼러
5		브랜드 자가 증폭론 ● P54_GS SHOP		브랜드 학습 궤적론 ● P206_토니 가렛	

과정 설명

● P30 브랜드 변화 관리론(Daum) : 기술(제품) 중심에서 브랜드 중심으로 패러다임 전환기에 있는 브랜드의 교육을 통한 변화 관리법 입니다.

● P48 브랜드 발아 학습론(현대자동차) : 이제 막 브랜드 관점을 갖기 시작한 브랜드에는 마치 발아를 시작한 싹과 같은 학습법이 필요합니다.

● P54 브랜드 자가 증폭론(GS SHOP) : 조직 내 작은 브랜드의 성공이 크게 증폭되어 전 직원이 브랜드 관점을 갖게 되는, 그 첫 단계를 소개합니다.

● P60 브랜드 지식 수유론(SK텔레콤) : 전 직원의 브랜드 전도사화를 위해 그들에게 지식을 수유하는 챔피온들을 만나봅니다.

● P70 브랜드 사명화 학습론(본죽) : CEO의 소명이 브랜드와 직원의 사명이 되어 교육되는 과정을 소개합니다.

● P80 브랜드 비전 실재론(교보생명) : 브랜드의 비전이 관념론이 되지 않고 존재감을 찾기 위한 방법을 소개합니다.

● P88 선행적 브랜드 실천 교육론(JW메리어트호텔) : 이론보다 실천이 중요함을 알고 비전을 행동으로 교육하는 방법을 알아봅니다.

● P98 브랜드 이종 배합론(프리스비) : 서로 다른 브랜드가 만나 새로운 브랜드로 탄생할 때 중요한 배합법이 무엇인지 알 수 있습니다.

● P114 브랜드 학습 무대론(유니클로) : 브랜드 교육의 무대는 강의장이 아닌 업무 현장이어야 합니다.

● P126 브랜드 개체 보존학(준오헤어) : 브랜드가 영생하기 위해서는 자신의 개체를 보존하여 고유한 DNA를 전달할 수 있어야 합니다.

● P144 브랜드 상황 학습론(필립스) : 비즈니스를 브랜드 중심으로 구성하고 그에 맞는 업무 환경을 조성하여 매일 브랜드를 배우게 합니다.

● P154 브랜드 절대 관계학(스타벅스) : 피교육자인 직원들이 브랜드와의 절대적 관계를 유지할 때 교육 효과는 극대화 됩니다.

● P166 브랜드 조직 기억론(선병원) : 브랜드 자체가 하나의 유기체가 되어 조직의 핵심가치를 기억하기 위한 방법론을 소개합니다.

● P192 브랜드 공유 자산론(장 노엘 캐퍼러) : 브랜드 구성원이 공유해야 할 자산은 그 브랜드의 핵심가치 입니다.

● P198 브랜드 개체 전이론(니콜라스 인드) : 브랜드 내부에는 개체(조직원)간 전이 현상이 일어납니다. 그 전이 대상이 자사의 핵심가치가 될 때 강력한 브랜드가 됩니다.

● P202 호혜적 브랜드 관계론(댄 J. 샌더스) : 브랜드가 사람과 관계의 중요성을 먼저 깨닫고 직원을 교육해야만 성과를 낼 수 있습니다.

● P206 브랜드 학습 궤적론(토니 가렛) : 브랜드 교육 역시 명확한 방향성, 즉 자사 BrandWay의 궤적을 따라 진행될 때 성과를 극대화 할 수 있습니다.

www.regen.co.kr
대한의사협회 의료광고심의필
제 110126-중-20985호

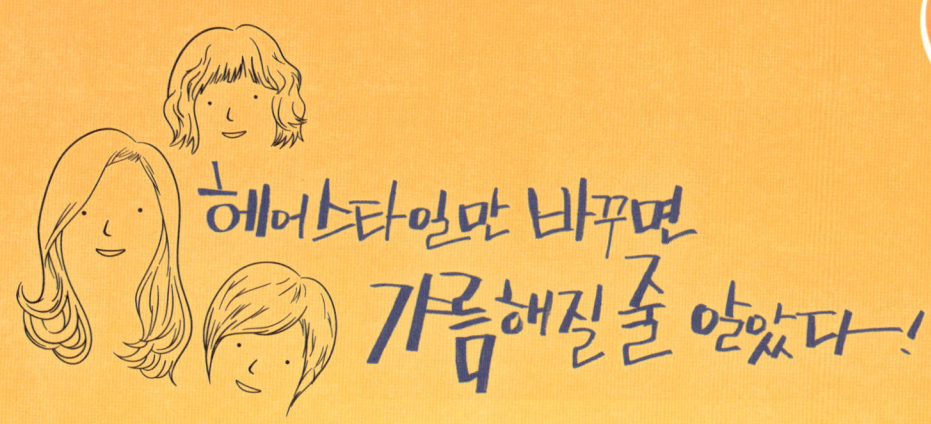
헤어스타일만 바꾸면 갸름해질 줄 알았다!

리젠의 360° 얼굴미인 프로젝트와 만나야 할 때!

애써 외면하려고 했던 얼굴형 고민-
더 이상 피하지 말고 리젠의 360도 얼굴미인 프로젝트로 당당한 얼굴미인 되세요
예쁘게 바뀐 얼굴형 하나로 어떤 머리도 자신 있게!
어느 각도에서도 아름다운 360도 얼굴미인,
리젠성형외과에서 최선을 다하겠습니다

REGEN 리젠성형외과의원

리젠의 360도 얼굴미인 프로젝트 리젠은 3D CT촬영을 통해 보다 정교해진 안면윤곽·양악성형 노하우와 각 성형외과 전문의들의 체계적인 협진시스템으로 얼굴의 라인과 볼륨까지 조화롭게 살려 360도 얼굴미인이 되도록 최선을 다합니다.

- 분야별 의사들의 협진시스템
- 첨단의료 장비시스템
- 환자중심의 의료서비스 시스템
- 수술 후 관리시스템

대표전화 **1577-8766**

압구정점 / 강남점(진료내용:양악·안면윤곽클리닉) / 일산점

전략적 사고의 툴!
UNITAS MATRIX의 사용방법은…

IMAGINATION
아이디어 내기
수 많은 아이디어 중에 독창적이며, 실현 가능하고 상호개연성이 있는 아이디어들이 모여져서…

이미지네이션 노트	Black	Hard 190x250	15,000원
이미지 노트LINE	Black	Soft 145x210	8,000원
이미지 노트DOT	Black	Soft 145x210	8,000원

CONCEPTUALIZATION
컨셉 짜기
하나의 컨셉으로 단순화 하여 전할 핵심을 요약하게 됩니다.

컨셉츄얼라이제이션 노트	Black	Hard 190x250	15,000원
컨셉츄얼라이제이션 노트	Black	Soft 145x210	8,000원

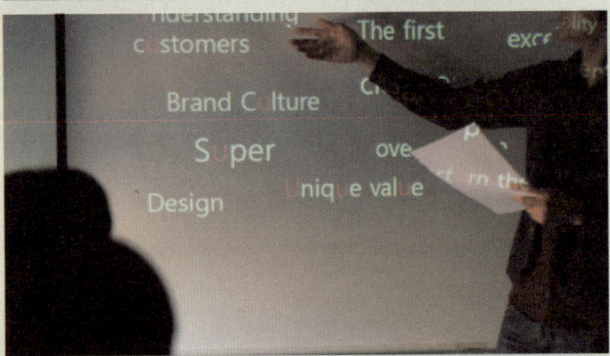

PROCESSIBILITY
프레젠테이션 하기
요약한 핵심을 프레젠테이션, 시안스케치 등으로 체계적인 작업이 가능합니다.

프로세스빌리티 노트	Black	Hard 190x250	15,000원
프로세스빌리티 노트	Black	Soft 145x210	8,000원

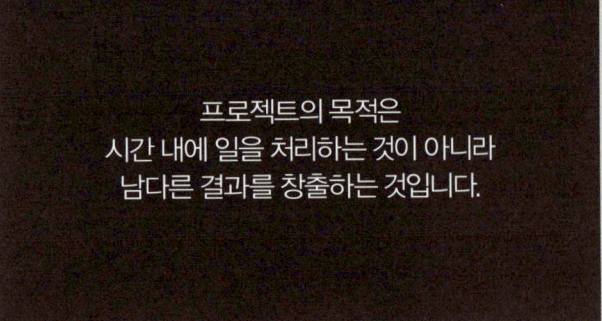

프로젝트의 목적은
시간 내에 일을 처리하는 것이 아니라
남다른 결과를 창출하는 것입니다.

INTEGRATION
통합노트
이미지네이션 + 컨셉 + 프로세스

인티그레이션 노트	Black	Hard 190x250	20,000원
인티그레이션 노트	Black	Soft 145x210	10,000원

유니타스매트릭스 매장

ONLINE FUN SHOP, 10X10, YES24, 인터파크, 알라딘, 1300K, 베스트펜, 후후통, 디자인 태그, 도서 11번가, G-Market

OFFLINE 핫트랙스 광화문점, 강남점, 영등포점, 목동점, 수유점, 잠실점 | **영풍문고** 종로점, 명동점 | **반디앤루니스** 코엑스점, 종로점, 신림점, 롯데스타점 |
북바인더스 가로수본점 | **두란노** 양재점

UNITAS MATRIX
Copyright©2008 by MORAVIANUNITAS 3F, 907-4, Seokgyo bldg, Bangbae-dong, Seocho-gu, Seoul, KOREA
Tel. 02.545.6240 Mobile. 010.2269.7384 www.unitasmatrix.com

Follow Me!
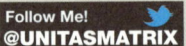
@UNITASMATRIX

영혼을 터치하는
디자인경영의 세계를 경험하라!

이 시대의 경영자와 마케터에게 필요한 것은
사람의 마음을 움직이는 디자인이다.

『정경원의 디자인경영 이야기』

디자인경영의 과거와 현재, 그리고 미래의 비전을 제시해 주는 이 책은
기업은 물론 지자체, 국가 등 다양한 조직의 경쟁력을 제고하고
삶의 질을 높이는 전략적인 수단이 디자인임을 제시한다.
따라서 탁월한 전략을 위해 오늘도 불철주야 뛰고 있는 마케터들은 물론,
최고경영자의 지위에 오르려는 큰 비전을 가진 직장인들과 최고 디자인 책임자를 꿈꾸는 디자이너들까지
다양한 직종과 분야에서 꼭 필요한 이야기를 하고 있다.

저자 정경원
디자인서울 총괄본부장의 중책을 담당했던 정경원박사는
디자인경영 분야의 최고 권위자라는 평가를 받고 있으며,
KAIST 산업디자인학과·경영공학과 교수로 재직하고 있다.

㈜브랜드아큐멘 | 정가 27,000원 | 373쪽
전국 서점과 인터넷 서점에서 판매합니다.
구입문의 02.703.0300

BrandAcumen

브랜드에 대한 전문지식과 깊은 통찰력을 지닌 Brilliant Brand Creator 브랜드아큐멘은
효과적이고 체계적인 브랜드 전략 컨설팅과 네이밍, 디자인으로 Integrated Branding Solution을 제공합니다.

㈜브랜드아큐멘 T 02.703.0300 | F 02.703.3773 | www.brandacumen.com | blog.naver.com/brandacumen

Self Check List

귀사의 브랜드 교육 지수는?

아래의 체크리스트는 이번 특집을 준비하면서 만난 여러 브랜드의 '브랜드 교육 사례'와 해외 석학들이 강조한 브랜드 교육의 체크포인트 중 타사에 귀감이 될 만한 독특한 실천 방법으로 구성한 것입니다. 물론 아래 제시된 사례들이 브랜드 교육의 '정답'은 아닐 수 있습니다. 기업마다 고유한 조직 문화와 구조, 그리고 인적 구성에 따라 브랜드 교육법은 달라질 수 있습니다. 하지만 아래 사례들을 통해, "아, 다른 브랜드들은 '이 정도까지' 하는구나!" "브랜드에 대해 이러한 '태도'를 가지고 있구나!" "이 방법은 우리 브랜드에도 '적용'할 수 있겠구나!"하는 힌트를 얻으시기 바랍니다. 질문을 하나씩 읽어 보며 현재 귀사의 '브랜드 교육 실태'를 확인해 보고, 추후 전개될 브랜드 교육의 방향성과 프로세스의 밑그림을 그려 보십시오.

* 우측에 표기된 페이지는 해당 기사의 시작 페이지를 의미합니다. 대체 어떤 브랜드가 이러한 브랜드 교육을 실시하고 있는지 궁금하다면 해당 페이지로 바로 이동해서도 좋습니다.

No.	QUESTIONNAIRE	YES	NO	Page
1	우리 브랜드는 브랜드 약속과 관련된 내부 규정이 있을 뿐 아니라 직원의 시선이 머무는 다양한 곳(컴퓨터 화면 보호기, 벽면, 웹페이지 등)에 브랜드 약속을 떠올릴 수 있는 환경을 제공한다.	☐	☐	144
2	우리 브랜드는 원숭이도 따라 할 만큼 디테일한 교육 매뉴얼이 있다. 그렇지만 매뉴얼만으로는 다른 브랜드가 감히 흉내내지 못할 브랜드 철학 교육도 진행한다.	☐	☐	114
3	나는 만약 내가 우리 브랜드에 해가 된다면 나 스스로를 해고할 준비가 되어있다.	☐	☐	192
4	나는 경쟁사로부터 더 높은 연봉의 스카우트 제의가 와도 이 브랜드를 떠나지 않을 것이다. 여전히 배울 것이 많으며, 행복하게 일할 수 있는 곳이기 때문이다.	☐	☐	154
5	우리 브랜드는 직원들의 개인적 성장을 위해, 개개인이 가장 좋아하고 잘할 수 있는 일을 찾아 주려 노력한다.	☐	☐	98
6	우리 브랜드의 CEO는 직원 교육을 위해서라면 집이라도 팔아서 연수를 보내 줄 사람이다.	☐	☐	126
7	우리 브랜드의 리더는 직원에게 수치적 성과보다는 정신, 살아가는 이야기, 바르게 생각하는 법, 감사하는 마음을 갖도록 교육 한다.	☐	☐	70
8	우리 브랜드의 핵심가치는 이제 조직의 핵심가치를 넘어서 내 삶의 핵심가치다.	☐	☐	166
9	우리 브랜드의 브랜드 교육 목표는 지식 전달이 아니라 체질 변화다.	☐	☐	30
10	우리 브랜드는 의사결정 때 사장님이나 회장님 말씀보다 늘 비전이 우선시 된다.	☐	☐	80
11	우리 브랜드는 브랜드와 관련된 각종 단어와 개념의 의미를 확실히 공유하며, 이를 학습하는데 어려움이 없도록 돕는다.	☐	☐	144
12	우리 브랜드는 '우리다운 것과 그렇지 않은 것'을 이미지로 표현해 보거나 그러한 이미지를 골라보는 연습을 하는 것에 익숙하다.	☐	☐	54
13	우리 브랜드의 CEO는 직원이 '훌륭한 수치적 성과'를 내더라도 우리답지 않은 행동을 하면 곧바로 해고할 정도의 원칙을 가지고 있다.	☐	☐	88
14	우리 브랜드는 '사람과 관계'를 브랜딩의 영혼soul of branding이라고 믿고 있으며 그 관계를 어떻게 보호할 것인지에 대해 고민하게 한다.	☐	☐	202
15	우리 브랜드에는 조직 전체가 똘똘 뭉칠 수 있도록 애쓰며 '브랜드와 하나가 된 것처럼 보이는 직원'이 있다.	☐	☐	198
16	우리 브랜드의 브랜드 교육을 받은 사람들은 OSOperating System 자체가 달라진다.	☐	☐	98
17	우리 브랜드의 CEO는 스스로 우리 브랜드의 핵심가치에 대한 믿음과 확신이 있는 것으로 보인다.	☐	☐	206
18	우리 브랜드는 의사결정 시에 '이것이 우리다운 결정인가'를 끊임없이 묻고, 그에 합당한 결정을 내린다.	☐	☐	192

No.	QUESTIONNAIRE	YES	NO	Page
19	우리 브랜드는 전 직원이 업무를 중단하면서까지 우리 브랜드 약속을 다시금 상기하고 그것을 체화하기 위한 '브랜드 데이(Brand Day)'가 있다.	☐	☐	144
20	우리 브랜드의 리더는 뚜렷한 철학과 원칙이 있으며 그것을 지키기 위해 직원과 주주를 매우 열정적이고 긍정적으로 설득한다.	☐	☐	202
21	우리 브랜드는 내부에 브랜드 포털사이트를 두고 브랜드 현황을 실시간으로 공유하며, 협력 업체까지 '우리 브랜드다움'을 공유하기 위해 애쓴다.	☐	☐	60
22	우리 브랜드의 사명선언서는 직원들 사이에서 '사고를 바꾸는 힘'이 있다고 평가된다.	☐	☐	114
23	나는 우리 브랜드의 가야 할 길(BrandWay)에 대해 명확히 알고 있으며, 이것은 조직 내에서 자주 논의되는 이슈다.	☐	☐	206
24	우리 브랜드의 직원은 모두 자신이 브랜드를 대표한다는 것을 인식하고 있어, 외부에서의 행동 하나, 말 하나에도 '우리다움'을 지키기 위해 노력한다.	☐	☐	70
25	브랜드 교육을 받으며 업무상의 접점이 전혀 없던 부서의 사람들과도 동지애를 느꼈다.	☐	☐	30
26	우리 브랜드는 '만족한 직원들이 만족하는 고객을 만들며, 결국 그것이 회사의 이익을 극대화한다'는 확신을 가지고 직원을 섬긴다는 느낌을 준다.	☐	☐	88
27	우리 브랜드의 브랜드 교육은 전 직원이 '나의 일 하나하나가 브랜딩'임을 인식시키는 것이 목적이다.	☐	☐	48
28	우리 브랜드의 브랜드 교육은 5~10분일지라도 매일 진행되기 때문에 이제 습관이 되었다.	☐	☐	166
29	우리 브랜드의 브랜드 교육을 통해 나는 인격적으로 성숙하였고, 전혀 다른 사람이 되었다.	☐	☐	126
30	우리 브랜드는 내부적으로 '브랜드 경영의 귀감이 될 만한 성공 케이스'를 만들기 위한 신규 브랜드를 준비하고 있다.	☐	☐	54
31	우리 브랜드는 창업자가 아닌, 사명선언서에 의해서 움직인다.	☐	☐	154
32	우리 브랜드의 리더의 행동에는 우리가 중요하다고 생각하는 가치들이 묻어난다.	☐	☐	202
33	브랜드 교육을 받고, 브랜드에 대한 새로운 관점과 관계를 얻었다.	☐	☐	30
34	우리 브랜드의 직원 평가 기준은 우리의 '브랜드 약속'과 관계가 깊으며, 매년 많은 비용이 들더라도 평가를 위한 '직원 몰입도 조사'를 실시한다.	☐	☐	144
35	우리 브랜드는 브랜드 비전 수립 과정에 전 조직원이 참여했다.	☐	☐	80
36	우리 브랜드의 내부 강사들은 자신의 업무가 과중하더라도 기꺼이 강의를 준비하고, 교육에 적극적이다.	☐	☐	88
37	우리 브랜드를 위해서라면 아래 직원이 나보다 더 높은 자리로 승진해도 상관 없다.	☐	☐	126
38	우리 브랜드의 핵심가치는 '머리'가 아닌 '가슴과 일상'에서 느낄 수 있도록 교육되고 있다.	☐	☐	198
39	우리 브랜드는 조직 내부에 '브랜드 사관학교'라 불리는 조직을 통해 전 직원을 브랜드 전문가로 만들려는 노력을 하고 있다.	☐	☐	60
40	우리 브랜드의 브랜드 챔피언들은 브랜드 전도사면서, 동시에 사내강사 역할을 한다.	☐	☐	98
41	우리 브랜드는 어제 들어온 파트타이머에게도 "너도 사장이다. 이건 너의 가게고, 너의 상품이다"라며 직원 모두가 경영자임을 강조한다.	☐	☐	114
42	우리 브랜드는 핵심가치를 바로 느끼고 적용할 수 있는 실질적인 '현장 업무 지침'을 제공하고 있다.	☐	☐	166
43	우리 브랜드의 브랜드 교육 컨텐츠는 베스트 프랙티스(best practice)뿐만 아니라 배드 케이스(bad case)도 포함한다.	☐	☐	48
44	우리 브랜드의 직원들은 타인과 가족의 생계와 성공을 책임진다는 사명감으로 일한다.	☐	☐	70
45	우리 브랜드 교육의 목적은 전 직원이 우리 브랜드를 대표하는 분신이 되어 브랜드 창업자만큼 높은 기준과 열정을 갖게 하는 것이다.	☐	☐	114

18 BRANDSYNC

브랜드 교육
PATTERN KEYWORD 11

다음의 키워드는 유니타스브랜드가 이번 특집에서 만난 13개 브랜드, 4명의 석학들에게 공통적으로 들을 수 있었던 브랜드 교육의 패턴이다. 이 패턴들을 통하여 성공적인 브랜드 교육의 키^{key}를 발견할 수 있다. 당신 브랜드는 이 중 몇 가지 항목에 해당하는가?

> "성공하고 싶다면 당신이 원하는 성과를 이미 얻은 다른 사람을 찾아보라. 그들이 행동한 대로 따라하면 비슷한 결과를 얻을 수 있다." 앤서니 로빈스

※ 각 키워드 아래의 숫자는 해당 키워드의 내용이 포함되어 있는 페이지 입니다.
페이지를 따라가서 아이콘(P)과 키워드 넘버를 찾아 관련 내용을 확인하십시오.

브랜드뷰 BrandView P 4
45, 53, 55, 64, 83, 146

'브랜드 관점'을 갖는다는 의미의 BrandView 교육은 보통 브랜드의 중요성을 깨닫는 패러다임 전환기에 있는 기업들에게 발견된 공통점이다. 브랜드 교육을 할 때 '우리 브랜드'가 무엇을 의미하고 '우리다움'이 무엇인지 공유하는 것도 중요하지만, 이에 앞서 전 사원에게 브랜드에 대한 필요성과 중요성을 인식시키는, 즉 BrandView를 갖게 하는 것이 중요하다. Daum이 TFT를 통해서, 현대자동차가 마케팅 아카데미를 통해서, GS SHOP이 ditto라는 파일럿 브랜드를 통해서, SK텔레콤이 브랜드넷 시스템을 통해서 교육하려 한 것이 바로 BrandView다.

브랜드의 인큐베이팅 Brand's Incubating P 8
72, 111, 124, 132, 133, 199

성공적인 브랜드 교육의 결과에 해당하는 것이다. 피교육자인 직원들을 만나서 브랜드 교육의 결과에 대해서 물었을 때 가장 많이 들을 수 있었던 말은 '성장'이었다. 그러나 이때의 성장은 지식의 축적이나 역량적 성장만을 의미하는 것이 아니라 전인격적 변화에 가까운 것이다. 마치 나비가 유충에서 변태 과정을 거쳐 온전한 한 마리의 나비가 되듯, 이들은 브랜드 교육을 통해서 전에 몰랐던 나를 발견하고, 성격이 변했을뿐 아니라 인격적 성장을 경험했다고 밝힌다. 브랜드 교육이 직원들의 전인격적 변화까지 이끌어 낸다면, 내부 고객 충성도를 만들기 위한 인사담당자의 고민은 무색해질 것이다.

브랜드 안티테제 Brand Antithese 1

71, 84, 119, 139, 155, 194, 203

안티테제란, 헤겔이 말한 정반합正反合의 논리 중 '반'에 해당하는 것으로 최초의 명제에 대한 부정으로 새로운 진리를 찾는 것이다(p22 참고). 자기다움의 본질을 찾기 위하여 많은 브랜드들이 안티테제의 논리를 적용했는데, 이를 테면 '본죽은 프랜차이즈 사업이 아니다. 교육 사업이다' '스타벅스는 커피 비즈니스가 아니다. 피플 비즈니스다'라고 하는 것과 같다. 브랜드 안티테제는 자신의 업을 재정의함으로써 강력한 자기다움을 찾게한다. 당신의 브랜드를 재정의한다면 무엇이라고 말할 수 있는가?

브랜드의 도덕적 명령 Brand's Moral Imperative 2

74, 87, 119, 177, 200, 203

인간은 도덕적인 것에 움직이게 마련이다. '도덕적'이라는 것은 절대선善이기 때문이다. 많은 브랜드들이 브랜드 교육을 할 때 브랜드의 비전과 미션을 공유함으로써 구성원들의 동기를 불러일으키려 한다. 그렇지만 비전과 미션 자체에 도덕적 명령을 내포한 브랜드는 자신의 비전과 미션을 따로 교육할 필요도 없을 정도로 내외부적으로 강한 지지를 받는다. 그 자체가 인간 내면에 잠재한 선한 목적 의식을 일깨우기 때문이다. 그래서 본죽의 '우리의 비전은 죽을 파는 것이 아니라 타인의 성공을 돕는 것이다'라는 도덕적 명령은 직원들의 이타적 명분을 만족시키며 업에 대한 사명감을 갖게 한다.

브랜드 중심적 CEO Brand Oriented CEO 3

35, 55, 75, 86, 92, 138, 147, 177, 204, 210

브랜드 교육 역시 투자다. 장기적 목적 의식이 없다면 쉽게 결정하기 어려운 투자이기도 하다. 따라서 CEO의 의지와 지지가 없다면 제대로 진행되기 어렵다. 그래서인지 대부분의 브랜드 담당자들이 브랜드 교육의 가장 중요한 점으로 'CEO'를 꼽았다. Daum은 'CEO의 의사가 전적으로 중요하다'고 했으며, 선병원은 'CEO의 신념을 그대로 실행하고 있는 것뿐'이라고 답하기도 했다. 특히 본죽과 준오헤어, 선병원에서는 브랜드 교육에 대한 의지와 확신을 가진 CEO들의 이야기를 직접 들을 수 있다.

브랜드 확신 Brand Conviction 5

111, 125, 165, 199, 210

브랜드의 구성원들이 브랜드에 대하여 '확신을 가지고 있다'고 말한다면 브랜드 교육은 성공한 것이며, 이러한 구성원들이 많을수록 그 브랜드는 성공 가능성이 높다. 확신이란 '굳은 믿음'을 의미하는데, 많은 선인들이 이야기했듯 자신에 대한 믿음, 그리고 성공에 대한 믿음이야말로 성공의 첫걸음이기 때문이다. 헨리 포드는 "자신이 가능하다고 생각하는 것보다 더 많은 것을 할 수 있는 인간은 없다"고 말했다. 브랜드 확신은 그 브랜드의 비전에 대한 지지와 브랜드의 정량적·정성적 성공 등으로 나타나며, 브랜드에 강한 몰입을 만든다.

브랜드 마에스트로 Brand Maestro 6

74, 90, 108, 129

브랜드 교육 담당자들에게서 들은 효율적인 교육 방법 중 하나는 '사내강사를 활용하라'였다. 사내강사는 누구보다 내부 브랜드 사정에 밝기 때문에 현실적인 대안을 이야기할 수 있으며, 직원의 공감대를 끌어 내기가 쉽다. 또 사내강사들의 존재 자체가 동기부여가 되기도 한다. 하지만 현대자동차의 사내강사들이 그렇듯 사내강사 역시 강사로서 교육을 받아야 하며, 프리스비의 강사들이 그렇듯이 외부 강의를 나가도 손색이 없을 만큼 전문성을 갖추어야 한다.

브랜드 챔피언 Brand Champion 7

62, 103, 200

몇몇 브랜드에서는 브랜드가 성장하고, 전사원이 브랜드 마인드를 갖는 데 소수의 핵심 인원이 커다란 역할을 하기도 한다. 기업 내에 브랜드 아이덴티티를 전파하고, 자발적으로 브랜드를 홍보하며, 사내에 긍정적 버즈를 만들어 내는 이들이 브랜드 챔피언이다. SK텔레콤의 브랜드전략실 멤버들, 프리스비의 오픈 멤버들, 그리고 파타고니아의 모든 직원들이 대표적이다. 자기 브랜드에 열정적인 브랜드 챔피언이 일상에서 브랜드 교육 담당자가 되고, 이들의 수가 점점 많아진다면 브랜드 교육을 따로 진행할 필요가 없어질 지도 모른다.

브랜드 아바타 Brand Avatar 9

116, 197, 199

브랜드 아바타(p182 참고)는 브랜드처럼 행동하고 브랜드와 같이 성장하는 사람을 말한다. 브랜드의 구성원 개개인은 그 브랜드를 대표한다. 실제로 많은 브랜드들이 브랜드 교육에서 바로 당신들이 우리 브랜드를 대표하며 걸어 다니는 브랜드라고 교육하고 있었다. 때문에 직원들을 '우리 브랜드다움'으로 동기화해야 한다. 브랜드 아바타는 꼭두각시를 의미하는 것이 아니다. Brand Identity 와 Behavior Identity가 일치해 Being Identity를 가진 브랜드의 구성원을 말한다.

브랜드십 BrandShip 10

77, 86, 118, 140, 150, 156, 197, 201

BrandShip이란, 기업에서 CEO도 이사회도 아닌, 브랜드가 조직을 이끄는 리더십을 갖는 상태를 의미한다. 교보생명이 말한 "사장 위에 회장 있고, 회장 위에 빅보스(비전) 있다"는 말이 BrandShip을 잘 보여 주는 사례다. Brand-Ship을 가진 브랜드는 CEO가 바뀐다고 해서 브랜드 아이덴티티가 바뀌거나, 광고 컨셉이 바뀌거나, 직원들의 의사결정 기준이 바뀌지 않는다. 오히려 신임 CEO가 기존의 브랜드 문화를 이해하기 위해 노력한다. BrandShip을 가진 브랜드는 필립스처럼 의사결정뿐 아니라 직원 평가의 기준 역시 '자기답냐, 자기답지 않냐'이기 때문이다.

브랜드 에어 Brand Air 11

94, 133, 149, 173, 197

브랜드의 자기다움이 브랜드의 문화로 자리 잡는 것이 브랜드 교육의 궁극적 목표일 것이다. 문화가 된다면 굳이 집체 교육, 현장 교육, 온라인 교육 등 '교육'이라는 이름으로 직원들에게 브랜드를 이해시키고 동기화하지 않아도 되기 때문이다. 그 브랜드다움이 브랜드의 구성원들이 공유하는 행동양식이 된 브랜드들은 모든 직원이 브랜드에 대한 확신을 가지고 있으며 각자가 브랜드를 대표하고, 브랜드 자체가 기업에서 리더십을 갖는 BrandShip 브랜드가 된다.

목적이 이끄는 브랜드의 브랜드 경영

브랜드 교육, BrandSync

브랜드 경영을 위한 브랜드 교육

브랜드 경영은 무엇인가? 이 질문에 대부분의 경영자들은 반사적으로 "브랜드를 운영하는 것"이라고 답한다. 이 답에 재차 확인을 구하는 질문을 하면 당황하다가 멋쩍은 웃음과 함께 "브랜드를 '잘' 운영하는 것"이라고 말한다. 이 대답은 20년 전에 유행했던 어색한 농담으로 상황을 모면하려는 것이다. 그들이 대답하지 못하는 것은 브랜드 경영은 디자인 경영처럼 정의되기 어렵기 때문이다. 현재까지 '브랜드 경영'은 일반 '기업 경영'보다 세련되고 능숙하며 가치를 잘 다루는 경영의 방식 혹은 경영 트렌드 정도로 인식되고 있다. 그러나 '브랜드 경영이란 무엇인가'라는 질문에는 또 다른 커다란 질문이 연결된다. 바로 '무엇이 브랜드인가'라는 질문이다. 이것도 브랜드를 정의하지 않으면 대답하지 못할 질문이다. 즉 우리가 일상에서 브랜드라고 말하는 것들의 대부분은 브랜드가 아니라 아직 상품에 붙은 상표에 가까운 것들이 많다. 상품에 가까운 상표와 상징에 가까운 브랜드는 차원이 다른 이야기이므로 브랜드에 대한 정의를 하지 않고 이것을 모두 포함한 질문으로 브랜드 경

만약에 '목표'에 의해 브랜드를 경영한다면 '상표 경영'이고,
'목적'에 의해 브랜드를 경영한다면 '브랜드 경영'이다.

영이 무엇이냐고 물어보는 것은 우문이다. 이처럼 브랜드가 어려운 것은 정의되기 힘들기 때문이다.

코카콜라 경영자가 자신이 가진 브랜드 경험으로 아우디라는 브랜드를 운영할 수 있을까? 간혹 "경영은 다 똑같다"고 말하는 경영자도 있다. 비록 경영 관리 시스템에는 유사성이 있겠지만, 코카콜라와 아우디의 브랜드는 다르다.

그렇다면 여기서 말하는 브랜드의 기준은 무엇이고, 브랜드 경영의 정의는 무엇일까? 지금까지 나온 정의 중에서 '상표 경영'과 '브랜드 경영'의 차이를 극명하게 보여 주는 기준이 있다. 만약에 '목표'에 의해 브랜드를 경영한다면 '상표 경영'이고, '목적'에 의해 브랜드를 경영한다면 '브랜드 경영'이다. 에르메스라는 명품 브랜드는 비록 매출 목표를 달성하지 못했을지라도 남은 재고는 모두 태워 버린다. 명품 브랜드로서 이미 구매한 사람들의 신뢰와 브랜드 가치를 유지한다는, '목적'이 이끄는 브랜드이기 때문이라고 한다. 따라서 목적에 위배되는 매출 목표는 추구하지 않는다는 것이다.

스타벅스에서는 비퍼^{beeper}로 손님을 부르지 않는다고 한다. 자신들의 목적은 손님들과의 교감 체험이기 때문이라고 한다. 루이비통의 아르노 회장은 인터넷 쇼핑몰을 운영하지 않을 것이라고 한다. 상품을 고객의 눈을 보면서 예우를 갖추어 전달하는 과정(순간)도 루이비통(상품)이기 때문이다. 충분히 많이 만들어 팔 수 있지만 브랜드의 희소성과 구매자들의 소유 가치를 유지하기 위해 기업의 생존 본능인 '이익 창출'을 참아 낸다. 브랜드를 가진 대부분의 경영자들은 '메뚜기도 한철'이라는 생각에 브랜드가 갑자기 성장곡선을 타게 되면 수단과 방법을 가리지 않고 돈을 벌려고 한다. 하지만 어떤 브랜드의 경영자들은 100년 앞을 내다보면서 지금의 급성장을 경계하며 조절한다. 이런 브랜드들이 바로 '진짜' 브랜드라고 불리는 '목적이 이끄는 브안티테제는 철학 용어로 반정립이라는 뜻이다. 헤겔의 정반합 개념에서 '반'에 해당하는 것으로, 최초의 명제에 대한 부정으로 새로운 진리를 찾는 것이다. 이는 브랜드에 있어 목적을 찾아 세우고, 구축하는 것이다.

랜드'라고 할 수 있다. 모조품이나 유사품으로 '목표가 이끄는 브랜드'가 있는데, 이들은 문자 그대로 '매출이 브랜딩'이라는 목표를 가지고 더 많이, 더 빨리, 더 높이 성장하기만을 원한다. 참고로 인간에게도 이렇게 무조건적인 성장만 하는 세포가 있는데, 이것이 커졌을 때 우리는 암cancer이라고 부른다.

우리의 브랜드는 목적이 이끄는가, 목표가 이끄는가? 이 질문에 대답하기 어렵다면 목적과 목표가 충돌했을 때 우리는 무엇을 선택하는가? 복잡한 경영 전략 매트릭스로 확인하기보다는 이 질문에 '예'와 '아니오'로 답하는 것으로 브랜드의 정체성을 알 수 있다.

이웃의 생명을 위해 자신의 생명을 희생한 남편에 대해서 엘리자베스 엘리엇Elizabeth Elliot은 "잃어버릴 수 없는 것을 얻기 위해 간직할 수 없는 것을 버리는 사람은 바보가 아니다"라고 말했다. '잃어버리지 말아야 할 브랜드의 가치를 간직하기 위해서 다음에 또 벌 수 있는 돈을 포기하는 경영자는 바보가 아니다.' 지금 언급한 내용은 비록 극단적인 비유와 비교지만, 자신의 경영에 대한 정체성을 알기 위해 한번쯤 생각해 볼 필요가 있다. 극단에 가야 자신의 생각과 믿음이 분리되는 원심분리기 속에 들어가 볼 수 있기 때문이다. 스스로에게 포기할 수 없는 것을 묻고 대답할 때 자신이 상표 경영을 하는지, 브랜드 경영을 하는지 알 수 있을 것이다. 실제로 브랜드의 세계는 가치를 위해 돈을 포기하는 사람들에 의해 움직이고 있다.

물론 기업에 있어 목표와 목적은 동전의 앞뒤와도 같기 때문에 구분하기 어렵다. 또 브랜드가 수익을 내지 않고서는 시장에서 존재할 수 없다. 가끔 목표가 이끄는 브랜드는 폄하되거나 평가절하되기도 하지만 목표가 이끄는 브랜드는 목표 달성만으로도 자본주의 시장 경제에서 훌륭하게 제 몫을 하고 있다. 그러나 우리가 '강력한 브랜드'라고 부르는 '목적이 이끄는 브랜드'의 매출 달성은 목표가 아니라 결과일 뿐이다. 목적을 이루었더니 목표가 달성되는 구조를 갖춘 브랜드를 말하는 것이다.

이번 특집의 방향은 이렇게 '목적이 이끄는 브랜드를 이끄는 사람들은 어떻게 교육해야 하는가'다. 더 정확히 말한다면 '목적이 이끄는 브랜드를 위한 내부 브랜딩'이다. 이것을 단순하게 '브랜드 교육'이라고 말하지 못하는 이유는 내부 브랜딩도 기존 교육의 목적과 목표와 맞지 않기 때문이다. 이번 특집에서 말하는 브랜드 교육은 브랜드에 맞는 사람이 뽑혀, 브랜드의 가치에 헌신하고, 브랜드처럼 결정하고 행동하며, 브랜드의 가치를 자신의 업무에 적용하고, 브랜드의 문화를 만들어 내며, 그것을 상품이나 서비스로 재생산하면서 브랜드의 동반자가 되게 하는 것, 즉 직원도 그 브랜드가 되는 것으로 BrandSync(브랜드싱크, 동조·협조 관계)가 일어나는 것을 의미한다.

싱크sync는 컴퓨터와 휴대폰과 같은 서로 다른 장치가 어떤 프로그램을 통하여 컨텐츠를 공유할 때 사용하는 말이다. 사람과 브랜드가 Sync(동조·협조) 하기 위해 필요한 것은 '목적'이다. 서로 같은 목적을 가지면 브랜드와 사람은 Sync할 수 있을뿐더러, 어떤 사람은 자신의 아이덴티티를 버리고 완전히 동조되어 그 브랜드로 변하기도 한다. 이런 슈퍼내추럴 코드에 대해서는 이번 특집에서 보이는 여러 브랜드 사례에서 자세히 다루도록 하겠다.

목적이 이끄는 브랜드

다농Danone 회장을 지낸 안토니 리바드Antonie Riboud는 "내가 만드는 것은 요구르트가 아니라 다농이다"라고 말했다. 스타벅스의 하워드 슐츠 회장은 "우리는 커피를 팔지 않고 안식처를 제공한다"고 말했다. 나이키는 운동화를 팔지 않고 승리를 판다고 한다. 루이비통에서는 가방을 팔지 않고 파리의 생활 예술을 판다고 한다. 페라리는 자동차를 팔지 않고 꿈을 판다고 한다. 애플은 휴대폰을 팔지 않고 미래와 혁신을 판다고 한다. 이들은 미친 것이 아니다. 이것은 브랜딩의 철학과도 같은 '브랜드 안티테제Antithese적 접근'을 통한 변증법적인 방법론으로 생산자와 소비자간의 새로운 합일을 꾀한 것이다.

안티테제는 철학 용어로 반정립反定立이라는 뜻이다. 헤겔의 정반합 개념에서 '반'에 해당하는 것으로, 최초의 명제에 대한 부정으로 새로운 진리를 찾는 것이다. 이는 브랜드에 있어 목적을 찾아 세우고, 구축하는 것이다.

목적을 찾기 위한 브랜드 안티테제의 결과는 무엇일까? 이 질문에 대한 답을 듣기 전에 먼저 독자가 어떤 브랜드를 가지고 있거나 속해 있다면 자신에게 이런 질문을 해 보는 것이 더 지혜로울 것이다. 우리(이) 브랜드는 무엇을 대표하는가? 우리(이)를 대체할 수 있는 것이 무엇인가? 무엇 때문에 우리(이) 브랜드가 특별해졌는가? 브랜드 안티테제는 이 질문에 답을 하기 위한 방법이다.

몽블랑은 무엇을 대표하는가? 몽블랑을 대체할 수 있는 것은 무엇인가? 무엇 때문에 몽블랑은 특별해졌는가? 몽블랑이 아직도 만년필로 보이는가? 누군가 몽블랑에 대한 정의를 물어본다면 필자는 '승리의 전리품'이라고 말할 것이다. 몽블랑을 샀다는 것은 인생에서 승리하고, 시험을 통과하고, 업적을 달성했을 때 인생의 기념비를 대신할 만한 것이라고 말하고 싶다.

브랜드 안티테제를 통해 얻게 되는 세 가지 결과는 '차이', '차별' 그리고 '차원'이다. 일반 휴대폰에서 스마트폰으로 이동하려는 사람에게 아이폰은 다른 스마트폰과 비교할 때 '차이'점만 보일 것이다. 배터리 용량과 탈·부착여부, 카메라 화소 등. 그러나 스마트폰을 써본 사람이라면 아이폰과 종전 스마트폰의 '차별'점을 볼 수 있다. 속도와 반응, 이메일 동기화 기능과 OS$^{operating\ system}$의 안정성 등. 그러나 원래 애플 사용자라면 아이폰과 다른 스마트폰은 '차원'이 다른 것이기 때문에 비교하지 않는다. 아이폰은 아이폰이지 스마트폰이 아니라는 것이다. 이처럼 브랜드에 관한 일을 하고 있다면 차이, 차별 그리고 차원이 어떻게 구축되는지 알아야 한다. 특히 '차이, 차별, 차원'이 일어나는 과정에서 '사람'이 어떤 역할을 하는지 분명히 알아야 한다.

이번 특집에서 다룬 브랜드들은 자신의 업을 부정한다. 애플 제품을 판매하는 프리스비에서는 자신을 놀이터라고 말하고, 준오헤어에서는 영혼을 조각한다고 말하며, 본죽의 임직원들은 자신들을 성공 도우미라고 말한다. 그들은 자신의 아이템보다는 목적과 가치를 말하고, 거기에 걸맞은 행동을 하려고 한다.

만약 독자가 안경 브랜드를 런칭하려고 할 때 경쟁자와 시장 상황을 보지 않고 먼저 자신의 목적부터 보고자 한다면 어떻게 해야 할까? 방법은 간단하다. 먼저 안경 브랜드지만 안경을 팔지 않는다고 생각하자. 그렇다면 무엇을 팔아야 할까? 바로 그것이 목적이다. 스타벅스는 자신들의 업을 커피 비즈니스라고 말하지 않고, 피플 비즈니스라고 말한다. 과연 그럴까? 10년 전만 해도 일반 커피점에서 커피를 내리는 사람은 커피숍 주인이거나 아르바이트생이었다. 하지만 스타벅스에서 커피를 내리는 것은 아무나 하지 못하는 일이다. 무엇 때문일까? 피플 비즈니스기 때문이다. 스타벅스에서는 자신들의 목적에 맞는 사람이 되어야만 커피를 내릴 수 있는 것이다.

그렇다면 이처럼 목적이 있는 브랜드의 브랜드 교육^{BrandSync}은 어떻게 해야 하는가?

목적을 이끌어 내는 교육

우리가 흔히 말하는 최고 브랜드들의 교육 입문을 보면 첫째 관문이 '자기 부정'이다. 브랜드 직원들은 교육을 통해 자신을 브랜드처럼 생각하고, 자신의 모든 것을 브랜드 기준으로 이해하며, 브랜드 원칙으로 자신과 소비자의 관계를 설정하고, 자신의 행동도 브랜드의 사명선언서에 따라 결정한다. 결국 인생의 목적도 브랜드와 같아진다. 우리가 보통 '관계'에서 상식 이상의 '믿음'을 서로 공유하고 있다면 그것을 종교라고 부른다. 목적이 이끄는 브랜드의 특징은 이처럼 브랜드의 사명선언서를 진리라고 믿는다는 것이다. 더 심각한(?) 것은 사람의 인생이 바뀐다는 점이다.

일반적으로 함께 돈을 벌기 위해서 의기투합한 사람을 '동업자'라고 한다. 물론 동업의 목적은 '이윤'이다. 한편 이념과 사상을 같이하는 사람을 '동역자'라고 한다. 그러면 '동반자'는 어떤 관계일까? 아마 구분이 잘 안 될 것이다. 동업자, 동역자, 그리고 동반자 앞에 '인생의'라는 말을 집어넣으면 구분할 수 있다.

'인생의'라는 단어를 앞에 넣었을 때 어색하지 않은 것은 '동반자'다. 동업자와 동역자는 목표가 분명한 관계다. 동업과 동역의 관계에서는 함께 했을 때 '정량적 이익' 혹은 '정서적 이익'이 일어나야 한다. 하지만 동반자들은 어떤 이익이 있는가? 동반자 관계를 대표하는 가족에게 이익을 바라는가? 가족을 이익과 사상의 기준으로 나눌 수 있는가? 동반의 목적과 목표는 동반이다. 왜냐하면 원래부터 '하나'기 때문이다.

목적이 이끄는 브랜드의 교육 목적은 자신들과 브랜드의 운명을 동반^{BrandSync}하는 것이다. 이들은 채용부터 다르다. 사람을 뽑을 때부터 브랜드(기업가)의 이익을 달성하기 위한 사람이 아니라 브랜드의 기준을 세우고 브랜드를 대표할 만한(혹은 닮은) 사람을 찾는다. 그래서 공유할 수 있는

코드를 가진 두 기계를 동기화sync하는 것처럼 직원과 브랜드를 동기화하는 것이기에, 이 모든 과정을 BrandSync라고 표현하는 것이 더 적합한 것이다. 기계가 동기화되기 위해서는 같은 프로그램을 사용해야 하는 것처럼, 브랜드 교육의 핵심은 브랜드와 사람 안에 있는 '목적'이라는 가치(프로그램)를 끌어내 하나가 되게 해야 한다는 것이다.

브랜드 매뉴얼을 완벽하게 숙지하는 것이 브랜드 교육의 목표가 아니다. 브랜드의 자기 사명선언서가 직원의 것과 동기화되고, 자신이 브랜드의 일부가 되어 소비자에게 자신을 브랜드의 대표로서 자신이 맡은(팔려는 것이 아니라) 브랜드를 가치 있게 소개(판매가 아니다)하는 것이다. 소비자는 이 과정에서 상품의 품질을 느끼는 것이 아니라 브랜드의 품격과 품성을 느끼게 된다. 즉 브랜드가 된 직원의 서비스는 소비자가 브랜드를 '감동'으로 만나게 하는 '관계의 연결 고리 역할'을 하는 것이다. 이런 직원을 통해서 브랜드는 영성spirit을 가지게 된다. 이것 또한 브랜드싱크의 과정이다.

Brand Manager vs. Beyond Master

브랜드에서 BM이라는 단어는 보통 브랜드 매니저Brand Manager의 약어다. 그러나 목적이 이끄는 브랜드에서의 BM은 비욘드 마스터Beyond Master라는 뜻으로, '주인 이상의 직원'을 말한다. 회사에서 많이 듣는 말 중에 사장만 믿고 아무도 안 믿는 거짓말이 바로 '회사의 주인은 직원이다'라는 것이다. 그래서 나온 말이 '주인 정신'이다. 참고로 주인이 아니면 절대로 주인 정신을 알 수 없다. 주인을 경험하지 않은 사람이 어떻게 주인 정신을 알 수 있을까? 주인의 대표적 특권이라고 할 수 있는 주식을 주인과 똑같이 갖고 있다고 주인 정신이 나오는 것이 아니다. 그리고 주인 정신 위에 '창업자 정신'이 있다. 주식으로 주인이 된 사람은 주식을 팔아서 자신의 이익을 챙기지만, 꿈과 희생을 통해 회사의 주인이 된 창업자들은 목숨을 걸고 회사를 지킨다. 설사 망하더라도 다시 일으키려고 한다.

브랜드 교육은 주인 정신을 만드는 것이 아니다. 주인은 시간이 갈수록 여러 사람으로 바뀔 수 있지만 '창업자'는 오직 한 명이다. 브랜드 교육은 브랜드의 '창업 정신'을 공유함으로써 직원이 브랜드 안에서 스스로 '창업에 성공한 브랜드 경험'을 공유하는 것이다. 그들은 돈을 버는 것이 목적이 아니라 자신도 브랜드의 사명선언서와 같이 동기화되어 '같은 성공을 체험하는 것'이 목적이다. 이번 특집에서 다룬 브랜드의 교육은 브랜드 매니저 교육이 아니라 창업자 교육이라고 할 수 있는 비욘드 마스터 교육에 가깝다.

그들이 '비욘드 마스터 교육'을 하는 것은 도덕성과 윤리성 때문이 아니다. 브랜드의 불멸성을 위해서다. 인간의 세포가 노화되어 죽어가는 것처럼 브랜드도 창업자의 가치와 열정이 사라지면서 퇴화를 겪는 것이 일반적인 사이클이다. 인간이 영생하기 위해서는 항상 새로운 세포가 필요하다. 브랜드도 영생불멸하기 위해서는 창업자의 정신(브랜드의 사명선언서)을 가진 사람이 계속 들어와야 한다. 새로 들어온 사람들의 가치와 브랜드의 가치가 계속 동기화되면서 또 다른 가치가 나오고, 그것은 차별성을 유지하는 힘으로 브랜드를 이끌어 간다. SF영화에서나 나올 법한 이야기처럼 들리겠지만 브랜드는 자신의 영생을 위해 무엇이 필요한지 알고 있다. 그것은 자신과 똑같은 사람이다. 바로 그 사람의 열정이 필요하다. 이 사실을 목적이 이끄는 브랜드 안에 있는 사람들은 알고 있다. 그렇게 성장했고 그렇게 성공했기 때문이다. 이렇게 '획득한 능력과 습관의 총체'를 바로 문화라고 정의한다. 그래서 브랜드가 문화다. 결국 브랜드 교육은 브랜드 문화를 만드는 것이다. 제품은 문화에서 파생된 상품일 뿐이다.

일반적으로 '문화'라는 말이 나오면 정의가 애매해진다. 의미가 너무나 광범위한 단어기 때문이다. 그렇다면 다시

브랜드는 자신의 영생을 위해 무엇이 필요한지 알고 있다. 그것은 자신과 똑같은 사람이다. 바로 그 사람의 열정이 필요하다. 이 사실을 목적이 이끄는 브랜드 안에 있는 사람들은 알고 있다.

mission Calling

문화의 정의로 돌아가 보자. 에드워드 버넷 타일러Edward Burnett Tylor는 "문화는 지식·신앙·예술·도덕·법률·관습 등 인간이 사회의 구성원으로서 획득한 능력 또는 습관의 총체다(1871)"라고 정의했다. 약 140년 된 정의지만 아직도 유효한 개념이라고 할 수 있다. 현재 우리말사전에서 정의하는 문화는 다음과 같다. '자연 상태에서 벗어나 일정한 목적 또는 생활 이상을 실현하고자 사회 구성원에 의하여 습득, 공유, 전달되는 행동 양식이나 생활양식의 과정 및 그 과정에서 이룩하여 낸 물질적·정신적 소득을 통틀어 이르는 말. 의식주를 비롯하여 언어, 풍습, 종교, 학문, 예술, 제도 따위를 모두 포함한다.'

문명과 지식의 발전으로 문화의 정의는 더욱 복잡해졌다. 그러나 140년 된 정의와 현재의 정의를 요약하면 '사회 전반에 걸친 생활양식'이라고 말할 수 있을 것이다. 아마도 일상에서 좀처럼 사용하지 않은 '생활양식'이란 말이 낯설게 들릴 것이다. 생활양식의 사전적 정의는 '사회나 집단이 공통적으로 갖고 있는 생활에 대한 인식이나 생활하는 방식'이다. 한 마디로 '생활양식'은 곧 '문화'라는 말이다. 결국 돌고 돌았지만 '문화=공통된 생활 방식'이라는 정의는 에드워드 버넷 타일러의 정의와 크게 다르지 않다.

브랜드가 문화인 것은 공유 가치, 공유 지식, 공유 믿음, 공유 목적, 공유 행동 등 모든 것이 공유되면서 하나의 관점을 만들기 때문이다. 그 관점으로 만든 상품들은 차별화된 제품이며, 차원이 다른 의미와 목적을 가지게 되는 것이

다. 이 부분에 대해서는 유니타스브랜드 Vol.12 '슈퍼내추럴 코드'에서 할리데이비슨을 비롯한 다양한 브랜드를 소개하며 언급한 적이 있다.

지금까지 기업의 교육 목적은 탁월한 전문가를 만들어서 기업의 이윤을 극대화하는 것이었다. 반면에 목적이 이끄는 브랜드들의 교육은 브랜드가 보존하는 가치, 즉 목적을 통한 성공 경험을 직원과 동기화해 직원들도 성공하게 만들고 있다. 목적이 이끄는 브랜드들의 교육 목적은 자신과 똑같은 브랜드를 만드는 것이다. 표면상으로 감동적인 브랜드 경영이지만 실제적으로 강력한 브랜드가 되는 브랜드의 핵융합이라고 할 수 있다. 목표가 이끄는 기업은 교육을 통해서 직원들에게 content^{지식}를 전달하지만, 목적이 이끄는 브랜드는 교육을 통해서 직원들에게 commitment^{헌신}를 요구한다. 헌신이 무한 경쟁에서 생존할 수 있는 무적의 경쟁 전략인 차별화의 시작이기 때문이다.

죽기로 결정한 군인과 살아서 돌아가고 싶은 군인을 전쟁터에서 적으로 만났다면 누가 더 무서울까? 자신을 사자라고 생각하는 개와 자신을 쥐라고 생각하는 개가 있다면 누가 더 무서울까? 자신을 브랜드라고 생각하는 직원과 브랜드 경력을 쌓고 있는 직원이 같은 제품을 판다면 누가 더 잘 팔까? 질문에 대한 답과 결과는 다음 장부터 시작된다. UB

BRAN

"세상은 바라보는 방식에 따라서 그 모습이 결정된다." 염세주의자 쇼펜하우어의 말이다. 같은 세상일지라도 염세주의자에게 세상은 불행한 것이고, 낙관주의자에게는 행복한 것이다. 당신 브랜드의 직원들은 어떠한 관점으로 세상을 바라보고 있는가? 당신의 직원들에게 브랜드란 무엇인지 알게 하고 믿게 하여 브랜드 관점 BrandView 으로 세상을 바라보게 하라. BrandView를 갖게 되면 브랜드 관점으로 모든 행동과 의사결정을 할 것이다. 또한 로고를 브랜드 언약표로 생각하고, 포장지를 볼 때는 패키지 디자인의 일관성에 대해 고민할 것이다. 여기 소개하는 다음커뮤니케이션, 현대자동차, GS SHOP, SK텔레콤의 네 브랜드는 성장의 방법으로 '브랜드'를 택한 후, 전 직원이 세상을 브랜드 관점으로 바라보게 하는 각각의 교육법을 고안해 냈다.

30 BRANDSYNC

브랜드 변화 관리 코칭 및 교육

브랜드 내재화 교육, Life On Daum

이 기사는 브랜드 컨설팅 및 교육 전문 기관인 유니타스클래스가 다음커뮤니케이션(이하 'Daum')과 함께 진행한 브랜드 교육 코칭 프로그램을 기반으로 작성되었다. Daum은 전 사원이 브랜드 관점으로 패러다임을 전환하고 브랜드 정체성을 재정립하기 위하여 1차적으로 Next Daum Brand TFT를 중심으로 브랜드 교육을 진행 하였다. 교육을 주관한 유니타스클래스의 김우형 대표가 패러다임 전환기에 처한 브랜드들의 효과적인 브랜드 교육으로 '브랜드 변화 관리를 위한 코칭 및 교육 프로그램'을 소개할 것이다. 또한 김경필 이사가 프로젝트를 리드한 Daum의 문효은 부사장과 TFT의 구성원이었던 전정환 센터장의 인터뷰를 통하여 컨설팅이 아닌 브랜드 교육으로 변화를 시도한 의도와 그들이 체감한 교육의 효과에 대하여 전할 것이다.

구성

1. [Interview] 다음커뮤니케이션 부사장 문효은 p31
2. [브랜드 변화 관리 코칭 및 교육 프로그램] 브랜드 체질화 학습법 p38
3. [브랜드 변화 관리 코칭 및 교육 패러다임] 전사적 브랜드 관리, MBB p40
4. [Mini interview] 다음커뮤니케이션 센터장 전정환 p44
5. [Appendix] Building Next Daum Brand Workshop Module p46

INTERVIEW
교육 vs. 컨설팅

The interview with 다음커뮤니케이션 **부사장 문효은**
Interviewed by 유니타스클래스 **이사 김경필**

축하한다. 최근 포털 산업의 핵심으로 떠오른 검색에서 @Daum 의 검색 점유율이 많이 올라간 것 같다.
고맙다. @Life On Daum이라는 슬로건으로 생활중심의 포털을 표방한 후 유저들의 반응이 좋았던 것이 가장 큰 이유인 것 같다.

좀더 구체적으로 이야기 해 달라.
사실 포털 브랜드들의 기술력 차이는 크지 않다. Daum 역시 기술적인 부분에 투자를 많이 해왔기 때문에 서비스는 최고의 수준에 있다고 자부한다. 하지만 고객들이 원하는 것은 기술적인 측면의 서비스만이 아니라는 것을 알게 되었고, 정말 고객이 원하는 서비스를 고민하고 있다.

'우리들의 UCC세상'처럼 Daum이 온라인에서 외치는 목소리는 하나의 트렌드로 자리잡았는데, Life On Daum은 아직 생소하다. Life On Daum이 도출된 것 역시 고객이 원하는 서비스에 주목했기 때문인가?
말한 대로 '우리들의 UCC세상'을 비롯해서 Daum이 다음 세대에 주는 메시지들은 큰 반향을 일으켜 왔다. 그러나 이것으로 유저들의 피부에 와 닿는 서비스를 하거나 사업화 하는 것에는 다소 미흡한 것이 사실이었다. 이제 포털은 온라인에서만 만나는 특별한 서비스가 아니다. 집주소 보다는 이메일 주소를 더 많이 활용하는 것처럼 포털의 카페, 메일, 검색은 일상이다. 앞으로 이런 일상은 모바일의 발전에 따라 PC에만 국한되지 않을 것이다. Daum이 직원들에게 아이폰을 비롯한 스마트폰을 지급한 이유도 여기에 있다. Life On Daum은 포털이 PC를 넘어서 언제 어디서든 생활 속에서 유저들에게 필요한 서비스를 제공하고자 하는 의지다. 과거에는 PC를 켜면서부터 Daum을 활용했다면 이제는 언제나 ON되어 있어서 아침에 일어나자 마자 스마트폰이나 TV, PC로 유저들을 ON된, 상상할 수 없는 세상으로 인도하여 생활 속의 편리함을 주는 것이다.

예를 들면 어떤 생활인가?
이를 테면 유니타스브랜드의 에디터를 상상해보자. A라는 에디터는 아침에 스마트폰 알람 소리에 눈이 떠지면, 누워서 Daum에 접속해서 간밤에 긴급한 메일이 왔나 확인을 한다. 그리고 씻기 전에 자신의 블로그에 접속을 해서 배경음악을 크게 틀어 놓고 출근을 준비하고, 집을 나서며 간단한 뉴스검색을 한다. 아침 일찍 취재가 있다면 이동하면서 취재원과 관련된 기사를 검색하고, 편집장과 메신저를 통해서 진행 상황을 컨펌 받을 수 있다. 그리고 길을 잃거나 하면 Daum 로드뷰에 접속해서 정확한 목적지에 도착할 수 있을 것이다. 그러기 위해서는 Daum이 유저들의 life에 항상 ON 되어 있을 만한 컨텐츠들을 많이 제공해야 하기 때문에 컨텐츠 개발에도 신경을 쓰고 있다.

많이 기대가 된다. 앞으로도 지켜보아야 할 것 같다. 그런데 흥미로운 것은 Life On Daum의 도출 과정이다. 과거와는 다른 방법으로 작업을 했다는데 어땠나?
브랜드적 관점에서 시작했다는 것이 색달랐다.

그 전에는 브랜드가 중요하지 않았나?
포털 업계의 문화를 말하자면, 서비스를 개발할 때 마케팅 부서의 요청에 의해서 시작하거나 함께 기획해서 개발하기도 하지만 개발자들이 좋아서 개발하는 서비스도 많다. 개발하는 분들이 모두 업계를 대표하는 전문가이고 자부심도 강해서 좋아하는 일은 밤을 세워서라도 한다. 아마 그런

Daum

Daum은 지난 1995년 이재웅 현 최대 주주가 초기 멤버 3명과 함께 약 5,000만 원의 자본금을 바탕으로 첫발을 내디딘 벤처회사에서 출발했다. 현재 약 1,000여 명의 직원과 함께 90여 가지 서비스를 제공하기까지 수많은 '최초'라는 수식어를 만들며 국내의 인터넷 성장을 주도해 왔다. 1997년 국내 최초로 무료 웹 메일 서비스, 1999년 선보인 다음 '카페' 서비스, 2005년 11월 첫선을 보인 '블로거 뉴스(현 다음 뷰)'는 UCC(사용자제작컨텐츠)를 활용한 미디어 서비스로 블로그 컨텐츠와 뉴스 서비스의 결합을 통해 새로운 미디어 영역을 개척하는 최초의 시도였다.
유니타스브랜드 Vol.11 '온브랜딩' p178 참고

Life On Daum

Daum은 2010년 중심이 될 브랜드 슬로건을 '다음으로 바꾸자, 생활이 바뀐다! Life On Daum'으로 선포하고, 이용자 생활에 밀착해 이용자의 생활을 진화시키는 '넥스트 라이프 플랫폼'으로의 도약을 선언했다. 이 브랜드 슬로건은 PC 중심의 온라인 포털에서 나아가 모바일, IPTV 등 다양한 디바이스device로의 확장을 통해 언제 어디서나 이용자들이 원하는 순간에 원하는 정보를 접할 수 있도록 365일 24시간 함께하며, 이용자의 삶을 업그레이드하는 데 기반이 되는 라이프 플랫폼이 되겠다는 의미가 있다. 이는 궁극적으로 이용자에게는 생활을 진화시키는 라이프 플랫폼으로, 광고주에게는 브랜딩과 이익에 기여하는 비즈니스 플랫폼으로 거듭나는 계기가 될 것으로 기대한다. 고객의 삶에 항상 켜져 있겠다는 의미 때문에 모든 디바이스에 깨어 있는 것이 Life On Daum의 방향이다.

열정과 전문성이 있었기에 Daum도 발전했고 긍정적인 문화가 되어 여기까지 이끌어 왔다고 본다. 이런 환경에서 포털은 지금까지 성장 산업 가운데 열심히 달리기에 바빴다. 최첨단의 기술을 개발하는데 매진해 왔다는 것이다. 그래서 여전히 기술이 중요한 것이 사실이나 시장이 성숙해 지면서 브랜드에 대한 중요성이 높아졌다고 생각한다.

그렇다면 지금 중요성이 더 부각되었다는 말인가?
그렇다. KT를 보라! 과거에 독점적인 사업을 할 때는 브랜드에 대한 필요성을 느끼지 못했기 때문에 브랜드는커녕 고객과 커뮤니케이션도 거의 하지 않았다. 하지만 지금의 KT는 전통적이던 통신사업체가 브랜드 관점에서 볼 때 혁신적으로 변하고 있다. 포털 업계도 경쟁이 치열해지면서 브랜드의 중요성이 커졌다고 보는 것이 타당하다.

Daum이 브랜드에 주목한 이유는 무엇인가?
예전에는 메일이나 카페 서비스를 제공하는 포털은 Daum뿐이었고, 현재도 점유율상으로 Daum이 최고다. 그러나 지금은 Daum이 아니어도 메일, 카페, 검색 등의 서비스를 이용할 수 있다. 기술적으로 완벽한 서비스만으로는 경쟁에서 이길 수 없는 현상이 벌어진 것도 이 때문이다. 이건 어느 산업이나 마찬가지다. 그래서 유니타스브랜드가 잘 팔리는 게 아닌가. 결국 남들과 다른 브랜드적 차별성이 필요한 때가 온 것이다.

그럼 브랜드를 경쟁에서 이기기 위한 도구로 선택했다는 말인가?
그게 전부는 아니다. 브랜드는 누군가가 준다고 받을 수 있는 것이 아니다. 가치가 형상화된 것을 경험할 때 전달된다. 특히 포털은 우리가 주고자 하는 브랜드의 가치를 전달하기가 쉽지 않다. 예를 들면 요즘 뜨는 아이폰 같은 전자제품일 때는 정형화된 부분이 있어서 주고자 하는 가치가 명확한데, 포털은 제품이 아니라 서비스의 경험을 통해 가치를 전달한다. 이 명확하지 않은 것을 우리는 계속 유저들과 주고받고, 그들의 반응에 다시 반응한다. 이 과정에서 계속 서비스를 수정해 나가는, 굉장히 쌍방향적으로 브랜드가 만들어지는 과정을 거친다. 그 과정을 통해 유저들을 생활 속에서 진화시키시고, 우리도 유저를 통해서 발전해 나간다. 무정형이 정형화되는 과정을 거친다는 것이 이 업계의 속성이다. 그래서 고객과 더 밀착된 관계 구축이 필요한데, 이게 바로 브랜드다. 상품과 제품 이상의 가치 전

Daum은 유저들의 생활 속에 더 밀접해지기 위하여 다양한 디바이스를 통하여 '언제 어디서든 켜져있는 Daum'이 되려하고 있다. 웹페이지나 스마트폰뿐만 아니라 IPTV를 통한 TV포털, 강남역의 미디어폴, 로드뷰와 같은 네비게이션 서비스, Digital View라는 디지털 사이니지 등의 다양한 플랫폼에서 Life On Daum을 경험할 수 있다.

달함으로써 고객과 관계를 맺는 행위가 우리에게는 굉장히 익숙하다. 단지 이것을 브랜드 관점에서 정리하고 정교화해서 전략으로 풀어 내는 과정이 없었을 뿐이다.

브랜드 관점으로 풀어나가는데 장애물은 어떻게 극복해야 할까?
먼저 우리가 누구인지 명확하게 알아야 한다. 이것을 모를 때 장애물이 생긴다. 내 안에 있는 장점을 새롭게 정의하고, 우리가 몰랐던 소비자의 인식을 바꾸는 작업도 필요하다. 예를 Daum은 포털 업계의 맏형이다. 아무리 세상이 모던함을 원한다고 맏형의 이미지를 버리고 새롭게 변신할 수는 없다. 지킬 것은 지키고 바꿀 것은 바꿀 수 있는 용기가 필요하다. 그래서 우리는 우리의 전통을 정통성으로 만들고 이를 통해 브랜딩할 수 있는 묘안들을 찾아 나섰다. 12명의 Next Daum Brand TFT가 모여서 이 작업을 하며, 우리가 가진 많은 자산의 소중함을 발견하고 우리가 누구인지 새롭게 깨닫게 됐다. 나는 대부분의 기업들도 자신의 기업과 브랜드가 누구인지에 대해 긍정적으로 고민하면 지금도 소중한 자산을 많이 가지고 있다는 것을 깨달을 수 있다고 확신한다.

우리가 누구인지 명확히 알아야 한다는 점이 흥미롭다. Next Daum의 실제적 작업이 어떻게 진행되었는지 소개해 달라.
Next Daum이라는 프로젝트는 우리가 꿈꾸는 브랜드를 만들어 가는 중요한 작업이라고 생각한다. 단순히 보고서를 잘 만들어 CEO에게 보고하고 마케팅 프로모션을 하는 것과는 질적으로 다른 전사적인 프로젝트로 만들고 싶었다. 그러나 모든 직원을 프로젝트에 참여시킬 수는 없었기에 전 부서에 영향을 미칠 만한 12명의 사원을 직급에 관계없이 선발하여 이들과 함께 하기로 했다.

엔지니어 중심 문화에서 이러한 방법을 도입할 때 다른 임원들이나 직원들의 관심이 높지 않았을텐데 추진하면서 어려움은 없었나?
프로젝트를 시작할 때 모두 동의한 것은 아니다. 미래에 관

교육 프로그램 중 '현장 투어'에 해당했던 현대카드 사옥 방문은 브랜드의 역할에 대해 반신반의 하던 사람들에게 의식의 전환을 이루게 했다.

"처음엔 컨설팅을 받으려고도 했지만 교육으로 선회했다. 우리에게 필요한 것은 보고서가 아니라 체질의 변화라고 판단했기 때문이다."

심이 있는 것은 사실이었지만 해결 방법에 대해서는 의견이 달라서, 브랜드 관점으로 해결한다는 것을 설득해야 했다. 내부에 전문가도 없었다. 처음엔 컨설팅을 받으려고도 했지만 교육으로 선회했다.

교육을 추진한 이유는 무엇인가?

우리에게 필요한 것은 보고서가 아니라 체질의 변화라고 판단했기 때문이다. 체질을 바꾸려면 우리의 DNA가 변해야 하고, 변한 우리가 우리 손으로 결과물을 만들어 내야 한다고 생각했다. 컨설팅으로는 부족한 부분이다.

그런 목적이 있었다면 종전의 교육과도 달랐을 것 같다.

그렇다. 일반적인 교육 커리큘럼이 아니라 우리의 상황에 맞는 교육 프로그램을 함께 개발해 집중적으로 진행했다. 다섯 번의 워크샵을 통해 이론을 체험할 수 있는 실습 과제를 가지고 토론하고 이것을 Daum에 적용했다. 멤버들은 5주 동안 매주 수요일과 목요일에 있는 워크샵 사이에 과제로 주어진 관련 서적을 읽고 실제로 우리가 해결해야 하는 문제에 적용해서 과제를 풀어야 했다. 워크샵이 끝난 뒤 12명이 완성한 보고서를 가지고 임원들과 함께 2박 3일 동안 치열한 논의를 벌인 결과 Life On Daum이 완성되었다. 수년 동안 고민하고 직관적으로만 느끼던 'Daum다움'을 브랜드적 관점으로 정리한 것이다.

TFT를 구성해서 주도하기는 했지만, 이 일은 Daum 전체의 전략이다. 전사적인 동의를 얻어 내기 위해 어떤 방법을 썼는지 구체적으로 알고 싶다.

내부적인 설득 작업은 그들의 눈높이에 맞추어서 1, 2, 3단계 콘티를 준비해서 설득하는 과정이 필요하다. 관심이 없는 임원이라 하더라도 직·간접적으로 참여시켜야 한다고 생각했다. 내부 직원들을 설득하는 것 또한 브랜딩의 한 과정이기 때문이다. 그때 가장 먼저 CEO의 의지로 힘을 실어 주고 버팀목이 되어야 한다. 브랜드를 구축할 때는 CEO와 경영진의 의지가 전적으로 중요하다.[3] 그래서 나 역시 바쁜 스케줄이지만 반나절이 넘는 다섯 번의 워크샵에 모두 참석했을 뿐만 아니라, 다른 임원들도 한 번씩 참여할 수 있도록 끈질기게 요구했다. 최세훈 대표님이 많이 공감해서서 워크샵 토의에도 직접 참석했다. 모든 임원들이 함께 모여 최종 보고서를 가지고 토의했기 때문에 몰입하여 토론하고 결정까지 내릴 수 있었다. 여러 말보다 리더들의 참여가 직원들에게 프로젝트의 무게감과 책임감을 느끼게 하고, 중요성을 알릴 수 있었던 것 같다.

실제 교육 진행 팀에게 우선적으로 요구한 사항은 무엇인가?

내가 늘 요구한 것은 '과거의 사고방식에서 브랜드로 패러다임을 전환하는 것'이다. TFT 중에는 브랜드 마케팅 부서의 전문가도 있지만 그렇지 않은 멤버들도 있다. 나는 유니타스클래스에 모든 TFT 멤버들을 5주 안에 바꿔 놓으라고 주문했다. 무리한 요구 같지만 우리 직원들이 궁극적으로는 P&G와 같은 브랜드 마케팅적 역량을 가질 수 있다는 믿음이 있었기 때문이다.

어려운 작업이었을 것 같다.

그래서 종전의 브랜드 교육 프로그램을 활용하지 않고 사전에 2주간 임직원을 집중 인터뷰했고, 그것을 통해 새로운 브랜드 교육 프로그램을 확정했다. 첫 단계는 인식의 전환을 만들기 위해 과도하다 싶을 정도로 책을 읽고 리포트를 작성하게 했다. 교육과 함께 일상 업무들이 있기에 리포트 내는 날은 멤버들이 밤을 새다시피 했다.

그래서 짧은 시간 안에 패러다임 전환이 이루어졌다고 생각하나?

티핑 포인트라고 하나? 첫째 날, 브랜드에 대한 책을 읽고 강의를 들을 때까지만 해도 그다지 변화가 없는 듯했는데, 그날 오후 현대카드를 방문했을 때 전환의 가능성을 느꼈다. 당시 브랜드가 좋긴 하지만 과연 회사를 변화시킬 정도로 효과나 파급력이 있을까 반신반의하는 직원들이 많았다. 커피 같은 비교적 통일된 소비자와 상품이 존재하는 곳에서는 브랜드가 중요하지만 남녀노소 누구나 사용하고 다양한 서비스를 제공하는 포털에서는 어느 한 곳에 포커스가 맞추어진 브랜드를 만들기 쉽지 않다고 생각했다.

그런데 어떤 일이 일어났나?

얼마 전만 해도 신용카드 시장 역시 차별화된 브랜드가 없기는 포털 시장과 마찬가지였다. 똑같은 카드 크기에 비슷한 포인트 제도에, 비슷한 현금서비스 수수료였다. 그런데 현대카드가 광고만 잘하는 회사인 줄 알았는데 그게 아니라는 걸 느꼈다. 일단 생각보다 작은 회사 규모에 놀랐다. 이 정도 규모의 회사가 2등까지 치고 올라온 것은 단순히 서비스가 좋아서라고는 설명이 되지 않는다. 그게 직원들의 이성적 동의를 얻어냈다. 마케팅 본부장님이 직접 성장 과정을 설명하며, 사내 투어를 시켜주는데 브랜드에 대한 열정이 느껴졌다. 남들과 다른 독특하고 차별화된 카드를 만들기 위해 직원들의 사고방식을 개조하는 것이 교조적이라는 생각까지 들었다. 그런 에너지 가운데 파격적인 디자인 경영, 창의적인 슈퍼 콘서트 이벤트, 재미있는 광고들이 나오는 것이었다. 카드 회사에서 폰트를 개발하자는 아이디어 자체가 신선하지 않은가. 그런 에너지로 좋은 브랜드를 만들어 고객에게 사랑받을 수 있다는 것이 우리에게는 충격이었다.
브랜드를 일관되게 전달하기 위해 광고뿐만 아니라 사고방식, 사무실, 업무 스타일, 옷 입는 법, 영업, 기업 문화까지 집요하게 관리해나가는 것에 놀랐다. 자유로운 Daum에서는 상상할 수 없는 일이다. 다녀 와서 직원들이 하는 말이 현대카드 직원들은 생긴 것도 비슷한 것 같다고 했다. 일단 넥타이를 매지 않아도 옷의 컬러 톤이나 스타일을 맞추기에 실제로 현대카드 직원들은 비슷해 보인다. 그날 브랜드를 여러 측면에서 경험한 것이 실제적 학습 효과로 이어진 것 같다.

독서 ⇒ 과제 실습 ⇒ 강의 ⇒ 체험을 통해 패러다임 전환이 이루어졌다는 말인가.

맞다. 킥오프 미팅을 하고 일주일 후, 워크샵 첫날 하루 만에 이루어진 것이 나도 놀랍다. 그날 사내로 돌아와서 예정된 시간을 넘겨 가며 토론을 했는데, 매우 생산적이고 열정적이었다. 개인적으로 매우 만족스러웠다. 직원들이 스스로 깨닫고 변해야 한다고 자각했으니까. 그날 나는 브랜드 교육 프로젝트의 성공을 감지했다.

스스로 동기 부여 하고 인식을 전환한 것이 성공의 가장 큰 원인이라는 것인가?
그렇다.

그렇다면 인식 전환 이후 단계는 무엇인가?
Daum의 브랜드 정체성을 재정의하는 것이다.

어떻게 하는 건가?
프로세스는 간단하다. 가져갈 것을 강화하거나 수정하고, 버려야 할 것을 버리는 것이다.

무엇을 가져가고 버릴지 선택하기가 쉽지 않을 것 같다.
맞다. 쉽지 않은 일이다. 더욱이 책, 강의, 체험 학습을 통해 국내외 브랜드를 학습하다 보니 멤버들의 눈높이가 높아져서 쉽게 답이 나오지 않았다. 그러나 멤버들이 5주 동안 배운 지식은 이론이 아니라 경험과 체험을 동반했기에 짧은 기간 집중해서 우리만의 브랜드 아이덴티티를 잡아 가는 데 성공했다.

어떻게 발견한 것인가?
다음多音은 이름에서처럼 다양한 소리, 즉 다양성을 존중한다. 실제로 이것이 Daum의 중요한 문화이자 자산이다. 이것이 하모니를 이루어 화음이 되면 좋지만 잘못하면 소음이 된다. 브랜드 관점에서 Daum이 소홀했던 것은 다양한 소리를 화음으로 만드는 작업이었다.

예를 들면 어떤 것인가?
우리 직원들은 전문성을 갖춘 열정가들이고, 사고도 개방적이다. 그래서 특별한 지시가 없어도 자발적으로 창의적인 서비스를 개발하며 서비스 하나 하나의 완성도도 높다. 그러나 다양한 서비스들이 각자 경쟁력을 갖추는 것도 중요하지만 그것을 화음으로 만들어 내는 브랜드적 관점이 부족했다. 결국 개인의 잘못은 없는데 전체의 잘못이 되는 형국이다.

그러한 생각을 어떻게 공유했나?
워크샵 도중 일관성의 힘을 배우기 위해 영화 〈300〉을 함께 보는 시간이 있었다. 교육이라는 것이 책을 읽는 것보다 함께 경험함으로써 마음을 모으는 것이 효과적이다. 300명과 100만 명이 싸우면 결과는 뻔하다. 그런데 기준이 다르면 결과가 달라진다는 것을 알았다. 평야에서 전쟁을 하면 군사가 많은 쪽이 유리하지만, 좁은 협곡에서 싸우면 군사가 아니라 일대일 대결에서 승부가 갈린다. 강한 군사 한 명 한 명이 창과 방패로 진陣을 짜서 그 자체가 완벽한 무기가 되어 100만을 무찌른다. 그때 한 명이라도 진을 갖추지 못하면 무너진다. 모든 서비스가 하나의 컨셉을 이루면 강력해지지만 그렇지 못하면 무너지는 것과 같다.

정체성을 찾는 데, 컨셉과 일관성이 중요하다는 말인가.
내가 무엇을 가지고 있는지보다 기준을 일관성 있게 세우는 것이 중요하다는 것이다. 시장점유율이나 순위, 그리고 리서치 결과에 매몰되면 답이 나오지 않는다. 시장이나 경쟁업체의 기준이 아니라 나의 기준을 만들어 나가는 것이 중요하다.

예를 들면 어떤 의미인가?
마이크로소프트가 거대한 모범생 남자의 모습인 데 반해, 애플은 작지만 매력적인 꽃남의 모습이다. 포털 브랜드도 각자의 색깔을 가지고 있는데 A 포털 브랜드가 깔끔하고 모던한 모범생 이미지를 가지고 있다면 Daum은 이와 다른 정체성을 가지고 있다. 문화적 다양성을 담을 만한 그릇이 크다는 것이다. 이런 Daum의 정체성을 이해하고 그것을 일관되게 밀고 나가는 작업이 중요함을 깨달았다. 그래서 업계에서 좋아하는 기준에 얽매일 것이 아니라 Daum의 전통과 문화적 다양성, 친근함을 긍정적으로 브랜드 휠에 담아 냈다. A브랜드가 강남 스타일이라면 Daum은 자유로운 홍대 스타일이다. 누가 더 나은 것이 아니라 나의 기준을 어떻게 명확히 하느냐가 중요하다. 이것이 브랜드 아이덴티티를 찾는 것이라 생각한다. 다시 한 번 강조하면 나의 아이덴티티는 내 안에 있다. 다음의 다양함은 굉장한 자산이고 이것을 브랜드적으로 풀어 내는 것이 중요하다.

혹시 일하는 방식에도 변화가 있었나?
일단 공통의 커뮤니케이션 용어가 생겼다. 워크샵 내내 Daum다운 것은 무엇인가 고민했기에 새로운 서비스를 기

Next Daum Brand TFT는 브랜드 교육을 통하여 브랜드 관점을 체질화하고 스스로 자기다움을 발견했다.

"공통의 커뮤니케이션 용어가 생겼다. 워크샵 내내 다음다운 것은 무엇인가 고민했기에 새로운 서비스를 기획할 때 어떻게 하면 다음답게 만들까 고민하게 되었다. 그리고 이것을 마케팅, 디자인, 개발 팀이 함께 공식적으로나 비공식적으로 고민했다."

획할 때 어떻게 하면 다음답게 만들까 고민하게 되었다. 그리고 이것을 마케팅, 디자인, 개발 팀이 함께 공식적으로나 비공식적으로 고민했다. 일찍부터 브랜드를 도입한 산업에는 당연한 일이겠지만, 우리에게는 생소했다. 예를 들어 실험실이나 연구실에서 연구원들이 브랜드 관점으로 사고하는 모습을 상상해 보면 쉬울 것이다. 그래서 앞으로 Daum만의 정체성을 가지고 일관되고 통합된 결과물이 나올 것 같다. 브랜딩이라는 것은 결국 통합과 일관의 힘이니 말이다. 영화 〈300〉에서처럼 300명이라도 통합되고 일관되게 나오면 100만을 이길 수 있다.

문효은 현 다음커뮤니케이션 COO(Chief Operating Officer)로 (재)대화문화 아카데미 정보화 프로그램 매니저, 컨설팅사 아이비즈넷 이사, 레벨업 대표이사, 이화여자대학교 이화리더십개발원 소장, (재)다음세대재단 대표를 역임한바 있다.

김경필 한양대학교 화학과를 졸업한 그는 Carnegie Mellon University에서 MBA를 마쳤다. SK, 삼성증권, ㈜조닉스프로덕션, ㈜모라비안바젤컨설팅을 거쳐 현재는 ㈜유니타스클래스 이사로 재직 중이다. 저서로는 《쿨 마케팅》이 있으며 공저로 《블랙홀 시장창조 전략》 《스타워즈 엔터테인먼트 마케팅》 등이 있다.

브랜드 변화 관리 코칭 및 교육 프로그램

브랜드 체질화 학습법

유니타스클래스 **대표 김우형**

요사이 브랜드 교육에 관심을 갖는 이유는 아주 간단하다. 상품이든 서비스든 과거에 했던 방식으로는 판매되지 않기 때문이다. 예를 들면 우리가 인텔에 대해 아는 것이라곤 파란색 스티커와 그들의 독특한 음향효과뿐이다. 우리는 대부분 실제 마이크로프로세서를 보지못했으며 그것이 컴퓨터에서 어떻게 운용되는지도 알지 못하지만, 우리는 기꺼이 파란색 스티커에 40%나 높은 값을 지불한다. 이것이 브랜드의 힘이다. 브랜드는 이렇게 감성적인 마케팅은 필요할 것 같지 않은 기술 집약적이면서도 이성적인 하이테크 비즈니스에서도 위력을 발휘한다.

그러나 브랜드 교육은 간단한 문제가 아니다. 브랜드 교육은 브랜드 관리 기술의 습득이 아니라 직원들이 전사적으로 브랜드적 관점으로 사고를 전환해야 성공할 수 있기 때문이다. 포털 시장의 Daum처럼 사업을 잘 영위하다가 브랜드에 대한 니즈가 만들어지는 것은 성숙된 시장에서 치열한 경쟁을 치르는 기업이 맞닥뜨리는 자연스러운 현상이다. 처음 사업을 시작할 때는 비어 있는 시장에서 자신의 상품과 서비스를 잘 구현하는 데 집중하면 되지만 경쟁이 심해지고 상품이 대중화되면 고객은 그 이상의 것을 요구하게 된다. 결국 소비자는 무언가 독특한 차별점이 있거나 감성적 소구를 느끼는 브랜드를 구매하게 되는 것이다.

Daum도 같은 이유에서 만나게 되었다. Daum이 요청한 것은 3개월 안에 중장기(2~3년) 브랜드 전략을 수립하는 것이었다. Daum은 처음에 브랜드 컨설팅을 의뢰하였으나 Daum의 경영진과 우리는 곧 컨설팅보다는 교육이 적합하다는 결론을 내렸다.

그 이유는 Daum만의 독특한 문화를 지키며, 브랜드를 사내에 체질화하려는 경영자의 의지 때문이기도 했다. 강력한 내부 문화가 있는 기업의 경우 외부 기관이 어떤 컨설팅 솔루션을 내놓아도 이를 실행하는 데 많은 어려움이 예상된다.

Daum의 문화라는 것은 이렇다. Daum은 국내 최초의 포털이라 할 수 있기 때문에 업(業)에 대한 뚜렷한 가치관을 가진 전문가 그룹이라 할 수 있다. 또한 창업자이자 전 대표이사 이재웅 씨에서 비롯된 수평과 자율의 소통 문화를 가지고 있다. 벤처기업에서 대기업으로 성장했지만 여전히 수평적이고 자유로운 소통을 중요시하여 직원 개개인은 자신의 일을 자유롭게 진행한다. 전문성을 갖추고 자율성이 높은 문화 가운데서 브랜드를 조직 내에 점진적으로 적용시키는 것은 가능하지만 단기간에 적용시켜 성과를 내는 것이 쉬운 일은 아니다.

그러나 Daum과 우리는 결과적으로 '브랜드 교육'과 '중장기 브랜드 전략 수립'이라는 두 가지 목표를 촉박한 시일 내에 달성해야 했다. 전문 컨설턴트가 솔루션을 도출할 수 있는 정도의 시간 동안에 비전문가를 교육시켜 브랜드 마인드를 갖게 하고 스스로 브랜드 전략 프로젝트를 수행하도록 해야 하니 여간 힘든 프로젝트가 아니었다.

반면 교육 담당자 입장에서 보면 해결 과제가 있다는 것은 교육 효과를 높이는 데 가장 효과적인 방법이다. 교육을 진행하는 당사도 뚜렷한 목표가 있으니 컨설팅할 때와 같은 긴장감을 갖게 되었고 피교육자도 프로젝트를 풀어 가야 한다는 긴장감을 갖고 교육을 받았기에 좋은 효과를 얻을 수 있었다. 다만 교육과 브랜드 프로젝트 수행이라는 두 가지 목표를 조화롭게 할 방법론이 필요했는데, 이는 '브랜드 체질화 학습법'으로 해결되었다.

이론만으론 아무도 마케팅 플랜을 세울 수 없는 현실과 마찬가지다.

이론과 현장 실습이 융합된 교육을 설계하기 위해서 우리는 스스로 학습할 수 있는 도서를 까다롭게 선정하고 이를 현장에 스스로 적용할 수 있는 리포트 질문지를 만들었으며 이러한 리포트는 강의와 현장학습 토론에 적절히 적용되었다. 프로젝트 멤버 중 많은 사람들이 책에서 읽은 모든 사례가 Daum이 밟아 온 히스토리와 동일하다라고 말하곤 했는데 이는 목표에 따른 교육 설계의 결과다. 이를 위해 3~5년 차 직원부터 대표이사까지 12명의 핵심인원을 사전 인터뷰하여 프로그램을 설계했다. 사전 인터뷰를 통해 우리는 Daum의 기업문화적 특성, 브랜드 이해정도, 장애요인을 파악하고 이를 바탕으로 적합한 브랜드 과정을 설계했다.

따라서 유니타스클래스의 인스트럭터^{instructor}들은 Daum의 리더십, 문화, 전문성, 업무적 특징뿐만 아니라 프로젝트 참여자들 개개인의 특성까지 파악한 상태에서 짧은 시간 안에 교육 효과를 높이기 위한 최적의 도서, 동영상, 과제를 준비하고, 강의를 맡은 외부 전문가들 역시 같은 정보를 공유한 상태에서 강의를 진행하는 맞춤된 교육을 진행했다. 그래서 일견 아무 관련이 없어 보이는 영화 〈300〉에서 전략의 개념과 일관된 브랜드가 갖는 힘을 배울 수 있었다. 또한 프로젝트 참여자들에게는 단순히 이론의 습득이 아니라 Daum이라는 브랜드로의 적용점들을 반드시 찾아내고 이를 창의적으로 적용시켜야 하는 과제가 주어졌다.

* 유니타스클래스가 Next Daum Brand TFT를 대상으로 진행한 브랜드 체질화 워크샵 프로그램에 대한 세부사항은 46페이지의 Appendix(Building Next Daum Brand Workshop Module)에서 확인할수 있다.

브랜드 체질화 학습법 : 브랜드 케이스 워크샵

유니타스클래스는 Daum의 문화를 존중하고 브랜드적 관점을 체질화하기 위하여 브랜드 체질화 학습법을 적용했는데, 그중 브랜드 케이스 워크샵은 가장 효율적인 방법이었다. '책이나 케이스 학습 ⇒ 과제 학습 ⇒ 강의 ⇒ 현장체험 ⇒ 토론 ⇒ 프로젝트 적용' 순서로 진행된 이 방법은 자기 학습, 토론, 체험, 적용이 적절히 융합된 모듈을 통한다. 프로젝트 참여자들은 사전에 충분히 스스로 학습하고 일주일에 한 번 있는 8시간 이상의 워크샵을 5회 진행하여 브랜드에 대한 교육을 받고 실제 프로젝트를 수행하기에 이르렀다. 단언컨데 우리는 강의 위주의 교육으로는 어떠한 성과물도 낼 수 없다고 믿는다. 특히 브랜드 교육은 전문가의 도움을 받더라도 현장에서의 프로젝트 경험 없이는 이루어 질 수가 없다. 이는 마케팅의 기본인 4P Mix를 알고는 있지만

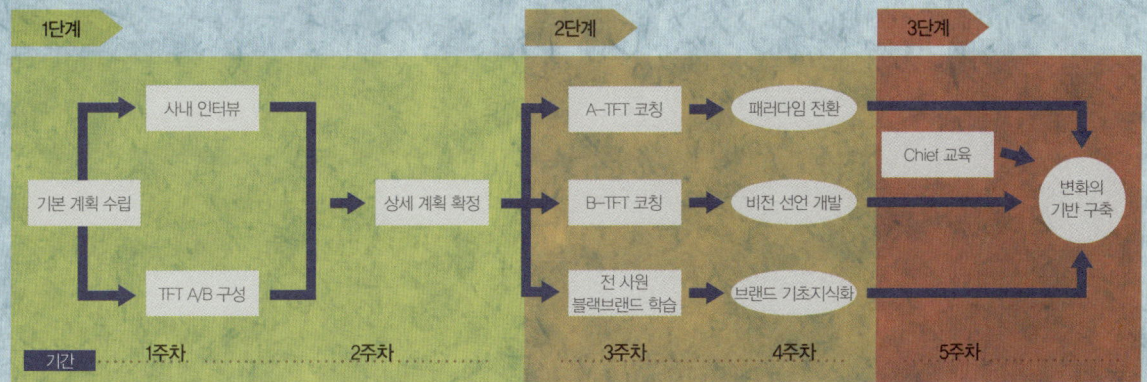

〈그림 1〉 유니타스클래스의 브랜드 변화 관리 코칭 및 교육 프로세스

브랜드 변화 관리 코칭 및 교육 패러다임

전사적 브랜드 관리
: MBB Management By Brand

브랜드에 대한 올바른 이해는 브랜드를 장기적으로 성장시키는 데 아주 중요한 요소다. 따라서 우리가 생각하는 브랜드 교육의 철학인 Management by Brand(p192 참고)의 세 가지 스텝을 설명한 후 이를 통해 구체적으로 Daum의 브랜드 교육에 어떻게 적용했는지 설명하겠다.

최근 많은 경영자들은 브랜드의 중요성을 알고 브랜드로 성공하고자 광고 예산을 늘리고, 탁월한 브랜드 매니저를 고용한다. 성격 급한 경영자들은 변변한 마케팅 조직도 없는 상태에서 많은 돈을 들여 브랜드 네이밍을 다시 하고 심벌을 만든다. 그리고 애플이나 스타벅스처럼 브랜딩을 하고 싶다는 욕심을 보이지만, 아직은 아무도 그런 브랜드를 만들지 못하고 있다. 그것은 우리가 브랜드의 성공 결과에 취해서 브랜드를 바깥에서만 보고 바깥 중심으로 브랜드를 만들어 가는 실수를 범하는 대표적인 예다. 다시 말해 그동안 Managing Brand, 즉 브랜드의 바깥 치장에 가까운 브랜드 경영에 치중했다. 그러나 정작 성공적인 브랜드를 만드는 것은 브랜드의 내부 경영에 있다.

지혜로운 경영자는 Management By Brand 즉, 브랜드를 통한 경영으로 브랜드를 안으로부터 관리하고 경영한다. 빙산의 일각처럼 보이는 10%의 빙산을 지탱하는 것은 보이지 않는 90%의 물에 잠긴 빙산의 어마어마한 부력이다. 브랜드를 멋지게 치장하기보다는 직원들 스스로 브랜드에 동화되도록 만들고 동화된 직원들이 브랜드 활동을 자발적으로 하게 이끄는 것이 MBB다. MBB를 실천하기 위해서는 세 가지 단계가 필요하다.

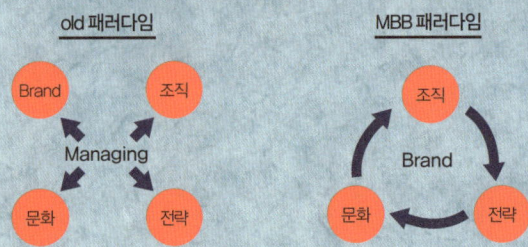

〈그림 2〉 과거의 브랜드 경영 패러다임 vs. 새로운 MBB 패러다임

● Step 1 : BrandView
브랜드 관점으로의 패러다임 전환

브랜드 관점으로 사고한다는 것은 그동안 비즈니스에서 우선시 되어왔던 가격, 품질, 스피드, 전략적 투자와는 차원이 다른 패러다임을 요구한다. 이것이 MBB의 첫 단추다. 그래서 부서별로 목표에 따라 열심히 해온 비즈니스 활동은 브랜드 관점에서 일관되고 통합되게 운영되어야 한다. 애플과 같은 브랜드를 만들고자 과거처럼 품질, 투자, 디자인 목표를 각각 세우게 되면 애플과 같은 스펙의 제품은 만들어도 애플과 같은 감성적 브랜드를 만들 수는 없다. 그래서 브랜드를 도입하려면 모든 부서의 직원이 브랜드 관점으로 생각하는 패러다임 전환이 이루어져야 하고, 우리는 이것을 BrandView브랜드뷰라고 명명했다.

일반적으로 BrandView가 없는 기업이 처하는 어려운 현실은 그 동안 직원 개개인이 브랜드 관점에서 업무를 추진할 필요가 없었다는 데에서 기인한다. 그래서 대체적으로 기업의 개별 상품과 서비스는 탁월하더라도 상대적으로 상품과 서비스를 모아 놓거나 브랜드 관점에서 보면 어떠한 기준에 의한 일관성이 부족하다. 각자의 생각대로 만들어

그 동안 Managing Brand, 즉 브랜드의 바깥 치장과 경영에 치중했다. 그러나 정작 성공적인 브랜드를 만드는 것은 브랜드의 내부 경영에 있다.

졌기 때문에 상대적으로 힘이 약한 것이다. 그래서 무엇보다도 브랜드의 통합과 일관된 힘에 대하여 강조한다.

통합과 일관의 브랜드적 사고를 하게 되면 업무 프로세스와 문화에도 변화가 일어난다. 일반적 기업의 상품 및 서비스 개발은 연구⇒디자인⇒개발⇒생산⇒유통의 과정을 순차적으로 거친다. 이러한 구조는 효율성은 있지만 브랜드의 통합성을 살리긴 힘들다. 그러나 BrandView를 가지고 통합과 일관의 중요성을 알게 되면 개발 초기부터 연구개발자와 디자이너, 마케터가 모두 모여 하나의 컨셉을 가지고 개발하기 때문에 상품과 서비스가 일관된 컨셉을 갖게 되고 비로소 온전한 브랜드가 된다.

BrandView 단계에서 맞닥뜨리는 또 하나의 큰 장애물은 브랜드에 대한 몰이해로 교육에 대한 몰입도가 낮아진다는 점이다. 만약 비싼 에비앙을 들고 다니는 고객의 마음을 이해하지 못한다면, 이는 서로 다른 정치 이념을 이해시키는 것만큼 어렵다.

그러나 Daum에서는 이러한 문제가 발생하지 않았는데 이유는 다음과 같다. Daum의 경영자들은 직접 워크샵에 참여하여 관심과 중요성을 비언어적으로 전달하였고 참석자들의 참여를 효과적으로 유도했다. 특히 문효은 부사장이 참석자 모두에게 전화나 이메일로 중요성을 전달했던 것은 확실한 효과가 있었다. 이러한 부분은 교육기관이 감당하기에는 불가능한 부분인데 Daum은 이러한 보이지 않는 지원으로 교육의 효과를 극대화하였다. 즉, BrandView 단계에서는 경영자의 의지가 있어야 제대로 된 성과가 나타날 수 있는 것이다.

몰이해를 깨는 가장 좋은 방법은 종교적 전도 방법과 비슷하다. 예수님은 처음 반신반의 하며 주저주저 하는 제자들에게 이렇게 말한다. "와서 보라!" 즉, 브랜드로 성공한 사람의 말을 직접 듣고 보는 것이다. 그리고 그것이 곧바로 토론으로 이어진다면 브랜드에 대한 닫혔던 마음이 열리게 된다. 교육 과정에 현대카드와 같은 브랜드 경영 기업을 투어하는 프로그램을 구성한 것이 바로 이와 같은 이유다.

● Step 2 : BrandNess
브랜드 정체성 '자기다움'의 발견
명품 브랜드들이 돋보이는 이유는 디자인이 좋아서라기보다는 자신만의 고유한 정체성이 있기 때문이다. 브랜드는 제품, 광고, 매장, 그리고 삶의 현장에서 자신만의 독특함을 나타낸다. 일관된 브랜드 정체성의 발견, 즉 자사 브랜드의 자기다움을 찾아 강화할 것은 강화하고 나머지는 버리는 것이 중요하다. 이것이 바로 브랜드 정체성과 거의 일치하는 제대로 된 브랜드의 BrandNess브랜드니스다.

Daum은 '자기다움DaumNess'이 무엇인지 알기 위하여 브랜드마케팅 팀에서 보고한 고객조사를 참고 했다. 다행히 조사 결과에는 'Daum스러운' 것은 많았다. 우리의 과제는 'Daum답다'로 정체성을 말할 만한 많은 요소 중 대표 아이덴티티를 선택하고 재정의하며, 때로는 버리는 것이었다.

이때 좋은 방법은 타 산업의 사례를 벤치마킹하는 것인데 우리는 자동차산업에서 폭스바겐의 비틀과 스포츠 용품 브랜드 잭니클라우스에서 영감을 얻었다. 비틀과 잭니클라우스는 공통점이 있는데 모두 오랜 기간 업계 1위나 챔피온의 위치에 있었다가 어려움을 겪은 후 다시 명성을 회복한 전통의 브랜드라는 것이다.

예를 들면 1940년대 소형차 시장을 평정했으나 그 위력을 잃어버린 비틀은 최근 아주 모던하고 트렌디한 모습으로 변모하여 사랑받고 있다. 과거의 비틀과 새로운 비틀은 전혀 다르면서 같은 모습을 공유한다. 뉴비틀은 과거의 비틀이 그랬듯 작고 아담하고 클래식한 디자인을 그대로 유지한다. 즉 작고 올드한 디자인을 정통성과 오리지널리티로 재정의한 것이다. 뉴비틀은 '작고 오래된 차가 아닙니다. 이것은 클래식입니다'라고 말하는 듯 자기 정체성을 재정의함으로써 소비자들에게 사랑받고 있다.

한국 골프웨어 시장에서 1~2위를 하는 잭니클라우스도 한때 과거의 챔피온이라는 오랜된 이미지로 어려움을 겪었다. 그러나 잭니클라우스라는 과거의 낡은 챔피온에서 전통의 챔피온으로 부활시키려는 리뉴얼 전략이 성공하여 트렌드가 중요한 패션 시장에서 여전히 사랑받고 있다. 이처럼 포털 시장에 전통을 가지고 있는 Daum도 브랜드 휠brand wheel이라는 도구를 통해서 자신이 갖고 있는 고유한 브랜드 요소를 강화시키거나 재정의하고 버리는 작업으로 새로운 브랜드 정체성을 찾아가게 되었다.

● Step 3 : BrandShip
Brand + Leadership = BrandShip

기업이 브랜드로 혁신하여 이룰 수 있는 최고의 수준은 브랜드가 외적으로 시장에서 강력한 리더십을 갖고, 내적으로는 직원들이 사장이나 사내 규정이 아니라 브랜드를 따르는 상태다. 다시 말해 브랜드 자체가 리더십을 갖게 되는 것이다. 이렇게 조직 전체가 브랜드에 의한 의사결정이 이루어지고 브랜드의 방향성인 BrandWay브랜드웨이로 움직이는 브랜드를 우리는 BrandShip브랜드십을 갖춘 브랜드라고 말한다.

에버랜드의 청소부는 롤러스케이트를 타고 청소가 아닌 묘기를 보여준다. 브랜드가 BrandShip을 갖게 되면 직원들은 자신들의 업무를 과거와 달리 정의하고 그 브랜드답게 일을 하게 된다. 유니클로는 '정말 좋은 옷'을 위해 편집증적으로 열심히 매달린다. 이들에게는 다른 어떤 이슈보다도 정말 좋은 옷이 가장 중요한 브랜드 이슈이기에 정말 좋은 옷을 만들기 위해 정말 좋은 소재, 가장 발색이 좋은 컬러를 만들어 내는 데 아낌없이 투자한다. 이들이 편집증적으로 정말 좋은 옷을 만드는 이유는 그것이 유니클로다움이라고 믿으며 그들은 유니클로 웨이(방법과 방향)가 무엇인지 정확히 알기 때문이다.

기업에서는 상황에 따라 이슈가 바뀐다. 불황에는 비용이, 호황에는 성장의 기회가, 평소에는 품질이나 서비스가 이슈다. 그러나 어떤 상황에도 변하지 않는 BrandWay가 있고, 이를 통해 기업의 구성원들이 한 방향으로 움직인다면 이것이 내적으로 브랜딩이 완벽히 된 상태라고 말할 수 있다. 내적 브랜딩의 완성 단계인 BrandShip을 갖게 되면, 자연스레 시장에서도 고객을 이끄는 브랜드 리더십을 갖게 된다.

〈그림 3〉 old 비틀 vs. new 비틀

교육의 이해도가 무척 빨랐던 Daum의 TFT 멤버들은 놀라운 속도로 BrandShip 단계로 올라갈 수 있다는 가능성들을 보여주었다. 브랜드의 중요성을 인식하자 적어도 프로젝트에 참여했던 멤버들은 개발자와 디자인·마케팅 부서가 개발 전부터 사전에 함께 기획하는 프로세스를 밟게 되었고 이를 전체적인 컨셉에 맞추어 나가는 것이 중요하다고 여기게 되었다.

5주간 워크샵을 마치고 최종 임원 보고를 하면서 Daum의 직원들은 BrandView를 가지고 브랜드를 정의했으며, 그 DaumNess로 Daum이 움직일 수 있도록 창의적인 툴을 만들기 시작했다. 통합과 일관의 브랜드를 만들기 위해 브랜드 휠이라는 일반적인 방법론을 학습시켰는데 Daum의 직원들은 '6-code 매트릭스'라는 독특한 브랜드 맵을 창조하여 자신들만의 방법론으로 DaumNess를 업무에 맞게 발전시켜나갔다. 6-code 매트릭스는 Daum다운 결과물을 내기 전 DaumNess를 점검하는 브랜드 컨셉 툴의 파생품인데 이러한 창의적 툴을 빠른 시간 안에 적응하는 것을 보고 우리도 놀랐다.

브랜드에 대한 이해와 정체성의 발견, 이를 기업 내부에서 실현해 나감으로써 브랜드와 기업이 BrandWay에 의해 움직여 질 때 브랜드는 그들이 소비자에게 진정으로 전달하고 싶어하는 브랜드를 완벽히 커뮤니케이션할 수 있을 뿐만 아니라 제대로 된 브랜드 경험을 전달할 것이다.

Management by Brand는 결국 조직을 브랜드에 의해서 움직이게 하는 것이다. 이는 브랜드에 대한 관점의 전환으로 구성원 모두가 패러다임 전환을 이루고 브랜드의 정체성을 찾음으로써 결국 브랜드가 시장에서 강력한 리더십을 갖게 한다. 이러한 리더십은 에버랜드의 청소부처럼 자신의 업무를 브랜드 차원에서 창의적으로 정의하고 해결해나갈 때 완성될 수 있다.

> 조직 전체가 브랜드에 의한 의사결정이 이루어지고 브랜드의 방향성인 BrandWay로 움직이는 브랜드를 우리는 BrandShip을 갖춘 브랜드라고 말한다.

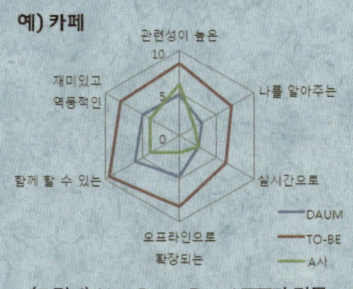

〈그림 4〉 Next Daum Brand TFT가 만든 6-code 매트릭스

김우형 서울대학교 경영학과를 졸업한 그는 The University of Chicago에서 MBA를 마쳤다. 머서 컨설팅사와 모라비안바젤컨설팅에서 컨설턴트로 근무한 바 있으며 현재는 ㈜유니타스클래스 대표로 재직 중이다. 저서로는 《도시재탄생의 비밀, 도시브랜딩》이 있으며 공저로 《블랙홀 시장 창조전략》 《스타워즈 엔터테인먼트 마케팅》 《헬퍼십》 《리더십 바이러스》 《양손잡이 리더십》 등이 있다.

MINI INTERVIEW

브랜드뷰를 갖게 된다는 것
Life On BrandView

The interview with 다음커뮤니케이션 FST 센터장 전정환
Interviewed by 유니타스클래스 이사 김경필

Daum은 최근 Life On Daum이라는 결과물을 냈는데, 그 전에 코칭 및 교육이 있었다. Next Daum Brand TFT에서 받은 브랜드 교육은 이전에 받은 교육과 어떤 차이가 있었나?

교육이라기보다는 Daum의 문제를 해결하는 시간이었다. 평상시에 업무에 치여 자신의 서비스만 보던 여러 사람이 모여서 서로 다른 관점을 확인하고 생각을 맞추어 나간 것 같다. 교육 내용도 조금 달랐다는 느낌이다. Daum에 입사하기 전에 동업 형태로 벤처 회사도 운영하면서 여러 번 실패를 경험했다. 그러면서 브랜드 관련 책으로 공부해 보기도 했는데 당시에는 준 경영자 정도였음에도 그다지 와 닿지 않았다. 그런데 이번 교육에서는 인스트럭터들이 브랜드 전문가였고, 회사의 브랜드마케팅 팀도 함께 있어 같은 이슈에 대해서 치열하게 고민하는 사람들과 함께 하니 진도가 빠르게 나간다는 느낌이 들었다.

그래도 빠른 시간에 교육 효과를 얻고 결과를 도출해야 한다는 높은 목표가 있었기 때문에 어려운 부분도 있었을 것 같다. 교육을 진행하면서 환경상의 장애물은 없었나?

업무를 하면서 과제를 해야 한다는 것이 가장 어려웠다. 일주일에 책을 4권정도 읽고 리포트를 쓰고 발표를 준비해야 했다. 그리고 두 달간 일주일에 하루를 워크샵을 위해 뺀다는 것이 쉽지 않았다. 본부장들은 팀장들에게 위임을 하고 알아서 조정하면 됐을 텐데, 팀장이나 팀원들은 더 힘들었을 거다. 이것 때문에 업무에 지장을 줄 수 없으니 말이다. 그런데 결과적으로 그 과제들이 많은 도움이 됐다. 다른 브랜드 케이스에서 알게 된 컨셉을 Daum이나 경쟁사에 적용해 볼 수 있었다. 과제들이 적절하게 구성되었던 것 같고, 서로 리포트를 프린트해서 공유하게 하는 것도 구성원들의 생각을 아는 데 도움이 됐다.

이 교육을 통해 가장 크게 얻은 점이 있다면 무엇인가. 단순한 지식은 아닐 것 같다.

동지애가 생겼다고 할까. 그동안에는 디자인센터장님이나 서비스본부장님들끼리는 주로 업무로만 소통했다. 그런데 이 교육이 끝나고 나서 개인적인 소득이 있다면 그분들과 함께 일하는 것이 굉장히 원활해졌다는 것이다. 척하면 척 아는 듯한 느낌이 든다. 현대카드에 갔을 때도, '왔노라 보았노라 이겼노라'는 느낌을 함께 받았다는 것이 중요했다. TFT에 모인 사람들을 보고 느꼈겠지만 이들은 의외로 Daum에 대한 이미지나 브랜드 가치에 비슷한 생각을 가지고 있다. 단지 그것이 대화로 공유되거나 전략적인 단계로 성립되지 않았을 뿐이었다. 그러다 보니 서로 더 빨리 이해하게 됐다. 새로운 관점과, 관계, 그리고 자신감이 생긴 것 같다.

그래서인지 몰라도 재미있는 경험도 있었다고 들었다.

막바지에 이르러서는 농담처럼 말하기는 했지만 사소한 것에 계시를 받았다는 느낌이 들었다. 마지막 2박 3일로 워크샵 갔을 때 우리는 'ON'이라는 단어에 빠져 있었다. 이 단어의 브랜드적 의미에 대해 토론하고 고민하고 프레젠테이션하며, 늘 스마트폰에 메모하던 것도 기억난다. 꿈에서도 생각날 정도였다. 그러다 'always on you'라는 것에 대해 이야기하는데, 우연히 밖에서 같은 제목의 팝송이 들렸을 때 이것은 계시가 아닐까 하는 생각이 들었다. 그래서 더 확신한 것 같다. 브랜드란 약간의 종교적인 것이라고 하는데, 우리도 어느 순간을 넘어서면서 모두 그것을 믿는 과정이 있었던 것 같다.

구성원들이 브랜드 대해서 그 정도로 몰입했다니 열정이 느껴진다. 모든 구성원이 브랜드 키워드로 소통했다고 해석을 해도 되나?
그럴 수 있다. 과거에는 해결되지 않던 문제들이 브랜드 워크샵을 통해 같이 고민함으로써 모두가 아주 깊이 몰입했다. 과제를 수행하면서 우리 스스로 결과물을 만들어야 했기 때문에 내 것이라는 기분으로 열정을 다했다. 컨설팅 결과물에 대한 실행 몰입도와는 차원이 다르다. 그렇기 때문에 동지애가 생기고 실무에 적용도 가능한 것 같다.

그렇지만 아무래도 교육은 시간이 걸린다는 문제가 있다.
보통 CEO와 컨설턴트가 독대해서 결정하고 지시에 따라 일사불란하게 해결하는 것이 빠르다. 그런데 말하자면 다국적군인 우리에게 함께 모여 토론을 하라니 초반에는 사실은 지지부진하게 느껴지기도 했다. Daum이 초창기부터 가지고 있던 '소통'이라는 키워드로 Daum의 자산과 본질을 고민하다 보니 그 안에서 맴도느라 한 걸음도 못 나갔다. 하지만 이게 맞는 것 같았다. 결과적으로는 의미 없어 보이던 논쟁이 나중에는 더 속도를 내게 했다.

교육이 잘 진행되기 위한 환경은 어떤 것이 필요하다고 생각하나?
CEO의 신임이 굉장히 중요한 것 같다. CEO가 여기에 뭔가 기대한다고 말씀하시고 가끔 와서 보시는 등 관심이 없었다면 '우리에게 왜 이걸 시켰나, 우리의 결정을 무시하고 다른 결정을 내리면 어쩌지, 나중에는 의사 결정자들이 결정하겠지'라고 의심했을 거다. 우리가 하는 일에 회사의 성패가 달렸다고 말씀해 주시고 힘을 싣는 메시지를 계속 던져 주셨기 때문에 끝까지 몰입할 수 있었다.

궁극적으로는 이러한 생각들이 TFT만이 아닌 전사적으로 공유되어야 한다. 브랜드 관점으로 일하려면 어떠한 작업이 필요할까?
일단 내부적으로 함께 리뷰할 수 있는 우리만의 브랜드 코드 툴을 만들어서 공유하고, 그것을 기준으로 실제 업무에 적용할 수 있도록 할 것이다. 그래서 만든 것이 6-code 매트릭스인데, 아직은 부족해서 더 발전시켜야 할 것 같다. 실제로 잘 진행되는 쪽에서는 예를 들어 아이폰 어플리케이션을 만들어도 "이건 ON(Daum)스럽지 않은데, ON스럽게 만들어 봐"라는 대화가 오간다. 이렇게 사소한 것들이 실제로 변화하는 모습이라고 본다. 이런 것들이 디지털 사이니지 digital signage와 같은 비즈니스적인 의사 결정에도 영향을 미치는 것 같다. 하지만 어려운 것은 '종전의 것이 있는데 왜 굳이 이렇게 해야 하나'라는 생각을 하는 사람들이 대부분이라는 것이다. 이때는 브랜드 관점을 더 깊이 있게 숙지한 리더들이 브랜드 관점으로 만들어지는 결과물에 힘을 실어 주는 과정이 필요할 거라 본다.

브랜드 관점으로 일한다는 것은 무엇이며, 그것은 왜 중요하다고 생각하나?
서비스를 만들다 보면 사용자 중심으로 만들어야 한다는 이야기를 많이 한다. 하지만 이전에는 그것이 의미하는 바를 정확하게 몰랐던 것 같다. 사용자들은 Daum이라는 브랜드와 함께 서비스를 인식하기 때문에 브랜드적인 관점 없이 서비스를 개발하면 사용자들에게 온전한 브랜드 경험을 전달할 수 없다. 그래서 서비스를 만들 때나 사소한 의사 결정을 할 때도 브랜드가 우선순위의 상부에 있어야 한다는 생각이 든다. 예전에도 그런 생각을 했지만 직관적으로만 느끼던 것들이 교육이 끝난 후 조금 통합이 되는 것 같다. 중요한 것이 무엇인지 다르게 보기 시작했다.

이렇게 구현된 Life On Daum의 2~3년 후가 기대된다.
나 역시 그렇다. 브랜드의 장기적인 경쟁력을 위해서는 확실한 대안이 되리라 믿는다.

전정환 현재 다음커뮤니케이션의 PC, Mobile, TV, Digital Signage를 위한 기술 센터 Four-Screen Technology 센터장으로 재직 중이다. 1997년 폰트에디터 개발로 IR52 장영실상을 수상한 바 있으며 다음커뮤니케이션에서 한메일 Express, 아이폰 다음지도 어플 PM 등을 수행했다.

APPENDIX 1.

BUILDING NEXT DAUM BRAND WORKSHOP MODULE

다음은 유니타스클래스가 Daum에서 진행한 브랜드 워크샵의 내용이다. 5차 워크샵 중 1차 워크샵을 사례로 브랜드 교육 워크샵 모듈을 소개한다.

A. 사전 인터뷰
12명의 워크샵 참석자 및 임원을 대상으로 인터뷰를 통해 교육 목표 수립 및 참석자 니즈와 특성 파악

B. 교육 설계
브랜드 교육, 브랜드 프로젝트를 수행할 수 있는 교육 커리큘럼 설계

C. 과제 설계
책과 케이스 학습 ⇨ 과제 ⇨ 강의 ⇨ 현장 체험 ⇨ 토론 ⇨ 프로젝트 적용

D. 케이스 스터디 과제 질문
현장에 적용 가능한 케이스 스터디 과제 질문으로 일주일 안에 필독서 3~4권을 읽고 리포트 형식으로 질문에 답하도록 하는 교육 방식

참고: Appendix 2, 2차 워크샵 과제 예시

E. [예시] 워크샵 스케줄

일정	내용
09:00~09:10	진행 리뷰 및 daily plan
09:10~11:20	강의: 비지니스의 강력한 솔루션, 브랜드 토론: 브랜드 이슈제기
11:20~11:30	휴식
11:30~11:45	현대카드 투어 과제 설명
11:45~13:30	현대카드로 이동 및 점심식사
13:30~15:30	현대카드 투어
15:30~16:40	Daum으로 이동 및 휴식
16:40~18:00	현대카드 과제 토론 및 발표
18:00~18:50	저녁식사
18:50~20:45	팀별 토론(Daum다움'의 전략 활용 가능성)
20:45~21:00	Wrap-up 및 과제 설명

필독서 리스트

일시	필독 도서명	참고도서명
1일차	• 《Black BRAND》 1권 • 《Unitas BRAND》 Vol. 10 디자인 경영 중 현대카드 케이스 • INSEAD 현대카드 케이스 아티클	• 《네버랜드 브랜딩 전략》 • 《데이비드 아커의 브랜드 경영》
2일차	• 《브랜딩 불변의 법칙》 • 《쿨마케팅》 • 《4D 브랜딩》	• 《Black BRAND》 2권
3일차	• 《마이크로 트렌드》 • 《왓츠 넥스트》 • 《4D 브랜딩》	
4일차	• 《네버랜드 브랜딩 전략》 • 《닌텐도 이야기》 • 《빙산이 녹고있다》	
5일차	팀별 최종 보고서 작업으로 대체	

각각의 필독서는 Daum의 사례를 반영하고 적용시키기 위해 적용 가능한 이론서와 사례서 중심으로 채택됨. 따라서 같은 브랜드 교육이더라도 기업에 따라 달라짐.

F. 2박 3일의 최종 MT
5회의 브랜드 워크샵이 종료된 후 최종 브랜드 전략을 수립하기 위해 2박 3일간의 워크샵을 통해 결과물 작성. 사무실과 떨어진 장소에서 임원들과 TFT 멤버들은 브랜드 관점에서 치열한 토론을 벌이며 Daum에 적합하고 실용 가능한 대안을 세움

※자료제공 : 유니타스클래스

APPENDIX 2.

2차 워크샵 과제 예시

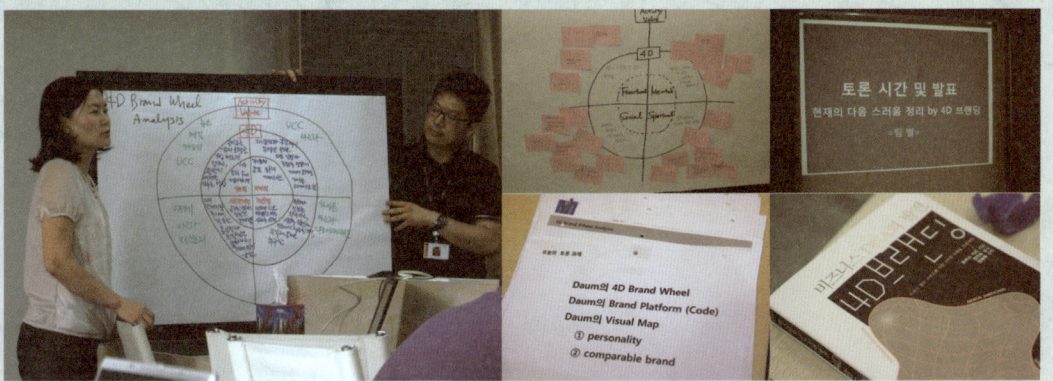

과제의 중요성 및 작성방법

1. 과제의 중요성 및 배경
과제는 워크샵의 이해도를 높여 좋은 성과를 도출하기 위한 도구입니다. 주별 과제는 다음 워크샵의 주제에 맞추어 필요한 도서를 읽고 Daum에 실제적으로 적용하기 위한 사고를 하기 위해 만들어졌습니다. 따라서 단순히 질문에 대한 답을 하는 것에 그치지 말고 책을 통해 Daum에 적용할 수 있는 다양하고 창의적인 아이디어를 A4 용지(3~5장 내외)에 적어 오시기 바랍니다. 당신의 아이디어를 글로만 표현할 수 없다면 각종 사진과 동영상 등을 제시해도 좋습니다. 대부분의 과제는 워크샵에서 진행하는 팀 토론 주제이므로 개인적으로 잘 준비하셔서 팀에 많은 기여를 하시기 바랍니다. 팀 과제(3~4주 차 과제)가 있을 경우 팀과 별도로 미팅하기를 권합니다.

[중요] 과제의 참고 도서와 함께 개인이 업무를 진행하면서 느낀 점, 적용하고 싶은 아이디어가 있다면 과제에 충분히 반영하시기 바랍니다. 아울러 팀원들과 공유하고 싶은 자료가 있다면 주저하지 말고 자유롭게 가져오시고 같이 토론하시기 바랍니다.

2. 과제 제출 방법 및 용도
작성한 과제는 2부를 출력하여서 1부는 워크샵 시작 전 유니타스클래스의 과제담당자에게 제출하시고 나머지 한 부는 개인 파일에 보관하여 토론시 활용하여 주시기 바랍니다.

[2차 워크샵 과제]

필독서를 읽고 다음의 질문에 답하여 다음 워크샵 시작 전에 제출하여 주시기 바랍니다. 업무상 진행한 아이디어나 적용할 점이 있다면 자유롭게 첨부하여 답안을 작성하여 주시기 바랍니다. 작성한 과제는 팀 토론시 적극 활용되오니 Daum에 실제적으로 적용될 수 있도록 작성하여 주시기 바랍니다.

1. [`~다움의 이점`] 《Black BRAND》 1권 '브랜드 숙성 기간 100년'(page 27-35), 《브랜딩 불변의 법칙》(page 10-50, 197-204)을 읽고 다음의 질문에 답하여 주세요.
   1) 자동차 업계에서 볼보와 BMW가 궁극적으로 추구하고 고객과 커뮤니케이션한 한 가지 가치는 무엇입니까?
   2) 일관되게 한 가지 가치를 고수한 것은 어떤 이점이 있습니까? Daum은 과거 이러한 통합되고 일관된 브랜드의 장점을 이용했습니까? 일관되게 브랜드를 관리해야 한다는 명제 아래서 Daum 브랜드를 스스로 평가해 보시기 바랍니다.
2. [고객 관점에서 Daum답다] 《쿨 마케팅》(page 22-58, 78-91), 《유니타스브랜드》 Vol.10(page 14-88, 105-171)을 읽고 다음의 질문에 답하여 주세요.
   [참고] 《유니타스브랜드》 Vol.10에는 다음 문제를 풀기 위한 해답보다는 인사이트를 받을 만한 사례가 많습니다. Daum과 비슷하기보다는 매우 다른 관점에서 접근 했기에 인내심을 갖고 읽어 보시기 바랍니다.
   1) 고객이 'Daum답다'고 느끼는 것은 무엇인지 구멍 관점과 드릴 관점에서 구체적인 사례를 들어 설명하세요.
   2) Daum의 서비스 및 상품 개발 프로세스를 점검해 볼 때 구멍 관점과 드릴 관점 중 어떠한 방법으로 접근하였는지 사례를 들어 분석해 보시기 바랍니다.
   3) Daum이 구멍 관점 접근법이 부족했다면 그 이유는 무엇이며, 구멍 관점 접근법을 적용하려면 어떠한 것(시스템, 문화, 사람, 전략, 재무적 투자 등)이 필요할까요?
3. [Daum답다 해부학] 위에서 읽은 책과 함께 《4D 브랜딩》(page 75까지)을 읽고 종합적으로 평가하여 답하여 주시기 바랍니다.
   1) 저자는 IT업계에서 인텔의 성공과 야후가 알타비스타를 이긴 사례를 마케팅과 브랜드 관점에서 설명하고 있습니다. Daum의 서비스 중 우수한 기술력을 보유했는데도 알타비스타처럼 고객에게 인정받지 못하는 서비스가 있다면 말해 보고, 그 이유를 구체적으로 서술하고 해결 방안을 제시하시기 바랍니다.
   2) Daum을 4D 관점에서 분석하고 정의하시기 바랍니다. 그리고 각 D별로 그렇게 정의한 근거와 이유를 간략히 설명하세요(아래의 매트릭스 활용).

기능적 차원	자아적 차원
관계적 차원	정신적 차원

   3) Daum의 경쟁사인 A사나 B사를 4D 관점에서 분석하고 정의하시기 바랍니다. 그리고 각 D별로 그렇게 정의한 근거와 이유를 간략히 설명하세요(위의 매트릭스 활용).

※자료제공 : 유니타스클래스

자기다운 BrandView 커리큘럼 구성법
고속 주행에서 고속 비행으로, 현대자동차

The interview with 현대·기아자동차 교육기획팀 차장 정주훈, 현대자동차주식회사 글로벌영업본부브랜드전략팀 과장 권기철

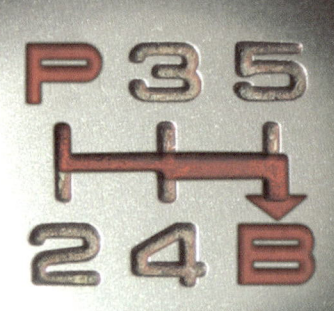

모든 기업이 처음부터 '자기다움'을 발견하고, 자기다운 브랜드 교육을 하는 것은 아니다. 3M은 창립 당시인 1902년에는 강옥석을 채굴해서 숫돌을 제조하는 업체였으나, 전설적인 CEO 윌리엄 맥나이트에 의해 1950년에야 새로운 비전을 수립했다. 아우디 역시 1980년대 이전에는 벤츠의 한 사업부였고 자신의 딜러가 없어 폭스바겐의 딜러 한구석에서 명맥을 유지하는 브랜드였다. 그러다 브랜드의 방향성(Vorsprung durch Technik, 기술을 통한 진보)을 정하고 20년 만에 지금의 아우디가 되었다. 짐 콜린스는 위대한 기업의 역사적 발전을 면밀하게 살펴본 결과 하나의 공통점을 발견했는데, 기업이 성장하다 어느 시점에 이르면 핵심 리더들이 '거부할 수 없는 비전'을 세웠다는 것이다. 현재의 많은 국내 기업들이 이 단계에 서 있다. 제조업을 기반으로 성장한 기업들이 브랜드 중심으로 핵심역량을 이전하고 있는 것이다. 현대자동차 역시 제품 중심에서 브랜드 중심으로 그 패러다임 전환기에 있다. 글로벌 브랜드로 도약하기 위해 비전을 재정립하고 전 사원이 브랜드 관점을 갖게 하기 위하여 마케팅아카데미를 필두로 BrandView 교육을 시작한 것이다. 현대자동차 마케팅아카데미 TFT의 두 담당자에게 배운 점은 BrandView도 '자기다운 커리큘럼'으로 교육하는 법이다.

현대자동차(이하 '현대차')는 인터브랜드가 선정한 세계 100대 브랜드에 올라 있는 국내 2개 기업 중 하나다. 그렇지만 자동차 브랜드로만 순위를 매겨 보면 현대차는 총 10개 자동차 브랜드 중 8위를 기록한다. 아직 이겨야 할 경쟁자들이 일곱이나 된다. 가장 크게 이 문제를 인식하고 있는 곳 역시 현대차다. 최근 중국, 인도 등의 자본력을 갖춘 신흥 기업들이 떠오르다 보니 품질 중심으로는 살아남을 수 없다는 인식이 팽배하다. 그렇지만 한편으로 우리는 시장에서 뒤처지고 있기 때문에 패러다임을 바꿔야 한다는 문제의식에 대하여 미래를 바라보는 경영진이 아닌, 현재를 살아가는 모든 직원이 가지기는 어려울 것이다. 그래서 현대차가 선택한 방법이 '교육'이다. 전사적인 교육을 통해서 '기술'이 아니라, '브랜드'로 현대차의 동력을 삼아야 한다는 점을 이해시키려는 것이다.

현대차의 BrandView 교육을 주도하는 정주훈 차장은 "마케팅아카데미는 현대차가 글로벌 브랜드로 도약하기 위한 준비 작업"이라고 말한다. "마케팅아카데미는 이 자체가 중요하다기보다 현대차의 장기 전략 중 하나다. 글로벌 탑 수준으로 가지 못하고 이 자리에 머무르면 안 된다는 위기의식 속에서 그 갭을 무엇으로 채울지 고민했다. 그중 하나가 교육이라는 툴로 전 직원에게 현대차의 미래상을 체화하는 것이었다."

현대차는 브랜드로 패러다임을 전환하기 위한 10년간의 장기 전략 과정 중 지금 절반 지점에 와 있다고 말한다. 하지만 지난 5년은 난항의 연속이었다. "브랜드전략팀이 처음 만들어진 2004년에는 무엇을 해야 할지 몰랐다. 국내에서 자동차 브랜드로 이러한 전략을 구상한 기업도 없고, 삼성과 같은 소비재 브랜드는 우리와 사정이 너무 달랐다." 브랜드전략팀 권기철 과장의 말이다. 그래서 이들이 택한 방법이 '학습'이라고 한다. "다른 브랜드는 어땠는지 살피고, 아우디 등에서 브랜드로 패러다임 전환기를 겪은 경험자들을 초청해서 경험담을 듣기도 했다. 컨설팅을 받을 수도 있었지만 컨설팅은 방향은 이야기해 줄 수 있어도 무엇을 해야 할지 가르쳐 주지 않는다."

> "글로벌 탑 수준으로 가지 못하고 이 자리에 머무르면 안 된다는 위기의식 속에서 그 갭을 무엇으로 채울지 고민했다. 그중 하나가 교육이라는 툴로 전 직원에게 현대차의 미래상을 체화하는 것이었다."

🔍 마케팅아카데미

현재 현대차 인력개발원에서 3박 4일 일정으로 현대차라는 자동차 브랜드의 브랜드와 마케팅에 대한 집체 교육을 하고 있다. 2008년 조직이 구성되어 3개월 동안 상근직 9명과 비상근직 23명으로 1차, 비상근직 26명으로 2차 교육 과정 개발이 진행되었고, 전문가들의 검수 후에 2009년 4월부터 12월까지 사원에서 과장급까지 실무진을 대상으로 1차 교육을 마쳤다. 현재까지는 마케팅, 영업, 홍보 등의 유관련 부서를 중심으로 교육이 이루어졌지만 전사적 교육을 목표로 하고 있다. 강사진은 93명의 사내 강사와 21명이 외부강사로 이루어져 있으며, 사내 강사는 부장, 차장, 과장의 관리자 급이 자신의 경험을 바탕으로 이론과 실무가 결합된 독특한 형태의 강의안을 직접 개발하는데, 과목당 개발자와 서브 강사 한 명이 담당 강사와 함께한다.

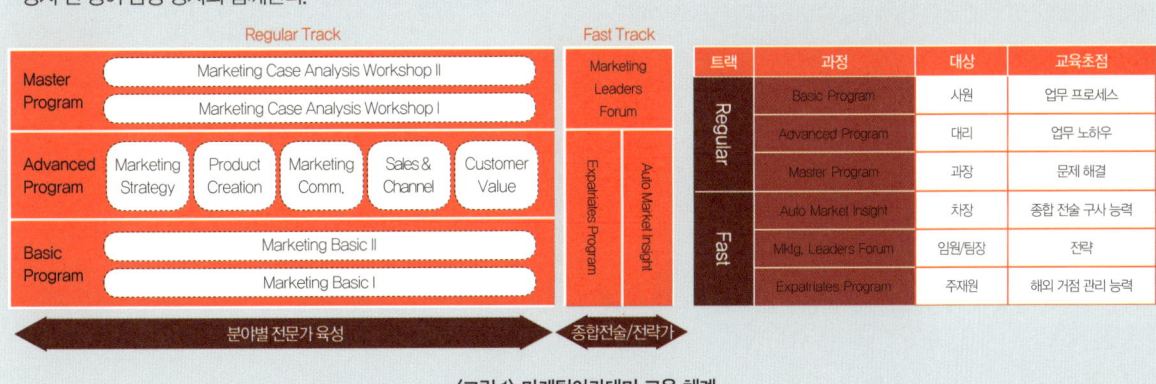

〈그림 1〉 마케팅아카데미 교육 체계

이렇게 스스로 학습하고 탐색하는 동안 현대차가 브랜드로서 나아가야 할 방향에 대해 고민하고, 더 많은 사람들과 생각을 공유하기 위해 노력했다. 또 이러한 변화가 top-down에 따른 일방적인 지시로 진행된 것이 아니라, bottom-up에 따른 실무자들의 제안으로 진행되었기 때문에 문제가 될 만한 점들이 수면 위로 드러났다는 점도 의미 있다. 수면 위로 올라와 나중에 커질 만한 문제점이나 갈등을 단계별로 해결하며, 자신을 더 잘 알아 갈 수 있는 계기가 되기도 했다.

자가 학습 기간과 시행착오를 거쳐 2008년 대대적인 조직 개편을 통하여 글로벌영업본부라는 소비자 지향 조직에 힘을 실었고, 현재 이 조직의 인력을 중심으로 현대차가 브랜드로서 나아가야 할 방향과 정체성, 장기 전략, 제품 포트폴리오상의 제품 브랜드 전략을 체계화하는 단계에 있다. 또 본격적으로 전 사원이 BrandView^{브랜드 관점} 교육을 시작하고 있다.

'자기다운' 커리큘럼 개발

권기철 과장은 이 교육을 통해 전달하고 싶은 것은 '지식의 주입'이 아니라 '인식의 변화'라고 말한다. "비록 강의장에서 강의를 듣지만, 전 직원이 브랜드가 자신의 일임을 알았으면 좋겠다. 그래서 인식을 바꾸는 교육이 가장 우선시된다. 모든 직원이 동일한 인식으로 체화되어서 굳이 이야기하지 않더라도 모든 활동을 브랜드적 관점에서 하기를 기대한다. 그래서 강의 컨텐츠 개발도 '바로 당신의 일'임을 인식시키는 컨텐츠로 만들려 한다."

정주훈 차장은 교육을 통하여 현대차가 브랜드 관점으로의 패러다임 전환이 가지는 의미를 한 번 더 설명해 주는데, 이것이 현대차가 말하는 BrandView 교육의 목적일 것이다. "여전히 전통적인 자동차 회사의 마인드가 크다. 이전에는 회사에서 잘나간다고 하는 사람들의 말은 대부분 '자동차'에 관한 것이었다. '그 차 엔진 뭘로 만들었는지 알아? 0마력에 0기통이고, 토크는 0래.' 하지만 이런 제품적인 요소는 덜 중요해졌고 소비자가 우리 브랜드를 어떻게 인식하느냐가 중요하다는 생각을 가졌으면 한다."

그래서 마케팅아카데미는 현대차의 현재에 적합한 커리큘럼을 직접 개발하는 데 역점을 두고 있다. 큰 특징이라면 '케이스 분석'과 '사내강사를 활용한다는 것인데, 이 둘은 교육 담당자들이 공통적으로 꼽은 효과적인 교육 방법이다. 그렇지만 '어떻게' 케이스 분석을 하고, '어떻게' 사내강사를 잘 활용할지에 대한 방법은 두 담당자가 들려 준 노하우에서 얻을 수 있다. 다음의 커리큘럼 개발 방법은 BrandView 교육을 시작하려는 기업들에게도 시사하는 바가 클 것이다.

케이스 분석은 타 산업군의 벤치마킹 브랜드를 대상으로 하라

현대차는 직원들이 BrandView를 갖게 하기 위해서는 브랜드 케이스 분석이 가장 효과적이라고 판단했다. 벤치마킹을 하더라도 그 브랜드가 이랬다 식이 아니라, 한 발 나아가 현대차에 맞게 적용하는 것이 원칙이다. *자동차는 다른 제품과 다르기 때문이다. 그래서 오히려 자동차 브랜드 케이스는 10~15%로 비율이 낮고, 대부분 다른 산업군의 케이스를 분석한다.

"자동차 브랜드를 거의 다루지 않는 이유는, 성공 뒤에서 조직은 어떤 움직임이 있었고, 어떤 의사 결정과 고민이 있었는지에 대한 내용은 모두 생략되기 때문이다. 성공한 자동차 케이스는 우리가 바로 적용할 수 있지만, 내부 사정을 전혀 모르고 결과만 아는 상태에서 독이 될 수 있다. 그래서 오히려 다른 산업군에서 배울 때가 더 많다. 예를 들어 우리에게는

*자동차는 다른 제품군과 다르기 때문
자동차는 내구재이며 고관여 제품이다. 구매 주기 역시 국내의 경우 평균 7~8년으로 길다. 따라서 소비재의 브랜딩과 상당히 다른 관점에서 브랜딩이 이루어져야 한다. 예를 들어 시장 세분화를 해서 제품 기획이 이루어져도 4년 후에야 차가 시장에 나오기 때문에 장기적인 시장 전망이 동시에 이루어져야 한다. 따라서 자동차 브랜드의 브랜딩은 라인을 깔고, 부품을 조립하고, A/S 기간까지 고려한 전략을 짜야 한다. 모든 산업군에는 그 산업군만의 어려움이 따른다. 따라서 BrandView 교육을 하더라도 각 산업군에 적합한 브랜드 관점을 갖게 하는 것이 필요하다.

파타고니아의 케이스가 혼다 케이스보다 브랜드적으로 인사이트를 준다. 의류업에서는 혼다 케이스가 인사이트를 줄지 모른다. 얼마 전에 LG 프라다 사례를 조사하다 LG의 브랜드 담당자를 만났는데, 우리와 똑같은 고민을 하고 있었다. LG 역시 마스터 브랜드가 약하고 유럽에서 아직 저가 브랜드다. 그래서 브랜드 이미지를 업그레이드 하기 위해 정말 많은 것을 버렸다. 현대차와 굉장히 비슷한 상황이었기 때문에 우리가 *브랜드 레버리지 전략을 짤 때는 무엇을 해야 하고, 외국 브랜드들은 코브랜딩co-branding이 활성화되었는데 우리는 왜 안 되는지 등에 대해서 강의안을 만들며, 함께 고민을 할 수 있는 계기가 되었다."

자사의 베스트 프랙티스가 아니라, 배드 케이스를 활용하라

기업들은 케이스 분석을 할 때 자사의 케이스도 활용하곤 하는데, 보통 베스트 프랙티스best practice는 연구하지만 배드 케이스bad case는 사기 저하 등의 이유로 공유하지 않는다. 하지만 이러한 배드 케이스를 강의안으로 활용했을 때 효과가 크다. 깊이 있는 정보가 공유되어 실무적인 논의가 가능하기 때문이다. 또 보통 대외적으로는 공개하기 어려운 수치 자료도 공개 가능하기 때문에 변화에 대한 위기 인식과 자아비판의 시간으로까지 연결되며 구체적인 대안 전략이 나올 수도 있다. 교육에 see-feel-change 단계가 있다(p234 참고)고 한다면, feel 단계를 극대화할 수 있는 방법이다.

"배드 케이스는 좋은 교육자료다. 그래서 라비타와 같은 실패사례를 활용하곤 한다. 라비타는 해외에서와 달리 국내에서는 결과가 좋지 않았는데 국내에서 가장 큰 실수는 커뮤니케이션이었다. 커뮤니케이션 담당자가 계속 바뀌었고, 그 윗선의 의사 결정권자도 자주 바뀌었으며, 명확한 커뮤니케이션 목표가 없었다. 당시에 브랜드 포트폴리오상 브랜드 이미지를 무엇으로 할 것인지 명확히 했다면 지금의 라비타가 국내에서 겪은 어려움은 피할 수 있지 않았을까 하는 사실을 교육을 통해 공유할 수 있었다."

사내강사는 일을 잘하는 사람이지, 강의를 잘 하는 사람이 아니다

사내강사는 브랜드나 마케팅에 대한 이론적인 지식은 떨어지더라도 누구보다 내부 사정에 밝기 때문에 교육 대상자들의 공감을 얻어 내기에 효과적이다. 현대차의 경우 이와 더불어

*브랜드 레버리지 전략

지렛대 전략, 지렛대 효과라고도 한다. 아르키메데스의 "나에게 지렛대와 받침점만 주면 지구라도 들어 올릴 수 있다"는 유명한 말이 있듯, 지렛대를 이용하면 작은 힘으로도 큰 힘의 효과를 거둘 수 있다. 브랜드나 비즈니스에서도 작은 인풋으로 큰 아웃풋을 거둘 때 적용되곤 하는데, 브랜드의 경우 강력한 브랜드가 구축되었다면, 그 브랜드를 지렛대 삼아(후광 효과를 얻어) 브랜드 확장을 시도할 수 있다. LG 프라다폰의 경우 LG가 프라다의 브랜드 파워를 지렛대 삼은 것이다.

자동차라는 제품이 갖는 특성상 이란 소비재와 다르기 때문에 외부의 브랜드 전문가를 영입하기보다 사내에서 전문가를 육성하는 것이 장기적인 목표라고 한다.

"사내강사를 중요하게 생각하는 것은 여러 가지 이유가 있는데 우선, 우리 교육이 지향하는 교육은 마케팅 일반론이 아니다. 자동차 브랜드에 맞는 마케팅·브랜딩 교육이다. 따라서 내부에 대해 잘 아는 사람이 필요했다. 사실 현대차에는 상품 전문가는 많은데 소비자 중심으로 전략을 짜고 고민하는 사람이 부족하다. 그래서 처음에는 외부에서 데려올 것인지, 내부에서 키울 것인지를 고민했다. 그러다 외부에서 데려와도 시간이 걸리기 때문에 장기적으로 내부에서 자동차를 잘 아는 사람들을 브랜드 관점을 갖게끔 바꾸도록 했다."

더불어 사내강사를 강단에 세웠을 때의 문제점도 지적하며 이들에 대한 교육도 강조한다. "그들은 일을 잘 하는 사람이지 화술이 뛰어난 사람이 아니다. 어느 사람은 업무는 정말 잘하는데 30명 앞에 세워 놓으면 다리를 떤다. 경험이 없어서다. 그래서 강사들을 대상으로 1박 2일이나 2박 3일 과정의 교육을 진행한다."

사내강사는 사무실로 돌아가서는 브랜드 전도사 역할을 해야 한다

사내강사가 실질적인 BrandView 교육의 주체인 만큼 이들을 육성하고 관리하는 것이 중요하다. 그렇지만 이들의 역할은 한두 시간의 강의와 그것을 준비하는 시간으로 끝나지 않는다. 강단을 내려와 현장에서도 강사 역할을 해야 한다. 강사 역할이란 브랜드 전도사가 되어야 한다는 것이다. 그래서 현대차에서는 이들에게 멘토의 역할까지 요구한다.

"강사들은 기본적으로 인사 검토를 마친다. 사내에서 내로라하는 사람들로 구성한 이유는 직원들이 봐도 일 참 잘하는 사람이 강단에 선 것이라고 느껴야 하기 때문이다. 또 그들은 두 가지 역할을 해야 한다. 강사의 역할과 함께 현장에 돌아가서는 그 부서의, 그 영역의 궁금증이나 문제를 해결해 주는 커뮤니케이션 채널 역할을 한다. 카운슬링이나 멘토의 역할도 요구하는 것이다. 현장에서 브랜드와 관련된 문의가 오면 친절하게 대응해 주고, 그 사람을 허브로 업무 지식을 전파하도록 하고 있다."

> "더 욕심을 내자면 직원들이 현대차라는 브랜드의 퍼스낼러티를 입길 바란다. 브랜드에서 가장 중요한 건 사람이다. 사람이 브랜드와 닮아져야 그것이 제품에 반영되고 누가 봐도 현대차를 느낄 수 있다."

BrandView, 그 이후

현대차에 맞는, 현대차다운 BrandView를 갖기 위하여 몇 가지 노하우를 소개한 이들은 BrandView 교육 이후에 변화를 체감한다고 한다. 가장 먼저 느껴지는 변화는 의식의 걸림돌이 어느정도 나아졌다는 점이다. 이에 대해 정주훈 차장의 말을 들어 보자. "초기에 A사업부에서 브랜드 교육을 하는데 반 이상이 자더라. 물론 재미도 없었겠지만, 관심이 있고 개선해야 한다고 생각하면 졸지는 않는다. 그런데 앞줄의 몇 사람을 제외하고는 모두 잘 때 공허한 메아리를 남기는 기분이었다. 이렇게 나와 상관없는 일이라고 생각하는 사람들을 대상으로 교육하는 것이 가장 어렵다."

그렇지만 이제는 어느 정도 브랜드라는 것을 넘어서지 않으면 현대차의 미래는 불투명하다는 것을 상당수가 안다고 한다. 그래서인지 얼마 전에는 반 이상이 자던 A사업부에서 강의 요청이 들어오고, 브랜드와는 가장 멀게 느끼던 R&D 파트에서도 요청이 오는데 오히려 해당 팀에 적합한 강의 컨텐츠나 강사 준비가 덜 되어 진행하지 못하는 것이 아쉽다고 한다.

또 다른 효과는 '어휘의 통일'이다. 아직은 초기 단계라 성과라고 할 만한 지표는 말하기 어려우나, 교육을 받은 사람들이 업무 현장에서 하나의 어휘로 대화하는 것이 어떤 의미인지에 대하여 정주훈 차장은 다음과 같이 설명한다. "다른 파트와 협업할 때 커뮤니케이션이 빨라졌다. 같은 언어를 썼을 뿐인데 마치 상대 부서를 이해하는 것 같다. 그래서 우리 부서, 너희 부서가 아니라 현대차라는 브랜드의 큰 관점에서 함께 이익을 내는 방법을 고민하기 시작한 것이 아닌가 한다."

하지만 인식의 변화는 시작일 뿐이다. 그래서 그 다음단계로 어떤 모습을 그리고 있느냐는 질문에 "전 직원이 브랜드란 전사적으로 움직여야 구축가능하다는 것을 인식하는 단계로 넘어갔으면 한다"는 바람을 밝혔다. 이것이 브랜드 교육의 궁극적인 지향점인 브랜드 경영의 상태를 말한다. 모두 같은 방향을 향하고, 같은 생각과 같은 어휘로 이야기할 때 각 부서의 이익이 아닌 브랜드 전체의 이익을 위해 에너지를 모을 수 있다. 현대차의 마케팅아카데미가 마케터부터 생산 공정의 직원까지 모두 BrandView를 갖게 한 후에는 자기다움을 찾고 그것을 현대차의 브랜드 아이덴티티와 일치시키기 위한 노력을 해야 한다. 제대로 된 '현대차다움'이 무엇인지 공감하고, 모든 직원이 그 현대차다움으로 브랜드싱크를 이루어야 한다. 권기철 과장이 밝힌 현대차의 브랜드 교육의 바람이 브랜드싱크를 의미하는 것이리라.

"전사적으로 현대차가 Product Company에서 Marketing Company로 가야 한다는 것에 공감한 후 현대차의 모든 활동의 기준이 되는 브랜드 헌법이 만들어지고, 그 아래에서 모든 마케팅이 이루어졌으면 한다. 마케팅이란 너무 많은 것을 하다 보면 안 하느니만 못하다. 브랜드가 그 방향을 주었으면 한다. 더 욕심을 내자면 직원들이 현대차라는 브랜드의 퍼스낼러티를 입길 바란다. 브랜드에서 가장 중요한 건 사람이다. 사람이 브랜드와 닮아져야 그것이 제품에 반영되고 누가 봐도 현대차를 느낄 수 있다. 현재 현대차는 40대 중년 남성의 전통적이고 딱딱한 이미지라는 것을 모르는 것은 아니다. 하지만 브랜드 이미지도 변해서 모든 직원들 하나 하나가 변화되고, 소비자가 현대차를 보고 느끼는 감정과 우리 직원을 보고 느끼는 감정이 비슷해졌으면 한다."

현대차가 현재 마케팅아카데미에서 진행하는 BrandView 교육은 소비자와 관계를 만드는 브랜딩보다, 판매를 위한 마케팅 교육에 가깝다. 하지만 마케팅을 인식하는 것, 즉 소비자 관점을 이해하는 것이 브랜드 관점의 시작이라고 볼 수 있다. 따라서 현재의 BrandView 교육 다음 단계는 BrandNess로 브랜드와 직원이 동기화되는 브랜드싱크 교육이 이루어져야 할 것이다. UB

정주훈 현대·기아자동차 교육기획팀 차장으로 경영학박사이며, 현대·기아차 자동차산업연구소 (구)마케팅연구팀 팀장을 지내고 마케팅아카데미 전 교육 과정을 개발하였다.

권기철 현대자동차주식회사 글로벌영업본부 브랜드전략팀 과장으로 국내마케팅팀의 중장기 마케팅 전략 수립, 브랜드전략팀에서 글로벌 및 지역별 브랜드 전략 기획, 마케팅전략팀에서 미래 잠재고객 대상 중장기 마케팅 전략 수립 등을 수행하였다.

서브 브랜드를 통한 현실적 BrandView 교육법

작은 성공이 만들 변화, GS SHOP

The interview with ㈜GS홈쇼핑 마케팅 부문 상무 이은정

"아직도 TV홈쇼핑에서 브랜드가 고객에게 의미가 있겠느냐는 질문과 도전을 많이 받는다. 그리고 '만약 1억이라는 추가 예산이 생긴다면 기꺼이 브랜드에 투자할까' 생각해 보면 내가 브랜드를 담당하고 있어도 '당연하다'고 주장하기 어려운 게 현실이다."
최근 GS홈쇼핑은 온·오프라인에 걸친 여러 개의 브랜드를 GS SHOP으로 통합하고 브랜드를 다시 구축하는 대대적인 변화를 꾀하고 있다. 그 변화의 중심에 서있는 이은정 상무는 '브랜드라는 종교의 맹신자'를 자처하면서도 업무 현장에서 실무자가 겪을 수밖에 없는 어려움에 대해 말해 주었다. 그녀에게 대기업이 브랜드 관점으로 전환되는 과정을 생생히 들어 보고, 서브 브랜드를 구축하는 작은 변화를 통해 어떻게 브랜드 관점으로 큰 조직의 변화를 이끌어 낼 수 있을지 모색해 보기 바란다.

'브랜드'가 없다

홈쇼핑 시장이 경쟁자들로 포화 상태에 이르고 성숙기에 접어들었다. 장 노엘 캐퍼러 교수가 지적하듯, "성숙한 시장의 가장 중요한 특징은 성숙한 고객을 보유한 시장이라는 점이다." 성숙한 고객이란 어떤 사람인가? 그들은 나이가 아닌 경험이 많고, 다양한 분야의 전문가들이며 마케팅과 상술, 대형 유통업체에 대해서 잘 안다. 기업이 비밀과 숨겨진 정보들을 혼자만 가질 수 없는 시장, 그래서 고객에게 진실한 약속을 하지 않으면 안 되는 시장. 한국 홈쇼핑 시장도 이제 실질적인 브랜드 구축이 필요한 시기에 들어선 것이다. 현재 큰 변화가 진행 중인 GS홈쇼핑의 이은정 상무도 변화에 앞서 이와 같은 필요성을 느꼈다고 한다.

지난해 11월 1일, GS홈쇼핑이 GS SHOP으로 온·오프라인을 통합하면서 많은 변화를 겪었다. 이런 과감한 변화를 시도한 이유는 무엇인가?

처음부터 통합 때문에 브랜드 관점이 필요하다고 느낀 것은 아니다. "우리에게 브랜드 아이덴티티가 없다." 이게 변화의 시발점이었다. 물론 내부에서는 홈쇼핑 업계의 특성상 브랜드가 정말 필요한가에 관한 질문이 있었다. 사실 이제까지는 소비자들이 홈쇼핑 브랜드를 '신뢰' 이상의 의미로 여기지 않는다고 생각했다. 그러나 시장이 변했고, 뭔가 차별화된 관점이 필요했다. 그래서 브랜드 아이덴티티를 다시 정리하는 과정에서 고객의 행태를 자세히 봤는데, 요즘 고객은 TV에서 본 상품도 인터넷으로 검색해서 다 비교해 보고 구매하더라. 하나의 상품도 모든 매체를 사용한 구매가 이루어지는 것이다. 그런데 우리만 해도 모든 쇼핑 과정을 매체별로 나누어 생각하고 있었다는 것을 깨달았다. 뚜렷한 브랜드 관점이 없었던 것이다. 그래서 브랜드를 통합해서 하나로 만들었다. 브랜드 통합은 새로운 GS SHOP의 형태적인 측면이고, 내부에서는 나름의 브랜드 관점을 정립하는 작업을 한 것이다. 이런 문제의식도 사실 다수가 아닌 소수에서 시작되었고, 대기업이라 하루아침에 변화할 수는 없었다.

단순 '서비스 관점'에서 '브랜드 관점'으로 기업의 생각을 전환하는 데 많은 시간과 노력을 투자하려면 결정권을 가진 경영진의 변화가 우선되어야 한다. 이 과정상의 어려움은 없었나.

브랜드는 숫자로 증명할 수 있는 방법이 많지 않다. 그래서 많은 기업들이 브랜드의 필요성을 설득하거나 브랜드 경영으로 전환하는 과정에서 많은 도전과 어려움에 부딪힐 것이다. 이런 경우 일을 진행하는 데 CEO의 확신과 신뢰가 무엇보다 중요하다. GS홈쇼핑은 경영진에서 그 중요성을 인식하고 힘을 실어 주었기에 이 모든 것이 가능했다. 아직 많은 도전을 받지만, 예산을 어느 정도로 조정할까 정도의 문제지, 브랜드의 필요성 자체에 대한 문제 제기는 아니다.

그렇다면 GS SHOP은 내부적으로 어떤 브랜드 아이덴티티를

GS SHOP
my real shop

my real shop
- **my_** 나(고객)를 위해, 내가 만들어가는, 나만의
- **real_** 진정한 이야기와 가치를 주는, 대단한(좋은/재미있는)
- **shop_** (특정 채널에 국한하지 않고) 내가 필요로 하고 원하는 상품을 살펴보고 살 수 있는 곳

my real shop은 고객에게 진정한 이야기와 가치를 제공하며 고객이 필요로 하고, 원하는 상품을 마음껏 둘러보고, 또 살 수 있는 곳을 의미합니다.

갖겠다고 정리했나.

내부 표현으로는 브랜드 에센스라고 하는데, 그것이 'Real deal'이다. 이보다 응축된 표현을 한글로는 쉽게 찾을 수 없었다. 굳이 표현하자면 우리가 가장 중요하게 여겨야 할 가치는 진정성과 고객 참여인데, Real deal이 이 두 가지 의미를 모두 담고 있다. 고객 입장에서 '정말 좋은 것'이란 의미와 '진정한 거래'라는 의미다. 이것은 고객에게 가장 좋은 선택을 만들겠다는 의지의 표현이다. 브랜드 로고에 SHOP을 SH( )P으로 쓰는 데도 이유가 있다. O를 표기하는 괄호는 우리의 Real deal을 담는 괄호다. Real product, Real story, Real service, Real customer 이 모든 것이 담겨 있고, 고객들이 참여하도록 열려 있다는 의미이기도 하다. 이 한 마디에 우리의 모든 정신을 담고자 노력했다.

많은 기업들이 고객에게 보이는 브랜드 슬로건을 바꾸는 것으로 브랜드 중심으로 전환하는 모든 변화를 끝냈다고 생각하는 경우가 많다.

그렇다. 그러나 가장 이상적인 것은 고객 경험에서 로고를 비롯한 시각적인 부분까지 모든 변화를 함께 이루는 것이다. 현실적으로 비즈니스를 멈추고 이 모든 것을 진행하는 데는 어려움이 따른다. 그러나 우리 임원진과 CEO가 모두 공감하는 것은 브랜드를 새로 구축하는 것이 실체적인 부분까지 모두 적용이 되어야지 광고와 UI, 로고만 바꾸는 것이 절대 아니라는 것이다. 다만 이 모든 것이 하루아침에 바뀔 수가 없다는 것에는 공감하고 있다. 예를 들어, Real deal을 구체화하기 위해서는 홈페이지의 세부 메뉴나 모델 선정까지 아주 세부적인 사항에도 의사 결정이 필요하다. 그리고 이것의 필요성에 대한 조직의 이해와 수긍도 거쳐야 한다. 그래서 우리가 택한 방법은 서브 브랜드를 만들어 먼저 내외부로 실험적인 변화를 일으켜 보는 것이다. 디토ditto라는 서브 브랜드는 우리의 브랜드 원칙을 근간으로 실질적인 변화까지 모두 시도한 것이다. 궁극적으로 우리는 디토에 반영한 것처럼 GS SHOP이라는 브랜드 전체에 Real deal 정신을 반영할 것이다.

"우리가 택한 방법은 서브 브랜드를 만들어 먼저 내외부로 실험적인 변화를 일으켜 보는 것이다. 디토라는 서브 브랜드는 우리의 브랜드 원칙을 근간으로 실질적인 변화까지 모두 시도한 것이다."

큰 변화를 위한 작은 변화들

종전의 업무 프로세스가 명확한 조직이 브랜드를 정리·구축하고, 새로운 것을 시도하는 데는 많은 어려움이 따른다. 그럼에도 불구하고 꼭 필요한 변화를 위해 GS SHOP은 서브 브랜드 디토를 출범시킨다. 디토는 앞으로 변화할 서비스에 대한 시장성을 판단하기 위한 @파일럿pilot 브랜드로서의 목표도 있겠지만, 이를 통해 내부 조직의 변화까지 시도하려는 GS홈쇼핑의 노력이기도 하다.

디토는 소비자가 느끼는 변화의 시작임과 동시에, 내부에서는 브랜드 관점으로 조직을 변화시키는 예시가 되는 것인가?
그렇다. 디토라는 브랜드는 2008년 7월부터 TFT가 조직되었고, 이들은 변화에 앞서 Real deal에 대한 이해가 남달라야 했다. 그래서 내가 개인적으로 시간을 가장 많이 들여서 이해시키고 설명하는 팀이 TFT다. 멤버 전원의 워크샵은 물론이고, 우리의 정체성에 대한 긴 토론도 이어졌다. 또한 많은 비주얼과 이미지를 모아 두고 'Real deal다운 것과 그렇지 않은 것'을 나눠 보는 훈련을 하기도 했다.

변화를 겪는 과정에서 내부 직원들과 어떻게 커뮤니케이션했나?
사실 브랜드를 구축해 가는 과정이 그렇게 민주적이지는 않았다. 브랜드 에센스를 구축하는 작업은 모든 사람이 참여하기 어렵기 때문이다. 큰 조직에서 모든 결정이 일관성 있게 진행되어야 할 때 그것을 여러 사람에게 분산하면 일관성이 떨어질 수밖에 없다. 관련 있는 임원들이 투입되었지만 전체 조직과는 공유하지 않았고, 만약 공유했다면 오히려 직원들의 혼란을 야기했을 것이다. 브랜드는 종교와 같은 부분이 있어서 그것을 믿고 아는 사람은 굳이 설명하지 않아도 이해하지만, 그렇지 않으면 이해하지 못하는 부분이 있다. 그런데 브랜드 관점을 가지지 않은 직원에게 이 모든 변화를 처음부터 설명했다면 시작조차 어려웠을 것이다. 큰 조직에서 모든 직원들에게 브랜드에 대한 관점을 심어 줄 때는 좀더 쉬운 방법이 필요하다.

그렇다면 직원들이 어떻게 브랜드다움을 '느끼게' 만드는 것이 좀더 쉬운 방법인가?
언어적인 것과 시각적인 것을 비교해 보면 시각적인 것이 훨씬 강한 효과를 낸다. 그래서 일일이 모두 말이나 글로 전달하는 것보다는 새로운 브랜드가 구축되고 그것이 이미지화된 것을 직원들에게 보여주는 것이 더 쉽게 이해된다. 그렇게 해서 변화에 직접 참여하지 않은 직원들이 변화를 느끼기 시작했다면 1차적으로 성공한 것이라 생각한다. 이것을 발판으로 직원들이 느낀 변화를 고객에게도 그대로 전달해 주자고 그들을 설득하는 것이 더 효율적일 것이다. 브랜드 교육도 구분되어야 할 필요가 있다. 브랜드 핵심에 대한 개념적인 이해가 필요한 사람들의 교육과 소비자 접점에 있는 사람들의 교육은 접근이 달라야 한다.

그럼에도 불구하고 현장에 있는 모든 직원들의 관점을 바꾸는 데는 많은 어려움이 있을 것 같다.

파일럿 브랜드, 디토 ditto

GS홈쇼핑은 2008년부터 GS SHOP의 브랜드 아이덴티티 구축 작업을 시작으로, 전사적인 브랜드 변화를 꾀하고 있다. 디토는 이 변화를 위해 탄생한 GS SHOP의 서브 브랜드다.

디토는 우선 GS홈쇼핑의 브랜드 변화와 앞으로 브랜드가 추구할 방향을 외부 소비자에게 먼저 알려준다는 점에서 파일럿 브랜드(대규모로 무언가를 진행하기 전에 시험적으로 먼저 런칭하는 브랜드)의 역할을 하고 있다. 디토란 단어는 '동감'이라는 뜻이 있는데, 그래서인지 디토는 종전과 다른 소비자 중심의 새로운 방송 프로그램이나 서비스를 제공하려고 노력한다. 예를 들어 제품 정보와 가격, 효과만 보여 주던 방송에서 벗어나 전문가들과 함께 트렌드와 정보, 라이프스타일 팁을 테마별로 제공하고, 블로그를 통해 해당 영상을 공유하기도 한다. 이런 관점에서 홈쇼핑에서 흔히 받아 볼 수 있는 제품 카탈로그 《ditto 메가레트 Megalette》라는 잡지로 탈바꿈했다. 이런 변화는 GS SHOP이 크게 변하기 전에 소비자가 디토를 통해 미리 경험하게 한다는 측면에서 파일럿 역할을 톡톡히 하는 것이다.

그러나 디토의 더 중요한 목표는 GS SHOP이라는 큰 조직의 변화에 앞서 조직 내부에서 변화가 어떻게 진행되며, 어떤 성과를 이룰 지 보여 주는 역할을 하는 것이다. GS SHOP의 허태수 사장 또한 모 일간지 인터뷰에서 "GS홈쇼핑은 한꺼번에 변하기에는 덩치가 너무 크다. (디토는) GS홈쇼핑을 다른 항구로 인도하는 유람선 역할을 할 것"이라고 언급했다. 디토가 조직의 혁신을 위한 일종의 이노베이션 랩 innovation laboratory (혁신이 만들어지는 곳)이 되는 것이다. 기업이 조직 내에서 어떤 혁신을 일으키고자 할 때 새로운 조직을 구축하는 방법은 예전에도 자주 사용됐다. 피터 드러커는 《미래 사회를 이끌어 가는 기업가 정신》에서 새로운 것은 종전의 것, 오래된 것과는 분리시켜 조직해야 함을 지적하며 다음과 같이 말한다. "기존의 조직을 가지고 새로운 것을 담당토록 하면 언제나 실패했다. 왜냐하면 책임자에게는 기존 사업이 우선순위고, 새로운 것은 시간과 노력이 들기 때문에 현실에 비해 하찮고 장래성도 없는 것으로 생각하여 제쳐놓기 쉽다."

종전의 업무 방식과 다른 관점을 조직에 심는 일은 그래서 어렵다. 따라서 디토는 브랜드 관점을 조직에 좀더 유연하게 심어주기 위한 조직이 될 수 있다. 디토는 새로운 시도에 대한 파일럿 역할을 함과 동시에, 성공적 결과를 낼 경우 조직 전체가 브랜드의 중요성을 절감하는 계기가 될 것이다. 《리딩 이노베이션》의 제프 디그래프 역시 "작은 성공이 달성이 용이하고 조직의 추진력을 키워 준다"고 말한다. 앞으로 GS SHOP이 브랜드 중심의 경영을 하려면 조직원 전체가 브랜드의 필요성과 중요성을 이해해야 하는데, 이를 위해 조직 내부의 '작은 성공'이 큰 역할을 하는 것이다. 내부에서 브랜드 중심으로 운영된 조직의 성공을 목도한 조직원은 앞으로 진행될 전사적인 변화의 움직임에 보다 적극적으로 참여할 것이다.

〈그림 1〉 디토를 시작으로 전사적인 변화를 추진하는 GS SHOP 로드맵의 일부

물론 그렇다. 그중 제일 컸던 것은 변화가 크기 때문에 당장 판매 수치가 떨어지지 않을까 하는 아주 현실적인 고민이다. 고객들은 GS SHOP의 홈페이지 UI가 조금만 바뀌어도 굉장히 민감하게 받아들인다. 그래서 영업을 맡은 직원들은 변화를 싫어할 수밖에 없다. 당장 영업에 부정적인 영향을 끼칠 가능성이 있는 변화를 누가 달가워하겠나. 그분들 설득하기가 가장 어렵다. 그러나 브랜드가 가져올 더 큰 이익을 믿고, 부정적인 부분을 조금씩 수정해 나가는 중이다. 다행인 것은 변화가 수익에 악영향을 주지 않았고, 오히려 반응도 좋았다.

영업 직원들이 브랜드 구축 과정에서 겪는 변화의 중요성을 절감하지 못하면 고객 접점에서 변화도 이루기 힘들 듯하다.
그분들 입장에서는 당장 평가되는 것이 영업 숫자인데 3년 후, 5년 후의 브랜드 변화를 생각해 달라고 말하기 정말 어렵다. 내가 그 입장이라도 그랬을 것이다. 그래서 그들을 설득하기 위해 브랜드를 더 쉽고 와 닿게 알리고 싶다. 쉬운 말로 단순화하여 알리는 것이 남들이 흔히 '어렵다'고 말하는 것보다 더 어려운 작업이라는 걸 체험했다. 어려운 용어들 때문에 처음에는 사장님께 많이 혼나기도 했다. 그래서 브랜드를 누구나 이해할 수 있는 수준으로 끌어내리는 작업을 지금까지도 하고 있다. Real deal에 대한 설명도 처음 개념이 잡혔을 때부터 단어로 정제하는 데 1년이 걸렸다. 그런 작업을 하다 보니 내가 그동안 왜 이것을 언어적으로만 풀려고 하나, 시각적으로 풀 수 있는 방법이 없지 않을까 하는 생각도 든 것이다. 우리는 흔히 말로 설명하지 못하는 것은 이해하지 못한 것이라고 생각하는 경향이 있는데, 사실 이미 느끼고 이해하고 있는 경우가 많다.

남겨진 과제들

이은정 상무의 말처럼 변화에 대한 내외부의 반응은 예민하게 일어난다. 그래서 변화를 시도하려는 노력이 단기간의 짧은 호흡으로 집중될 경우 그 반응은 더욱 격하게 일어나거나 예상치 못한 역효과를 만들어 낼 수도 있다. 따라서 이은정 상무는 앞으로 GS SHOP이 브랜드로의 성공적인 변화를 완성하기 위해서는 시스템 측면에서 보완뿐만 아니라 직원에 대한 후속적인 브랜드 교육과 경영진의 장기적인 로드맵 구성이 필수라고 조언한다.

변화 중인 GS SHOP에서의 브랜드 교육이란 간단히 무엇이라고 정리하겠는가?

> "브랜드 교육은 브랜드 경험까지 실체적인 것을 모든 직원이 느끼고 숨 쉬는 것이라고 생각한다. 결국 브랜드 교육의 목표는 직원들의 브랜드 체화다."

사실 '브랜드 교육'이라는 다섯 글자를 듣는 것은 이번이 처음이다. 브랜드는 정의부터 다양하다. 그에 따라 브랜드 교육의 정의도 달라진다. 내가 개인적으로 생각하는 브랜드 교육은 브랜드 경험까지 실체적인 것을 모든 직원이 느끼고 숨 쉬는 것이라고 생각한다. 결국 브랜드 교육의 목표는 직원들의 브랜드 체화다. 개인이 각자 맡은 자리에서 모든 의사 결정을 하는 데 우리 브랜드의 에센스, Real deal을 위해 이게 더 나은 것이라 판단하고 의사 결정을 할 수 있다면 그것이 브랜드 교육의 효과라 할 것이다.

브랜드 관점으로 변화하는 것에 대한 효과를 이제 조금씩 느끼고 있나?
과거에 비해서는 확실히 느끼지만 가야 할 길이 100이라면 아직 의미 있는 5 정도에 들어선 것이라 생각한다. 아직 갈 길이 훨씬 멀다. 지금도 MD나 프로듀서 입장에서는 불만이 있을 수밖에 없다고 생각한다. 실무에서 조정해 나가야 할 부분이 많기 때문에 그 부분을 소통으로 메워 갈 생각이다.

BrandView를 갖기 위해 이제 첫발을 내디디려 하는 기업에게 줄 만한 팁이 있다면 무엇인가?
내가 시행착오를 통해 배운 것은 한 번에 모든 것을 이루겠다는 욕심을 버리고, 장기적인 로드맵을 짜는 것이 중요하다는 점이다. 한 번에 모든 직원들이 이해하고 받아들일 것이라는 생각은 욕심이다. 궁극적으로 3~5년 후 목표한 바를 이루기 위해서 '올해는 여기까지, 내년에는 여기까지' 이렇게 로드맵을 짜고, 실무진 입장에서 조율하는 것이 시행착오를 줄이는 방법이다. UB

이은정 서울대학교 의류학과를 졸업하고 미국 노스웨스턴대학 켈로그 경영대학원 MBA 과정을 마쳤다. 코래드, 오길비앤매더에서 근무하며 많은 글로벌 브랜드의 광고와 브랜딩을 담당하였으며 베인앤컴퍼니 컨설턴트를 거쳐 현대캐피탈 마케팅 기획과 브랜드 관리 업무를 담당한 바 있다. 현재 GS홈쇼핑 마케팅 상무로 브랜드 리뉴얼을 주도하고 있다.

BrandView를 확장하는 시스템 구축법
브랜드의 '생각대로' 소통하다, SK텔레콤

The interview with SK텔레콤 MNO Business Brand전략실 Brand전략팀
브랜드매니저 엄종환, 매니저 김윤전, 매니저 김현정

SK텔레콤은 자신의 브랜드 아래 몇 개의 하위 브랜드를 가지고 있을까? SK텔레콤의 협력 업체는 몇 개나 될까? SK텔레콤과 관련된 일을 하는 인구는 몇 명이나 될까? 아마 이런 질문에 쉽게 대답할 수 있는 사람은 매우 적을 것이다. 브랜드 교육이라는 특집 주제를 다루면서 가장 궁금해했던 것 중 하나는 '어떻게 하면 전 사원이 자신의 브랜드를 인식하고, 그것에 깊게 동화assimilation될 수 있을까?'였다. 그런데 SK텔레콤을 만나기 전 그 의문은 'SK텔레콤과 관련된 그 많은 사람들은 브랜드와 관련된 정보라도 다 공유할 수 있을까?'로 변했다. 한 브랜드와 연관된 업무를 하는 사람이 너무 많은 브랜드, 그만큼 브랜드의 얼굴이 되는 사람이 많은 브랜드를 관리하는 것은 생각보다 어렵다.

그래서일까. 최근 일관성 있는 브랜드를 구축하려고 노력하며, '전 사원의 브랜드 전도사화'를 외치기 시작한 SK텔레콤의 움직임은 많은 이들의 궁금증을 불러일으켰다. 그들의 노력이 하나씩 성과로 드러나고 있기 때문이다(브랜드 가치 조사 기관인 브랜드파이넌스가 작년 발표한 SK텔레콤의 브랜드 가치는 약 21억 3,900만 달러였다). 이들은 과연 어떻게 전 사원에게 BrandView를 심어 주며, 이를 유지하기 위해 지속적으로 어떤 자극을 주는지 SK텔레콤 Brand전략팀을 만나 들어 보았다.

4,500개의 브랜드 vs. 하나의 브랜드

SK텔레콤(이하 SKT)은 GMS$^{Global\ Management\ Support}$, C&I$^{Convergence\ \&\ Internet}$, MNO$^{Mobile\ Network\ Operator}$ 이렇게 모두 3개의 CIC$^{Company\ In\ Company}$로 나누어진 큰 조직이다. SKT가 관리하는 브랜드는 대표 브랜드 T를 비롯하여 네이트, 11번가 등이며 이 브랜드와 관련된 업무를 담당하는 구성원들은 본사부터 시작해 소비자 접점에 이르기까지 너무 많아서, 브랜드의 '일관성'을 지키기가 어려울 수밖에 없다. SKT 이동통신 서비스를 위해 전국에 개설된 T world 가맹점만 3,000여 개, SKT의 총 직원 수만 약 4,500명. 만약 이 많은 직원이 자기 브랜드에 대해 각기 다른 정의를 내린다면 어떨까? 그래서 작은 부분인 브랜드 로고부터, 크게는 브랜드의 핵심가치나 철학, 비전을 각기 다르게 소비자에게 전달한다면? 구체적으로 상상해보지 않더라도 소비자가 겪을 혼란과 부정적인 이미지는 짐작이 될 것이다.

SKT가 수많은 생각들을 하나로 모으고, 궁극적으로 전 사원을 *브랜드 전도사로 만들기 위해서는 가장 먼저 무엇을 시작해야 할까? 그것은 전 사원이 BrandView를 갖도록 유도하는 것이다. 전 사원이 '브랜드'가 무엇인지, 왜 중요한 것인지, 왜 브랜드에 일관성이 있어야 하는지 알지 못하면 이들의 행동을 이끌어 낼 수 없기 때문이다. SKT는 조직에 BrandView를 심기 위해 크게 3가지 방법을 사용한다. 그리고 이 방법들이 안정적으로 정착된다면 이후 BrandView 교육 이상의 효과도 기대해 볼 수 있을 것이다.

---

*브랜드 전도사

SK는 2005년 '브랜드 경영'을 선포하면서 전 직원을 '브랜드 전도사'로 육성하겠다는 포부를 밝힌 바 있다. 최태원 SK 회장은 "글로벌 시장에서 SK가 경쟁력을 갖기 위해서는 영속적인 브랜드의 구축이 필수적이라고 생각한다"고 밝혔다. SK가 말하는 브랜드 전도사는 자사의 브랜드를 충분히 이해하고 다른 이에게 브랜드를 전파하는 일을 하는 사람이다. SK는 브랜드와 관련된 일련의 활동을 진행하면서 대내외적으로 브랜드 전도사라는 단어를 커뮤니케이션에 사용하고 있다.

Method 1.
조직에 브랜드 개척자 pioneer의 베이스캠프를 만들어라

어느 조직에나 변화를 주도하는 핵심 인물이 존재하게 마련이다. 그리고 그 인물은 주로 IBM의 루이스 거스너나 GE의 잭 웰치, 애플의 스티브 잡스나 버진의 리처드 브랜슨 같은 카리스마 넘치는 CEO나 창립자인 경우가 많다. 그러나 이들 조직에는 분명 CEO 이상으로 현장에서 변화를 주도하는 개척자들이 존재했을 것이다. 이들은 마치 서부 시대의 개척자처럼 자신이 속한 땅(브랜드)이 나아갈 방향과 현재의 모습, 그리고 진행되는 모든 내외부의 활동에 정통하다. 이들은 앞으로 나아가기 위해 필요한 식량과 도구가 무엇인지 알고, 또 불모지에 어떤 시스템이 필요할지 직접 부딪치며 연구하는 사람이기도 하다. 이들은 직접 땅을 일구고, 그 땅에 씨앗을 뿌리고 물을 주는 실질적인 일들을 해 나간다. 그래야 그 땅에 비로소 다른 사람들이 들어와 거주하기 시작한다.

SKT Brand전략실의 엄종환 브랜드매니저의 이야기를 들어 보면 브랜드 전략실이라는 조직 또한 브랜드 관점에서 이런 개척자 정신을 가지고 시작되었다는 사실을 알 수 있다.

"처음에는 팀이라기보다는 한두 명의 개인에 불과했다. Brand전략실이 확실히 필요했지만 예산도 따로 책정할 수 없어 광고 비용에서 조금씩 끌어다 사용하기도 했다. 그런 어려움 속에서도 만약 내부적으로 어떤 홍보를 위해 배포물이 필요하면, 기업 차원의 배포물이 너무 많아 1층에서 나눠 주는 것은 의미가 없었기 때문에 30여 층이나 되는 건물을 일일이 돌아다니며 직접 붙이고 새벽에 출근해서 책상 위에 한 부씩 올려 두기도 했다. 그래도 디자이너를 포함한 많은 인력이 보충되고 성과를 내서 이제 기업 차원에서도 우리를 전문가로 인정하고 타 부서에서 자문을 구해 오기도 한다." [7]

SKT Brand전략실은 2007년 8월 만들어져 현재 SKT 하위 브랜드와 관련된 광고, 디자인, 이벤트 등 모든 대내외 커뮤니케이션을 총괄하고 있다. 이들은 자신을 '브랜드 사관생도', Brand전략실을 '브랜드 사관학교'라 부르는데 "전략실 모두를 사관학교 생도처럼 교육하고 전문가적 역량을 키워 브랜드를 전파하는 것이 목표"라고 전하기도 했다. 이런 작은 조직의 생성은 큰 조직 내에서 관심과 동시에 경계의 대상이 된다. 그러면서 조금씩 그들의 역할과 성과를 늘려가는 것이다. 작게나마 이런 조직이 구성되면 직원들이 BrandView를 갖도록 기업 전체를 변화시키는 데 필요한 핵심 인력을 점점 늘려가는 데 도움이 되며, 경영자가 브랜드의 중요성을 강조하고자 할 때 이 조직에 힘을 실어 줌으로써 확실한 의사전달을 할 수도 있다.

조직 구성 이후 Brand전략실은 본격적으로 브랜드를 위해 꼭 필요한 시스템이 무엇인지 고민했는데, 그 과정에서 중대한 문제를 발견한다. 바로 니즈가 충분하였음에도 불구하고 수많은 직원들이 공유할 체계적인 브랜드 DB(브랜드와 관련된 자료, 로고, 광고 등의 이미지 파일, 그 외 각종 정보가 쌓이는 데이터베이스)와 시스템이 없었다는 것이다.

Method 2.
'본사'가 아닌 '전사'적 브랜드 포털과 시스템을 구축하라

"조직이 확대되고 그동안 하지 못한 것들이 무엇인가 과제를 도출해 보니 할 사람도 없고, 해야 할 역량이 없어 못하던 브랜드 관련 프로세스 시스템이 나왔다. 처음에는 너무 많은 사람과 업무가 혼재하다 보니 우리 안에서도 스피드011 로고조차 찾을 수 없을 정도였다. 모든 업무가 개인적으로 부탁하는 복잡하고 비효율적인 방법으로 진행되었고, 뭔가 만들어져도 개인 컴퓨터에서 사장되거나 히스토리가 하나도 남지 않아 다른 프로세스를 통해 전혀 다른 결과물이 나오기도 했다."

김현정 매니저는 SKT가 Brandnet을 개발하기 전에 있었던 조직 내부의 수많은 어려움을 위와 같이 회상했다. Brandnet은 2008년 11월 런칭한 SKT의 브랜드 관리 시스템이다. 메리어트, 필립스 등과 같은 글로벌 브랜드들은 내부 인트라넷을 이용하여 업무 이외의 브랜드에 관한 정보도 공유한다. 이처럼 그간 많은 기업이 내부 커뮤니케이션을 위해 인터넷이나 인트라넷을 사용했지만, SKT처럼 브랜드만을 위한 시스템으로 구축된 예는 많이 찾아보기 어렵다. Brandnet과 같은 시스템은 시공간을 초월하여 필요에 맞게 브랜드의 자료들을 모으고 배포함으로써 효율성과 일관성이라는 두 가지 목표를 달성하게 해 준다. SKT 직원 모두가 브랜드 구조 및 아이덴티티를 공유할 수 있고, 디자인 업무 요청 프로세스와 디자인 DB가 마련된 SKT의 Brandnet 1.0이 런칭되었다. 그러나 진정한 의미의 '전사적' 공유는 아직 완성된 것이 아니었다.

"내부뿐만이 아니었다. 예를 들어 외주 디자인 협력 업체와 하루에 100건이 넘는 이메일이 오가도 서로 공유되는 자료가 없었기 때문에 미묘하게 이해하지 못하는 부분이 많았다. 기본적으로 브랜드에 대한 인식이 달랐던 것이다. 그렇게 많은 이메일이 오가도 이해 안 되는 부분이 있는데, 유통 부분과 SKT 대리점까지 계산하면 이보다 더할 것이라는 생각이 들었다."

SKT의 T를 비롯한 여러 브랜드의 활동에 연계된 디자인 외주사, 협력 업체들, 전국 고객 접점의 유통 지점들을 고려하면 Brandnet은 1.0버전에 머무를 수 없었다. 본사 직원을 차치하고라도 소비자 접점에 있는 모든 직원들이 BrandView를 가지고 브랜드가 왜 중요한지, 우리가 왜 브랜드의 일관성을 지켜야 하는지 알지 못하면 브랜드 교육은 의미가 없었다. Brandnet의 진정한 목적은 내부 직원뿐만 아니라 SKT의 브랜드와 관련된 일을 하는 모든 사람들이 브랜드 관점을 가지고 우리 브랜드가 어떤 브랜드며, 따라서 우리는 어떻게 행동해야 한다는 생각을 심어 주기 위함이었기 때문이다. 따라서 SKT에게 진정한 의미의 '전사적 공유'는 SKT 직원부터 SKT의 외부 협력 업체까지 모두 브랜드를 알고 그에 따른 일관성을 가지는 것이었다.

따라서 약 5개월간 시행착오를 겪은 후 1.0의 개선 사항을 토대로 외주 업무 관리와 외부 협력 업체의 접속이 가능하도록 네트워크가 오픈되어 Brandnet 2.0이 런칭되었다.

Brandnet을 통한 효율성 성과는 수치상으로도 놀랍다. 외주 업무 관리 시스템이 포함된 2.0 버전 런칭 후 과거 프로젝트 한 건당 발생하던 SKT와 협력 업체의 상호 컨택 횟수가 눈에 띄게 줄어든 것이다. 업무 프로세스는 약 77%나 감소했다(〈그림 1〉 참고). 그러나 이러한 업무 효율성보다 중요한 효과는 '전사'가 '우리 브랜드는 이러한 활동을 하며, 따라서 이에 맞는 일관성을 유지해야 한다'는 사실을 깨달았

Brandnet 이전 프로젝트 한 건당 컨택 횟수 (참고 : 연간 인쇄 제작물만 300~350건)		
외주 총괄 업체 : 총 76회	제작물 감수 업체 : 총 6회	디자인 협력사 : 총 29회
전화(25), 이메일(30), 직접 방문(1), 기타 메신저 (20)	전화(2), 이메일(4), 직접 방문(0)	전화(11), 이메일(14), 직접 방문(4)

Brandnet 이후 감소 수치		
85% 감소	85% 감소	61% 감소

〈그림 1〉 SKT Brandnet 외주 업무 관리 시스템 만족도 조사

다는 점이다. 김윤전 브랜드매니저는 다음과 같이 말한다.

"Brandnet에서 브랜드 현황을 실시간으로 공유하면서 의외로 이제 아주 작은 것, 예를 들어 대리점에서 이벤트에 사용하는 전단 하나도 이 시스템을 통해 검수를 받고 시행해야겠다는 인식이 생기는 것 같다. 그리고 점점 외부에서 Brandnet에 올라오는 질문이나 요청도 그런 측면을 많이 고려한 내용이 늘고 있다. 과거에는 들으면 놀랄 정도로 기초적인 질문이 많았다. 그런데 정보를 공유하고 시스템을 적용한 후 점점 나아지는 게 느껴진다. 내부에서는 자체적으로 잘못된 외부 커뮤니케이션이나 디자인을 검수하기도 한다. 이런 부분이 작지만 변화의 시작이라고 생각한다." [4]

Method 3.
지속적인 교육과 자극을 유지하라

브랜드 개척자 역할을 담당하는 조직이 Brandnet을 구축하고 이를 관리하는 데서 그친다면 전사에 BrandView를 심기에는 턱없이 부족할 것이다. SKT Brand전략실의 노력은 여기서 그치지 않고 전 직원이 지속적으로 SKT 브랜드에 대한 직접적인 경험을 하도록 자극제를 만드는 것으로 이어진다. 그 일환으로 진행된 것 중 하나가 Brand Day 행사다. 김현정 매니저는 "외부뿐만 아니라 내부 전 직원이 SKT의 브랜드에 대해 직접적인 경험이 있어야 했다. 브랜드에 대해 우리가 가져야 할 태도와 의지를 보여 준 계기가 되었다고 생각한다. Brand Day는 지속적으로 진행되며 전시, 퍼포먼스, 카툰 등 한 가지 방법이 아닌 여러 가지 방법으로 자극을 주고 있다"고 말한다. SKT는 직원들이 브랜드를 체험할 수 있도록 Brand Spirit Book 제작, Best Brand Package 배포(스타벅스, 나이키 등의 사례를 전달하며 브랜드 중요성 강조), 브랜드 카툰 제작 배포, 오프라인 이벤트 등을 진행했다. 브랜드 카툰의 경우 만화를 통해 브랜드의 정의, 디자인의 중요성, 브랜드 매니지먼트 시스템 등의 이론을 쉽게 설명하고 곳곳에 이와 관련된

SKT의 브랜드 교육 관련 활동들.
브랜드 카툰과 브랜드 아카데미, BEC가 제작한 자체 교육 자료들

SKT 브랜드 내용을 삽입함으로써 흥미를 유발한다. 브랜드 카툰은 본사 직원을 비롯해 지역의 T world 대리점까지 모두 배포되어 조직원의 이해를 높이는 데 사용되고 있다.

그러나 외부를 비롯한 내부 직원들이 지속적으로 브랜드에 관심을 가지도록 자극하려면 우선 브랜드 전략실부터 먼저 브랜드 교육을 받을 필요가 있었다. 그래서 Brand전략실은 자발적으로 BEC$^{Brand\ Excellent\ Club}$을 조직하여 매주 한 가지 테마를 잡아 공부하고 그 주 목요일 오전에 함께 공유하고 있다. 김현정 매니저는 "만약 주제가 '나의 러브 마크'라면 자신의 러브 마크 브랜드와 해당 브랜드 케이스에 대해 공부해 오는데, 그런 준비를 통해서 새삼 브랜드의 중요성을 절감하고 있다"며 자발적인 자극 시스템이 브랜드 전략실에 불어넣는 역동성을 언급했다. 이렇듯 내외부적으로 계속 자극이 발생하면 조직의 BrandView에 반복적인 강조와 활성화 효과를 낼 수 있다.

앞으로 SKT의 브랜드 교육은 이들만의 몫이 아니라 전 조직원의 몫이 되어야 하며, 전사적으로 Brand-View가 정착되면 이 교육은 SKT가 자기다움을 더 확고히 구축하고 생활에 브랜드가 체화되는 단계까지 이를 수 있을 것이다.

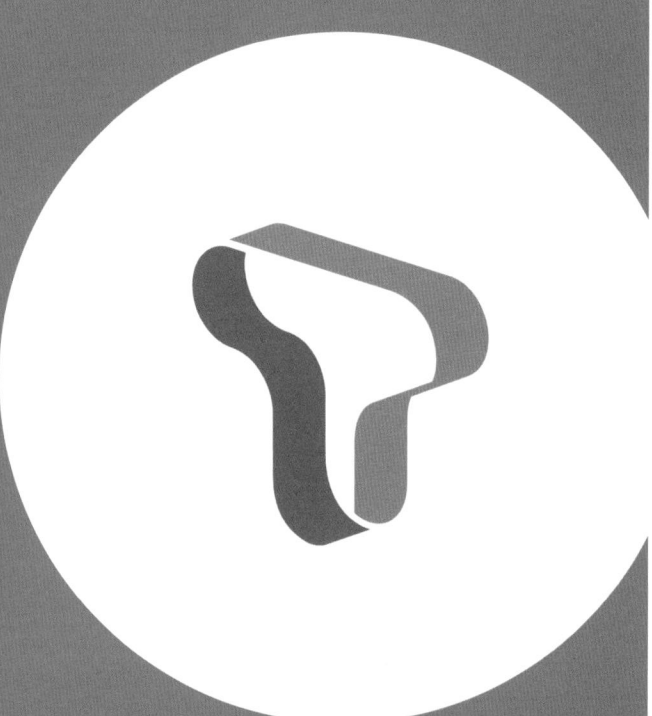

SKT가 SK로, BrandView가 BrandNess로

위와 같은 SKT의 BrandView 교육의 노력은 SK그룹 내부에서도 성공적인 사례로 인식되어 최근 SK가 그룹 차원의 Brandnet(brand.sk.co.kr)을 구축하는 계기가 되었다. SKT 내에서 개척자 역할을 한 Brand전략실은 이런 그룹 차원의 노력에 도움을 주는 자문 역할을 맡게 될 것이다. 한 가지 이슈에 대해 내부 조직 중 하나가 성공적인 모델이 되면, 이것은 큰 조직 전체가 변화의 흐름을 타는 데 중요한 계기가 된다. 이 사례에서도 마찬가지로 Brand전략실에서 SKT로, SKT에서 SK로 확산되는 BrandView 교육열을 확인할 수 있었다.

"사실 우리의 업무량은 목적에 다가갈수록 늘어난다. 브랜드의 일관성이 중요하다는 사실을 깨닫게 되면서 아주 작은 것까지 우리의 의견을 구하는 일이 잦아졌고, 교육이나 자문에 대한 니즈가 생기면서 추가적으로 해야 할 일도 생긴다. 그런데도 우리는 오히려 브랜드에 새로운 활력을 줄만한 것들을 발견하면 '이것 좀 보라'며 다른 팀과 공유하기도 하고, 열정적으로 일하고 있다. 회사에서 하라고 해서 할 수 있는 일은 아니라고 생각한다."

엄종환 브랜드매니저의 이 이야기는 '자본'만으로 로고, 디자인과 같은 표면만 바꾸고 말로만 BrandView를 심으려 하는 일부 대기업의 시도에 제동을 걸 만하다. 이들의 진술은 전사적 브랜드 교육에는 기업마다 투자와 시스템이 뒷받침되어야 하지만, 그에 걸맞는 행동가들의 열정이 없다면 성공하기 어렵다는 사실을 뒷받침한다. 그리고 이들과 같은 조직원을 계속 양성하는 것이 어쩌면 브랜드 교육의 목표일지도 모른다.

앞으로 SKT의 브랜드 교육은 이들만의 몫이 아니라 전 조직원의 몫이 되어야 하며, 전사적으로 BrandView가 정착되면 이 교육은 SKT가 자기다움을 더 확고히 구축하고 생활에 브랜드가 체화되는 단계까지 이를 수 있을 것이다. "앞으로 과제가 더 많다. Brandnet도 아직은 개별 업무 단계에서 도움을 주는 정도지만, 좀더 나아가 브랜드 경영의 정신까지 전달하는 매개가 되어야 한다. 누구든 들어와서 브랜드에 대해 토론하고 합의하여 만들어 가는 것이다. 물론 최종적인 목표는 모든 구성원들이 현업에서 자부심을 가지고 외부에 우리 브랜드를 전파할 수 있는 브랜드 전도사가 되는 것이다." UB

엄종환 제일기획 애니콜광고팀을 거쳐 SK텔레콤에서 'NATE', '멜론', '씨즐', 'GXG', 'T' 등의 광고를 담당했던 그는 현재 SK텔레콤 'T' 브랜드 전략 수립 및 관리 담당 매니저로서 내부 구성원에게 브랜드를 알리는데 주력하고 있다.

김윤전 SK텔레콤 Brand전략실 Brand전략팀 매니저로서 'T' 브랜드 및 각종 MNO 마케팅 SKT 브랜드넷 서비스 브랜드 로고 디자인 등 일관성있는 브랜드를 위한 관리를 담당하고 있다.

김현정 SK텔레콤 Brand전략실 Brand 전략팀의 'T' 브랜드 전략과 내부 브랜딩 및 구성원 육성 프로그램을 담당하는 매니저로 SK텔레콤 전 직원의 '브랜드 전도사화'에 힘쓰고 있다.

ABSTRACT 1. BRANDVIEW

브랜드 내재화 교육, Life On Daum
p 30

엔지니어 기반의 기업 문화에 '브랜드 관점'을 심어 주기 위해서 할 수 있는 것은 무엇일까. 과거 온라인 시장에서 기술로 혁신을 이루었던 Daum이 Next Daum을 위한 혁신의 도구로 삼은 것이 '브랜드 교육'이다.

- Daum의 브랜드 교육 목적은 브랜드가 조직 문화가 되고, 직원 개개인에게 체화되는 것이다.
- Daum의 브랜드 교육은 '과제 학습→강의→현장 체험→토론→프로젝트 적용'의 프로세스를 따르는 워크샵 프로그램이다.
- MBB(Management by Brand)를 위해서는 전사적인 패러다임 전환이 필요했기에 BrandView를 학습하고, BrandNess를 발견하며, BrandShip을 갖게 하는 교육 프로그램으로 설계되었다.

고속 주행에서 고속 비행으로, 현대자동차
p 48

현대자동차는 제조업의 마인드로는 생존이 어렵다는 것을 알고, 제품 중심에서 브랜드 중심으로의 패러다임 전환기에 있다. 그런데 '0마력에 0기통, 0토크'를 중요하게 생각하는 기술 중심의 사고에 익숙한 직원들을 어떤 교육 커리큘럼으로 교육해 브랜드 관점을 갖게 만들 수 있을까?

- 자동차 브랜드가 아닌 타 산업군에서 벤치마킹할 브랜드를 찾아 케이스 스터디를 한다.
- 자사의 베스트 프랙티스(best practice)뿐 아니라, 실패로 기록된 배드 케이스(bad case)를 활용한다.
- 사내강사는 일을 잘하는 사람이지, 강의를 잘하는 사람이 아니다. 따라서 사내강사를 먼저 교육하는 것이 중요하다.
- 사내강사의 역할은 강의장에서 끝나는 것이 아니다. 사무실로 돌아가서는 브랜드 전도사 역할을 한다.

작은 성공이 만들 변화, GS SHOP
p 54

'홈쇼핑 시장에도 브랜드가 필요할까?' '그렇다면 우리에게 브랜드가 있는가?' 이런 고민으로부터 GS SHOP의 변화는 시작되었다. GS SHOP은 브랜드 관점으로 조직을 혁신하기 위한 직원 교육법으로 조직 내 작은 성공을 보여 주는 '파일럿 브랜드 만들기'를 택했다.

- 큰 조직의 효과적인 변화를 위해서는 조직 내부의 성공 사례가 필요하다. GS SHOP은 ditto라는 서브 브랜드를 만들고, TFT를 구성해 변화가 시작되었음을 조직에 알렸다. ditto가 성공적인 성과를 거둔다면 직원 모두가 조직에 BrandView가 필요함을 알게 될 것이다.
- 브랜드 교육도 대상에 맞게 진행할 필요가 있다. GS SHOP에 BrandView를 심어 줄 ditto TFT에게 '브랜드'와 새로운 'GS SHOP'에 대한 집중적인 교육을 실시했고, 교육은 최대한 쉬운 말과 이미지로 접근하게끔 했다.
- 직원 모두가 BrandView를 갖는 데 오랜 시간이 걸리는 만큼 장기적인 로드맵을 구성하는 한편, 리더가 조급해하지 않고 긴 호흡을 갖는 것이 중요하다.

브랜드의 '생각대로' 소통하다, SK텔레콤
p 60

당신의 브랜드는 1개인가, 4,500개인가? SK텔레콤은 4,500명 직원 모두가 '브랜드 전도사'가 되지 않으면 4,500개의 혼잡한 목소리를 가져 브랜드 일관성을 가질 수 없다고 보았다. 이에 따라 SK텔레콤은 전 직원이 BrandView를 갖도록 3가지 방법을 사용했다.

- 조직내 브랜드 개척자(pioneer)를 위한 베이스캠프를 만들어야 한다. SK텔레콤은 브랜드전략실을 따로 구성하여 그들이 전체 조직에 BrandView를 심는 개척자 역할을 하도록 했다.
- '본사'가 아닌 '전사'적 시스템을 구축해야 한다. Brandnet은 본사 직원뿐만 아니라 디자인 협력 업체, 외주 총괄 업체까지 모두 브랜드와 관련된 자료와 생각을 공유하도록 구축된 웹사이트다. 이를 통해 직원들은 왜 브랜드가 관리되어야 하고 일관성을 가져야 하는지 알게 된다.
- 지속적인 교육과 자극을 유지해야 한다. SK텔레콤은 브랜드전략실 내 자체 스터디그룹인 BEC를 조직하고, 전 직원이 참여하는 브랜드 데이 행사를 열며, 브랜드 지식을 쉽게 전달하는 브랜드 카툰을 만들어 '전사적'으로 공유하고 있다.

BRAN

"처음부터 나는 우리 기업이 완성되면 어떤 모습을 갖게 될지 아주 분명한 상❴을 가지고 있었다. 나는 IBM이 대기업이 되려면 대기업이 되기 훨씬 전부터 대기업답게 행동해야 한다는 사실을 깨달았다." IBM의 창립자, 톰 왓슨의 말이다. 자기 브랜드가 완성되었을 때의 분명한 상❴을 가지고, 그 '자기다움'에 맞게 행동하는 것, 그 '자기다움'이 무엇인지 알리고 교육하는 것, 이것이 BrandNess교육이다. 우리가 만난 9개의 성공적인 브랜드들은 '자기다움'에 대하여 리더 혼자가 아니라 전 직원이 알 수 있도록 BrandNess 교육을 하고 있었다. 자기다움을 완성하는 것은 바로 직원들이기 때문이다.

성공을 돕는 사람들의 교육 사업
브랜드의 본本을 세우다, 본죽

The interview with 본아이에프 대표 김철호, 마케팅팀장 이진영

전국 1,000여 개 매장을 가지고 연 600억 원이 넘는 매출을 올리는 프랜차이즈. 본죽은 한식 메뉴 '죽'을 프랜차이즈화하여 없던 시장을 새로 만들고, 보기 드문 성공을 이루었다. 그 때문일까? 이런 성공 신화를 대하면서 많은 사람들이 '프랜차이즈는 잘만 하면 돈을 버는 사업'이라는 생각을 가지고 너도나도 프랜차이즈 업계에 뛰어들고 있다. 그러나 막상 본죽을 만나 보니 이들은 프랜차이즈 사업을 하는 것도 아니고, 직원들이 자신의 성공만을 위해 일하지도 않았다. 직원들이 하는 모든 것을 '일'이 아닌 타인의 성공을 돕기 위한 '사명'으로 여기게 하고자 교육하여 사명이 브랜드를, 그래서 결국 브랜드가 직원을 움직이도록 만드는 기업. 본죽은 '성공을 돕는 사람들의 교육 사업'이었다.

프랜차이즈에 관한 두 가지 정의

프랜차이즈의 정의 1. 본죽 김철호 대표

"본죽 사람들은 '본죽호'라는 한 배를 탄 공동체다. '뭉치면 살고 흩어지면 죽는다'는 속담이 있지만 현실에서는 오히려 '뭉치면 살기보다 각개전투를 잘해야 성공한다'고 한다. 같은 브랜드라도 한 배를 탄 공동 운명체라기보다는 내가 이웃집보다 잘해야 하고, 옆집이 망해야 내가 성공하는 치열한 자본주의 경쟁에 노출되어 산다. 그러나 설령 현실이 그렇더라도 본죽인들만은 본죽호라는 배에 탄, 모두 잘해야 무사히 항해할 수 있는 공동체였으면 한다. 그래서 내가 생각하는 본죽은 프랜차이즈 사업이 아니라 교육 사업에 가깝다. 가맹점 사장님들 모두 본죽이라는 브랜드의 사명을 가지고 본죽의 철학을 배우며, 우리는 그분들의 성공을 돕는다."

프랜차이즈의 정의 2. 한국프랜차이즈협회

"프랜차이즈 사업은 프랜차이저가 프랜차이즈를 사는 사람에게 프랜차이즈 회사의 이름·상호·영업방법 등을 제공하여 상품과 서비스를 시장에 판매하거나, 기타 영업을 할 수 있는 권리를 부여하며, 영업에 관하여 일정한 통제·지원을 하고, 이러한 포괄적 관계에 따라 일정한 대가를 수수하는 계속적 채권 관계를 의미한다."

너무나 다른 두 정의는 모두 프랜차이즈를 설명한 내용이다. 첫 번째는 수많은 실패를 경험한 뒤, 다시 일어서기 위해 대학로에 처음 작은 죽집을 내고 아내와 함께 사업을 시작한 지 올해로 만 9년, 1,000개가 넘는 가맹점이 생긴 본죽 김철호 대표의 정의다. 두 번째는 비즈니스 관점에서 전도유망한 '프랜차이즈' 사업을 이론적으로 정리한 한국프랜차이즈협회의 정의다.

김철호 대표가 내놓은 업의 정의는 가맹점에 '권리를 부여하고', 일정한 대가를 '수수하며', '계속적 채권 관계'를 이루는 사람들을 염두에 두고는 나올 수 없는 것처럼 보인다. 2007년 한국프랜차이즈협회 통계에 따르면 한국에 있는 많은 프랜차이즈 본부의 평균 총 매출액이 연 120억, 그 중 50%에 가까운 매장은 20억 이하의 매출을 올리고, 200억 이상의 매출을 기록하는 곳은 단 6%에 그친다. 그런 시장 상황에서 10년도 되지 않아 연 600억이 넘는 매출을 내고, 글로벌 가맹점을 준비하는 본죽의 대표가 내린 정의로는 신기할 수밖에 없다. 게다가 김철호 대표는 자신의 성공, 브랜드의 성공보다 자신이 본죽이라는 브랜드의 철학을 함께 하는 가맹점의 성공을 돕는 사람이라고 말하고 있다. 그는 어째서 자신의 업을 이렇게 정의하고 있을까.

프랜차이즈 사업 = 교육 사업

*"당신은 성공 도우미"
이진영 우리가 가진 기본적인 사명이 '성공을 도와준다'는 것이다. 예를 들어 슈퍼바이저 한 명이 50명의 사장님을 돕는다면, 그 가족을 평균 4명으로 잡아 거의 200명의 생계와 성공이 슈퍼바이저 한 명의 노력에 달린 것이다. 그런 생각으로 사명감을 가지고 일한다. 우리는 회사의 매출을 올리려는 큰 전략이 아니라 한 매장, 한 매장마다 자기가 맡은 사장님들의 좀 더 큰 이익을 위한 전략만 가지고 있다.

Lesson 1. 여러분은 성공 돕는 사람들입니다

당신이 직원을 만날 때마다 남달리 강조하는 것이 있다고 들었다.

나는 직원에게 항상 *"당신은 성공 도우미"라는 말을 한다.[1] 우리 직원들은 단순히 여기 와서 직장 생활을 하는 게 아니기 때문이다. 생각해 보면 대기업의 부장이라도 우리 직원만큼 많은 사람들의 희망을 한 몸에 받는 사람들이 없다. 우리 슈퍼바이저 한 사람이 담당하는 사장님들만 수십 명이다. 그분들의 가족까지 생각한다면 얼마나 많은 사람들의 생계를 돕고 있는 것인가. 그 사장님들이 일을 잘 할 수 있도록 하는 게 그들이 지금 하는 일이니 절대 가볍게 생각할 수 없다. 그분들이 다 성공할 수 있게 돕는 일은 절대 쉬운 일이 아니다. 그렇기 때문에 '성공을 돕겠다'는 사명감은 우리 직원들에게 무엇보다 중요하다. 따라서 직원들도 조직의 일개 부품이 아니라 의미 있는 일을 하는 사람이라는 사명감, 자부심, 자긍심, 책임감을 가져야 한다.

직원들의 교육에 남다른 열의를 보이는 것도 그 때문인가?

그렇다. 본죽의 정신을 지키고 브랜드를 관리하거나 브랜드의 일관성을 지켜 내기 위해 인간이 할 수 있는 가장 적절한 방법이 교육이니까 당연히 하는 것이다. 남들은 다른 것을 우선시 하는데 나는 교육을 통해 직원 스스로 동기를 부여를 하고 우리의 정신에 동참해야 모든 게 가능하다고 본

다. 비즈니스에서 유통이나 물류 등도 중요하지만, 결국 그것을 해 내는 것은 기계가 아니라 사람이지 않나. 사람은 저마다 자기 생각과 정신이 있는데, 그것을 모두 일치시키기 위해서 하는 것이다. 나는 회사가 직원들에게 돈뿐만 아니라 성장의 기회를 줘야 한다고 생각한다. 직원들은 정말로 여기에 모든 것을 바치고 있다. 그들이 계속 성장할 수 있는 기회를 제공해야 하는데, 안타깝게도 우리 회사가 큰 회사가 아니어서 생각보다 많이 주지 못한다. 열심히 한다고 하는데도 그 부분은 항상 안타깝다. 우리 직원들이 여기서 성장하고 자부심을 느끼며 더 큰 일을 하기 원하고, 그것을 위해 먼저 할 수 있는 게 교육이 아닌가 한다. 자기가 아는 만큼 담을 수 있는 건데 그런 기회가 없으면 담지 못한다. 사람이 살면서 모든 것을 다 경험할 순 없다. 실패를 해 보니까 거기서 배우는 게 많다고 해서 직원한테 실패 좀 해 보라고 할 순 없지 않은가. 대신 교육을 하고, 책을 통해 배우면 간접적이지만 그만큼 느낄 수 있다. 그리고 그에 따라 삶에 대한 감사도 더 풍성해진다.

경험하지 못한 것을 책을 통해 배우는 것이 필요하다는 것은 이해가 된다. 그런데 삶에 대한 감사가 필요한 까닭은 무엇인가?

나는 과거에 사업을 하다가 실패했지만 그럼에도 불구하고 내가 아직 건강하다는 것, 어려울 때 모든 사람들이 다 떠났지만 다시 한 번 시작해 보라고 75만 원을 쥐어주던 친구가 있다는 것, 남들이 볼 때는 비록 길거리 노점상에 불과했지만 내 사업장이 있다는 것, 그래서 일할 수 있다는 것, 그 모든 것이 감사한 일이었다. 그것이 내 정신이고, 또 본죽의 정신이 되었다. 책을 통해 여러 사례들을 보고 간접적으로 경험하면서, 항상 현실에 감사하는 긍정의 정신이 우리에게 있어야, 생계를 걸고 일하는 사장님들과 서로의 성공을 도울 수 있다. 살아가면서 자기 의지와는 전혀 상관없는 상황들도 벌어지게 마련이다. 그런 상황에서도 어떤 식으로든 스스로 긍정의 씨앗, 희망의 씨앗을 찾을 수 있어야 다른 사람의 성공도 도울 수 있다. 살아 보니까 그렇더라. 과거에 짧게나마 직장 생활을 했는데, 지금도 아쉬움이 남는다. 그때 우리 부장님, 과장님이 이런 얘기를 나에게 좀더 해 줬더라면 그렇게 방황하거나 작은 것에만 매달리지 않고 큰 그림을 볼 수 있었을 텐데…. 그런 게 나는 지금도 아쉽다. 솔직히 일은 우리 젊은 친구들이 나보다 훨씬 잘한다. 나는 그런 것보다 정신 얘기, 살아가는 얘기, 바르게 생각하는 법, 어떠한 상황에서도 '그럼에도 불구하고'라는 생각을 할 수 있게 해 주는 것, 이것이 이들에게 내가 가장 많이 해줄 수 있는 교육이 아닐까 한다.

"과연 우리 회사가 무엇을 하는 회사고, 무엇을 바라는 회사가 되어야 하는가 하는 고민들을 과거보다 많이 하게 되었다. 직원들이 이 업의 의미, 이 업에서 당신이 하는 일의 의미를 찾으라고 교육하는 것이다."

직원들을 교육한 것에 대한 효과는 체감하는가?
직원들이 ⊕본 아카데미 등의 교육을 통해 달라지는 것을 보면 나 자신도 놀란다. 예를 들어 프레젠테이션을 하는 것, 단어 하나 구사하는 것만 봐도 1년 전과 지금을 비교해 보면 많이 다르고, 그만큼 스스로 자신감이 생기는 것 같다. 그리고 자신감이 생기는 만큼 간접경험을 통한 긍정적 마인드와 열정도 생긴다. 이 모든 것을 얻는 만큼 직원들의 생각의 폭이 넓어진다고 할까. 확실히 느낄 수 있다. 외부 강사들이 종종 교육을 하러 오는데, 교육 후 나와 차를 마시면서 '직원들 수준이 높다'는 말을 많이 한다. 그런 이야기를 들으면 나도 뿌듯하다.

> **⊕ 본 아카데미 등의 교육**
> 본죽은 5대 아카데미를 통해 직원들의 교육을 하고 있다. 5대 아카데미는 본 아카데미를 비롯, 필독서 아카데미, 본 지식 아카데미, 본 중국어 아카데미, 본 프랜차이즈 아카데미를 말한다. 그중 본 아카데미는 매주 월요일 오전 7시, 본죽인의 태도와 동기부여를 위한 여러 교육 과정이 진행되는데 일반 직원부터 경영진까지 전 사원이 참여한다.
>
> | | |
> |---|---|
> | 본 아카데미 | 본죽의 대표적인 교육 과정. 전 직원이 의무 참석하여 전사적인 제도, 문화, 전략을 공유하거나 마인드 교육, 동기 부여에 관한 동영상 강의, 외부 강사를 초청하여 경영 실무 교육을 하는 등 다양한 활동이 이루어진다. |
> | 필독서 아카데미 | 대리급 이하 젊은 직원들이 자유로이 참석하며 학기제로 운영된다. 마케팅 등의 역량 강화와 독서 문화 고취에 중점을 둔다. |
> | 본 지식 아카데미 | 동영상 강의로 운영되며, 각 직책자들의 리더십 및 매니지먼트를 돕기 위한 교육이다. |
> | 본 중국어 아카데미 | 직원들의 성장 욕구를 자극하고, 이후 확장될 본죽의 중국 지점과 원활한 소통을 위한 준비 교육이다. |
> | 본 프랜차이즈 아카데미 | 사내강사를 통한 교육으로 사내 프랜차이즈 전문가와 최고의 슈퍼바이저 양성을 목표로 한다. |
>
> **이진영** 이 회사에 와서 가장 놀란 것은 교육 받는 월요일이 되면 전 직원이 7시가 아니라 6시쯤 회사에 다 도착해 있다는 사실이었다. 교육 받는 장소에 자리가 조금 부족해서 제시간에 도착하지 못한 직원들을 위해 보조 의자가 준비되는데, 거기에 앉는다는 것은 이곳의 문화상 조금 부끄러운 일이었던 것이다. 그래서 모두 일찍 출근해서 교육을 받을 준비를 하고 있고, 대표님을 비롯 경영진도 아침 일찍 와서 함께 교육을 받는다. 그러다 보니 자연스럽게 함께 필기하고 공부하는 문화가 형성되었다.
> 이진영 팀장은 교육을 통해 성장한 것이 직원들의 능력뿐만 아니라 '열정'이라고 말한다. 본죽의 직원들은 자연스러운 학습 문화를 통해 개인의 역량을 키울 뿐만 아니라 '무엇이든지 할 수 있다는 자신감과 열정'을 부여 받는 것이다.

결국 본죽의 직원들이 모든 교육을 통해서 얻어야 하는 것은 자신의 업을 재정의해 보는 것이 아닐까 싶다. 자신이 가맹점을 '관리'하는 사람이 아니라 그들의 성공을 '돕는' 사람이라는 정의 말이다.
그렇다. 사업이 이만큼 성장하면서 과연 우리 회사가 무엇을 하는 회사고, 무엇을 바라는 회사가 되어야 하는가 하는 고민들을 과거보다 많이 하게 되었다. 직원들이 이 업의 의미, 이 업에서 당신

이 하는 일의 의미를 찾으라고 교육하는 것이다. 결국 우리가 살아가려고 몸부림치는 게 다 행복하기 위해서 아닌가. 내가 성공하기 위해 남을 짓밟는 게 아니라, 동료의 성공을 도와주고, 배려하고, 감사해야 결국 행복하다. 내가 무엇을 하든, 무엇을 결정하든 말이다.

Lesson 2. 여러분은 본죽호를 탄 공동체입니다

직원들뿐만 아니라 1,000개가 넘는 가맹점의 교육이 본죽이라는 브랜드가 한 목소리를 내는 데 무엇보다 중요할 것이라는 생각이 든다.

그래서 우리도 어려움이 많다. 옛날 학교 다닐 때를 생각해 보라. 한 반에 40~50명씩 있는데 그 친구들만 모여도 얼마나 개성들이 뚜렷한가. 그런데 본죽에는 1,000명이 넘는 사장님들이 계신다. 게다가 일반 회사처럼 사장님들이 우리에게 월급을 받는 게 아니라 다 개인 사업장의 '사장님'들이다. 사장님들은 지역도 다르고 매일 얼굴 보는 사이도 아니라 본죽이라는 일체감을 갖기도 어렵다. 제주도에서 서울까지 흩어져 있는데 그 안에 얼마나 많은 사건과 이야기들, 다양한 캐릭터들이 있겠는가.

그것을 본죽이라는 이름 아래 하나로 묶어야 하는데 그분들의 성격이나 그분들이 바라는 것, 지나온 과정, 궁극적으로 되고 싶어 하는 것을 우리가 다 알지는 못한다. 그러나 그것은 우리가 어찌할 수 없는 부분이라 해도 최소한 그분들이 본죽이란 간판을 달고, '본죽의 모 지점 대표'라는 명함을 들고 사업하는 순간만큼은 본죽 정신이 같아야 한다는 것이 내 생각이다. 사실 고객에게는 박 사장의 본죽, 이 사장의 본죽, 제주도의 본죽, 서울의 본죽이 아니라 단 하나의 '본죽'이다. 그분들을 하나로 꿸 수 있으려면 학생들처럼 앉혀 놓고 이래라, 저래라 하는 게 아니라 그분들을 이해시키고 교육해야 한다.

> **🔍 본죽이라는 일체감**
>
> **이진영** 우리는 우수 가맹점을 뽑아 호텔 워크샵을 진행할 때 그 가맹점 사장님들을 강사로 초청하고 있다. 한번도 프레젠테이션이나 교육을 해 본 경험이 없는 분들이라 미흡한 점이 많지만, 교육 자료나 PPT를 준비하는 것을 우리가 함께 도와드린다. 이렇게 서비스하는 방법이나 아이디어를 다른 가맹점 사장님들에게 직접 알려 주는 것이다. 사실 우리가 교육 하는 것은 와 닿지 않을 수 있다. 그런데 같은 가맹점의 사장님들이 알려 주는 방법은 그만큼 신뢰할 수 있고 보다 실질적인 교육이라 동기 부여도 된다. 본죽은 분기별로 우수 가맹점 3곳을 시상하고, 1년 동안 선정된 총 12개점의 우수 가맹점은 최우수 가맹점 후보가 된다. 후보 가맹점에 모니터 요원인 본매니아(소비자)가 방문, 평가하여 최우수 가맹점으로 뽑히면 가맹점 교육강사 자격이 부여되는 것이다. 이들은 이듬해 실시하는 정기 교육을 비롯한 각종 교육에서 가맹주를 대표하여 현실적이고 실질적인 노하우를 직접 전수한다. 이것은 각 매장의 경쟁을 강조하기보다는 모든 가맹점이 하나의 공동체로서 노하우를 공유하고 서로 돕는 문화를 만드는 데 일조하고 있다.

그래서 프랜차이즈는 관리 사업이 아니라 브랜드와 브랜드 철학을 지켜 내기 위한 '교육 사업'이라고 말하는 것인가?

그렇다. 본죽은 단순히 음식 장사, 죽 장사가 아니라 정성이 없으면 할 수 없는 사업이다. 가게의 규모를 떠나서 한 그릇에 정성과 사랑, 건강이 다 담겨 있어야 한다. 그러기 위해서는 물론 ⊕사장님들께서 지켜야 할 것들이 많다. 정해진 레시피를 준수하고, 정해진 조건에 맞는 재료만 써야 한다. 조그만 매장 한 곳에서 슈퍼바이저가 일일이 확인하는 체크리스트 항목이 200개가 넘는다. 이것을 당연히 지켜야 한다. 하지만 우리가 지키라고 강요해서가 아니라 그분들이 본죽의 정신에 동의하기 때문에 지키는 것이어야 한다. 그래야 브랜드의 일관성, 통일성이 자연스럽게 유지된다.

> ⊕ **사장님들께서 지켜야 할 것**
>
> **1. 체크리스트**
> 본죽은 가맹점을 점검할 때 크게 품질, 서비스, 청결도 3가지로 분류된 200여 가지의 체크리스트를 사용한다. 체크리스트의 세부 내용은 공개되지 않지만, 예를 들어 조리시 정해진 조리 기구를 사용하며 야채 및 해물 등 모든 재료의 절단 크기와 방법도 정해져 있으며, 오차범위 ±1mm, +5g 밖으로는 허용하지 않을 정도로 꼼꼼한 기준을 두고 있다. 또 이미 만들어진 완제품을 데워서 판매할 수 없으며 기본적으로 제공하는 표준 레시피를 철저하게 준수한다. 서비스 또한 인사, 안내, 전화응대 등도 정해진 매뉴얼에 따르도록 하고 있다. 이 매뉴얼의 최종 목표는 전 지점 어디서라도 동일한 본죽의 정신을 보여주기 위함이다.
>
> **2. 배달 금지 원칙**
> 본죽의 경쟁 브랜드들은 전 메뉴를 배달하고 있다. 죽 시장이 본격적으로 형성된 뒤, 경쟁이 생기다 보면 배달 유무는 매출에 큰 영향을 미친다. 그래서 본죽의 배달 금지 원칙은 초기에 가맹점주들의 큰 반대에 부딪치기도 했다. 그러나 본죽은 아직까지 그 원칙을 고수하고 있다. 죽이 패스트푸드와는 달리 배달을 할 경우 고유의 맛을 지키기 어렵고, 배달을 위해 '대충' 죽을 만들어 시간에 쫓기는 판매를 하는 것은 본죽답지 못한 것이기 때문이다. 또한 배달을 함으로써 가맹점의 상권이 겹쳐 서로 돕는다는 본죽의 정신이 무색해질 경쟁 구도가 생길 수도 있다. 따라서 본죽은 배달을 하지 않고 매장에서 직접 판매하거나 테이크아웃을 할 수 있도록 하는 선에서 본죽다움을 지켜가고 있다.
>
> **3. 기타 원칙들**
> 본죽에서 음식을 먹어본 소비자라면 유난히 죽의 양이 '많다'는 생각이 들 것이다. 왜 이렇게 음식을 많이 줄까. 이것 역시 좋은 것을 푸짐하게 나눈다는 본죽다움을 지키는 원칙 중 하나다. 죽은 빨리 소화가 되는 음식인 만큼 소비자가 풍족하게 느끼도록 음식의 양을 줄이지 않는 것이다.
> 본죽은 또한 특별한 할인 행사를 하지 않는다. 프리미엄 브랜드, 한식의 자존심을 지키기 위해 가격선을 무너뜨리지 않는 것이다. 이진영 팀장의 말에 따르면 "본죽은 무언가를 더 함께 나누는 '플러스 알파'의 마케팅을 할 뿐, 본죽다움을 무너뜨리는 일은 하지 않는 것"을 원칙으로 한다.

구체적인 규칙과 가이드라인을 주기 전에 왜 그것을 지켜야 하는지를 이해시키는 것이 중요하다는 의미인가?

그렇다. 교육도 무조건 매뉴얼을 정해 놓고 '이대로만 하라'는 것이 아니라 그분들이 본죽의 기본 정신, 기본 철학에 동의할 수 있게 만들어야 한다. "본죽은 이런 정신을 가지고 있습니다. 그 정신을 지켜내기 위해서는 이렇게 해야 하고, 이런 부분들을 지켜 주셔야 합니다"라고 알려줘야 본인도 용납할 수 있고 그 이후 세부적인 지점 관리가 가능한 것이지, 모두 '사장님'에 성인이고 나름대로 자기 생각이 있는 분들인데 그냥 무조건 매뉴얼대로 가르친다고 해서 되는 건 아닌 것 같다. ⊕3

그리고 ⓐ1년에 한 번 있는 가맹점 대상 전체 교육을 할 때 내가 우리 가맹점 사장님들한테 가장 많이 하는 얘기가 "당신들은 단순히 죽 장사가 아니고, 먹고살기 위해 장사하는 사장님들이 아니라 자부심을 가진 외식 사업가다" 같은 자긍심, 자부심, 정신에 대한 이야기다. 죽 끓이는 일이 알고 보면 쉽지가 않다. 아직도 한 그릇, 한 그릇 일일이 쒀야 한다. 한꺼번에 다 끓여 놓거나, 반제품을 만들어서 팔 수가 없는 것이 죽이다. 정말 정신과 철학이 없다면 쉽게 할 수 없다. 그런 것을 사장님들께서 해 내고 있다는 자부심을 많이 심어주려고 한다.

> **ⓐ 1년에 한 번 있는 가맹점 대상 전체 교육**
> 본죽에서 실시하는 가맹점에 대한 교육은 크게 창업 전에 시행하는 신규 교육과 매년 1회 정기적으로 시행하는 정기 교육, 지역별로 시행하는 보수 교육으로 나눌 수 있다. 본사는 교육 전담 부서를 두어 정기 교육을 비롯한 전체적인 교육 과정 계획을 담당하고 있으며, 자체 연구소인 '본브랜드연구소'에서는 레서피를 비롯한 구체적인 교육을 담당한다. 그리고 운영 본부에서 슈퍼바이저들이 개별 가맹점의 교육을 돕는다. 전 매장이 1년에 한 번은 꼭 들어야 하는 교육인 정기 교육에서는 구체적인 스킬에 대한 교육뿐만 아니라 일종의 '본죽 마인드 교육'이 이루어지는데, 매번 김철호 대표가 본죽의 철학과 원칙에 대한 교육을 가장 먼저 진행하고 있다.

*사장님들을 높여드리려고 이진영 우수 가맹점 시상식을 할 때도 대표님은 항상 단상 아래에 선다. 가맹점 사장님들을 단상 위에 올라서게 하고는 말이다. 그렇게 트로피도 아래에서 위로 전해드린다. 가맹점 사장님들에게 편지를 보내실 때도 항상 "사장님들 없이는 우리는 아무것도 아니다"라는 메시지를 포함한다. 그런 말들이 대표님의 철학을 반영하는 것 같다.

사실 그간 당신의 경험이 없었다면, 본죽의 철학과 원칙을 설득하기 쉽지 않았을 것 같다.
그래서 딱딱한 이야기보다는 내 개인적인 이야기를 많이 하는 편이다. 내가 만약 폼 잡는 얘기를 하면 그분들은 '그래 넌 성공했으니까 지금 그런 말 할 수 있겠지'라고 생각할 수밖에 없다. 그래서 내가 예전에 직영점부터 직접 죽을 쑤며 어려운 과정을 거쳐 여기까지 왔으니까 사장님들의 사연을 충분히 이해할 수 있다는 사실을 전한다. 내 경험으로 그분들을 알아주는 게 중요하다. "죽 한 그릇 쑤는 데 점주님들이 얼마나 정성을 들이는 지 나는 알고 있다. 그리고 그것들을 고객들도 안다." 이렇게 인정받는 것을 제일 좋아하시는 것 같다.
사실 사장님들은 쓰레기봉투 하나 아끼기 위해 조금이라도 더 담으려다가 쓰레기봉투가 터져서 난감해하기도 여러 번일 테고, 죽이 조금 잘 팔리는 날은 금방 살 것 같다가 또 하루 장사가 안 되면 죽을 것 같은 심정일 것이다. 나도 그랬다. 그래서 "당신은 열 평짜리, 열다섯 평짜리 식당의 사장이지만 절대 일반 식당과는 다르다"고 말하고 본죽의 정신에 대해 설명을 많이 하려고 한다. 그렇게 그 *사장님들을 높여 드리려고 한다.

Lesson 3. 우리는 본죽입니다
당신은 본죽이 어떤 브랜드라고 말하고 싶은가?
나는 늘 본죽이 희망이고 철학이라고 말한다. 내가 CEO로서 이 브랜드를 만들었다기보다는 '본'이라는 브랜드에 일관되게 꿰어지는 것들이, 그리고 이 일을 통해 얻고자 하는 것이 '희망'이라 생각한다.
나도 더는 아무것도 어찌할 수 없는 상황에서 아내와 함께 작은 죽집을 시작했고, 그것을 통해 희망을 키웠다. 그래서 지금 예전의 나처럼 어려운 분들의 입장을 충분히 이해할 수 있게 되었다. 아마 내가 좋은 여건에서 시작했다면 우리 가맹점을 하겠다고 대출 받고, 퇴직금까지 내놓는 분들을 이해하지 못했을 것이다. 그러나 길거리에서 노점도 해보고 본죽을 처음 시작하면서 느낀 감정과, 나와 우리 가족의 희망의 끈이 작은 가게에서 시작한 본죽을 오늘에 이르게 했다. 조그맣게 시작된 희망의 불씨가 여기까지 온 것이다.

본죽을 시작하기 전후로 '브랜드' 자체에 대한 생각에 많은 변화가 있었을 것 같다.
그렇다. 예전에는 브랜드는 대부분 상품명이라고 생각했다. 거기서 좀더 발전한 게 제록스, 버버리처럼 보통명사가 된 이름이나 아주 유명한 상표라고 생각했다. 솔직히 말하면 그전에는 브랜드에 관심이 별로 없었다. 그런데 '본'이라는 브랜드를 만드는 사람들에게 계속 목적과 정체성에 대해 말하다 보니, 나도 모르는 사이에 브랜드가 단순히 상품이나, 상품의 발달된 형태를 말하는 것이 아닌 그 기업과 기업의 아이덴티티, 구성원의 문화, 정신 등 모든 것을 담는 것이라는 사실을 알았다. 내가 살아 있는 이유, 회사의 존재 이유가 바로 브랜드였다. 이제는 어떤 것보다 브랜드에 무엇을 담느냐가 그 기업의 존재 가치, 영속 가능성을 판단하는 게 아닌가 생각한다. 어느 순간부터는 내가 브랜드에 구속되는 것 같다. 이제는 내가 오히려 거기에 포함되어 행동 하나, 말 하나를 '본답게' 하고 있는가, 그 기준으로 볼 때 맞는 결정인가 아닌가 생각하고 조심한다.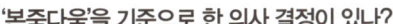10

브랜드 자체가 경영자를 포함한 조직 전체에서 리더십을 갖는 경우를 우리는 BrandShip을 가진 상태라고 본다. 이를테면 '이것이 본죽다운가, 아닌가'가 모든 판단의 기준이 되는 것이다.
그런 것 같다. 어떤 일을 결정하기 어려울 때 '나는, 그리고 우리는 성공 도우미고 가맹점의 성공을 위해서 일한다' '지금 내가 가는 길이 가맹점의 성공을 위한 것인가, 나만의 성공을 위한 것인가'를 먼저 생각하게 된다. 예를 들어 어디 가서 내가 잘못 행동하면, "저 사람 본죽 사람인 것 같은데 저렇게 말하나" 이런 소리 들을까 조심스러워 행동 하나, 말 하나에도 '본죽다움'을 기준으로 두고 신경 쓰고 있다.

'본죽다움'을 기준으로 한 의사 결정이 있나?
프랜차이즈 사업을 하면 유혹을 많이 받는다. 특히 우리가 좋은 프랜차이즈 시스템, 물류, 교육 시스템을 가지고 있으니까 '아이템'을 들고 찾아오시는 분이 많다. 그중에는 정말 그럴 듯한 아이템들이 많다. 대부분 외국 아이템인데, 우리 시스템에 던져 넣기만 하면 될 만한 것들이다.
사실 누가 뭐라 할 것도 아니고, 하려면 할 수는 있다. 그런데 내가 그것을 거절하는 기준이 바로 우리 회사의 정체성, 즉 아이덴티티라는 기준과 성공을 돕겠다는 우리의 목적이다. 우리는 한식을 가지고 일하시는 점주들의 성공을 돕겠다는 사명이 있다. 그래서 조금 성공했다고 해서 우리에게 맞지 않는 일은 하지 말아야 한다. 그건 분명히 편한 길이겠지만, 브랜드의 기준에서는 옳은 길이 아니기에 하지 않는 것이다. 나도 사업하는 사람으로서 욕심 내고 싶고, 하고 싶다. 그러나 그것을 참는 것이 본죽을 위한 길이다.

비즈니스만을 생각한다면 더 '큰' 회사가 되는 게 좋은 일 아닌가?

우리에게 규모는 크게 중요하지 않다. 종종 직원들에게 이런 말을 한다. "우리가 목표로 하는 것이 최고 큰 회사는 아닐 것이다. 그리고 노력을 한다고 해도 현실적으로 최고 큰 회사가 되지는 못할 수도 있다. 그런데 우리가 노력한다면 최고 좋은 회사는 만들 수 있을 것 같다." 본죽은 최고 큰 회사가 아니라 최고 좋은 회사가 목표다.

나도 사람이니까 쉽고 편해지려는 유혹도 많고, 실제로 예전보다는 비즈니스적으로나 개인적으로 많이 쉽고 편해졌다. 그럴 때 초심, 첫정을 많이 생각한다. '처음에 본죽을 시작 했을 때였다면 어떤 생각을 했을까?' '가맹점이 한두 개 늘어날 때 나는 어떤 생각을 했을까?' '내가 많이 교만해졌구나, 많이 편해졌구나.' 물론 예전과 상황이 많이 바뀌기도 했지만, 여러 과정을 겪으면서 스스로 변명의 딱지를 붙였을 뿐이지, 그것을 다 떼내고 보면 결국에는 처음에 먹었던 마음이 옳았던 경우가 더 많다.

듣고 보니 브랜드를 키운다는 것은 그 '브랜드다움'을 정의한 뒤, 그것을 기준으로 모든 행동을 결정하려고 노력하는 일인 것 같다.

당연하다. 음식의 맛은 기본 중의 기본이다. 그것만으로 사업을 하려고 해서는 안 된다. 내가 이 아이템에 무엇을 담으려고 하느냐가 중요하다. 그냥 '맛있다'는 기본만 갖춘 것과 같다. 본죽이라면 이 프랜차이즈를 통해 생계형 체인점을 많이 내서 본죽 점주들의 성공 도우미가 되겠다는 뚜렷한 목적 말이다. '내 음식이 맛있다' 이렇게 돈 벌려는 것이 아니라, 내가 이것을 통해 무엇을 담으려고 하느냐를 분명히 하는 것이 좋다. 그게 분명하면 '쉽고 편한 길' 보다는 자기가 정한 '옳은 길'을 가게 마련이다.

> "'내 음식이 맛있다' 이렇게 돈 벌려는 것이 아니라, 내가 이것을 통해 무엇을 담으려고 하느냐를 분명히 하는 것이 좋다. 그게 분명하면 '쉽고 편한 길' 보다는 자기가 정한 '옳은 길'을 가게 마련이다."

업을 재정의한 사명, 그리고 공명

"나는 오랫동안 열광적으로 직원들을 격려하는 많은 대기업들을 보아 왔다. 강연대를 거칠게 두드리거나 로큰롤로 편집한 찬송가를 연주하는 CEO가 있는가 하면, 발을 동동 구르며 환호하는 수천 명의 근로자도 보았다. 하지만 이러한 열광은 일시적이다. CEO는 단기적으로 직원들에게 열정적인 흥분을 만들어 낼 수는 있지만 지속시킬 수는 없다."

런던비즈니스스쿨의 교수이자 세계적인 경영전략가로 꼽히는 게리 해멀Gary Hamel은 《경영의 미래》를 통해 사명감에 불타는 조직은 CEO가 혼자서 만들 수 있는 것이 아니라는 사실을 지적한다. 본죽과 같이 창업자가 개인적인 경험을 통해 '소명calling'이라 불릴 만한 업의 정의를 가지고 있을 경우, 브랜드의 철학은 명확해지지만 이것을 어떻게 브랜드 구성원들의 '사명mission'에 이르게 할 것인가는 경영자의 또 다른 고민이 될 것이다. 소명은 그야말로 '하늘의 부르심'을 받는다는 의미로, 경영자가 직원에게 그저 심어 줄 수 있는 것이 아니기 때문이다.

그래서 게리 해멀은 직원들에게는 '도덕적 명령moral imperative'이 필요하다고 말한다. 도덕적 명령이란 직원이 '사명'을 갖게 하기 위해 필요한 것으로, 예를 들어 애플은 직원이 사용자를 위한 '아름다움'을 만드는 일을 한다는 도덕적 명령을 주며, 메리어트는 그들이 세상에서 가장 중요한 '사람을 섬기는 일'을 한다는 도덕적 명령을 주는 것과 같은 것이다.

이처럼 본죽 또한 먼저 그들의 업을 '외식 사업' '프랜차이즈 사업'을 '관리'하는 것에서 가맹점 하나 하나의, 그들 서로의 '성공을 돕는' '교육 사업'을 하는 것으로 재정의하고 이를 도덕적 명령으로 끊임없이 공유했다. 또 이를 위해 직원들을 충분히 교육함으로써 업에 대한 동기를 부여하고, 결국 이들이 사명을 가지고 '본죽다움'에 공헌할 수 있도록 한 것이다.

창립자의 소명이 직원들의 사명으로 전해지면 그 이후 창립자와 직원 간의, 직원과 직원 간의, 브랜드와 직원 간의 '공명共鳴'이 일어나게 된다. 공명은 1차적으로 '울림'이다. 본죽의 공명은 서로에게 좋은 울림이 되어 더 발전적인 영향을 주고받는다. 창립자와 직원이 서로 사명을 이야기하며 감동을 받고, 본사와 가맹점이 서로 이해하고, 직원과 직원이 서로 선한 영향력을 주는 것이다. 2차적으로 공명은 브랜드와 직원의 공명으로 그 사전적 정의처럼 '상대의 사상과 행위에 공감하여 서로를 따르려 하는 것'이다. 직원들에게 사명이 생겨, 성공을 돕는 것에 열정을 보인다는 것은 본죽의 철학과 원칙에 공감한다는 의미다. 그리고 자연스레 모든 행동과 결정을 이 기준에 맞추려 할 것이다. 그것을 기준으로 브랜드와 구성원이 조율하며, 모두 옳다고 여기는 '본죽다움'을 더욱 강화해 나가는 것이다.

알다시피 공명은 아주 약한 힘으로도 일으킬 수 있지만, 이것이 되풀이되었을 때는 고층 건물이나 교량도 무너뜨릴 수 있는 강한 힘을 만든다. 브랜드 구성원의 소명과 사명, 그리고 이것이 만들 공명을 생각해 보자. 이것이 성공적이라면 공명은 소비자들에게까지도 '울림'을 주고 공감을 얻어내 그들과의 2차적 공명까지 이끌어 낼 것이다. UB

김철호 충남대학교 문과대학을 졸업한 후 한국일보사 광고개발부를 거쳐 우신홈쇼핑 대표를 역임했다. 1999년부터 외식사업 컨설팅회사인 (주)맛깔컨설팅을 설립하여 이를 운영하다 2002년 (주)본죽 글로벌로 프랜차이즈 업을 시작했다. 카네기 최고 경영자 리더십상, 한국프랜차이즈대상 외식부문 중소기업청장상 등을 수상한 바 있다.

이진영 경희대학교 생활과학부를 졸업하고 한샘인테리어, 이랜드 호텔레저사업부 마케팅팀을 거쳐 현재 본아이에프 마케팅홍보팀 팀장으로 있다.

BrandNess의 근간이 되는 비전을 함께 세우다
비전이 이끄는 브랜드, 교보생명

The interview with 교보생명 홍보팀장 박치수

관람객 수 1,000만 명을 넘으며, 전 국민 4명 중 1명은 본 셈이 된 영화 〈아바타〉는 스토리뿐만 아니라 각종 명장면들 때문에도 회자되기 일쑤다. 영화 후반부에 등장하는 한 장면 역시 그러하다. 주인공 제이크를 사람의 몸에서 아바타의 몸으로 완전히 전이(영혼의 이전)하기 위해 나비$^{Na'vi}$족 전원은 정령의 신으로 추앙하는 하얀 나무를 에워싸며 모여든다. 부족원들은 손에 손을 잡고 앉아 부족의 오라클이 외는 주술을 한마음 한뜻이 되어 따라 읊는다. 성격도, 생김새도, 부족 안에서 맡은 직책도 모두 다르지만, 공통된 신념을 위해 혼신을 다하는 것이다. 그리고는 결국 그들의 염원(나비족 전체를 구해 낼 제이크를 아바타로 전이 시키는 것)을 이룬다.
이 장면을 이렇게 보면 어떨까? 나비족의 오라클을 CEO로, 부족원을 조직원으로, 그들이 외는 주술을 '비전'으로…. 한 조직도 그들의 염원(비전)을 위해 전 조직원들이 한마음 한뜻으로 혼신을 다할 수 있다면 상당한 에너지를 가질 텐데 말이다. 독자 중 지금 당장 몸담은 조직의 비전을 말할 수 있는 사람은 몇이나 될까? 혹시… 비전 자체가 없는지도 모르겠다.

비전과 BrandNess

눈치 챘겠지만, 이 기사를 통해 전달하고자 하는 것은 한 조직의 '비전'에 관한 이야기다. 그렇다고 비전과 관련된 명언과 문구들을 소개하며 새삼, '비전의 중요성'을 강조하려는 것은 아니다. 비전의 중요성을 강조하는 책들은 수없이 많고, 개인이나 한 조직에게 비전이 어떠한 역할을 하는지는 모두 잘 알고 있다. 그렇기에 흔히 '(인생 혹은 경영의) 나침반' '북극성'에 비유되는 비전을 어떤 기업이 가지고 있다는 것은 놀랄 일도 아니다.

그런데 비전과 브랜드다움^{BrandNess}은 어떤 관계가 있을까? 가만 생각해 보면 비전은 '브랜드다움'의 근간이다. 브랜드의 '~다움'이 '그 브랜드에서 느껴지는 일종의 종합적 잔상'이라면 그 잔상이 만들어지기 까지는 그 브랜드의 특정 행동이 있었을 것이고, 그 움직임의 방향성이 바로 비전이다. 예를 들자면 의료 선교가 꿈(비전)인 의사 A씨와, 최고의 부자 의사가 되는 것이 꿈(비전)인 의사 B씨가 보이는 행동과 태도는 상이할 것이고 그러한 그들의 '행동과 태도'가 누적되 각각 'A씨 다움'과 'B씨 다움'을 만들어내게 된다. 그래

비전과 미션이 없는 경우도 꽤 있고, 있어도 명시되지 않은 채 이따금씩 회식자리에서 CEO의 일방적인 훈화말씀(?)시간 중 CEO의 개인적 감흥과 비전, 미션이 뒤섞여 어지럽고 난해한 메시지가 비전으로 둔갑해 전달되는 경우도 많다.

서 비전은 '~다움'의 근간이자 컬러를 만들어내는 방향성이기에 없어서는 안 될 존재다. 그런데 주변에 있는 크고 작은 기업들을 둘러보면, (모두들 비전과 미션의 중요성을 안다면서) 아직도 조직의 비전과 미션이 없는 경우도 꽤 있고, 있어도 명시되지 않은 채 이따금씩 회식자리에서 CEO의 일방적인 훈화말씀(?)시간 중 CEO의 개인적 감흥과 비전, 미션이 뒤섞여 어지럽고 난해한 메시지가 비전으로 둔갑해 전달되는 경우도 많다. 또는 조직차원에서 명확한 비전과 미션을 선포하고서도 그것이 조직원들의 공감을 얻지 못하거나 적절히 공유되지 못해 업무 현장에 적용되지 않는 경우도 허다하다.

BrandNess의 근간, 비전을 함께 만들다

앞서 설명한 〈아바타〉의 한 장면처럼 브랜드의 비전이 CEO(오라클)의 일방적인 주술이 아닌, 전 조직원(부족원)이 같은 염원을 가지고 (동의하여) 읊을 수 있는 비전(꿈을 담은 주술)이라면 영혼으로 움직이는 기업이 될 수 있지 않을까? 이것을 가능케 하는 가장 확실하면서도 (궁극적으로는) 빠른 방법이 '전 조직원을 비전 수립 과정부터 참여시키는 것'이다. 자신이 직접 만든 비전은 그만큼 공감도와 능동적 참여율을 높일 것이기 때문이다.

불가능해 보이지만, 이 같은 방법으로 비전을 수립한 기업이 있다. 이러한 민주적인 방법은 왠지 외국 기업 사례일 것 같지만, 10년 전 대한민국의 교보생명이 시도한 혁신의 일부다. 이들의 비전 수립 과정을 살펴보고 그것이 시사하는 바를 다시 생각해 볼 필요가 있다.

교보생명은 올해로 창립 52년을 맞은 대표적인 장수 기업이다. 대한민국 최초를 넘어, 세계 최초로 '교육보험'을 생각해낸 대산大山 신용호 선생이 '국민 교육 진흥과 민족 자본 형성'이라는 대의를 품고 1958년 순수 국내 자본으로 설립한 '대한교육보험'이 교보생명의 모체다. 그렇게 시작된 교보생명은 꾸준히 성장했고 약 40년이 흐른 지난 2000년, 전환기를 맞는다. 전환기라 함은 신용호 회장의 장남 신창재 부회장이 회장으로 취임한 것을 의미한다. 새로운 변혁

대산 신용호 선생과 그의 건축철학과 혼이 담긴 강남 교보타워 모습

> 동의 없는 변화와 혁신은 CEO를 '폭군'으로 보게 하여 어쩔 수 없는 복종을 만들어 내지만, 지지를 얻는 변화와 혁신은 CEO를 '통솔력' 있는 리더로 그려 내 적극적인 참여를 이끌어 낸다.

52년 된 교보생명, 그전에는 비전이 없었나?

물론, 있었다. 하지만 새로운 것이 필요했다. 교보생명의 1차 비전북이 만들어진 *2002년과 비전 수립에 총력을 다했던 2001년 당시의 한국에서 살아남으려면 변화와 혁신이 필요했다. 그런데 이러한 변화와 혁신은 조직원이 그것에 얼마나 공감하는가에 따라 다른 결과를 만들어 낸다. 동의 없는 변화와 혁신은 CEO를 '폭군'으로 보게 하여 어쩔 수 없는 복종을 만들어 내지만, 지지를 얻는 변화와 혁신은 CEO를 '통솔력' 있는 리더로 그려내 적극적인 참여를 이끌어 낸다. 그래서 교보생명은 변화와 혁신의 새로운 도약을 위해 전 조직원을 한데 묶어 줄 공통분모가 필요했을 테고, 그것이 새로운 비전의 필요성을 다시금 부채질했을 것이다. 또 재미있는 것은 비전 수립과 동시에 진행된 것이 교보생명의 'BrandView 교육'이라는 점이다. 비전이 이끄는 조직의 모습은 '브랜드 경영'의 시작을 의미하기 때문에 전사적으로 '브랜드란 무엇인지, 비전이란 무엇인지, 브랜드 경영이란 무엇인지' 교육이 필요했을 것이다. 이론과 실습을 병행하듯 브랜드 개념에 관한 교육과 동시에 전 조직원이 함께 비전을 그려 내는 실질적인 작업이 시작되었다. 교보생명의 새로운 브랜드 경영의 시작을 알리는 '비전 수립'은 준비기간을 포함해 약 1년이 걸렸다. 많은 사람들이 투입된 이 프로젝트에 대하여 지난 22년간 교보생명에서 몸담아 온 교보생명 홍보팀의 박치수 팀장(임원보)은 브랜드 교육이 시작된 2001년부터 현재까지를 다음과 같이 설명한다.

박치수(이하 '박') 처음 시작할 때 과연 조직원들이 얼마나 공감을 하고, 얼마나 참여할지 의문이었다. 워낙 많은 사람들이 참여하는 과정이다 보니 쉽지는 않았다. 브랜드의 개념 자체를 생소하게 느끼는 사람들도 많은 때였기에 많은 사람들이 자기 부서와 브랜드의 연관성을 찾지 못하고 광고부서나 특정 파트의 업무라고 생각했다. 임직원만 설득한다고 되는 것이 아니라 여러 분과와 계층을 설득해야 했기에 더 힘들었던 것으로 기억한다.
그래서 기본적인 브랜드에 대한 교육이 함께 진행된 것이 이때부터

과 혁신의 시작을 알린 그의 취임은 '새로운 비전 선포'의 첫 발을 떼게 했다. 앞서 말했듯 기업이 비전을 갖는다는 것은 그리 놀라운 것도, 신기한 일도 아니지만 교보생명의 비전 수립 프로젝트는 그 '과정'에 큰 의미가 있다.

*2002년과 비전 수립에 총력을 다했던 2001년 당시의 한국
이 시기는 여전히 IMF 금융 위기의 후폭풍에 시달릴 때였고, 교보생명도 예외는 아니었다. 2000년에 약 2,500억 원의 손실을 경험한 신창재 회장은 외적 규모 불리기보다는 내실 중심의 경영을 하기로 마음먹고 교보생명의 몸집을 줄이기 시작한다. 2000년 3월 5만 8,000여 명에 달하던 생애설계사 수를 점차 줄여 나가고 1,450여 개 점포도 통폐합하기 시작했다.

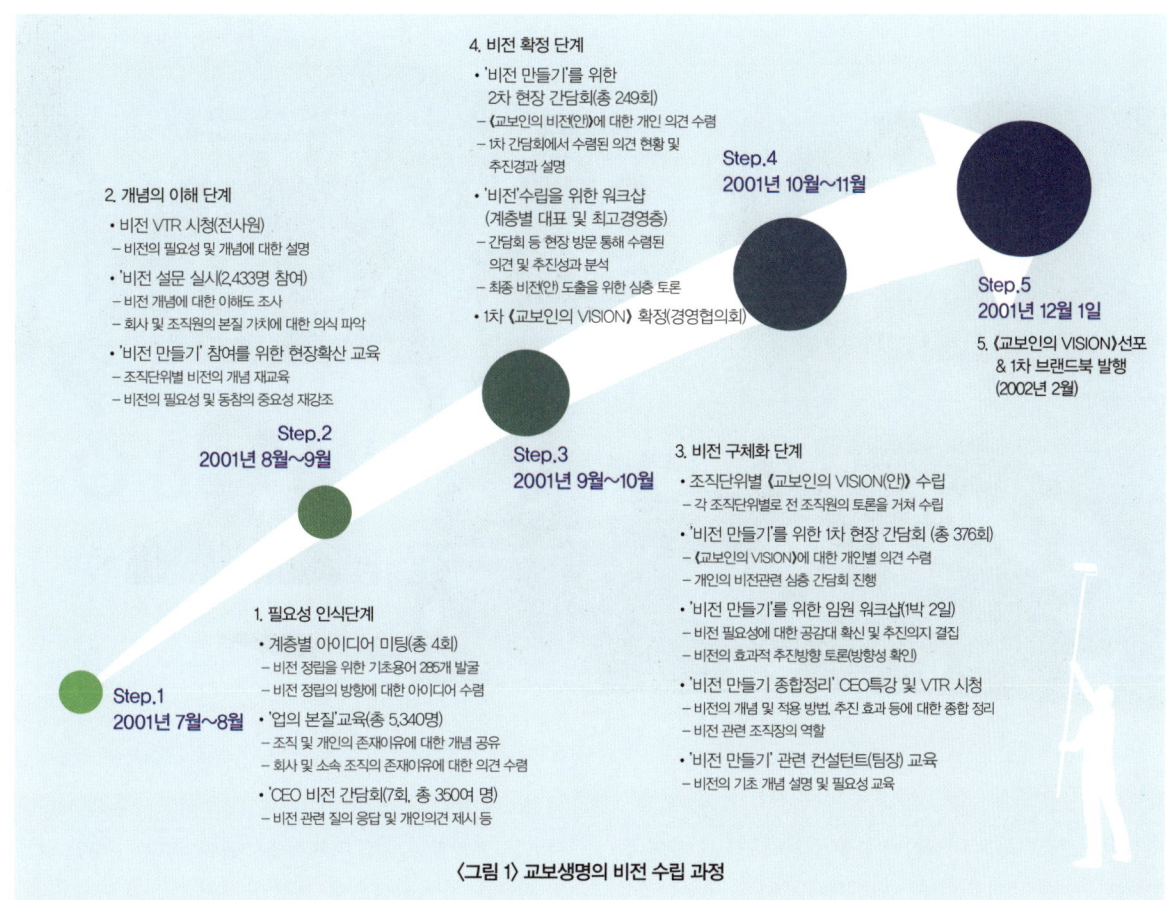

〈그림 1〉 교보생명의 비전 수립 과정

다. 꽤 오랜 시간에 걸쳐 온라인 강의와 연수원 교육 등 내부교육과 외부강의 등, 다양한 방법으로 이러한 활동 자체에 대한 필요성부터 인식시켰다. 물론 시행착오도 있었다. 당시에는 너무 이론 중심의 브랜드 교육이 이루어졌기 때문에 이해가 더뎠고, 흥미를 갖기 힘들었다. 그래서 사례 중심의 브랜드 교육을 실시했더니 인식의 전환 속도가 빨라졌다. 조직 전체의 수용도를 따져 보았을 때 브랜드에 대해 혁신층이라 말할 수 있는 사람은 거의 없었던 것 같다. 하지만 브랜드 교육이 점차 그 수용도를 넓히는 것, 그 중심에 있었다.

〈그림 1〉은 교보생명의 실질적인 비전 수립기를 정리한 6개월 간의 '비전 수립 로드맵'이다.

교보인의, 교보인을 위한, 교보인에 의한 비전

이들의 시도는 당시 금융권 기업들은 물론, 국내 모든 기업을 통틀어 거의 전례가 없는 시도였다. CEO가 정해 준 하달식 비전이 아닌 조직원 전체가 참여하여 말 그대로 '교보인의, 교보인을 위한, 교보인에 의한 비전'을 세우겠다고 한 것이다. 구성원 스스로 변화를 주도하게 하고, 리더는 그 변화를 지원하겠다는 자세를 취하자 다른 결과가 나왔다.

박 특정 계층에서 만들어 하달하는 식으로 뿌려 준 것이 아니라 많은 커뮤니케이션 과정을 통해서 모두가 참여하는 방법으로 만들다 보니, 이 비전은 '내 것'이 된 것이다. 우리 모두 참여해서 만들었으니 마치 '우리 브랜드'를 만들었다는 느낌이 들었고, 그 자체가 시사하는 바가 굉장히 컸다. 또한 그러한 과정을 통해 자연스럽게 토론, 협업, 팀웍 중심의 문화가 정착되었다고도 볼 수 있다.

어떻게 생각해 보면 원래 모든 회사가 그렇게 해야 하는 것 아닌가 싶을 정도로 이치에 맞는 결정이다. "제발 주인 의식을 가지고 회사 생활에 임하세요, 회사의 재산을 자기의 재산처럼, 회사의 일을 자기의 일처럼, 회사의 성공을 자기의 성공처럼 생각해 주세요"라는 CEO의 간곡한 외침을 생각해 보면 더욱 그러하다. 회사의 비전이 나의 비전이 된다는 것에 동의조차 하지 못한 상황에서 CEO의 일방적인 비전 (공유가 아닌) 강요는 오히려 앞뒤가 맞지 않는다. 우리 개개인이 비전을 세울 때를 생각해 보면 이해가 쉽다. 어느 누가 남이 정해 준 비전대로 살고 싶겠는가? 인생의 주인인

자신이 스스로 세운 비전이어야 동기부여도 되고 삶의 원동력이 생기는 것처럼 회사가 직원에게 '주인 의식'을 강조하고 싶다면, 직원들이 CEO의 마음가짐으로 회사 생활에 임하길 바란다면, 함께 나아가야 할 방향인 비전 역시 함께 세우는 것이 효과적일 것이다. 이제 그들의 비전 수립 단계 하나 하나를 자세히 들여다보자.

Step 1 : '비전의 필요성 인식'
5,340명

신창재 회장은 돌아가는 길처럼 보이지만 결과적으로는 빠른, 정도正道를 걸었다. 1단계는 '비전의 필요성'을 인식시키는 단계다. 우선 사원, 대리, 지점장, 본사 팀장들과 미팅을 거쳐 비전 정립을 위해 생각해 봐야 할 기초 용어를 285개 선정했다. 아마도 원활한 커뮤니케이션을 위해 필요한 '용어 정교화 및 의미 통일 작업'도 함께 병행되었을 것이다. 이 기초 용어는 다시 전사적으로 '학습 및 공유'되고, 그 후 비전 정립의 방향에 대한 아이디어를 수렴했다.

이미 진행된 일을 리뷰하는 입장에서 보면 별것 아닌 듯 보일 수 있지만, 오늘 당장 진행해야 할 업무가 있는 상태에서 새로운 (당장은 눈에 보이지도 않는) 비전을 위해 이러한 시도를 감행했다는 것 자체가 놀라운 것이다. 하지만 신창재 회장은 성장 동력으로 '비전 중심의 경영'을 택했고, 이와 병행하여 브랜드 관점으로 교보생명을 재조합해야 할 필요성을 느낀 것으로 보인다.

그들이 다음 과정으로 진행한 것은 '업'에 대한 재정의다. 이것 역시 신창재 회장만이 생각하는 업의 본질에 관한 정의가 아닌, 조직원들이 생각하는 업의 본질을 듣고, 이해하는 과정을 선행 과제로 두었다. '교보생명'과 '자신이 속한 조직'이 존재해야 하는 이유에 대해 생각해 보게 하고, 이에 대한 의견을 수렴하는 과정을 거쳤다. 그렇게 모여진 의견에 근거해, <u>교보생명의 '업'은 1차 정의를 갖게 된다. '모든 사람이 삶의 역경에서 좌절하지 않도록 돕는다'가 그것이다.</u> [1]

도출된 업에 대한 정의는 또다시 '공유를 위한 교육'을 통해 전 사원에게 전달됐다. 그 교육은 교보생명의 (2001년 당시) 전 직원 5,340명을 대상으로 진행되었고, 이렇게 전달된 그들의 비전은 다시 7회에 걸친 'CEO와의 비전 간담회'를 통해 조율됐다. top-down과 bottom-up의 커뮤니케이션이 적절히 조화된 의사소통 방법으로 비전 수립 프로젝트 1단계를 거친 교보생명은 2단계에 착수한다.

Step 2 : '개념의 이해 단계'
2,433명

필요성에 대해 알았다면 2단계는 비전의 '개념을 이해'시키는 단계다. 이를 위해 교보생명은 넓고 쉽게 메시지를 전달할 수 있도록 VTR을 제작한다. 제작된 VTR은 전 사원을 대상으로 방영되었다. 하지만 이것만으로는 비전의 개념을 모든 직원이 제대로 이해했는지를 알 수 없었다. 일종의 확인 작업과 의견 수렴 과정이 필요했기에, 비전에 대한 설문조사가 실시됐다. 이때 설문조사에 참여한 인원이 2,433명이고, 이 설문조사를 통해 비전의 개념에 대한 이해도와 1차적으로 정의된 업의 본질이 얼마나 효과적으로 전달되었고 교육되었는지, 본질 가치에 대한 의식을 파악할 수 있었다. 교보생명은 그 설문조사를 바탕으로 부족한 부분을 다시 조직 단위별로, 현장 중심으로 재교육 시스템을 갖춰 나가며 비전의 필요성과 동참의 중요성 재강조했다.

때의 효과를 CEO가 직접 강의하고 청사진을 그려 주며 조직을 리딩leading하기 위함이었다. 각 부서 조직장들의 역할에 관한 구체적인 방법론도 함께 제시되었다. 이것이 '구체화' 단계다. 즉 비전의 '문장'을 구체화하는 것도 필요하지만, 각 조직원과 조직장에게 필요한 '실천'을 구체적으로 제시해야 한다.

> 이미 진행된 일을 리뷰하는 입장에서 보면 별것 아닌 듯 보일 수 있지만, 오늘 당장 진행해야 할 업무가 있는 상태에서 새로운 (당장은 눈에 보이지도 않는) 비전을 위해 이러한 시도를 감행했다는 것 자체가 놀라운 것이다.

Step 3 : '비전 구체화 단계'
376회

비전의 필요성과 개념에 대해 교육을 마친 교보생명은 3단계, '비전 구체화 단계'에 착수한다. 조직 단위별로 토론을 거쳐 교보생명의 비전북을 칭하게 될 《교보인의 VISION(안)》에 관한 안건을 모으기 시작한다. 이것을 위해 실시한 현장 간담회가 '376회'다. 교보생명은 왜 이렇게까지 집요한 커뮤니케이션을 펼친 것일까? 아마도 모두가 '인정'할 수 있는 비전을 수립하기 위함이었을 것이다. '이해'와 '인정'은 차원이 다른 이야기다. 이해(사리를 분별하여 해석함)는 '동감'을 자아내는 데 그칠 수 있지만 인정(확실히 그렇다고 여김)은 '동참'을 이끌어 내기 때문이다. 동참을 이끌어 내기 위한 교보생명의 노력은 계속 된다. 현장 간담회 외에도 개개인의 의견을 수렴하기 위한 심층 간담회가 열렸고, 이렇게 모인 의견들을 토대로 비전의 큰 그림을 그리기 위해 '임원 워크샵'이 진행되었다. 임원을 대상으로 한 워크샵이 필요했던 것은 비전의 필요성에 대해 확신을 갖고 추진 의지를 집결하기 위함이었다. 임원 워크샵을 통해 비전의 구체적인 방향성과 효과적인 추진 아이디어를 도출한 교보생명은 드디어 비전 만들기 프로젝트가 종합 정리된 VTR을 제작하여 다시 전 사원에게 방영했고, 같은 컨텐츠를 담은 CEO 특강도 병행했다. 비전의 적용 방법과 추진되었을

Step 4 : '비전 확정 단계'
249회

이러한 과정을 거쳐 4단계인 '비전 확정 단계'에 이른다. 이 단계에서는 3단계까지 과정을 통해 도출·정리된 것이 조직 전체가 따를 만한 것인지 재차 확인하는 과정을 거친다. 이를 위해 진행된 2차 현장 간담회가 총 249회에 달한다. 계층별 대표와 최고 경영층은 지속적인 워크샵을 진행했고 현장 방문을 통해 수렴된 의견이나 추진 성과 분석도 지속적으로 행해졌다. 그리고 최종 비전안 도출을 위한 심층 토론을 거쳐 드디어 교보생명의 비전이 경영협의회에 의해 확정되었다.

Step 5 : '교보인의 비전 선포'
2001.12

2001년 12월 교보생명은 마침내 그들의 비전을 선포한다. 그리고 비전 수립 과정과 업의 본질에 대한 정의, 핵심목적과 핵심가치, 비전이 구체화된, 2010년까지 이루고자 하는 목표가 담긴 《교보인의 VISION》을 발행해 전 조직원에게 전달하고 지속적인 교육을 실시했다.

하지만 한번 공표된 비전도 시대의 흐름에 따라, 조직원들의 메시지에 대한 이해도를 높이기 위해 수정과 정교화

작업이 필요하다. 하버드 경영대학의 교수이자 컨설턴트인 존 코터(John Kotter) 역시 《기업이 원하는 변화의 리더》에서 비전 수립 과정의 어려움을 다음과 같이 설명한다. "비전 수립 과정에서 혼란성은 불가결한 요소다. 비전 만들기는 대개 두 걸음 전진 한 걸음 후퇴, 한 걸음 왼쪽 한 걸음 오른쪽 등의 수정이 불가피하며 혼란한 과정을 겪게 마련이다." 현재의 교보생명의 비전 역시 2001년 수립 이후 2004년 개정 사항이 적용된 2차 브랜드북을 발행했고 지속적으로 작은 부분까지 가다듬고 있다. 이러한 수정과 재공유 작업은 전 직원이 자사 브랜드를 오해하거나 오역하지 않게 돕고, 브랜드 일관성을 지키기 위한 필수 작업이다.

다. 더욱 중요한 것은 그 실천 가운데 '교보생명다움'을 넣어 교육해야 교육의 효과는 또다시 더욱 강화된 그들만의 '교보생명다움'을 만들어 낸다. 자기가 하는 업의 본질을 이해하는 데 가장 좋은 방법은 실제로 체험하는 것이다. 그런데 '미래의 역경에서 좌절하지 않도록 (고객을) 도와드리는 것'을 자신의 업으로, 규정하는 그들은 이것을 어떻게 체험할 수 있을까? 그것에 앞서 미래의 역경(사고, 사망, 질병 등)을 겪는 소비자의 마음을 어떻게 알고 잘 도울 수 있을까? 그들의 핵심가치가 '고객지향'이라고 했는데, 그러한 상황에 처해 보지 않고 어떻게 그들이 필요한 모든 것을 이해할 수 있을까? 그러한 고민으로 생겨난 것이 간접체험 교육이다.

> 이렇게 수립된 교보생명의 비전은 회사 내에서 '빅 보스'라 불리고 있고, 신창재 회장이 늘 강조하는 말은 이것이다. "사장 위에 회장 있고, 회장 위에 빅 보스 있다." 즉 회장인 자신보다 더 큰 의사결정자는 빅 보스인 비전이라는 것이다.

숨어 있던 Step 0 : CEO의 브랜드 마인드 & 브랜드 학습

실제 눈에 보이는 것은 6개월이지만 비전 수립 프로젝트를 위해 선행된 준비 과정은 이것의 배에 달할 것이다. 우선 CEO부터 비전의 필요성과 역할, BrandView를 갖기 위해 스스로 먼저 노력했다. 취임 후 자신부터 브랜드에 대해 6개월간 학습하는 시간을 갖지 않았다면, 장기적이고 일관된 브랜드 약속을 지켜 내기 위한 비전 중심의 브랜드 경영을 강조하지 않았다면, 교보생명의 비전 탄생은 그만큼 지연되었거나 불가능했을지 모른다. 결과적으로는 현재 교보생명다움의 방향성이 잡히지 못할 뻔했다는 것이다. 이렇게 수립된 교보생명의 비전은 회사 내에서 '빅 보스(Big Boss)'라 불리고 있고, 신창재 회장이 늘 강조하는 말은 이것이다. "사장 위에 회장 있고, 회장 위에 빅 보스 있다." 즉 회장인 자신보다 더 큰 의사결정자는 빅 보스인 비전이라는 것이다.

비전은 액션으로 풀려야 살아있는 비전

그들의 비전은 상상으로 그리는 비전이 아닌 실천되는 비전이었다. 액자에 곱게 모셔 벽에 걸린 사훈이나 비전 사명서는 비전(vision)이 아닌 비전(非全, 온전하지 못함)으로 전락한

박 고객의 입장에서 생각해 보기 위해 시행하는 것이 체험 교육이다. 크게는 임종 체험과 노인 체험이 있다. 임종 체험은 2007년에 최고경영층을 비롯한 4,000여 전 임직원이 1년에 걸쳐 직접 유언장을 쓰고 시작했다. 한여름 밤 수의를 입고 어두운 길을 저승사자와 함께 걸어갔다. 그때까지만 해도 크게 느껴지는 게 없었는데, 좁은 관 속에 들어가 누우니 덜커덕 문이 닫히고 못이 박히고 흙이 뿌려지는 소리가 들렸다. 그때, 유언장에 쓴 나의 지난 삶이 순간 스쳐 지나가는데 그중에서도 제일 먼저 떠오르는 게 가족이더라. 실로 뭉클해지는 순간이었고 가족을 잃는다는 것, 죽는다는 것을 간접적으로나마 체감했다.

또 하나는 노인 체험인데 현재 연수원에 시설이 마련되어 있다. 80대 노인의 신체 조건과 비슷하게 만드는 각종 기구를 착용한다. 시력을 약화하는 특수 안경, 허리를 굽혀 주는 조끼, 팔다리 관절과 근육을 둔하게 만드는 억지대 등을 착용하고 지팡이를 짚으면서 걷기, 계단 오르기, 물건 들기 등을 체험하는 것이다. 이런 것을 체험해 보면서 노후 생활 보장이 왜 필요한지 깨닫고, 고객 입장에서 어떠한 노후 준비를 해야 하는지 더 잘 이해할 수 있다.

그런데 본사의 전 임직원 역시 교보다움을 만들어 내고 고객에게 전달하는 주체임은 분명하지만, 실제 현장에서 고객을 만나 이야기를 풀어 나가는 생애설계사 즉, 고객들에게 교보다움을 직접적으로 인식시키는 '걸어 다니는 교보생명'은 어떠한 브랜드 교육을 받을지 궁금했다.

박 현장에서 고객의 생애를 설계해 주는 생애설계사들도 마찬가지의 교육을 받는다. 외려 본사 직원들보다 더 다양한 채널을 통해 브랜드 교육을 실시한다. 임종 체험과 노인 체험 역시 대상의 폭을 넓혀 가며 진행 중이고, 보험업의 본질을 끊임없이 교육한다. <u>생명보험사의 업이 얼마나 숭고한 일이며 특히 고객의 입장에서 봤을 때 얼마나 소중한 도움이 될 수 있는 일인지 알게 하는 것이다.</u> 또 현장에서 성공하는 분들의 성공 스토리를 많이 전파한다. 이러한 교육은 교보인으로서의 자긍심을 높이는 데 큰 역할을 한다. 뿐만 아니라 전국의 생애설계사를 대상으로 주 4회 위성방송을 제공한다. 주된 컨텐츠는 교보인 전체가 일관성 측면에서 공유해야 할 내용과 다른 지역 생애설계사들의 체험 및 성공 사례, 새로운 상품에 관한 정보, 패션, 매너, 에티켓 등이다. 지속적인 컨텐츠 제공은 소비자 접점에서 느껴지는 교보다움이 일관성을 갖게 하기 위함이다.

우리도 당장 해야 하나?

전 조직원이 비전 수립 과정에 참여하는 방법을 모든 기업이 채택해야 하고, 무조건 옳다고 말하기는 힘들다. 비전이 창업자나 CEO에게서 나와야 하는가, 아니면 집단 토론을 거쳐 도출돼야 하는가에 대한 문제 제기는 비단 오늘만의 것이 아니며, 각 브랜드(기업)가 처한 상황에 따라 다른 방법을 택할 수 있다.

하지만 '방법'에는 정답이 없을지 몰라도 비전의 '존재 이유와 역할'에는 자명한 답이 있다. 진정한 브랜드다움을 만들기 위해서는 조직원 전체가 동의하여 함께 바라볼 수 있는 것이어야 하며, 비전 수립 과정부터 참여시키든, 그렇지 않든 조직원 전체가 함께 공유하고 동참할 수 있어야 한다는 것이다. 그리고 이것에 있어 (지금 새로운 브랜드를 준비하거나 생긴 지 얼마 되지 않은 브랜드라면 특히) 효과적인 방법이 '함께 수립하는 비전'일 것이다.

흔히 리더는 카리스마가 있어야 한다고 말한다. 그렇게 생각하는 사람들에게 《위대한 기업을 위한 경영전략》의 저자 짐 콜린스의 말을 빌려 이 메시지를 전한다. UB

"당신 앞에 놓인 과제는 비전을 가진 '카리스마적인 인물'이 되는 것이 아니라 '비전' 있는 기업을 구축하는 것이다. 시간이 지나면 '개인'은 사라지고 위대한 '기업'만 남는다."

박치수 중앙대학교 신문방송학과를 졸업하고 동대학원에서 신문방송학을 전공하였다. 20여 년간 교보생명에서 근무했으며 현재 홍보팀장(임원보)으로 재직 중이다.

The Spirit to Serve, Serve in Spirit

영혼의 스위트룸, JW메리어트호텔

The interview with JW메리어트호텔 인사부 과장 정희진, 객실관리팀 매니저 박현진, 홍보팀 주임 김하연

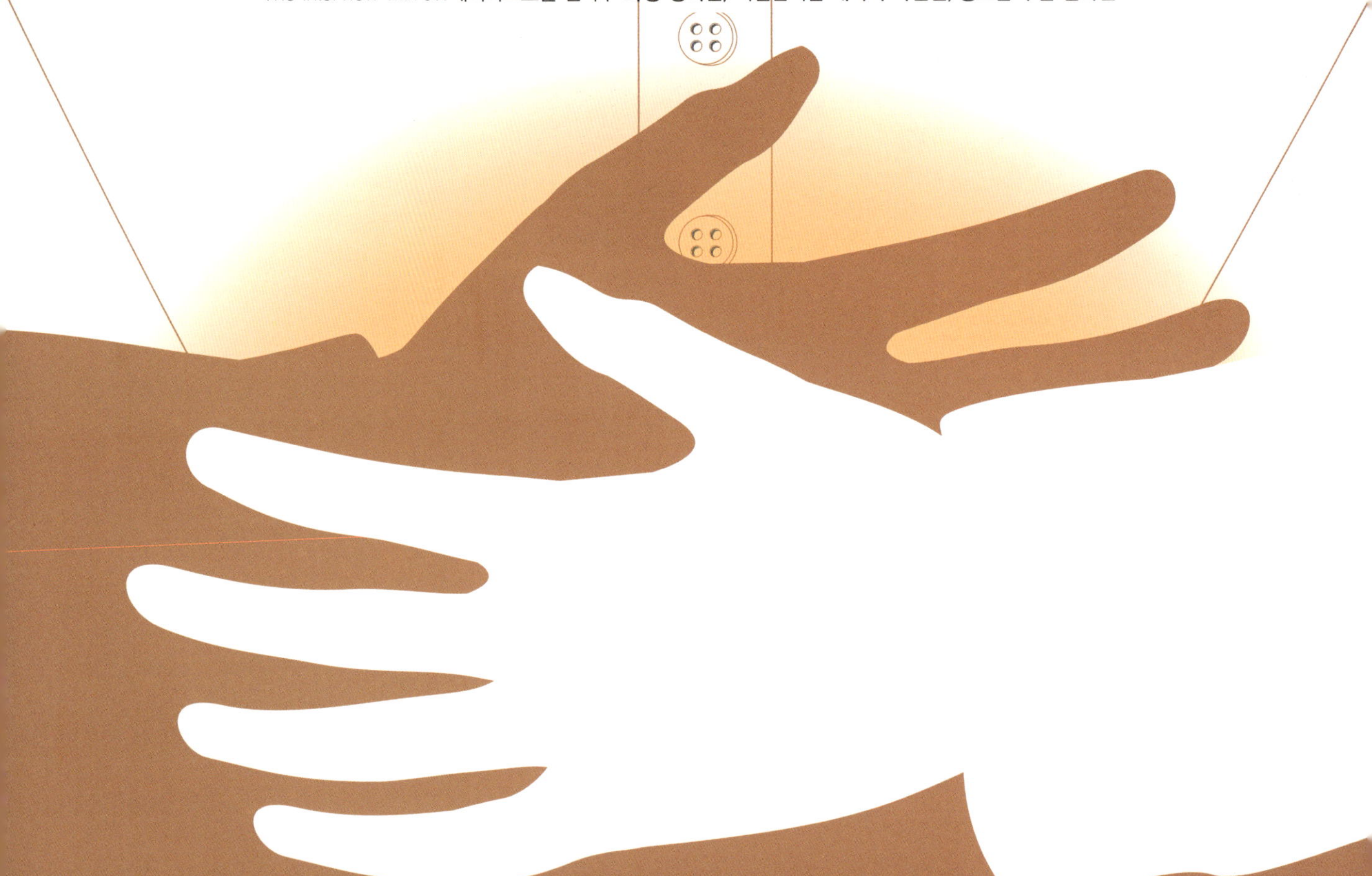

당신이 CEO라면 직원의 어머니가 돌아가셨을 때 모든 직원이 장례식에 참석할 수 있도록 기꺼이 하루 동안 모든 업무를 중단할 수 있는가? 당신은 직원의 교육을 위해 기꺼이 그들의 주요 업무를 대신 맡아 줄 수 있는가? 당신이 글로벌 기업의 총수가 된다고 하더라도 직원 한 사람의 편지에 직접 답장을 하고, 직원과 이야기를 나누기 위해 기꺼이 자신의 소파를 비워 두겠는가? 그러고도 모자라 직원을 위해 100개가 넘는 언어를 지원하는 무료 자문 통화 서비스에 기꺼이 투자할 수 있는가?

위의 질문들은 리츠칼튼, JW메리어트, 코트야드메리어트 등 66개국 3,200개가 넘는 호텔을 가진 메리어트 인터내셔널의 J.W. 메리어트 2세(J.W. Marriott) 회장과 그 직원들이 자랑스럽게 공유하는 메리어트의 철학이 담긴 선례다. 'The Spirit to Serve.' 고객을 섬기기 전에 직원을 섬기면 그들이 고객을 섬길 것이라는 믿음을 지키고, 이를 실천함으로써 교육하는 그들의 '실천 교육'을 서울 JW메리어트 호텔에서 찾아보았다.

서비스 정신 vs. 섬김의 정신

호텔에서는 어떤 교육을 할까? 이 질문에는 예상 가능한 대답이 많다. 인사를 비롯한 예절 교육, 각기 다른 일에 따른 직무 교육, 이 모든 것을 통칭하는 '서비스' 교육…. 그래서 JW메리어트호텔의 직원 교육 자료에서 '브랜드의 핵심가치는 우리 기업에 있어 심장과 영혼과도 같다'는 문구를 발견하면 그저 놀랍게 느껴진다. '심장'과 '영혼'은 말로 배우기보다는 느껴야 알 수 있는 것이다. 이론적인 교육으로 핵심가치를 공부한다고 해서 심장과 영혼처럼 느낄 수는 없을 것이다. 알다시피 많은 기업들이 핵심가치를 벽에 걸어 두고 잊은 채로 생활하고 있다. 그렇다면 JW메리어트호텔의 직원들은 진정으로 핵심가치를 수긍하고, 그것을 '심장'과 '영혼'으로 표현할 만큼 '느끼고' 있을까? 그렇게 해 줄 방법이 있다면, 브랜드 교육의 한 단계로 살펴보기에 그만큼 만족스러운 것은 없을 터.

JW메리어트호텔은 올해로 83년의 역사를 지켜온 메리어트 인터내셔널의 호텔과 리조트 중 메리어트다움을 가장 잘 보여 주는 특1급 호텔 브랜드다. 메리어트 인터내셔널은 리츠칼튼호텔, 코트야드 메리어트 등이 포함된 글로벌 호텔 체인으로 서울 JW메리어트호텔은 2010년 열한 번째 해를 맞았다. 사실 이런 메리어트 인터내셔널의 서비스 정신은 이미 책 《The Spirit to Serve》으로 엮여져 1999년에 발행된 이후 한국에서만 10쇄 이상 펴냈을 만큼 유명하다. 창업자 J.W. 메리어트 1세의 뒤를 이어 메리어트의 CEO 자리에 앉은 J.W. 메리어트 2세는 아버지만큼 꼼꼼하고 부지런하게 호텔을 돌아보며, 열정적으로 경영한다. 그래서 메리어트가 작은 식당 '핫 쇼퍼스Hot Shoppers'에서 시작하여 66개국 3,200여 개의 호텔을 18개 브랜드로 관리하는 그룹이 된 것은 그 부지런함과 꼼꼼한 서비스 직무 교육 때문이리라 짐작할 수도 있다. 그들의 '서비스 정신'도 문자 그대로 간단히 생각하자면 호텔이 서비스업이라는 것을 감안할 때, 매우 정직한(?) 표현이 된다.

그러나 메리어트 인터내셔널을 책이나 자료를 통해서, 그리고 JW메리어트호텔의 교육 담당자와 직원을 만나서 이들을 잘 살펴보면 흥미로운 점을 발견할 수 있다. 바로 '메리어트다움'의 근간이 되는 메리어트의 핵심가치, 즉 누군

가를 '섬기는 정신'(The Spirit to Serve, 서비스 정신이라는 해석은 serve의 의미를 한정 짓는다)이 왜 '핵심'일 수밖에 없는지를, 직원들이 이론이나 교육 내용보다 일과 교육의 '과정'에서 체험하고 있다는 것이다. 이들이 정한 섬김의 대상이 되는 것은 세 가진데, 바로 직원과 고객, 사회다. JW메리어트호텔의 직원들은 핵심가치의 일부로 이곳에서 가장 중요한 존재로 섬겨지는 동시에, 자신이 왜 여기에서 다른 사람(다른 직원을 포함한 고객과 사회)을 섬겨야 하는

지 몸소 '느끼고' 있다. 메리어트의 핵심가치 교육은 교육의 내용이 아니라, 교육을 준비하고 교육하는 과정에서 자체적으로 이루어지고 있다. "거의 모든 일에서 교훈보다는 경험이 유익하다"던 고대 수학자 퀸틸리아누스^{Quintilianus}의 격언이 새삼스럽지 않은 셈이다.

섬김에서 섬김을 배우다

"우리 직원들에게 자신들을 생각해 주는 메리어트라는 사람이 정말로 이 세상에 존재한다는 것을 깨닫게 해 주고 싶다."
《메리어트의 서비스 정신》J.W. 메리어트 2세

J.W. 메리어트 2세는 메리어트 인터내셔널의 호텔들을 직접 돌아보기를 좋아한다고 한다. 그의 자서전에는 이와 관련된 일화들이 많은데 그중 하나가 눈길을 끈다. 어느 날 그는 총지배인이 일하기 시작한 지 9개월 만에 매우 좋은 성과를 내는 한 호텔을 방문한다. 그런데 그는 그 호텔의 직원들이 이상하게 경직되고 불편해하는 느낌을 받는다. 심지어 항상 밝아야 할 프런트 오피스의 직원에게도 말이다. J.W. 메리어트 2세는 좀더 깊이 관찰하기 시작했고, 마침내 그 총지배인이 툭하면 직원들에게 벌을 주고 직원들의 걱정거리에는 관심이 없다는 사실을 발견했다. 전형적인 성과 위주의 차가운 상사였던 것이다. J.W. 메리어트 2세에게 다른 선택의 여지는 없었다. '훌륭한 수치적 성과에도 불구하고' 총지배인은 바로 해고되었다.

이런 CEO의 일화들은 메리어트라는 브랜드의 철학을 곧바로 반영한다. 메리어트에서 '성과보다 중요한 것은 직원'이라는 믿음 말이다. 섬김을 받는 사람만이 다른 사람을 섬길 수 있다는 브랜드의 철학은 메리어트라는 브랜드에 속한 호텔에서 쉽게 찾아볼 수 있다.

"교육을 받으면서 가장 많이 느끼는 것은 '사람'과 '관계'가 중요하다는 점이다."

올해로 10년 차가 되는 호텔의 객실관리팀 박현진 매니저의 말이다. JW메리어트호텔에서 하는 교육은 분량이나 시간적으로 방대하다. 얼마 전 입사한 경력 매니저의 경우 자발적으로 신청한 교육을 포함하여 약 5개월간 200여 시간의 교육을 받기도 했다. 시스템적으로도 일반 사원과 매니저, 슈퍼바이저 등 직급에 따른 교육 시스템은 타 호텔보다 정교하다 할 수 있다(〈그림 1〉 참고). 그러나 메리어트의 역사와 창립자, 기본 사명과 비전에 관한 교육을 제외하면 나머지는 모두 (핵심가치를 기반으로 하긴 하지만) 다른 호텔에서도 노력하고 있는 직무 교육과 비슷한 교육이다. 그렇다면 이들은 타 호텔과 비슷한 교육을 받으면서도 어떻게 교육에서 '사람'을 가장 많이 느끼는 것일까? 메리어트의 핵심가치인 '사람을 섬기는 일'이 정말 우리 브랜드의 '핵심'이라는 것을 어디에서 느끼는 것일까? 이는 JW메리어트호텔의 교육팀 정희진 과장과 홍보팀 김하연 주임, 두 사람의 말에서 힌트를 얻을 수 있다.

김하연(이하 '김') 24시간 365일 쉬지 않고 돌아가는 호텔의 특성상 우리는 어느 하루 시간을 내서 다함께 모여 교육 받기 어려운 것이 사실이다. 그런데 무슨 이유에서인지 모르지만 모든 리더급 직원들이 100% 협조해 준다. 그것이 너무 자연스러워서 우리는 어렵지 않은 일 같은데, 다른 호텔의 이야기를 들어 보면 '우리가 정말 다르구나'라는 것을 느낀다.

정희진(이하 '정') 돈이 있고 시스템이 있으니까 교육도 할 수 있는 게 아니냐고 말씀하시는 분들도 있는데, 그건 절대 아니다. 직원을 위하는 것을 중요하게 생각지 않는다면 모여서 교육을 하는 것보다 현장에서 기본적인 업무를 가르치는 것에 충실한 편이 더 낫지 않겠나. 우리는 교육에서 메리어트만의 색깔을 살리기 위해 외부 강사를 잘 쓰지 않고 내부 관리자들을 주로 강사로 섭외하는 경우가 많다.[6] 그러자면 리더들은 자신의 업무가 과중하더라도 강의를 준비해야 하는데, 우리는 그것에 대한 저항이 거의 없다고 보면 된다. 가끔 외부에서 다른 호텔의 교육 담당자들을 만나면 가장 부러

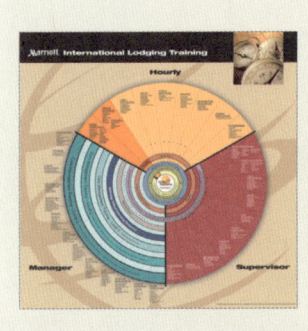

JW메리어트호텔의 핵심가치

Spirit to Serve Our Associates
Spirit to Serve Our Customers
Spirit to Serve Our Communities

〈그림 1〉 JW메리어트호텔의 트레이닝 맵

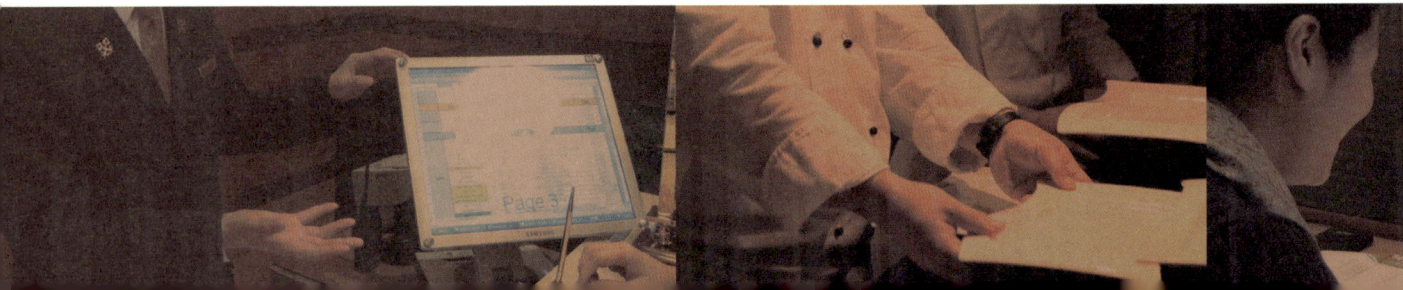

> 브랜드다움의 기반이 되는 핵심가치 중 하나인 '직원을 섬기는 정신'은 교육을 통해 직원이 스스로 성장할 기회를 가져서가 아니라 오히려 이를 위해 리더들이 보여 주는 희생과 감수를 통해 직원들에게 전달되고 있었다.

세계적인 리더십 및 그룹 수행 활동 전문가 존 R. 카첸바흐Jon R. Katzenbach는 《열정 컴퍼니Peak Performance》에서 메리어트를 분석하며 이들이 성장한 이유를 "교육과 훈련이 부족한 사람에 대해서는 추가 교육을 받도록" 하는 것과 "기업이 직원 개개인의 잠재력을 강력하게 신뢰하기 때문"이라고 언급했다. 실제로 직원의 성장 가능성을 믿고 투자하는 일은 기업의 업무 효율성이나 성장에 도움이 될 수 있다.

그러나 '브랜드' 교육을 위해서 JW메리어트호텔이 중요하게 생각하고 공유해야 할, 브랜드다움의 기반이 되는 핵심가치 중 하나인 '직원을 섬기는 정신'은 교육을 통해 직원이 스스로 성장할 기회를 가져서가 아니라 오히려 이를 위해 리더들이 보여 주는 희생과 감수를 통해 직원들에게 전달되고 있었다. 정희진 과장은 "각각 교육의 효과도 중요하지만 그보다 서비스 트레이닝을 하든, 브랜드 교육을 하든 매니저, 슈퍼바이저 등의 리더들은 이것들을 통해 1차적으로 직원을 위하는 것이 더 중요하다고 생각한다"고 말한다. 따라서 매니저들은 바쁜 업무에 일반 사원(연간 24시간)에 비해 더 많은 시간(연간 40시간) 교육을 받으면서도 직원들의 성장을 위해 기꺼이 시간을 내고 교육을 지원함으로써 직원을 섬기는 정신에 동참한다. 직원들은 교육의 내용보다 이를 위해 기꺼이 희생하는 리더와 기업에서 핵심가치의 중요성을 깨닫는 것이다. 물론 메리어트 그룹의 회장 J.W. 메리어트 2세 또한 이런 움직임에 적극적으로 동참해 왔다. 메리어트는 거의 매년 그룹 차원에서 새로운 교육 자료를 만들어 내는데, 회장은 그룹 총수라는 말이 무색하게 매번 비디오 교육자료 등에 출연하면서 직원을 독려한다(많은 기업 총수가 교육 프로그램에 모습을 드

워하는 부분도 바로 이것이다. 다른 기업들은 교육해 줄 사람을 사내에서 찾는 것 자체가 쉽지 않다. 그러나 우리는 그렇지 않다. 이번에도 서비스 트레이닝을 급하게 이틀 정도 해야 했는데, 제일 바쁜 시기인 12월인데도 불구하고 부총지배인님과 매니저들이 와서 사원을 교육하고 케이스 스터디도 같이 했다.

러내지만 이토록 자주 출연하는 사례를 찾아보기는 어렵다).[3] 그는 《메리어트의 서비스 정신》에서 "직원 제일주의라고 말하기는 쉽지만 그것을 실제로 기업 문화의 영원한 목적으로 세우기 위해서는 행동이 뒷받침되어야" 한다는 것을 강조한다.

'기꺼이' 섬기고 배우다

JW메리어트호텔의 '과정을 통한 핵심가치의 체화'는 In-motion이라는 크로스트레이닝cross-training에서 특히 돋보인다. 이것은 최근 메리어트가 그룹 차원에서 새롭게 진행하는 교육이다. In-motion은 직원이 슈퍼바이저가 되기 전 필수적으로 받는 교육으로, 직원들은 기본적인 이론 교육이 끝난 다음 4~5개월 동안 기존 부서가 아닌 타 부서를 돌며 모든 업무를 직접 경험해보게 된다. 자신의 종전 업무와 달리 일주일에 2~3회 미리 스케줄을 잡아 두고 하루에서 이틀 정도를 다른 부서에서 일하는 것이다.

박현진(이하 '박') 이론 교육이 끝나면 교육 담당자와 메리어트의 비전과 그에 따라 어떤 액션이 필요할지 이야기를 나눈 뒤 다른 부서에서 일하게 된다. 나는 객실관리부에 있기 전에 프런트 오피스에 있었다. 프런트 오피스만 해도 컨시어지, AYS(At Your Service), 비즈니스 센터 등 섹션이 굉장히 많다. 그러니 호텔에 얼마나 많은 부서가 있을지는 상상이 갈 것이다. 그런데 몇 개만 선택하는 것이 아니라 모든 부서에서 일을 해 보는 것이니 우리에게 얼마나 도움이 되겠나. 사무 업무뿐만 아니라 스파에서 반바지를 입고 땀 흘리면서 물건도 옮기고, 주방에서 디저트를 만드는 것도 배운다. 영업 업무도 말만 하는 것이 아니라 외부 미팅을 함께 다니면서 클라이언트를 만난다. 신기한 것은 교육부서에서 미리 우리가 가는 팀에 연락을 해 두기 때문인지 부서장님들이 미리 우리 이름까지도 외워두고 기다리고 계신다. 미리 스케줄링부터 구체적으로 배울 부분도 정리해두고 계시기 때문에 우리가 더 실질적인 업무를 배울 수 있다.

In-motion 교육의 '내용'을 통해 직원들이 먼저 배우는 것은 JW메리어트호텔의 각 부서에서 진행되고 있는 실질적인 업무다. 다른 부서의 일을 경험함으로써 자신이 어떤 일에 가장 적합한지 다시 한 번 고민해 보기도 한다. 또한 다시 자신의 부서로 돌아왔을 때 어떻게 다른 부서와 업무를 효율적으로 진행할 지도 알게 된다. 다른 업무를 경험해서 얻게 되는 역량적 성장이다.

그러나 한 단계 더 들어가서 교육을 받는 입장이 아니라 담당하는 사람의 입장에 서보면 이것이 얼마나 까다롭고 어려우며, 때로는 과중한 업무가 될 수 있는지 알 것이다. 우선 한 직원이 이 교육을 받게 되면 본래의 업무를 모두 감당할 수 없기 때문에 해당 부서의 책임자가 더 많은 일을 떠맡는다. 뿐만 아니라 타 부서에서도 교육을 위해 새로 온 직원을 위해 실제 업무를 재배분하거나 교육 내용을 준비해야 하고, 자기 팀원이었다면 간단하고 당연했을 업무도 하나하나 다시 설명하는 번거로움을 겪어야 한다. 그러나 이에 따라 당연히 우리가 예상할 수 있는 부서장들의 짜증스럽고 예민한 반응을 여기에선 찾아볼 수가 없다. 오히려 직원들은 반대의 증언을 한다.

박 부서장님이나 관리자 분들이 많이 협조해 주기 때문에 우리가 교육을 받을 수 있는 것 같다. 알다시피 교육 받는 사람이 한명 빠질 때마다 일을 대신할 사람이 필요하다. 이건 그분들이 적극적이지 않으면 할 수 없는 일이다. 우리가 교육을 받으러 갔을 때도, 교육해 주실 때도 항상 긍정적이기 때문에 더 잘 배울 수 있다.

'섬기는 정신'은 직원들을 위한 관리자들의 적극성과 긍정성으로 발현되며, JW메리어트호텔은 이를 적극적으로 뒷받침하고 있다. 또한 JW메리어트호텔은 매년 직원 만족도 조사를 실시하고 있는데 이는 관례적인 것이 아니라 메리

어트에서 정말 중요한 것으로 여겨진다. 조사에는 일할 수 있는 환경 등과 관련한 것을 호텔이 직원들에게 잘 제공하고 있는지, 일할 때 호텔이 제공해주는 것이 만족스러운지에 관련된 질문들이 포함되어 있다. 각 지역에서 행해진 만족도 조사는 그룹 본사로 전달되며, 본사에서는 지역의 점수와 전년 대비 차이를 살펴보아 각각의 문항에 대한 분석이 이루어진다. 이렇게 분석된 세부적인 내용은 다시 각 지역의 헤드쿼터로 전달되어 전년 대비 큰 차이를 보일 경우 총지배인이 매니저와 슈퍼바이저 없이 일반 사원들과 직접 이야기를 나눈다. 이런 과정에서 얻는 것은 좀더 나은 업무 환경뿐만 아니라 '우리가 왜 사람을 섬겨야 하는지'에 대한 체험적 공유다. 관리자들의 태도와 노력, 그리고 이미 문화로 자리 잡은 '직원 섬김'의 추구가 대접을 받아 본 직원들로 하여금 왜 우리가 사람을 섬겨야 하는지에 대해 느낄 수 있게 해 주는 것이다.

정 총지배인님과 이야기할 때는 매니저가 들어가지 않는다. 그래서 총지배인님과 직원이 직접 무엇이 문제인지 허심탄회하게 이야기 나눌 수 있게 하는 것이다. 그 때 바꿔야 할 점과 수정해야 할 점이 논의되면 적극적으로 수정되는 편이다.

박 직원 입장에서는 우리가 하는 일에 관심을 갖고, 우리가 어떤 불만을 갖고 있는지에 대해 관심을 가져주시는 것 자체가 고마운 것이다. 일반 기업에서 그렇듯 매니저라는 벽은 것은 상당히 높을 수 있다. 그러나 먼저 메리어트 문화 속에 있었던 관리자들은 우리와 언제든지 커뮤니케이션할 준비가 되어 있다. 직원의 이야기를 들어주고, 설사 10가지를 이야기해서 10가지가 다 고쳐지지 않는다고 하더라도 공감해 주는 것이 중요한 것이다. 생각해 보면 서비스할 때도 똑같다. 상대의 마음에 관심을 갖고 공감해 주는 것 말이다. 손님들이 불만 사항을 이야기할 때 충분히 이해하고 공감해야지, 무조건 "죄송합니다"만 연발한다면 거기에 대해서도 손님들의 불만이 생길 수 있다. 그것과 똑같은 것 같다. 리더들을 보면서 손님들에게 어떻게 해야 할지를 느끼고, 우리도 그런 관리자가 되어야겠다고 생각한다.

체화된 섬김이 문화를 만들다
The Customer Comes Second!

조금은 충격적인 이 문구는 대규모 여행사 로젠블루스 트래블Rosenbluth Travel의 회장 할 로젠블루스가 집필한 책의

이런 과정에서 얻는 것은 좀더 나은 업무 환경뿐만 아니라 '우리가 왜 사람을 섬겨야 하는지'에 대한 체험적 공유다. 관리자들의 태도와 노력, 그리고 이미 문화로 자리 잡은 '직원 섬김'의 추구가 대접을 받아 본 직원들로 하여금 왜 우리가 사람을 섬겨야 하는지에 대해 느낄 수 있게 해 주는 것이다.

제목이다. 그는 책을 통해 기업이 고객보다 오히려 직원에게 집중하는 것이 중요한 까닭을 언급하며 구체적인 사례로 메리어트 그룹을 들고 있다. 그는 J.W. 메리어트 2세가 한 말을 옮기며 '직원들이 만족하면 그 직원은 고객을 만족시킬 것이고 만족한 고객은 다시 돌아올 것이며 최종적으로 주주들은 이익을 얻을 것이라고 확신하고 있다. 그런데도 많은 서비스 기업들이 아는 것을 실천하지 못했기 때문에 메리어트 이상의 성공을 거두기 어려웠다는 것은 미루어 짐작할 수 있을 것이다. 그러나 메리어트는 창립자가 직원을 핵심가치에 포함시킨 이후 현재의 CEO와 관리자들까지 이런 신념을 '행동'으로 옮겨 왔기에 다음 세대의 직원에게 핵심가치를 전달하는 것이 문화로까지 자리 잡을 수 있었다.[11] 그리고 이것이 '메리어트다움'에도 그대로 녹아든다. 서울JW메리어트호텔뿐만 아니라 전 세계 메리어트 호텔에서 들려오는 감동적인 고객 경험의 이야기들은 단순히 이것이 최상의 서비스여서가 아니라 '사람을 섬긴다'는 그들의 핵심가치가 '메리어트다움'으로 나타났기 때문이다. JW 메리어트호텔 교육 자료의 일부인 〈그림 2〉를 훑어보면 핵심가치가 문화가 될 때 이것이 고객에게도 전달될 것이라는

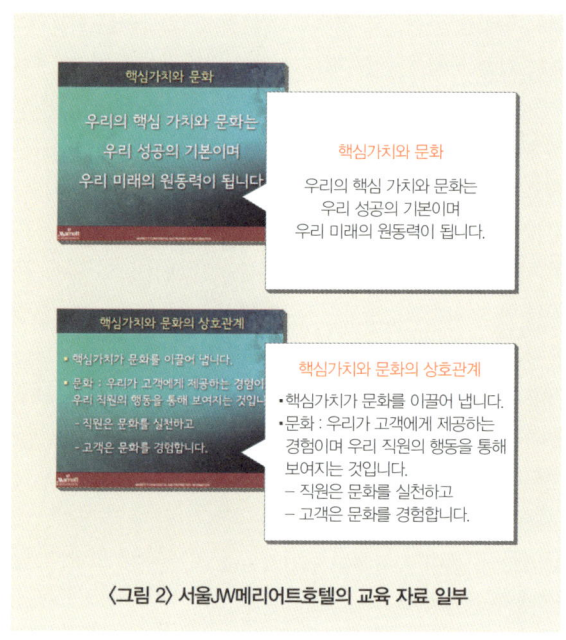

〈그림 2〉 서울JW메리어트호텔의 교육 자료 일부

메리어트의 믿음을 확인할 수 있다.

모든 서비스업이 사람을 중요하게 생각해야 하지만, 서비스업을 하는 모든 기업이 메리어트와 같은 핵심가치를 가지고, 이를 문화에 녹이려는 노력을 하는 것은 아니다. 기업이, 그리고 브랜드가 어떤 핵심가치를 가지고 있든지 이를 '벽에 걸어 두는 문구'에 머물게 하는 것이 아니라 적극적으로 문화로 옮기려는 노력이 필요한데, 이는 직원들이 핵심가치를 수긍하고 직접 느끼지 못한다면 거의 불가능한

> 전 세계 메리어트 호텔에서 들려오는 감동적인 고객 경험의 이야기들은 단순히 이것이 최상의 서비스여서가 아니라 '사람을 섬긴다'는 그들의 핵심가치가 '메리어트다움'으로 나타났기 때문이다.

일이라 할 수 있다.

직원들이 핵심가치를 체험하고 그 가치를 수긍하면, 고객을 대하는 행동에서도 이를 보이고자 자신을 고쳐간다. 메리어트의 핵심가치 3가지의 일부였던 직원들이 다른 핵심가치 모두를 실천하고자 노력하는 것처럼 말이다. 칼 알브레히트는《똑똑한 사람들의 명청한 회사 명청한 사람들의 똑똑한 회사 The Power Of Minds At Work》에서 "직원들이 기업이 내세우는 가치를 수긍하고 이를 받아들이면 기업의 성공을 위해 혼신의 노력을 기울일 것"이라며, 그랬을 때 일어나는 현상으로 네덜란드의 경영학자 아리 드 호이스 Arie de Geus의 홀로그램 문화 holographic culture를 소개한다. 홀로그램은 그 속성상 필름의 아주 작은 부분을 잘라 내도 각 조각에서 전체의 이미지를 복원할 수 있다. 이처럼 홀로그램 문화는 조직 문화의 특징이 조직 전체뿐만 아니라 개인에게서 동시에 드러나는 것이다. 그 개인은 어디에 있든지 조직 전체를 반영할 수 있다. 이렇듯 핵심가치가 직원들에게 받아들여지고 홀로그램 문화로 정착하면 조직원이 어떤 일을 하든지 일관성 있는 기업과 브랜드가 구축되는 것이다.

사실 각각의 브랜드가 갖는 핵심가치는 세상에서 항상 중요한 것이라 여겨지는 가치기 때문에 특별하거나 새로울 것이 없다. 하지만 그 가치를 특별하게 만드는 것은 그것을 체화하고 몸소 실천하여 '존재하는 것' '우리의 것' '우리다움'으로 만드는 브랜드의 구성원이다. 그리고 구성원들은 그 가치를 교훈적인 '말'이 아니라 '경험'에서 배운다. 브랜드 핵심가치의 1차적 수혜자는 바로 이들이 되어야 하는 것이다. 그래야 그들 또한 브랜드 홀로그램의 일부가 될 것이다. UB

"교훈들은 대부분 '상식'에 근거하고 있으며, '세월'에 의해 검증되었고, 모든 스승들 중 가장 현명하고도 의미심장한 '경험'이 내게 가르쳐준 것들이다." J.W.메리어트 2세

정희진 스위스 글리옹 호텔 학교 과정을 이수하고 디즈니 월드 Polynesian Resort에서 일하다 2000년 서울 JW메리어트호텔 오프닝 멤버로 입사했다. 트레이닝 매니저를 거쳐 현재는 HR 매니저로 호텔의 전 직원 교육을 담당하고 있다.

박현진 2000년 11월 입사한 뒤 프론트 오피스 AYS 팀을 거쳐 현재 하우스 키핑 파트 주임으로 만 10년째 서울 JW메리어트호텔에서 근무하고 있다.

김하연 2005년 12월부터 서울 리츠칼튼호텔의 홍보실에서 일하다 2008년 지금의 서울 JW메리어트호텔 홍보실로 자리를 옮겨 브랜드 관련 커뮤니케이션을 담당하고 있다.

ABSTRACT 2. BRANDNESS

브랜드의 본本을 세우다, 본죽
p 70

본죽은 왜 자신들이 프랜차이즈 사업이 아니라 교육 사업이라고 말할까? "우리는 성공을 돕는 사람들입니다." 본죽의 모든 일은 자신이 아닌 가맹점주의 성공을 돕기 위한 것이기 때문이라고 한다. 따라서 그들은 자신의 일이 프랜차이즈 사업이 아닌 '교육 사업'이라고 재정의한다.

- 브랜드 교육에서 창립자의 소명을 어떻게 직원의 사명으로 바꿀 것인가는 매우 중요한 문제다. 본죽의 CEO는 본사 직원들에게 일보다는 인격적인 성장을, 수치적인 성과보다는 가맹점주와 그 가족들에 대한 책임감을 강조한다. 이런 활동이 직원들의 사명감을 고취시킨다.
- 브랜드 교육의 효과 중 하나는 일관성 있는 브랜드를 만들 수 있다는 것이다. 가맹점주들은 그들이 본죽호를 탄 '한 몸'임을 교육받는다. 다른 가맹점주와 경쟁하기보다는 자신의 노하우를 공유하며 서로 돕고, 철저한 매뉴얼과 배달 금지 원칙 등을 따르며 본죽다움을 유지한다.
- 창립자의 소명과 직원의 사명은 결국 공명共鳴을 만들어 낸다. '상대의 사상과 행위에 공감하여 서로 따르려 하는 것'이다. 이것이 발전되면 소비자와 브랜드의 공명도 만들 수 있다.

비전이 이끄는 브랜드, 교보생명
p 80

기업의 비전은 CEO 개인의 것일 때보다 그것에 동참하고자 전의를 불태우는 조직원들이 함께할 때 훨씬 수월하게 실현될 수 있다. 어떻게 하면 전 조직원이 한 곳을 보며 매진하게 할 수 있을까? 방법은 '기업의 비전'을 '그들의 비전'이 되게 하는 것이다.

- 교보생명은 지난 2000년 새로운 비전 수립 과정에 전 조직원을 참여시켰다. 5,340명의 직원이 376회의 간담회 등을 통해 함께 만든 비전은 '교보인의, 교보인을 위한, 교보인에 의한' 비전이다.
- 비전을 현실화하기 위해서는 전 조직원이 자기다움을 잃지 않고 한 곳을 향해야 한다. 교보생명은 자기다움을 잃지 않기 위해 브랜드북, 케이블 방송, 각종 체험(임종·노인) 등을 통해 '교보다움'을 교육한다.
- 혁신적 비전 수립을 위해서는 CEO의 자세가 중요하다. BrandView를 갖고, 자사의 BrandNess를 찾기 위해 노력할 줄 알며, 조직 전체를 존중할 줄 아는 태도가 필요하다.
- 기업의 존재 이유는 시간이 지나면 사라지게 될 한 명의 '카리스마적인 인물'의 자아실현을 위해서라기보다는 시간이 갈수록 강력해지는 '브랜드'를 구축하기 위해서다.

영혼의 스위트룸, JW메리어트호텔
p 88

The Customer Comes Second! 고객보다 먼저 직원을 섬긴다는 메리어트의 섬김 정신은 브랜드 교육에서도 나타난다. 교육의 내용이 아니라 바로 실천하는 리더와 정착된 문화를 통해서 말이다.

- "우리가 직원을 보살피면, 직원이 우리 고객을 보살필 것이다." 이것은 메리어트의 원칙이자 문화다. 메리어트로부터 섬김을 받는 직원은 그들의 정신 'The Spirit to Serve'가 왜 중요한지 깨닫게 된다.
- 직원들은 교육의 과정에서 섬김을 받는다. 직원들의 역량적 성장을 돕기 위한 많은 서비스 교육과 In-motion 트레이닝이 있고, 이 교육을 위해 리더들은 자신을 기꺼이 희생한다. 시간을 내서 업무를 대신 맡아 주고, 강의를 하고, 더 많은 시간 동안 교육을 받고, 대화하는 것이다.
- 핵심가치의 공유는 말보다 체험을 통해 이루어진다. 교육을 받으면서 직원들은 '사람'과 '관계'의 중요성을 깨닫고 자신도 그런 리더가 될 것을 다짐한다. 나아가 고객을 어떻게 섬겨야 하는지도 배우게 되며 이것이 '메리어트다움'을 더욱 강화한다.

THINK TO SYNC

브랜드 교육은 '자기다움'을 아는 것에서 출발한다.
다음 명언에서 '인간'의 자리에 '브랜드'를, '교육'의 자리에 '브랜드 교육'을 대입하여 읽어 보길 바란다.

인간의 첫 번째 의무는 자기 자신이 되는 것이다. 입센

교육의 목적은 기계를 만드는 것이 아니라, 인간을 만드는 데 있다. 루소

교육의 목표는, 사실이 아닌 가치에 대한 지식이다. W.R. 잉그

교육의 비결은 학생을 존중하는 데 있다. 에머슨

Think Different, Apple
Work Different, Frisbee

프리스키비의 비행술, 프리스비

The interview with 프리스비코리아 대표 김준석,
홍대점 점장 유화정, 명동점 부점장 맹주현,
명동점 팀장 김수영, 명동점 사원 김홍기

프리스비의 네이밍에는 많은 상징과 은유가 있다. 프리스비Frisbee는 원래 원반던지기 놀이를 의미한다. 놀이 프리스비가 아니라, 애플 전문 매장apple premium reseller 프리스비에서 원반은 무엇일까? 상품일 것이다. 손님이 상품에 대해 질문을 하면 그들은 바로 구매를 권하는 것이 아니라 오히려 이 상품을 왜 사는지 묻는다. 그 자리에서 애플을 사용하며 생기는, 그리고 생길지 모르는 여러 가지 이야기, 곧 수다가 시작된다. 원반던지기 놀이가 시작된 것이다. 프리스비를 모르는 사람을 프리스비에 데려가서 그곳의 사람들을 프리스키 비(frisky bee, 즐거운 벌들)라고 소개하면 고개를 끄덕일 것이다. 프리스비는 마치 꿀벌통처럼 보이기 때문이다. 명동점의 경우 하루에 수천 명이 드나들며, 그 안에서 모두 날개wing를 윙윙거리며 분주하게, 그렇지만 즐겁게 돌아다니는 모습을 볼 수 있다. 실제로 프리스비의 wing들은 win을 만들어낸다. 소비자도 win, 애플도 win, 프리스비도 win, 그리고 애플 마니아도 win하게 된다. 보통 win-win 전략을 들어 보았어도 4win은 처음일 것이다. 프리스비가 보여 주는 새로운 브랜딩 전략 Frisbee's win(프리스비인의 승리)인 frisky bee's wing(즐거운 꿀벌들의 날갯짓)을 들어 보자.

프리스비다움FrisbeeNess은 무엇인가. 프리스비다운 교육은 무엇인가. 이 둘은 어떤 관계로 상승작용을 만들어 낼까. 이것이 프리스비를 찾은 이유다. 하지만 과연 '프리스비다움이 존재하기는 할까'라는 의문이 앞설 것이다. 애플을 제대로 흉내 내기만 해도 성공하는 것이 아닐까 하는 생각 때문이다. 하지만 각기 다른 베이스를 가진 프리스비인 5명을 만나고 나서, '프리스비다움'은 애플을 추종하고 흉내 내는 '애플스러움'과 분명 다르다는 것을 알았다. 프리스비코리아의 김준석 대표, 얼리어답터에서 애플 전문가가 된 맹주현 명동점 부점장, 이전에 애플 관련 MD, 영업 관리, 프로모터 등 다양한 경험을 한 홍대점의 유화정 점장, 제화 유통 회사에 있다 프리스비라는 IT 제품을 판매하게 된 명동점의 김수영 아이폰 팀장, 바텐더로 지낸 7년이라는 시간을 접고 프리스비의 파트타이머로 새로운 삶을 택한 명동점의 김홍기 사원이 그들이다.

이들의 말을 근거로 프리스비의 1년을 돌아보니, 1년 만에 이런 성장을 만들어 낸 것은 '자기다움을 제대로 발견하고' '그것을 효과적으로 교육했기 때문'이라는 결론에 닿았다. 프리스비가 애플이라는 엄청난 브랜드의 후광을 업는다면 신생 브랜드로서 정체성을 만드는 데 유리한 것 아니냐는 물음에 "애플과 똑같아지는 것은 위험하다"고 말하는 프리스비인들. 그들에게 되물었다. "프리스비의 성공 요인이 뭐라고 생각하십니까?" 이들은 이렇게 답했다. "우리는 늘 서로에게 배우기 때문입니다." (꿀벌도 8자 춤을 추면서 정보를 서로 교환하지 않던가!)

What FrisbeeNess is

브랜드가 자기다움을 안다는 것은 '중요하다'는 말로 부족할 정도로 중요하다. 브랜드의 존재 이유이자 사업의 방향이며 모든 의사 결정의 기준이 되기 때문이다. 그러나 프리스비에게 "프리스비다움은 무엇입니까?"라고 물었을 때, 이들이 주춤하는 것은 어쩌면 당연하다. 스타벅스, 필립스, 유니클로, 준오헤어, 교보생명과 같이 적어도 30년 이상 된 기업에게 같은 질문을 한다면 그들은 역사 속에 축적된 '자기다움(비전, 미션, 핵심가치로 표현되는)'에 대해 이야기할 것이다. 그러나 프리스비는 런칭한지 이제 2년 차를 맞기 때문이다.

게다가 프리스비는 정체성을 말하기에도 묘한 위치다. 애플도 아닌 것이, 애플이 아닌 것도 아니기 때문이다. 애플 전문 매장이지만, 애플의 직원이 일하는 것도 아니고 애플이 직접 투자하는 것도 아니다. 운영의 주체는 국내의 대표적인 제화 제조업체이자 유통업체인 금강제화다. 프리스비인이라고 할 수 있는 직원들은 애플 마니아, 애플 전문 판매 경험자, 얼리어답터, 금강제화 출신의 세일즈 전문가로 다양하게 구성되었다. 그래서 프리스비다움이라고 하면, '애플스럽다'고 해야 할지 '금강제화스럽다'고 해야 할지, 모두 아니라면 무엇이라고 해야 할지 의문이 든다.

그런데 이들은 모두 '프리스비다움'에 대하여 공통된 '느낌'을 말했고, 그것이 어쩌면 프리스비다움인 '즐거운 놀이터'일 것이다. 그들이 말하는 즐거운 놀이터는 고객에게는 즐거운 애플 놀이터, 그들에게는 즐거운 일터를 의미한다.

Not AppleNess

첫 인터뷰이 김준석 대표는 프리스비다움이 분명 애플다움은 아니라는 사실을 전해 주었다. 그의 말을 토대로 본다면 프리스비다움은 이제 만들어 가는 중이지만, 큰 축 3개가 지지대를 이룬다. '애플' '금강제화', 애플의 마니아를 포함한 프리스비의 '오픈멤버'들이다. 프리스비다움은 애플의 브랜드 관리력과 금강제화라는 역사 깊은 제화 유통회사의 시스템, 애플의 열렬한 서포터이자 전문가인 오픈멤버들의 시너지로 만들어지고 있었다. 프리스비다움을 사람에 비유하자면 외모는 애플, 골격은 금강제화, 혈관에는 오픈멤버들의 피가 흐른다고 할 수 있을 것이다.

애플 본사는 프리스비 매장에 디스플레이되는 제품 위치 하나, 제품별 모니터에 플레이되는 동영상 하나, 사용 가능한 컬러 하나까지 매뉴얼로 만들어 프리스비를 애플스토어와

김준석 서울대학교에서 경제학을 전공하고 동대학원에서 경제학 석사학위를 받은 후 London Business School을 졸업했다. 신한종합연구소 금융산업팀 책임연구원, 한미은행 전략혁신팀, 한원건설㈜ 자산운용본부장, 금강㈜ 브랜드관리팀장을 역임했다.

*프리스비라는 네이밍
프리스비는 본래 원반을 가지고 하는 플라잉 디스크flying disc 게임의 일종으로 원반던지기라고 한다. 프리스비를 즐기는 놀이터 같은 공간을 지향하는 프리스비는 의미뿐 아니라, 발음 중에도 'free(자유로운)'를 말함으로써 프리스비다움의 연상을 강화한다.

가장 흡사하게 만듦으로써 애플다움을 고객 접점에서까지 관리하기 위해 노력한다. 이때 금강제화는 명동 상권과 로드샵에 대한 이해와 물류·재고 관리 시스템으로 프리스비의 뼈대를 만든다. 애플에 대한 애정 혹은 경험이 있는 오픈멤버들은 프리스비다움을 만드는 롤 모델이라 할 수 있다. 이런 프리스비가 어떻게 태어났는지, '애플스러움'이 아닌 '프리스비다움'은 어떻게 만들어지는지에 대하여 프리스비 김준석 대표에게 들어 보았다.

프리스비가 금강제화에서 운영하는 브랜드라는 이야기를 듣고 의외라는 생각이 들었다. 애플과 금강제화는 어떻게 만난 것인가?

애플코리아와 금강제화의 만남은 우연이지만, 프리스비가 태어난 것은 서로 win-win하는 부분이 있었기 때문이라고 본다. 애플은 명동에 들어오길 원했지만 여력이 되지 않아 파트너를 찾았고, 금강제화는 올드한 이미지를 젊게 만들고 싶었다. 또 최근 들어 브랜드전략실이 신설될 만큼 브랜드에 대한 관심이 높아지던 터라 두 회사가 만났을 때 금강제화는 애플에게 명동의 부동산과 상권에 대한 이해, 리테일에 대한 기본 노하우를 제공할 수 있었고, 애플은 금강에게 젊은 이미지를 줄 수 있었다. 패션 회사가 애플을 브랜드답게 보호하고 발전시킬 수 있다는 생각에서도 같았고, 마침 금강제화는 제품 포트폴리오 차원에서 비어 있는 영역이었기 때문에 시작했다.

서로 필요한 부분이 맞아떨어진 것이라는 생각이 든다. 그런데 흥미로운 것은 프리스비에서 직원들의 파란색과 연두색 유니폼 정도만 아니라면 거의 애플 매장과 비슷한 느낌이라는 점이다. 실내외 분위기나 활기찬 직원들의 느낌도 애플스토어스럽다.

의도적으로 그렇게 만들려고 했다. 밝고, 신선하고, 발랄하고, 친근한 애플 전문 매장이 되고 싶었다. *프리스비라는 네이밍도 그렇고, 유니폼 컬러를 밝은 파란색과 연한 연두색 상의와 베이지색 하의로 선택한 이유도 같은 의도다.

그런데 활기찬 분위기뿐 아니라 인테리어도 어느 애플 전문 매장보다 애플스러운 이유는 무엇인가.

그 점은 브랜드를 운영하면서 애플이라는 브랜드에 감탄하고 배워야 할 부분이라고 생각한다. 브랜드 관리의 철저함이라고 할까. 매장에 디스플레이될 제품의 위치나 순서, 인테리어에 사용되는 컬러 등 모든 것이 매뉴얼화되어 있다. 그것도 매장의 등급에 따라 쓸 수 있는 매뉴얼들이 따로 마련되어 있는데, 백화점에 들어가는 매장 매뉴얼과 프리스비와 같은 로드샵의 매뉴얼이 다르고 로드샵 중에서도 APR, AAR 등으로 세분화된 등급에 따라 다른 매뉴얼로 매장이 꾸며진다. 그중 프리스비는 가장 높은 등급의 매뉴얼을 따르고 있다. 특히 디스플레이 부분은 철저한데 아이팟, 맥북, 아이맥에서 시연되어야 할 컨텐츠를 각각 지정해 준다.

고객들이 프리스비에 들렀을 때 외관만 보면 애플스토어라고 착각할 만한 이유가 있었다. 그렇다면 운영권자인 금강제화로서는 과도한 통제라고 느껴지지 않나?

그렇지는 않다. 물론 디스플레이에 한해서는 매우 디테일한 부분까지 통제 받는다고 볼 수도 있지만, 그것은 애플이라는 브랜드를 지켜 주기 위한 우리의 의무라고 생각한다. 그 외에는 금강제화의 시스템이 뒷받침되지 않는다면 온전한 운영이 힘들기 때문에 디스플레이 외적인 부분에서는 자율권이 있다. 프리스비는 애플이 아니라 프리스비다. 그래서 애플과 금강제화의 시너지가

> "애플 직영점은 분명 제품 지식이나 서비스면에서 나을 것이다. 그런데 지식을 카인들리하게 설명해주는 점에서는 우리가 훨씬 나을 것이라고 자신한다."

잘 만들어지고 있다고 보는데, 첫째는 직원들 간의 시너지다. 금강에서 온 직원들은 애플에 대한 지식이나 열정은 부족한지 몰라도 고객을 대하는 태도나 세일즈 스킬이 뛰어나다. 이런 것들을 나머지 직원들에게 전파하는 역할을 한다. 둘째는 회사의 백오피스 back office 차원인데, 금강제화가 리테일을 수십 년간 해 왔기 때문에 재고 관리나 전산, 물류 시스템이 굉장히 정교하다. 이것이 현재 다른 애플 전문 매장보다 조금 우위에 있는 점이라고 생각한다.

눈에 보이지 않는 이러한 시스템이 있었기 때문에 프리스비가 비교적 짧은 시간에 자리 잡을 수 있었다는 생각이 든다. 또 한 가지 프리스비는 애플을 IT 기계로 파는 것이 아니라 문화로 판다는 느낌이었다.

역시 의도가 있었다. 프리스비가 런칭할 당시 시장에는 이미 애플 전문 매장들이 있었고 종전 경쟁사들과 차별화될 만한 전략이 필요했다. 벤치마킹 대상은 스타벅스였다. 스타벅스도 수많은 다방과 커피 전문점이 있었는데 사람들이 점심 값보다 비싼 커피를 마시게 만들었다. 주요 상권의 블록마다 스타벅스가 들어선 것은 고객 경험을 업그레이드했기 때문이다. 그래서 우리 매장에 와서 똑같은 맥북을 사더라도 인터넷으로 사는 것보다 업그레이드된 경험을 주어야겠다는 것이 시초였다.

프리스비에서 업그레이드된 경험은 어떻게 만들어지나?

깨끗한 백화점에서 고급 쇼핑을 하는 느낌인데 무언가를 물어보면 친절하고 편안하고 재미있는 곳이 되고자 했다. 애플스토어에 가 보았다니 알겠지만, 애플스토어는 프렌들리 friendly 하지만 정말 카인들리 kindly 하지는 않다. 고객이 매장에 들어오면 "Hi, how are you?" 하고 가볍게 인사하는 친구 같은 곳이다. 그런데 우리는 아무래도 동양적 정서를 고려해야 하기 때문에 예절이라는 것도 필요했기에 결국 프렌들리하면서도 카인들리까지 갖춘 곳이 되고자 했다. 애플 직영점은 분명 제품 지식이나 서비스면에서 나을 것이다. 그런데 지식을 카인들리하게 설명해주는 점에서는 우리가 훨씬 나을 것이라고 자신한다.

프리스비가 애플보다 잘하는 것이 카인들리라고 한다면, 카인들리한 고객 경험을 만들기 위해 의도한 구체적인 방법들도 있을 것 같다. 그 '경험 관리'는 어떻게 이루어지나?

교육이다. 프리스비에서 자체적으로 진행하는 교육 중 예절 교육을 강조한다. 신입사원이 제일 먼저 받는 게 예절 교육이다. 제품에 대해서는 아무리 애플에 백지인 사람도 프리스비의 전문가들에게 교육 받으면 3개월 안에 애플 전문가로 만들 수 있다. 그래서 제품 교육 전에 인성 교육부터 들어간다. 예절 교육은 리테일의 기본이기도 하기 때문이다. 인사 잘하고 친절한 것이 시작이다. 그렇지만 친절이란 무조건 시킨다고 되는 것이 아니라 우리 직원들 스스로 재미있어야 우러나온다.

스스로 즐겁게 일하는 직원들은 어떻게 만들어지나? 그러한 사람을 선발하기 때문인가, 아니면 채용 후 교육의 영향이 크다고 보나?

둘 중 하나라고 말하기 어렵다. 앞으로 더 잘해야겠지만, 현재까지는 사람 선발도 잘 해 왔고, 교육도 잘 되고 있다고 생각한다. 선발에 있어서는 세 그룹의 인력이 구성되었는데, 그들 간의 시너지도 있었다. 첫째는 종전에 애플을 판매하던 사람들, 둘째는 금강제화에서 프리스비와 맞다고 생각되어 옮겨 온 사람들, 셋째는 매장 파트타이머에서 직원으로 선발된 사람들이다. 이들의 공통적인 선발 기준은 인상이 밝거나 태도가 밝은 사람이다. 애플에 대한 지식은 고려 대상이 아니었다. 그런 기준이 있었기 때문에 프리스비와 맞는 좋은 사람들을 선발할 수 있었다고 생각한다. 그다음이 교육인데 프리스비에 인사 담당자나 교육 담당자가 따로 있는 것이 아닌데도 교육 프로그램이 굉장히 잘 돌아가고 있다고 자부한다. 애플코리아의 교육이나 제품 교육도 받지만, 지금은 점장이나 부점장들이 된 초기 멤버들이 강사로 진행하는 자체 교육이 더 많다. 강사 수준도 굉장히 높아서 예절 교육 담당, 제품 교육 담당 모두 외부에서 강의해도 손색이 없을 정도다. 오히려 내가 가장 질이 떨어지는 강사다.

프리스비다움을 만드는 것은 애플도 아니고 금강도 아니고, 프리스비의 사람들 같다. 언젠가 홍대 매장에 갔다가 나오는데 비가 오더라. 그때 직원 한 명이 우산을 빌려 주기에 쓰고 돌려주겠다고 했더니, 가져도 된다고 하기에 참 독특하다고 느꼈다. 이것이 매뉴얼에 의한 것이 아니라 정말 OS(operating system)가 다른 사람이었기 때문이라는 생각이 든다.

맞다. 제일 중요한 것은 사람이다. 제대로 된 사람을 버스에 태우고 그 사람들한테 일을 분배하는 방법은 버스가 출발하고 나서 생각하면 되는데, 아무나 태우고 일단 출발하고 보면 중간에 자꾸 누군가가 내린다. 그러면 버스가 속도도 내지 못하고 제대로 된 길을 가지 못할 수도 있다. 그래서 우선은 갖춰진 사람, 혹은 갖춰질 가능성이 있는 사람을 태우는 게 중요하다. 그리고 교육을 통해 오픈멤버들을 뛰어넘는 사람들을 만드는 것이 내 일이다.

프리스비다움을 가장 잘 설명한다고 생각하는 문장은 명동점의 맹주현 부점장이 들려 주었다. "지극히 개인적인 생각이지만 프리스비는 고객과 직원들의 놀이터라고 생각한다."

오픈멤버를 강조하는데, 어떤 사람들인가? 이들이 프리스비다움을 만들어 가는 사람이라고 할 수 있나?

그렇다. 그들은 적극적이라기보다는 능동적이고 자기 일을 찾아서 하고, 자기 일이 뭔지 분명히 알며, 외부에서 다른 사람이 봤을 때도 밝고, 자기 속으로 좀 힘든 일이 있더라도 내색하지 않고 다른 사람의 에너지를 북돋워줄 수 있는 사람들이다. 나의 기준은 인성이 좋은 사람을 뽑겠다는 것뿐이었는데, 이런 사람들이 십수 명 모이니 엄청난 힘이 되고, 그 뒤로 입사하는 사람들도 이들을 보고 배우며, 변화하고 있다.

그 변화가 프리스비다움으로 변화하는 것을 의미하나?

그렇다. 정확하게 프리스비다움이 무엇이라고 말하기에는 이른 감이 있지만, 모두 나와 같이 느낄 것이다. 큰 소리로 인사 잘 하고, 밝게 웃고, 손님들에게 친절한, 밝은 사람들. 이들의 OS가 점점 좋아지며 프리스비다움으로 동기화되는 것이라고 생각한다.

But FrisbeeNess

김준석 대표뿐 아니라 누구도 지금으로서는 프리스비다움이 무엇이라고 분명히 말하기는 어려울 것이다. 그래서 나머지 인터뷰이 4명의 공통적인 대답을 찾아보았다. 프리스비다움이 무엇이라고 생각하느냐는 질문에 금강제화 출신의 명동점 김수영 팀장은 "내가 생각하는 프리스비다움은 자유로움이다. 막연한 자유가 아니라 예전에 학교에서 배운 자유의 개념이다. 자기의 책임과 의무를 다하는 것, 무작정 내 마음대로 하는 게 아니라 내가 할 일을 했을 때 오는 자유가 맞을 것 같다"고 전한다.

"이렇게 친절한 매장은 없을 것이라는 것이 내가 프리스비에서 처음 받은 느낌이다. 친절이라는 것을 조금 달리 볼 수 있을 텐데, 내가 말하는 친절이란 무조건 팔기 위해 과도한 친절이 아니라, 잘못된 정보는 잘못 되었다고 말해 주고, 불필요한 것은 권하지 않는 '손님에게 필요한' 친절이다. 손님에게 필요 없는 추가 용량이나 액세서리는 굳이 팔려고 하지 않는다는 것이 놀라웠다." 이전에 전문 바텐더로 활동하다 프리스비 명동점의 파트타이머를 마치고 정직원이 된 김홍기 사원의 말이다.

이런 프리스비다움에 대해서 프리스비다움을 만들어 내는 실체라는 오픈멤버들은 조금 더 정답에 가까운 설명을 해준다. "아직까지 '다움'이라고 할 수 있는 것이 있다기보다는 그것을 만들어 가려고 노력 중이다. 단 프리스비가 추구하는 건 있다. '밝고 즐거운 매장'이 사업 초창기부터 항상 역점을 두고 있는 부분이다." 홍대점 유화정 점장의 말이다. 프리스비다움을 가장 잘 설명한다고 생각하는 문장은 명동점의 맹주현 부점장이 들려 주었다. "지극히 개인적인 생각이지만 프리스비는 고객과 직원들의 놀이터라고 생각한다."

인터뷰이 5명에게서 발견한 단어는 '친절한, 밝은, 즐거운, 놀이터, 자유'다. 이 단어들

은 리더와 선임자를 중심으로 가장 많이 활용되고 강조되는 말, 직원들이 느끼는 프리스비의 분위기일 것이다. 이 단어들이 진정한 프리스비다움이라고 판단하기에 1년이라는 기간은 짧지만, 30년이 된 기업의 직원 100명이 각기 다른 '자기다움'을 이야기하는 것보다 의미 있다.

정리하자면 프리스비다움은 소비자들에게 '프랜들리'와 '카인들리'를 동시에 갖춘 '애플 놀이터'이자, 내부적으로는 직원들이 일하기 좋은 '놀이터 같은 일터'다. '안'이 즐거울 때 그것이 넘쳐흘러 자연스럽게 '밖'까지 즐거울 것이라고 믿기 때문이다.

이들이 이러한 학습조직을 구성한 이유를 들어 보면, 단순히 '지식'을 위한 교육이 아니라 '자기다움'을 찾기 위한 것임을 알 수 있다. '즐거운 일하기'에 대한 진지한 고민이 있었기 때문에 프리스비의 학습조직은 프리스비라는 브랜드가 성장하는 데 모멘텀(탄력, 가속도, 추진력) 역할을 하고 있다.

Learning Organization, Frisbee

프리스비의 직원들은 스스로 배우고 가르치는 것에 익숙하다. 마치 하나의 학습조직처럼 말이다. 그래서 이들이 말하는 '교육'은 교수자가 학습자에게 강단에 서서 무언가를 가르치는 것이 아니라, 서로 상대에게 배우는 학습을 의미한다. 혹자는 서비스업에 종사하는 이상, 신제품과 관련 액세서리를 판매하는 브랜드이니 교육을 받는 것은 당연한 것이 아니냐고 물을 것이다. 그렇지만 이들이 이러한 학습조직을 구성한 이유를 들어 보면, 단순히 '지식'을 위한 교육이 아니라 '자기다움'을 찾기 위한 것임을 알 수 있다. '즐거운 일하기'에 대한 진지한 고민이 있었기 때문에 프리스비의 학습조직은 프리스비라는 브랜드가 성장하는 데 모멘텀^{momentum}(탄력, 가속도, 추진력) 역할을 하고 있다. 그 이유에 대해서 프리스비가 학습조직화되는 데 중심축 역할을 한 *브랜드 챔피언들의 이야기를 들어보자.

프리스비의 브랜드 교육을 이끄는 브랜드 챔피언

프리스비다운 피가 흐르게 하는 역할을 하고 있는 오픈멤버들은 프리스비의 정신과 문화를 구축하며, 프리스비의 실질적인 브랜드 교육인 학습조직을 주도한다. 이들이 지향하는 프리스비다움인 '즐거운 놀이터 같은 일터'는 시행착오를 겪고 상처를 입으며 깨달은 진정한 고민이자 목적지기 때문이다. 이에 대해서 유화정 점장은 왜 프리스비다움이 이렇게 만들어질 수밖에 없었는지 이야기한다.

"프리스비의 점장, 부점장들은 굉장히 개성이 강하고 다들 너무 다른 사람들이다. 그렇지만 기본적인 마인드는 같다. 즐겁게 일할 수 있는 곳을 만들고 싶은 것뿐이다. 실제로 지금 프리스비에서 메인이 되는 인원 중의 상당수는 이전에 다른 애플 전문 매장에서 일하다가 이런 고민 때문에 빠져나온 사람들이다. 애플이 좋아서 일을 시작했지만 여러 가지 환경적인 영향으로 하고 싶었던 것, 만들고 싶었던 것을 이루지 못한 사람들이다. 몇 년에 걸친 실패 아닌 실패를 겪고 마음의 상처를 받은 사람들이기 때문에 그 과정을 반복할 필요는 없다고 생각해서 초창기에 많이 노력하지 않았나 싶다. 이 멤버들은 프리스비가 아닌 다른 회사에 갔어도 이런 문화를 만들려고 노력했을 것이다."

*브랜드 챔피온
니콜라스 인드는 스칸디나비아 출생의 브랜드 컨설턴트로, 그의 저서 《브랜드 챔피온》은 브랜드와 관련된 정성적 연구를 정량화하는 것에 대한 이야기들로 흥미롭다. 특히 브랜드에는 '브랜드 챔피온' 즉, 단순한 브랜드 전문가를 넘어 조직에 브랜드 가치를 전달하고, 참여를 독려하며, 성공담을 공유하는 사람이 필요하다고 말한다. 프리스비의 오픈 멤버들이 그가 말한 브랜드 챔피온 역할을 하고 있다. 성실하며, 동료들에게 인정을 받고, 무엇보다 브랜드의 힘을 강조하는 이들의 열정과 긍정적인 믿음이 프리스비를 브랜드로, 그리고 하나의 학습조직으로 정착시키고 있다.

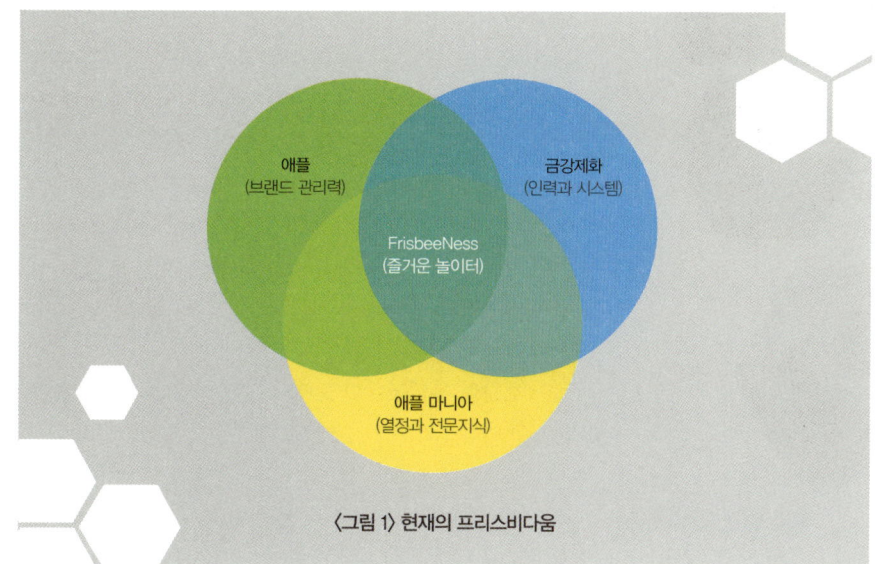

〈그림 1〉 현재의 프리스비다움

프리스비가 런칭 초기에 세팅이 덜 되었다면 위기가 될 수도 있었던 아이폰 런칭이라는 커다란 '사건'이 있었는데도 잘 소화해 내는 것은 '자기다움'을 잘 찾고 정착시키고 있기 때문이다. 런칭하는 브랜드들이 자기다움을 알지 못하면 그 조직의 에너지를 하나로 모으기 힘들다. 이때 프리스비에서 배울 수 있는 것은 자신이 잘할 수 있는 것을 찾으라는 것, 진정성 있는 고민을 하는 사람들과 함께 정체성을 만들어 가라는 것이다. 프리스비는 자신이 가장 잘할 수 있는 것을 찾았다. 금강제화의 시스템과 리테일의 기본을 활용하고, 애플이라는 서로 존중할 수 있는 파트너를 선택했다. 또 초기 멤버들의 구성이 우연이었든 필연이었든 '프리스비다움'을 구축하는 데 결정적인 역할을 하는 이들의 진지한 고민이 있었다.

물론 이들만이 프리스비다움 교육의 주인공은 아니다. 이들의 생각을 존중하며, '프리스비다움'을 기준으로 인재를 선발하고, 교육의 중요성을 인식하고 교육이 진행되면 무조건 참석 시킨다거나 장기적인 근무를 원하는 사람에게는 교육을 적극 권장 및 지원하는 리더층의 지지도 중요했다.

하지만 장기적으로는 지금의 브랜드 챔피온들이 프리스비다움을 궤도에 올려놓은 후에 그들이 프리스비를 떠나더라도 안정적으로 문화로 정착하고, 브랜드가 운영되어야 '애플 놀이터'라는 생태계가 유지될 것이다. 그럼 이제 이들 교육의 실체라는 학습 조직이 궁금해진다. 프리스비의 브랜드 챔피온들은 어떻게 계속 충원되는 직원들을 일벌이 아니라 꿀벌로 만들어 내고 있을까. '즐거운 일터'라는 이상적인 추상어가 어떻게 전파되는 것일까.

프리스비의 모멘텀, 학습조직

프리스비에서 교육은 일상이다. 이는 마치 MIT의 교수이자 경영전략가, 지식 이론 전문가인 피터 셍게 Peter Senge 교수가 말한 학습조직 Learning Organization 을 떠올리게 한다. 그는 학습조직이란 '종업원들이 진정으로 원하는 욕구를 끊임없이 창출하는 조직, 종업원들의 창의적 사고방식을 고양하고 확장하는 조직, 집단적인 열망으로 가득 찬 조직, 종업원들이 함께 학습하는 방법을 지속적으로 탐구하는 조직'이라고 했다.

셍게의 학습조직 이론의 정의를 기억하며, 프리스비인들의 자체 교육에 대한 이야기를 들어 보자. 먼저 김수영 팀장의 말이다. "교육이 끊임없다. 공식적인 교육도 있지만 조금 더

많이 아는 사람에게 개인적으로 배우는 것도 교육이라고 생각한다. 업무를 마치고 업무 중에 일어난 궁금증을 1:1로 상급자에게 물어봐서 배우고, 더 잘 아는 사람을 서로 추천해 주기도 한다. 내가 아는 부분이 있으면 옆 사람에게 전파해 주는 것도 정말 좋다."

김홍기 사원 역시 비슷한 말을 한다. "프리스비에서 교육은 생활이라고 본다. 항상 배우는 마인드를 가진 사람들이기 때문이다. 또 프리스비의 교육은 솔선수범이다. 어린아이가 아버지의 행동을 보고 따라 하듯 여기 온 지 얼마 안 됐고, 회사가 시작된 것도 얼마 안 됐지만 처음에 이 분위기를 만든 사람들이 먼저 보여 줬고, 거기에 흡수되는 사람들이 동화되어 그 에너지가 점점 커지는 것 같다. 그 멤버들이 기준이 되다 보니 나도 그렇게 되어야겠다고 생각한다."

이 대답이 부족하다면 셍게가 말한 학습 조직에 필요한 5가지 기반으로 프리스비의 학습 조직이 어떻게 프리스비다움을 강화하고 있는지 비교해 보자.

1) 자기완성 Personal Mastery

자기완성이란 개인이 자신의 비전과 현재 상태의 간극을 좁히기 위해 끊임없이 학습활동을 함으로써 스스로 전문가적 수준이 되기 위해 노력하는 것을 말한다. 셍게는 특히 인간에게는 '학습하고자 하는 본능'이 있다는 것을 기본 철학으로 하기 때문에 조직에서 개인의 자발적 학습을 개인의 행복과 동시에 조직이 성장하는 데 중요한 요인으로 보았다.

프리스비의 직원들 중에서 오픈멤버가 아닌 이들은 끊임없이 자기 학습을 해야 하는 프리스비의 문화 때문에 더 즐겁다고 전한다. 김홍기 사원은 처음 입사하고 3개월 정도는 퇴근 후 공부하느라 하루에 3시간씩 자기도 했다고 한다. 프리스비의 일상적인 대화를 이해하고 싶고, 더 성장하고 싶었기 때문이다. "회사에서 아침마다 진행되는 미니 교육을 이해하기 위해서라도 뭔가 알아야 했고, 이 시장의 동향도 알아야 한다고 생각했다. 교육은 받는 것보다 자기가 습득하는 게 중요하다. 프리스비의 많은 사람들이 이렇게 공부한다. 물어보면 잘 알려 주지만 너무 기본적인 걸 물어보는 건 예의가 아니라고 생각하기 때문에 개인적으로 공부를 많이 하는 것 같다."

2) 사고의 틀 Mental Model

사고의 틀이란 학습조직을 구축하기 위한 철학적 기반을 말한다. 조직원의 현실 인식과 행동 양식에 영향을 미치는 '즐거운 일하기'에 대한 진지한 고민이 있었기 때문에 프리스비의 학습조직은 프리스비라는 브랜드가 성장하는 데 모멘텀 역할을 하고 있다. 사고의 틀은 조직의 세계관이라고 볼 수 있다. 인간이 어떠한 세계관을 가지느냐에 따라 동일한 현상을 다르게 인식하고 다른 행동을 취하듯 조직도 마찬가지다.

프리스비는 비교적 브랜드 초기 단계에 있기 때문에 오히려 새로운 사고의 틀(프리스비 입장에서는 종전 애플 전문 매장과 다른 업그레이드된 경험을 추구하겠다는 것)을 갖기 유리한 면도 있다. 그리고 김준석 대표가 말했듯 이것이 인재상(전문 지식보다 태도를 우선시)이나 교육 프로그램(예절 교육 중심)에 적용되었기에 조직의 사고의 틀을 강화했다.

학습조직 이론에서 사고의 틀은 종전의 잘못된 세계관에서 비롯되는 신념 체계를 개선하는 방향을 지향해야 한다고 한다. 프리스비가 새로운 사고의 틀을 가지고 브랜드를 운영하는 것은 유화정 점장이 말했듯, 자신과 맞지 않는 세계관으로 인한 상처와 반성을 경험했기에 프리스비에 '즐거움'이라는 사고의 틀을 공유시키는 것이다.

3) 비전 공유 Shared Vision

조직이 추구하는 방향이 무엇이며, 왜 중요한지 모든 조직 구성원들이 공감대를 형성하는 것이다. 비전을 정립하는 과정이 리더와 조직원의 일체감 속에서 이루어져야 '회사의 비전이 곧 나의 비전이며 나의 비전이 곧 회사의 비전'이라는 인식으로 승화된다. 이렇게 정립된 비전은 실현 과정에 전 조직 구성원의 적극적인 참여를 유도할 수 있다.

프리스비는 아직 '비전'이라고 명문화한 것이 없다. 그렇지만 '내가 즐겁게, 그럼으로써 고객이 즐겁게'라는 커다란 방향성은 분명 공유하고 있다. 셍게는 비전을 공유하기 위해 '직무로서 대화'가 일상화되어야 한다고 말한다. 유화정 점장은 대화를 통해 직원들의 개인적인 비전에 대해서 이야기하고, 그것을 회사의 비전과 일치시키려고 하며, 업무에도 서로 다른 생각을 일치시키기 위한 대화를 활용한다.

"직원들과 대화를 많이 하려고 노력한다. 직원들이 일에 찌들어서 퇴근하고, 집에 가서 잠자고, 아침에 일어나서 출근하는 삶은 살지 않았으면 좋겠다. 누군가가 이 회사를 나가더라도 말리지 않을 거다. 대신 나갈 때 나가더라도 많은 이야기를 해 주고 싶다. 당신이 진짜 좋아하는 일을 찾기 위해 노력하라고 말이다. 그런 것을 찾으려고 노력하는 사람은 생각보다 많지 않다. 그래서 이런 것을 생각해 보지 않은 직원이 들어오면 찾아 주려고 노력한다. 그동안 무슨 일을 했는지, 세일즈할 때 스트레스를 받는지 희열을 느끼는지, 동료들이랑 지내는 것이 어떤지 등을 많이 물어보는 편이다. 프리스비가 그런 고민도 서로 이야기하고, 가장 좋아하고 잘할 수 있는 일을 찾아 주는 곳이 되었으면 좋겠다. 좋아서 즐겁게 일하는 사람은 아무도 못 따라온다고 생각한다."

4) 팀학습 Team Learning

조직공통의 목적을 달성하기 위해서는 조직 구성원 모두 개인적인 전문성을 갖추어야 할 뿐만 아니라 이를 조화시킬 수도 있어야 한다. 이를 위해 팀 학습의 활성화가 필수적이다. 여기서 핵심적인 요소는 대화와 토론문화의 정착이다.

프리스비는 내부 교육 프로그램 자체가 팀 학습이라고 증언한 맹주현 부점장의 말을 들어 보자. "애플코리아 교육도 있지만, 프리스비 자체에서 사내강사들이 교육을 진행하는 경우가 대부분이다. 각 점의 점장, 부점장들은 자기 분야에서 가장 뛰어난 부분의 강사가 되어 직원들과 공유한다. 나 역시 제품 교육을 하고, 건대점의 강민수 점장님은 CS교육, 홍대

"예전에 단순한 판매원이라는 생각으로 세일즈할 때는 고객을 대하는 게 너무 힘들었다. 그러나 컨설턴트라는 마인드를 가진 이후에는 손님을 대하는 것이 정말 재미있다. 그래서 직원들에게 이런 경험을 전달하려고 노력한다."

점의 백성필 부점장님은 키노트^{keynote}, 명동점의 오상수 팀장님은 개러지밴드^{garage band} 교육 등 되도록이면 자기가 가장 잘하는 것을 직원들과 공유하려고 한다.[6] 처음 한 개 점에서 시작할 때 어떻게 하면 손님들이 더 좋아할까 고민하고 클레임을 해결하면서 얻은 해답을 강의 내용에 녹이고 있다." 이런 사내 학습조직에 대해서 최근에 입사한 김홍기 사원은 사내강사들의 전문성에 놀랐다며 자신도 빨리 성장하고 싶다는 욕심을 보인다. "기억에 남는 프리스비의 교육이라면 한 가지 주제보다는 교육을 해 준 매니저 분들의 전문성이다. 제품 교육 하나를 하더라도 매뉴얼대로 할 수도 있는데, 각자가 고객을 응대했을 때의 경험까지 더해 굉장히 디테일하게 전달해 준다."

5) 체계적 사고 Systems Thinking

체계적 사고란 이런 학습조직이 이루어지는 개개인의 생각하는 법에 관한 것으로, '협동적 사고'라고도 한다. 전체를 통합된 하나로 보는 것이다. 프리스비가 학습조직을 기업의 문화로 만들기 위해 장기적으로 고민해야 할 부분이다. 현재의 학습조직은 자체적인 컨텐츠를 생산하고 지식을 공유하는 차원에서는 효과를 보고 있다. 하지만 조직원 개개인이 유기적으로 프리스비다움을 만들어 내기 위해서는 개개인이 체계적 사고를 할 수 있는 능력을 학습하는 것이 필요하다. 다시 말해 '프리스비다움'이 무엇인지, 궁극적으로 프리스비가 나아가야 할 방향이 무엇인지 리더 층의 결정에 따른 전달이 아니라 직원 개개인이 각자의 생각을 가지고 '프리스비다움'에 대하여 협동적 사고를 한다면 프리스비다움을 만드는 학습조직은 더욱 단단해질 것이다.

프리스비다움을 학습시킨다

프리스비라는 학습조직에서 교육은 체계화된 커리큘럼이 있지는 않다. 왜냐하면 항상 일상적으로 돌아가기 때문이다. 비정기적인 교육이지만 몇 가지 강조되는 교육 내용을 통하여 이 교육들이 모두 '즐거운 놀이터'를 만드는 것으로 귀결된다는 사실을 알 수 있다. 특히 프리스비가 강조하는 인사, 질문, 제품 교육은 내용보다 의도가 중요하다. 이 모든 것이 타 브랜드에서는 서비스 교육 혹은 제품 교육으로 분류될지 몰라도, 프리스비에서는 '즐겁게 일할 수 있는' 프리스비다움을 만들기 때문이다.

첫째, 프리스비가 가장 중요하게 생각하는 것은 예절 교육이다. 그중 '인사하기' '한 톤 높은 목소리' '밝은 표정'은 서비스업의 기본이지만, 그 의도는 단순히 서비스를 잘하기 위함만은 아니다. 김준석 대표는 면접 자리에서 면접자들에게 인사를 시켜 본다고 한다. 그것으로 프리스비인을 구별해 낼 만큼 프리스비에서 인사는 중요하다. 유화정 점장은 프리스비에서 세뇌에 가깝도록 반복하는 것은 '인사 잘하기'라고 대답하기도 했다.

이에 대해 김수영 팀장은 "프리스비는 인사를 강조한다. 부점장님이 바쁜 스케줄 가운데 시간을 따로 내서 예절 교육을 한다. 하지만 프리스비에서 인사가 의미 있는 것은 프리스비만의 인사법인 평소보다 조금 높은 톤과 밝은 모습으로 손님을 대하다 보면 자연스럽게 직

원들끼리 마주 보고도 웃고, 매장 전체적인 분위기도 좋아져서 즐겁게 일할 수 있는 것 같다"고 말한다.

둘째, 세일즈 스킬 교육 역시 브랜드 챔피언들을 중심으로 진행한다. 그중 '질문하라'는 고객을 대할 때 가장 강조되는 것 중 하나다. ⓐ질문하는 것 역시 세일즈의 기본이다. 고객을 응대 할 때 질문을 하면 바로 고객의 니즈를 알 수 있고, 빠른 시간 내에 고객의 문제를 해결해 줄 수 있기 때문에 세일즈 시간도 줄어들고 클레임도 적어진다. 맹주현 부점장은 질문을 강조하는 이유를 이렇게 밝힌다. "일하는 데 가장 커다란 영향을 미친 것은 애플에서 받은 세일즈 트레이닝이었다. 이전에는 무조건 친절하고 나 자신을 낮추어야 한다고 배웠다면, 그 교육 이후에는 나 자신을 먼저 키워야 한다는 생각이 들었다. 내가 커야 손님에게 만족을 주고, 고객들이 무언가를 물어봤을 때 역질문을 하면서 문제의 본질에 접근하기 때문이다. 그럼 고객의 만족감은 물론이고 나 자신에게도 자신감이 생긴다. 예전에 단순한 판매원이라는 생각으로 세일즈할 때는 고객을 대하는 게 너무 힘들었다. 그러나 컨설턴트라는 마인드를 가진 이후에는 손님을 대하는 것이 정말 재미있다. 그래서 직원들에게 이런 경험을 전달하려고 노력한다."

⊕ 질문하는 것 역시 세일즈의 기본

흥미로운 질문으로 해법을 찾는 방식은 소크라테스 때부터 사용해 세월의 검증을 거친 것이다. 그래서 질문에 대한 대화법과 관련해서 수많은 이론과 명언이 존재하지만, 그중 조지워싱턴대학교 인적자원개발학과 교수인 마이클 마쿼트의 말을 기억할 필요가 있다. "위대한 질문은 이타적이다. 질문자가 얼마나 똑똑한지 뽐내기 위한 질문도 아니고, 정보를 얻거나 질문자가 원하는 반응을 이끌어 내기 위한 질문도 아니다." 맹주현 부점장이 말한 역질문이라는 것도 자기만족을 위한 질문이 아니라 고객의 문제의 본질에 접근할 수 있는 이타적인 질문을 의미한다. 데일 카네기 앤 어소시에이츠가 펴낸 《세일즈 바이블》 역시 세일즈에서 질문은 고객에게 신뢰를 심어 주어야 하고, 신뢰를 주고 나면 즉시 대화의 주제를 고객에게 맞출 필요가 있다고 말한다. 이를테면 "당신이 직면한 문제점에 대하여 말해 주세요"라고 두루뭉술하게 물어보는 것보다 "길 건너편의 타 매장에서 같은 제품을 저희보다 저렴한 가격에 판매한다는 소식을 들으셨다고요. 가격차이의 이유에 대해서 먼저 말씀을 드리는 편이 나을까요?"라고 구체적인 문제에 바로 접근하는 것이 훨씬 효과적이라는 것이다. 그래도 문제의 본질에 접근하는 것이 어렵다면 도요타가 직원들에게 했던 방식인 '5Why', 즉, '왜'라는 질문을 연속해서 5번 해 보는 것도 좋을 것이다.

셋째, 제품 교육이다. 프리스비는 애플이라는 하이테크 제품을 고객에게 제공해야 하기 때문에 '지식'이 일종의 의무이다. 그렇지만 제품 교육을 통해 개인들은 전문가로 성장한다는 느낌을 받게 하고, 앞서 말한 자기 완성을 도움으로써 개인의 행복감을 높이는 역할을 한다. 이에 대해 김수영 팀장의 이야기를 들어 보자. "나는 원래 애플의 아이팟도 몰랐고, 컴맹에 가까웠다. 그렇지만 프리스비에서 일할 기회가 생겼고, 처음엔 어려운 공부를 필요에 따라 하기도 했다. 그런데 매일 미니 교육에서 각 제품의 기능과 성능, 서드파티 third party의 액세서리 하나 하나 알아 가다 보니 자신감이 생겼다. 이제 손님 앞에서도 위축되지 않고 전문가라는 자세로 대할 수 있지만, 나보다 많이 아는 고객들이 오기도 하기 때문에 끊임없이 공부하고 정보를 습득하는 것 자체가 재미있다."

세일즈를 업으로 하는 사람들의 가장 큰 딜레마는 자신이 그 일에 적성이 맞는다 해도 주변의 시선이 좋지만은 않다는 것이다. 판매직에 대한 사회의 시선은 때로는 자신감을 떨어뜨리기도 한다. 그렇지만 프리스비는 그러한 고민들을 누구보다 많이 한 사람들이 직원들에게 서로 존중하고 자신을 존중하는 법을 교육함으로써 '판매 사원'이 아닌 '컨설턴트'로서 즐거운 직장을 만들어 가고 있다.

이렇게 프리스비에서는 교육이 조직 문화로 자리잡고 있다. 그 중 '일일 성과 보고'라는 개인 파일은 교육과 학습의 일상화를 상징적으로 보여준다. 매일 쓰는 이 종이 한 장은 오늘의 판매량을 상사에게 보고하기 위한 페이퍼가 아니다. 성과에 대한 부분도 있지만, '오늘의 교육'이라는 항목이 눈에 띈다. 이는 교육이 프리스비 문화의 일부분임을 상징적으로 보여 준다. 김홍기 사원의 말이 기억에 남는다. "이렇게 매일 기록을 남긴다는 것은 개인적으로 굉장히 도움이 된다. 이것은 일종의 일기장이다. 오늘 점장님이나 동료, 손님들에게 배운 것을 기록하고 어느 정도 쌓인 뒤 돌아보면 그때의 기분이나 기억을 상기할 수 있다. 다른 직원들도 그렇게 생각하는지 모르겠지만 이게 매일 보고해야 하는 양식이 아니라, 내게는 공부가 되는 것 같다."

> 프리스비에게 학습조직은 모멘텀 이펙트를 만들어 낼 수 있는 잠재력이 있다. 학습조직이라는 모멘텀을 잘 활용하기로 결심한다면 프리스비는 3년, 5년이 아니라 10년, 20년 후를 내다보는 브랜드가 될 수 있을 것이다.

학습조직의 모멘텀 이펙트, 브랜드의 성공과 개인의 성장

모멘텀은 '운동량, 추진력'을 의미하는 말로 주로 물리학이나 경제학, 주식 투자 부분에서 운동량을 계산하거나 추이를 분석하는 데 쓰인다. 그러나 최근 세계적인 경영대학원 인시아드INSEAD의 석좌교수 장 클로드 라레슈Jean-Claude Larreche가 《모멘텀 이펙트》라는 책을 출간하며 경영계에서도 '모멘텀'이라는 단어를 활용하기 시작했다. 모멘텀은 '성공에서 스스로 에너지를 축적해 기업 성장의 가속 효과를 만들어 내는 힘'이다. 이렇게 보았을 때 프리스비에게 학습조직은 모멘텀 이펙트를 만들어 낼 수 있는 잠재력이 있다. 학습조직이라는 모멘텀을 잘 활용하기로 결심한다면 프리스비는 3년, 5년이 아니라 10년, 20년 후를 내다보는 브랜드가 될 수 있을 것이다.

그 근거는 이 문장에 있다. "사내 모멘텀의 궁극적인 목표는 이러한 에너지와 숨겨진 재능을 기업의 성공에 기여하게끔 하는 것이다." 교육의 목적은 사람을 바꾸는 것이 아니라 스스로 학습할 수 있는 능력을 만들어 주는 것이라고 한다. 스스로 학습할 수 있는 능력이란 '학습 방법'이 아니라 '학습할 강한 의지'를 만들어 주는 것에 가깝다. 프리스비에서 교육받는 대상이던 김수영 팀장과 김홍기 사원에게서 확신에 찬 목소리를 듣고 프리스비의 교육은 옳은 방향으로 나아가고 있다는 것을 알 수 있었다. 그들은 개인의 숨겨진 재능을 발견함으로써 브랜드 성공에도 기여하고 있었다. 김홍기 사원과 김수영 팀장의 말을 순서대로 들어 보자.

"예전의 목표는 바bar에서 전문 바텐더로 커리어를 쌓아 내 사업체를 운영하는 것이었다. 그런데 지금은 프리스비가 성장하는 만큼 나도 함께 성장하고 싶다. 왜일까 생각해 봤는데, 연봉이나 업무 환경이 아니라 여기에 있는 직원들 한 명 한 명이 나와 같은 마인드로 일하기 때문인 것 같다. 아무리 자본이 있고 기술력이 좋아도 함께하는 사람들이 진취적이지 않으면 그 브랜드는 커지지 않을 거라고 생각한다. 그런데 프리스비는 그러리라는 확신이 있다.[5]"

"전문가가 될 수 있다는 자신감이 생긴 것 같다. 이전 직장이었다면 어느정도 나이가 들어 젊은 후배들을 위해 물러나 육아에 전념하고 있었을지도 모른다. 그런데 프리스비에 와서 사람이 '깨친다'는 느낌을 받았다. 이전에는 우물 안 개구리였는데 지금은 우물은 벗어난 것 같다. 여기에 오지 않았다면 평생 이런 모습을 찾지 못했을 것이다.[6] 그래서 더 배우고 노력해서 나를 더 알아 가고 싶다."

Beyound Apple, FrisbeeNess

프리스비는 자기다움을 찾아 가고 정착하는 과정에 있는 브랜드며 자기다움을 내재화하기 위하여 브랜드 챔피온들이 주도하는 '학습조직'을 활용하고 있다. '일하기 즐거운 곳이 되어 결국 소비자들이 즐거워하는 애플 놀이터가 되기' 위해서 말이다. 하지만 프리스비의 미래를 상상해 보면 과거와 현재처럼 밝은 모습만 그려지는 것은 아니다. 물론 교육이 중요하다는 것은 초기부터 모두 공감하던 부분이겠지만, '어떤 교육을 어떻게 할 것인가'에 대해서는 운이 좋았다고 할 수 있기 때문이다. 다행히 프리스비다움을 만드는 사람들은 전문성과

기본적인 세일즈 스킬, 인성적인 역량을 갖추고 '일'과 '직장'에 대한 진지한 고민을 한 사람들이다. 하지만 소수가 주도한다는 것이 과연 긍정적이기만 할 지 고민해 봐야 할 것이다.

왜냐하면 이런 가정들이 연속적으로 떠오르기 때문이다. ①지금의 브랜드 챔피언들이 모두 프리스비를 떠난다면? ②규모가 갑자기 너무 커져서 교육의 속도가 확장의 속도를 따라가지 못한다면? 그래서 종전의 장점이던 인간적인 1:1 교육, 자가적인 학습 조직화가 불가능하다면? ③프리스비다움이 완전히 정착되기 전에 애플스토어가 한국에 런칭한다면?

애플의 한국 시장 성장률대로만 성장한다면, 또한 향후 2~3년간 애플스토어가 한국 시장에 런칭하지 않는다면, 프리스비는 굉장한 속도로 규모를 키워 나갈 수 있을 것이다. 그때 확장이 먼저냐, 프리스비다움이 먼저냐라는 선택의 갈림길에 설 것이다. 부디 프리스비다움이 의사 결정의 기준이 되길 바란다. 또 현재의 브랜드 챔피언들을 존중하고 더욱 지원하며, 더 많은 브랜드 챔피언을 양성하는 교육도 필요하다. 유기적인 학습조직의 장점은 살리되, 체계화하는 작업도 필요할 것이다.

유화정 점장의 말을 빌려 보았을 때, 다행히 현재의 프리스비는 충분한 고민을 하고 있는 것 같다. "규모가 커진다는 것은 브랜드의 딜레마인 것 같다. 이전 회사에서도 사업 초창기 멤버였다. 그때도 프리스비와 같은 마음가짐을 가지고 시작했다. 그러나 사업 규모가 커지고 투자 금액이 많아지면서 손익을 따지고 관리가 들어가기 시작했고, 그러다 보니 세일즈를 즐겁게 하던 친구들을 뒷받침하고 지지해 주기보다는 그들을 지켜보는 눈이 많아졌다. 이러한 문제는 분야와 상관없이 사업이 커지면서 생기는 어려움이다. 하지만 모두 그만두더라도 즐겁게 일할 수 있는 문화를 만들자는 생각만은 뚜렷하다."

프리스비가 학습조직이라는 교육 방식을 잘 활용할 수 있었던 조건들은 여러 가지가 있다. 학습을 해야 하는 제품군을 다루며, 오픈멤버들의 사명감이 있었고, 작은 조직이기 때문에 유기적으로 돌아갔다. 여기까지가 프리스비다움을 문화로 정착시키는 단계였다면, 이제 이 문화가 더 효율적으로 확산되기 위한 방법들을 고민해야 한다. 교보생명과 같이 전 사원이 함께 비전을 수립하고 명문화하며, 스타벅스처럼 그것을 사명선언서로 정리하여 동기화하고, 준오헤어와 같이 셀프리더십 교육을 통해 브랜드 챔피언을 더 많이 양성하는 것도 좋을 것이다. 또 필립스와 같이 '자기다움'을 구체적인 업무에 적용하는 디테일한 프로그

> 이들은 프리스비를 일하는 곳이 아니라고 말한다. 일벌의 마인드가 아니라는 것이다. 애플의 브랜드 철학은 Think different다. 그래서 프리스비는 애플의 이 선언에 대해 Work different라고 말한다. 프리스비는 애플처럼 생각하기보다는 애플과 다르게 생각하는 것 같다.

램들을 구현해서 이것이 시스템화된다면 규모가 커지더라도 지금 예상되는 문제점들을 보완할 수 있을 것이다.

프리스비가 브랜드로서 주목받는 이유는 앞으로 이러한 형태의 브랜드가 생겨날 가능성이 많으며, 이들에게 던져 주는 시사점들 때문이다. 이러한 형태의 브랜드라는 것은 두 회사가 만나서 제3의 브랜드가 되는 경우를 말한다. 라이선스 사업자라 하더라도 해외의 가능성있는 브랜드가 국내에 런칭할 때 국내 사업자는 자신의 장점을 극대화할 수 있는 방법을 선택하는 것이 브랜드의 안정적인 정착과 성장에 가속도를 높일 수 있다. 캐퍼러 교수가 말했듯 *라이선스 브랜드는 거대한 기회다. 하지만 성공적인 라이선스 브랜드는 단순한 행운이 아니라 노력에 의해 만들어지는 것이기에 이 기회를 잘 활용하기 위해서는 자신의 강점을 살린 자기다움이 필요하다.

라이선스 사업자가 아니라도 두 브랜드가 만나서 각자의 강점으로 제3의 브랜드를 런칭하는 사례가 늘어나고 있다. LG프라다폰이나 구글과 모토로라가 만나서 만든 안드로이드폰 모토로이가 대표적일 것이다. 이때 제 3의 브랜드의 정체성을 어떻게 만들어야 할지에 대한 대답을 프리스비에서 찾아본다면, 구글도 모토로라도 아닌 안드로이드다움을 발견하라는 것이다. 이것이 제품 브랜드일 경우 덜하겠지만 하나의 기업 브랜드가 된다면 자기다움을 찾는 문제는 브랜드의 영속성을 위해서도 필수 불가결한 선행과제다.

프리스비에 '놀러' 가 보았는가. 그들이 '애플 놀이터'라고 부르는 프리스비는 아이폰이 한국에 상륙하면서 그들만의 생태계에 더 많은 사람들을 모여들게 하고 있다. 프리스비^{bee}의 직원들이 바로 프리스비의 생태계를 구축하는 주역인데, 이들은 프리스비에서 일벌$^{worker\ bee}$이 아니라 꿀벌$^{honey\ bee}$처럼 일한다. 꿀벌은 꿀을 모으는 일을 함으로써 식물이 수분을 하고 열매를 맺는 데 도움을 준다. 그들이 달콤한 꿀을 모으는 것은 꿀벌 사회에도, 나아가 생태계에도 달콤한 일이다. 이렇듯 그들 스스로 '놀이터'라고 말하는 매장 안에서 '윙윙' 소리를 내며 즐겁게 일하는 이들을 통해서 프리스비는 비즈니스계에서도 좀처럼 찾아보기 어려운 메커니즘을 만들어 내고 있다. 애플과 금강제화라는 브랜드, 그리고 애플의 마니아들과 일반 소비자들 모두 WIN-WIN-WIN-WIN 할 수 있는 생태계를 조성하는 것이다. 사실 일벌은 꿀벌의 한 종류다. 그런데 이들은 프리스비를 일^{work}하는 곳이 아니라고 말한다. 일벌의 마인드가 아니라는 것이다. 애플의 브랜드 철학은 Think different다. 그래서 프리스비는 애플의 이 선언에 대해 Work different라고 말한다. 프리스비는 애플처럼 생각하기보다는 애플과 다르게 생각하는 것 같다. 프리스비는 아이폰을 런칭하고 즐거웠다. 아마도 2010년 4월에 벚꽃이 지고 사과 꽃이 필 무렵(아이폰의 신기종이 이때쯤 나온다는 소문이 있다)에 또 한 번 벌들의 축제가 벌어질지도 모르겠다. UB

---

*라이선스 브랜드는 커다란 기회
라이선스는 급부상하고 있는 현상으로 2가지 사실의 인식을 보여 준다. 첫째, 브랜드가 비록 자본의 형태지만 여전히 수익을 창출해야 한다는 것이다. 둘째, 이런 유형의 파트너십은 브랜드가 이전에 가질 수 없었던 능력과 유통력을 가질 수 있게 하며, 더 크게 확장할 수 있는 여지를 준다.
출처 : 장 노엘 캐퍼러, 《뉴 패러다임 브랜드 매니지먼트(김앤김북스, 2009)》

1,400억 브랜드의 브랜드 교육 매뉴얼

Uniqlo Manual, Uniqlo Spirit, Uniqlo Way

The interview with 한국 유니클로 재고컨트롤팀 팀장 카미무라 켄이치, 마케팅팀 팀장 김창남, 경영지원팀/교육담당 매니저 조은정, 마케팅팀/PR 담당 매니저 김태우, 명동점 점장 박윤주

가장 베이직한 옷을 판다고 말하면서 자신을 유니크한 의류창고(UNIQLO는 Unique Clothing Warehouse를 의미한다)라고 부르는 브랜드, 스피드를 추구한다고 말하면서 일반 패스트패션fast fashion 브랜드와 달리 반응생산은 하지 않는 브랜드, 누구보다 빠르게 성장하며 의류업의 상식, 기업으로서의 상식, 직장으로서의 상식을 깨뜨리는 브랜드. 유니클로(유니타스브랜드 Vol.9 p96 참고)가 브랜드 교육과 관련해서 들려 준 이야기 중 가장 놀라운 것은 다음과 같다. "거의 모든 업무가 매뉴얼화되어 이 매뉴얼에 따라 교육이 진행된다. 점포 오픈 매뉴얼을 보면 누구라도 새로운 점포를 오픈할 수 있다. 유니클로 매뉴얼은 원숭이도 따라 할 수 있을 정도로 디테일하게 만들어져있다."

2010년 1월 17일 유니클로 신촌점. 고객 한 명이 테이크아웃 잔에 담긴 커피를 들고 유니클로 매장에 들어선다. 직원은 "안녕하십니까"라고 인사한 뒤 더 이상 그 고객에게 눈길을 두지 않고 각자 업무를 하느라 바빠 보인다. 고객이 옷을 둘러보다 구매할 옷을 손에 들고 나머지 쇼핑을 하려 하자, 눈길 한 번 주지 않던 매장 직원이 어느 순간 다가와서 편하게 쇼핑을 하라며 바구니를 건넨다. 그 고객은 매장을 한 바퀴 더 돌고 바구니에 든 바지를 입어 보기로 한다. 피팅룸에 들어가서 바지를 입어 보다 들고 있던 커피를 그 바지에 쏟는다. 당황한 고객은 직원을 찾고, 이 옷을 사야 하느냐고 묻는다.

파트타이머 A직원은 잠시 고민을 하다 주변에 있던 B직원에게 알린다. A직원이 B에게 자초지종을 설명했는지, B는 고객에게 다가오자마자 "고객님 그럴 경우에는…"이라며 설명을 시작한다. 고객은 이 옷을 사고 싶은 마음이 없고, 매장에 들어올 때나 피팅룸에 들어갈 때 직원이 음료를 보고도 제지하지 않았는데 사야 하느냐고 되묻는다. B는 그럼 잠시 기다리라며 어딘가로 사라지고, 잠시 후 점장이 와서 바로 고객이 이해할 수 있는 말로 고객을 이해시킨다. 하지만 고객은 자신의 실수는 인정하지만, 커피를 보고도 아무 말 하지 않은 건 유니클로의 책임도 있는 것 아니냐며, 게다가 이 옷은 사이즈가 맞지 않아서 살 수 없다는 말로 일관한다. 게다가 그동안 유니클로에 쌓인 불만을 토로하기 시작한다. 얼마 전에 옷을 하나 샀는데 어깨 봉제선이 문제가 있는 것 같다. 유니클로는 왜 늘 작은 사이즈 옷들은 빨리 품절되느냐, 그럼 작은 사이즈 옷을 찾는 고객이 유니클로를 구매하려면 주기적으로 유니클로에 들러야 하느냐 등 점장을 몰아붙인다. 점장은 고객의 이야기를 끝까지 듣고 나서야 죄송하다는 말과 함께, 문제가 있는 상품은 한 달 안에 가지고 오시면 당연히 교환이나 환불 처리해 드리며, 품절과 관련해서는 SPA까지 고객에게 설명하기 시작한다. "유니클로는 SPA라는 생산 시스템으로 운영되고 계획된 수량만 미리 생산해 놓기 때문에 많이 팔린다고 다시 공장을 돌리는 일은 거의 없습니다. 그럴 경우 유니클로의 가격이 올라가고 그렇다면 고객 분들이 더 비싸게 유니클로의 옷을 구입해야 하기 때문에…"

고객은 화가 풀리지 않아 유니클로의 직원들은 왜 내가 쇼핑을 하는데 눈길 한 번 주지 않고 자기 업무만 하느냐고 쏘아붙인다. 그에 대해 점장은 "유니클로의 회장님이 미국에서 유학 중에 어느 서점에 갔는데 자신을 내버려 두고 자유롭게 책을 읽게 해 주는 매장이 참 좋아서…"라며 유니클로 직원들의 행동 수칙까지 들려 준다. 고객은 어쩔 수 없다는 듯 계산을 하고 신촌점에서 나온다.

그 고객은 이번에는 신촌점에서 가장 가까운 홍대점으로 발길을 옮긴다. 홍대점에 가서 매장을 한 바퀴 돌았지만, 역시 누구도 자신에게 무엇이 필요하냐고 묻지 않는다. 신촌점에서 억지 구매한 바지가 있는 곳으로 가서 근처에 있는 직원에게 왜 유니클로는 밑위가 짧은 바지가 없느냐고 묻는다. 대답을 듣고 이번에는 히트텍이 있는 곳으로 가 주변의 직원에게 소비자들이 원하는 검은 색상의 히트텍은 왜 늘 품절상태냐며 또 한 번 쏘아붙인다. 답을 아는데도 일방적인 화풀이에 가까워 보인다. 그리고 계산대로 간다. 가장 오래 일했을 것 같은 직원이 서 있는 계산대 앞에 서서 유니클로 쇼핑백에 든 바지를 꺼낸다. 이 옷을 신촌점에서 사고 홍대에 와서 보니 옷에 이상이 있는 것 같다며, 자신이 흘린 커피 자국이 있는 부분을 스탭에게 보여준다. 그리고 신촌에서 샀지만 다른 매장에서도 교환은 가능한 것으로 알고 있으니 교환해 달라고 요구한다. 스탭은 옷을 살핀 후에 마음에 드는 다른 상품으로 가져오라고 한다.

이번에는 고객이 당황해서 묻는다. 내가 신촌점에서 바지에 이상이 있는지 확인하지 않고 샀는데 이것이 유니클로의 책임이 아니라, 이를테면 오는 길에 내가 무언가를 흘렸다든지 하는 식의 내 책임일 경우에는 어쩌냐며 이런 걸 확인하지 않으면 유니클로 손해 아니냐고 갑자기 태도를 바꾼다. 그러자 일단 고객님의 실수인지 고객님도 우리도 확인할 수 없기 때문에 이 바지는 교환해 드리고, 이 바지는 신촌점으로 넘어가서 마무리될 것이며, 책임 소재를 꼭 물어야 하는 심각한 상황에는 고객만족센터로 넘어가서 마무리 된다고 말이다. 그러자 고객은 엉뚱하게 홍대점에는 점장이나 부점장은 없냐고 묻는다. 스탭은 무슨 의도로 그런 질문을 하는지 모르겠다는 표정이지만, 점장님이 아래층에 계시니 점장님과 이야기하길 원하시면 잠시만 기다려 달라고 말한다. 고객은 그제서야 아니라며, 이 옷은 그냥 가져가겠다고 말하고 매장에서 나온다.

* 2010년 1월 17일 유니클로 홍대점과 신촌점에서 일어난 실제 에피소드 입니다. 협조해 주신 신촌점 점장과 스탭, 홍대점 스탭 여러분께 감사의 말씀을 전합니다.

위 에피소드는 이 글을 쓰는 에디터의 의도된 경험담이다. 유니클로의 원숭이도 따라 할 수 있다는 멍키 매뉴얼이 무엇인지, 실제로 매장의 직원들은 멍키 매뉴얼에 따라 고객을 대하는지 확인하기 위해 난처한 상황을 연출한 것이다. 일부러 커피를 사 가지고 들어가서 커피를 쏟고, 책임은 유니클로에 있다고 억지를 부린 다음 바로 홍대점으로 이동해서 비슷한 상황을 연출했다. 이를 통해 현장에서 유니클로의 멍키 매뉴얼을 역추적해 보자는 취지였다. 그렇지만 이러한 에피소드 하나로 절대 비공개라고 알려진 유니클로의 매뉴얼의 실체를 밝혀 내기는 어려울 것이다. 이를 알아내기 위해 경쟁 브랜드에서는 위장취업자까지 보냈을 정도라니 말이다. 그런데 이것 역시 매뉴얼에 따른 대응인지 모르겠으나 몇 가지 공통적인 대응을 보여주었다. 취재 내용을 바탕으로 위 이야기에서 유추할 수 있는 매뉴얼은 다음과 같다.

1. Help yourself. 고객을 내버려 둬라. 고객이 편안하고 자유롭게 쇼핑할 수 있도록 '귀찮게(?)' 하지 않되, 고객이 불편할 만한 점이 발견되면 먼저 다가선다. (그래서 옷을 들고 다니자 바구니를 가져다주었을 것이다.)
2. 보고·연락·상담. 고객의 클레임이 있을 때는 자신이 먼저 판단해서 해결하되, 판단이 불가능하다고 여겨질 때는 상사에게 보고하고 상담 한다. 유니클로는 개개인의 권한과 책임을 강조하기 때문에 파트타이머라도 자신이 판단할 수 있는 것은 하고 그렇지 않은 경우 상사에게 보고한다.
3. 클레임에 대해 고객이 한 번 이상 설명하게 하지 않는다. 화가 난 상태에서 다른 사람이 왔을 때 한 번 더 설명한다면 분노는 증폭될 뿐이다.
4. 고객의 책임이 아닌 손상된 상품에 한하여 고객만족센터와 협의한다.

이런 내용이 실제 매뉴얼에 존재하는지는 확인이 불가능하다. 또한 이러한 항목이 있다 하더라도 직원들이 행동에 옮기지 않았을 수도 있다. 어쩌면 이와 똑같은 매뉴얼이 있는 다른 브랜드가 존재할 수도 있다. 이것은 모두 매뉴얼 보안 교육까지 있다는 멍키 매뉴얼에 대한 과도한 환상 때문에 벌어진 일이다.

그러나 여러 차례의 인터뷰와 매장 방문을 통해 멍키 매뉴얼의 실체에 다가가려다 어느 순간 이런 생각이 들었다. 중요한 것은 매뉴얼이 얼마나 디테일하게 만들어져 있느냐가 아니라 직원들이 그 매뉴얼을 어떻게 체화하여 자기 것으로 소화하느냐는 것이다.

많은 소매업 브랜드가 매뉴얼을 가지고 있다. 그 매뉴얼이 얼마나 디테일한지도 크게 다르지 않을 수 있다. 문제는 매뉴얼을 어떤 관점에서 행동으로 옮기느냐다. 그것이 유니클로다움을 만드는 힘이고, 그것은 유니클로의 유니크한 브랜드 교육에서 출발한다.

"유니클로를 모방하는 브랜드도 있다. 그렇지만 모든 사람이 바뀌지 않는 한 매뉴얼만 가지고는 흉내 내기 어렵다고 감히 말할 수 있다." 유니클로 명동점 박윤주 점장의 말이다. 그에 따르면 유니클로다움은 유니클로인들에 의해 만들어진다. 멍키 매뉴얼이 중요한 것이 아니라, 유니클로인에 의한 멍키 매뉴얼이기에 의미 있다는 것이다. 그렇다면 유니클로인들은 어떤 유니크한 교육을 받고 있는 것일까. 결론부터 말하면, 그들은 '다른 기준을 가지고 교육 받기 때문에 다른 결과를 만들어낸다.

유니클로의 유니크한 교육 목적, 전원(全員) 경영

유니클로는 교육의 목적도 유니크하다. 직원 모두 '사장'이 되어 일할 수 있는 '전원 경영자'로 육성하는 것이다. "유니클로 교육의 목적은 최대한 빠른 시일 내에 매장이라면 점장, 본사는 제대로 된 한 명의 몫을 수행할 수 있는 사람을 만드는 것이다. 유니클로는 '전원 경영'을 지향하기 때문이다."[9] 교육담당자 조은정 매니저는 '빠른 시일 내'가 중요하다고 강조한다. 또 전원 경영에 대해서는 회장부터 오늘 들어온 파트타이머까지 각자의 분야에서 리더가 되는 것을 의미한다고 한다. 그래서 거의 모든 직원들에게 주어진 업무가 다르고, 의사 결정

"어제 들어온 파트타이머에게도 '너도 사장이다. 이건 너의 가게고, 이건 너의 상품이다' 라고 말한다."

권한이 있으며, 그에 따르는 책임도 그 사람의 몫이다. 위 에피소드에서 A직원이 B직원에게 보고하고, 결국 점장에게까지 보고되어 문제가 해결된 것은 A와 B직원 모두 본인이 판단할 수 있는 선이 아니라고 생각했기 때문일 것이다.

재고컨트롤팀 카미무라 켄이치 팀장은 "유니클로의 교육을 한마디로 하자면 무엇이냐"는 질문에 다음과 같이 답한다. "가장 중요한 것은 내가 속한 팀이나 회사에 묶여 있는 것이 아니라, 그 틀을 넘어서 자기가 사장이라는 마인드를 가지고 무엇이든 추진하는 사람이 될 수 있게 하는 것이다. 어제 들어온 파트타이머에게도 '너도 사장이다. 이건 너의 가게고, 이건 너의 상품이다' 라고 말한다. 그렇기 때문에 손님에게 실례가 되는 행동을 하지 않는 것은 당연하며, 우리 회사는 당신 하기에 달렸고, 당신이 성장하고 싶다면 크게 도와줄 수 있는 회사니, 당신이 사장이라고 생각하고 일한다면 사장이 될 수 있다고 한다."

실제로 유니클로는 진급이 6개월에 한 번씩 이루어지고, 수직적인 조직 구조의 비효율을 최소화하기 위해 일본의 경우 직급 체제가 4개뿐이라고 한다. 사원, 리더, 팀장, 임원 이렇게 말이다. 이것은 단순히 '스피드'로 대표되는 유니클로다움의 상징이 아니라, 빠른 시간 내에 가장 효율적으로 유니클로를 이끌어 나갈 수 있는 전원 경영자를 만들기 위함이다. 그래서 파트타이머로 입사하더라도 빠른 경우 2년 만에 점장이 될 수 있다. 유니클로에서 점장은 하나의 기업을 운영하는 것과 같다. 국내에서 매출이 가장 높은 명동점은 하나의 중소기업이라고도 볼 수 있는데, 빠를 경우 신입 사원이 2년 만에 이것을 운영하는 것이다.

전원 경영자를 만들기 위한 유니클로의 교육에 대해서 김태우 매니저는 능력만큼 빨리 성장할 수 있는 회사지만 그만큼 책임이 따르기 때문에 결코 만만한 브랜드가 아니라고 전한다. "유니클로는 스스로 움직이게 하는 기업 DNA가 있다. 개인에게 주어진 결정권이 큰 반면, 책임감 또한 상당히 크기 때문에 자기가 얼마나 실행하고 성과를 내느냐에 따라 성장 여부가 결정된다. 굉장한 기회이자 부담이다. 유니클로의 DNA를 스피드라고 하는데 단순한 빠름이 아니라 '속전속결' '즉각 실행'을 의미한다. 또한 유니클로는 '완전실력주의'라고 한다. 자신이 자기 일을 결정하고 스스로 책임을 지고 그만큼 성장하라는 것이다."

유니클로다움을 '스피드'라고 하지만 이 앞에는 '완전실력주의, 속전속결, 즉각 실행, 고효율을 지향하는'이라는 보이지 않는 수식어가 붙는다. 그래서 개개인 업무는 굉장히 전문적이고 세분화 되어 있다고 한다. 매장을 예로 들면 티셔츠, 재킷, 진으로 구분된 세부 제품별로 담당자가 나뉘어 모든 문제에 대해서 그 사람이 판단하고 실행한다. 그렇다면 전원 경영자는 어떠한 교육으로 만들어질까.

유니클로는 기본적으로 얼마간의 매장 근무를 원칙으로 한다. 한국 유니클로는 롯데와의 합작 회사(에프알엘코리아 주식회사)로 초기에 빠르게 성장했기 때문에 매장 근무를 하지 못한 본사 직원도 있다. 하지만 일본에서는 매장 근무가 의무이며, '점장 후보'라는 이름으로 직원을 선발해서 점장으로서의 자질을 평가한 뒤 본사 근무를 하게 한다. 점장 후보에서 시작해 실제로 점장이 된 명동점 박윤주 점장에게 그가 입사해서 점장이 되기까지 받은 교육에 대해서 물어보았다.

"처음에 들어와서는 도입 연수orientation를 받았고, 사원으로 입사해서 사원 연수를 받았다. 또 점장이 되기 위한 점장 연수, 신점 오픈을 위해서 신점 오픈 연수, 행동 평가에 관한 연수, 생각하는 법에 대한 연수를 거쳐 지금까지 왔다." 사실 특별한 무언가가 발견되지 않는다. 국내 많은 기업들의 교육 내용과 달라 보이지 않았기 때문이다. 그래서 그중 유니클로다워지는 데 가장 큰 영향을 미친 교육은 무엇이냐 되물었고, 여기에서 유니클로다움의 힌트를 얻었다. "도입 연수가 가장 큰 영향을 미친 것 같다. 도입 연수에서는 유니클로라는 회사가 어떤 회사인지 알려 주는 것이 주요 내용이다. 스킬skill 교육과 스탠스stance(태도, 입장) 교육이 있는데 도입 연수는 유니클로인이란 어떤 사람이고, 유니클로적 사고는 어떤 것인지 배운다. 유니클로의 스탠스를 만들어 주는 것이다."

박윤주 점장이 말한 스킬 교육과 스탠스 교육 중 스킬 교육을 멍키 매뉴얼이 담당하며, 스탠스 부분은 유니클로의 경영 이념인 '경영 23조' 교육과 유니클로의 철학인 'FR WAY' 교육이 담당하고 있다. 경영 23조는 야나이 다다시 회장이 유니클로를 운영하면서 모든 사람이 경영인으로 행동해야 할 사고의 기준을 23가지로 정리해 놓은 것이며, FR WAY는 유니클로를 포함한 Fast Retailing(FR 그룹, 유니클로라는 브랜드가 소속된 기업명)이 나아가야 할 방향에 대한 상징적 사명서다. '옷을 바꾸고, 의식을 바꾸고, 세상을 바꾼다'는 FR그룹의 철학을 '우리의 사명' '우리의 가치관' '나의 행동 규범'에 따라 세부적으로 설명해 놓았다. 이것은 2년 전 5개 국어로 번역된 소책자로 만들어져 전 세계 유니클로인들에게 나누어 졌다고 한다.

이 소책자가 유니클로인들에게 의미하는 바와 구체적인 내용이 무엇인지 궁금해하자 마케팅 팀의 김창남 팀장은 FR WAY는 유니클로의 모든 것이기 때문에 보여 주기는 어렵지만, '업무를 하다가 중심을 잃거나 어려운 의사 결정을 할 때면 펼쳐 보는 것'이라고 전한다. 유니클로의 교육을 주입식이라고도 하는데, 이는 매뉴얼 교육에 해당하는 것일 테다. 유니클로인의 정신에 해당하는 스탠스 교육은 유니클로에서 생활로 자리 잡혀 있기 때

유니클로인의 태도와 입장, 즉 철학적 토대를 정리해 놓은 소책자 《FR WAY》

유니클로의 유니크한 교육 1. FR WAY

문에 어떻게 교육한다고 하기 어렵다. 그래서 FR WAY가 업무를 하는 데 어떤 역할을 하는지 박윤주 점장에게 물었다.

《FR WAY》라는 소책자를 가지고 있을 텐데, 그것이 만들어지기 전과후를 비교한다면 무엇이 달라졌나? 혹시 FR WAY를 숙지한 이후 이것을 업무에 활용한 적이 있나?

내가 아는 FR WAY는 업무 매뉴얼이라기보다 '사고를 바꾸는 힘'을 가지고 있는 존재다. 업무에 적용할 만한 것은 유니클로의 경영 이념인 경영 23조가 그 역할을 한다. FR WAY는 개개인의 사고를 바꿔서 모두 경영자 마인드로 일할 수 있도록 변화시킨다. 나 역시 FR WAY를 접하기 전에는 단순히 점포를 운영하는 회사원이라는 생각이었다면, 지금은 내 가게에 내가 투자한 것처럼 생각된다. 그래서 단지 좋은 옷을 파는 사람이 아니라, 이를 통해서 내가 주역이 되어 사회를 바꾸고 세계를 바꿔 나갈 수 있다는 생각을 하게 되었다.[1]

굉장히 도전적으로 들린다. 옷을 판매함으로써 세상을 바꿀 수 있다는 것을 어떻게 이해하면 될까?

예를 들면 이렇다. 디즈니랜드가 일본에 처음 생긴 1970년대, 디즈니랜드는 CS^{Customer Satisfaction}적으로 가장 우수한 회사라고 알려지면서 일본 기업들이 '고객 만족이라는 부분을 처음으로 생각하게 해 주었다. 생산자 중심으로 사고하던 기업들에게 고객 중심으로 생각할 수 있다는, '사고'를 바꾸는 역할을 한 것이다. 디즈니랜드라는 기업이 변한 덕분에 일본의, 한국의, 전 세계의 기업이 CS에 대해 생각하고, 개인이 운영하는 점포나 음식점들도 CS를 말하게 됐다. 유니클로도 그런 역할을 하는 회사가 되고 싶다는 것이다. 유니클로를 포함한 FR그룹은 빨리 성장해서 기업이 성장한 만큼 그 사회가 성장하고, 세계가 좋은 방향으로 변화하길 기대하는 것이다.[2]

"내가 아는 FR WAY는 업무 매뉴얼이라기보다 '사고를 바꾸는 힘'을 가지고 있는 존재다. FR WAY는 개개인의 사고를 바꿔서 모두 경영자 마인드로 일할 수 있도록 변화시킨다."

유니클로의 모든 사람들이 이러한 생각을 한다면 유니클로는 단순한 상표로서의 브랜드가 아닐 것이다. 이러한 마인드는 교육으로 만들어진다고 생각하나?

이러한 관점을 준다는 부분에서는 교육 부분도 상당히 크다. 그렇지만 시험을 보고 외운다고 되는 것이 아니다. 본인 스스로 바뀌어야 한다는 의지가 없으면 제아무리 훌륭한 교육자가 가르쳐도 바뀌지 않는다.

**유니클로의 유니크한 교육 2.
현장 경영, 현장 교육**

그의 말대로라면 유니클로의 정신을 만든다는 FR WAY는 유니클로인의 '사고'를 바꾼다. 즉, 의식의 기준을 높이는 역할을 하는 것이다. '나는 옷 장사를 한다'는 사고의 기준을 가지고 일하는 사람과 '나는 세상을 바꾸는 일을 하는 중이다'는 사고의 기준으로 일하는 사람이 같을 수는 없다. 여기에서 다음과 같은 질문이 필요하다. 당신의 동료들은 그들이 하는 일이 무엇이라고 생각하는가? 그 기준이 경쟁자, 혹은 업계의 기준과 확연히 다른가?

박윤주 점장의 말대로 스탠스 교육은 강요에 의해 만들어지는 것이 아니다. 그래서 그들은 유니클로의 스탠스(태도, 입장)를 현장(매장, 사무실)에서 자연스럽게 습득할 수 있는 조직과 문화를 설계했다. 그리고 무엇보다 유니클로의 생각과 맞는, 유니클로인으로 빨리 성장할 만한 역량을 갖춘 사람들을 선발하여 현장으로 보낸다. 현장을 알아야 더 빨리, 더 효율적으로 일할 수 있고, 유니클로에서 매장을 모르면 전원 경영을 할 수 없기 때문이다. 그래서 유니클로는 교육장 역시 현장이다.

유니클로인들은 집체 교육도 받지만, 대부분 매장에서 매뉴얼에 따라 고객을 응대하면서, 상사가 고객을 대하고 업무를 하는 방식에서 보고 배우며 유니클로다움을 이해한다. '옷을 바꾸고, 의식을 바꾸고, 세상을 바꾸기' 위하여 선배들이 어떻게 '가장 빠르고 효율적인 방법'을 고안해 내는지 배우는 것이다. 이와 관련해서 카미무라 팀장의 말이 인상적이다. "돌아보면 내가 유니클로다움을 가장 많이 배웠다고 생각되는 때는 나보다 높은 사람과 함께 있을 때였다. 높다는 것은 지위가 아니라 일에 대한 기준이 높은 사람을 말한다. 어떻게 하면 저 사람보다 더 손님을 생각할 수 있을까, 어떻게 하면 그 사람보다 더 빠르고 효율적으로 내가 맡은 일을 해 낼 수 있을까 고민할 때, 그리고 주변에 이런 고민을 하는 사람들이 있을 때, '이 사람은 정말 좋은 생각을 하는구나' 하는 생각이 든다. 그럴 때마다 자연스럽게 유니클로의 문화를 배운다."

유니클로다움을 리드하고 더 높이 끌어올리는 '높은 기준'을 가진 사람들은 타고나는 것일까, 유니클로에서 교육되는 것일까 궁금했다. 이에 대한 질문에서 드디어 유니클로의 핵인 야나이 회장에 관한 이야기가 시작되었다. "가장 높은 기준을 가진 사람이 회장님인데, 회장님부터 주변 사람들에게 그 기준이 점점 퍼져나가는 것 같다. 야나이 회장이 없는 유니클로는 어떻겠느냐는 질문이 있었는데, 나는 문제없이 돌아갈 것이라 생각한다. 물론 회장님이 상품, 마케팅, 운영 관리를 모두 혼자 하기 때문에 그것을 3명이나 5명이 나누어 해야겠지만 기업 문화가 바뀌거나 하지는 않으리라 본다. 각 부분에 야나이 회장님의 기준으로 일하는 분들이 많기 때문이다."

'유니클로는 옷을 파는 브랜드가 아니라 세상을 바꾸는 브랜드'라는 철학을 회사의 방침으로 세우고, '대기업'이라는 말을 너무 싫어해서 유니클로는 '세계적인 벤처회사'가 되어야 한다고 하는 야나이 회장은 분명 범인凡은 아니다. 그런데 유니클로를 60세까지 경영하고 내려오겠다던 야나이 회장이 정년을 70세로 수정한 이유는 무엇일까. 본인이 유니클로를 떠났을 때가 걱정되었기 때문에, 60세 이후에는 자신 없는 유니클로가 시장에서 '생존'하는 것이 아니라 계속적으로 '성장'해서 '세상을 바꿀 수 있는' 기업이 될 수 있도록 현재는 DNA를 심는 시기가 아닌가 하는 추측을 하게 된다. '전원 경영'을 내세운 이유 역시 모두가 스스로에 대한 높은 기준을 가지고 유니클로를 운영할 수 있도록 하기 위함이 아닐까. 이와 관련해서 명동점의 박윤주 점장이 이번에도 유니클로다움의 중심에 다가가는 데 실마리를 제공했다.

자신을 유니클로인이라고 생각하나?

아직은 중간 단계에 있다고 본다. 개인으로는 유니클로인에 가까울 것이다. 그런데 유니클로의 문화를 접해 보니 종전에 내가 접하던 문화

와 상당히 다름을 느낀다. 그 수준까지 변하지 않으면 완전한 유니클로인이 되기는 어렵다고 생각했다. 나 스스로 유니클로인이라고 하기는 참 쉬운데, 내 점포에 있는 모든 사람들까지 유니클로인으로 만드는 것이 어렵기 때문에 아직은 중간단계라고 말하는 것이다.

점장으로서 명동점의 모든 직원이 유니클로인이 되어야 당신도 최종적인 유니클로인이 되기 때문이라는 말인가?
그렇다. 점장의 사명은 고객 만족과 사내 목표 달성이다. 두 가지를 모두 달성하기 위해서는 확실히 인재 육성이 필요하기 때문에 점장은 자신의 에너지 중 80~90%를 인재 육성에 쏟아야 한다고 생각한다. 다시 말해 나의 '분신'을 계속 만들어야 모든 사람들이 같은 사고로 움직이고, 자연스럽게 유니클로다운 문화가 만들어진다고 생각한다. 중간 단계라는 것은 나는 그렇게 할 자신이 있지만, 나와 함께 하는 사람들까지 그렇게 생각하고 움직여 줄까 생각했을 때 아직은 아니라고 생각해서다. 유니클로다움을 만드는 핵의 실마리는 '분신'이었다. 야나이 회장이 전원 경영을 내세운 이유도 직원 모두 자신의 '분신'이 되기를 원했기

때문이 아닐까. 창업한 지 35년 만에 사명을 FR WAY로 정리하고 전 세계의 직원들에게 전파한 이유 역시 자신의 분신들이 정신까지 자신과 닮기를 원했기 때문일 것이다. 최근 들어 야나이 회장은 특히 매뉴얼을 강조한다는데, 이 역시 그 자리에 누가 와도 유니클로다움을 유지하기 위함이리라. 그렇지만 매뉴얼만 있다면 분신이 아니라 기계를 만드는 것이다. 기계들은 현상 유지는 할 수 있을지 모르지만, 성장은 하지 못한다. 따라서 야나이 회장은 자신의 정신을 전직원이 공유하게 함으로써 자신만큼 높은 기준을 가진 사람들과 함께 성장하고 싶기 때문은 아닐까. 그래서 유니클로다움을 '배우는 것'이 아니라 바로 '흡수할 수 있도록' 현장에서 가르치고 배우게 하는 것이다. 유니클로다움은 '스피드'지만, 이것을 교육의 목적으로 재해석한다면 '빠르게speed 전원을 야나이 회장의 분신으로 만드는 것'이라고 할 수 있다.

유니클로의 유니크한 교육 3. 내재화 프로그램, 얼라인먼트 시스템

유니클로의 브랜드 교육은 겉보기에는 굉장한 시스템이 존재할 것 같았지만, 실제로는 구체화된 커리큘럼과 같은 실체가 없었다. 하지만 유니클로다움, 유니클로인을 만드는 것은 '교육' 자체가 아니라는 것을 알았다. 유니클로에게 교육은 목적이 아니라 수단이기 때문이다. 유니클로의 모든 활동의 목적은 하나, 유니클로라는 브랜드를 유지하며 성장시키는 것이다.

> 앨런 애덤슨의 브랜드 얼라인먼트가 소비자와 접점에서 일어나는 모습을 말한다면, 유니클로는 기업 내부적으로 모든 직원이 '빠르게 한 명의 경영자가 될 수 있도록' 조직의 모든 것을 정렬하고 있다.

그러기 위해 스피드를 지향하고, 속전속결, 즉각 실행의 고효율을 강조하며, 항상 변화하고 끝없이 성장하는 야나이 회장과 동기화를 이룰 수 있는 인재를 선호한다. 그래서 유니클로의 모든 부서, 모든 활동은 하나로 정렬되어 있으며, 이 모든 것이 유니클로다움을 빠르게 내재화시킨다.

장 노엘 캐퍼러 Jean-Noel Kapferer 교수는 기업들에게 브랜드 얼라인먼트 alignment 라는 이슈가 중요해지고 있다며, 기업은 조직 내외부의 모든 요소를 브랜드 가치 위에 정렬해야 한다고 말한다. 이것이 기업의 전체 비즈니스가 브랜드 중심으로 움직이는 길이다. 이것은 앨런 애덤슨(유니타스브랜드 Vol.10 p38 참고)이 디자인 경영이 브랜드 경영인 이유는 브랜드는 브랜드 아이덴티티부터 디자인, 고객 상담원, 심지어 사무실에 놓인 화분 하나까지 그 브랜드'스러워야' 한다고 말한 것과 일맥상통한다. 앨런 애덤슨의 브랜드 얼라인먼트가 소비자와 접점에서 일어나는 모습을 말한다면, 유니클로는 기업 내부적으로 모든 직원이 '빠르게 한 명의 경영자가 될 수 있도록' 조직의 모든 것을 정렬하고 있다.

창업자 야나이 다다시 회장

유니클로는 칭기즈칸이 세계 정복을 위해 사용한 전략을 떠올리게 한다. 칭기즈칸 역시 '스피드'에 모든 것을 얼라인시켰다. 빠르게 이동하기 위하여 기마대와 함께 했으며, 기마병들은 몸이 무거우면 느려지기 때문에 철갑옷이 아닌 가죽 갑옷을 입혔다고 한다. 무기로 칼이나 창보다 활을 이용한 것도 모든 것을 '스피드'로 집중했기 때문이다.

박윤주 점장은 교육도 하나의 목적 하에 얼라인먼트를 이룬다고 말한다. "유니클로의 도입 연수가 가장 큰 영향을 미쳤다고 하는 이유는 도입 연수에서 시작된 메시지 하나가 내가 교육 받는 모든 것에 연결되기 때문이다. 유니클로의 도입 연수는 '우리가 교육 받는 목적은 성장하기 위해서다'라는 타이틀을 내건다. 이것이 도입 연수에서 끝나는 것이 아니라, 사원 연수, 점장 연수 등 모든 교육의 목적으로 반복되다 보니 각각의 교육이 다르다고 여겨지지 않는다. 우리가 받는 모든 교육은 '빨리 성장하기 위함'이라는 명확한 목적이 있다. 모든 것이 연결되어 있다."

그래서 유니클로인들은 어디에서 어떤 일을 해도 스피드하게 그것을 내재할 수 있다. 심지어 평가 부분에서도 스피드로 향하는 얼라인먼트가 발견된다. 평가는 6개월에 한 번 '업무 평가 시트 sheet'에 의해 이루어진다. 인사 고과를 위한 평가 시트는 어느 회사나 있지 않나 하는 의문이 들었지만, 이와 관련하여 김태우 매니저의 이야기가 이해를 돕는다.

"업무 평가 시트라는 것이 다른 회사와 이름은 같을지 몰라도, 우리에게는 굉장히 다르게 다가온다. 목표를 스스로 세워야 하고, 그 목표는 객관적인 평가가 가능해야 하기 때문에 가능하면 수치화하거나 굉장히 구체화 해야 한다. 꿈을 적는 항목도 있는데 예를 들면 '10년 후 나는 전 세계 몇 개 매장을 가지고, 어느 나라에 ○월 ○일에 ○에 출점해서 ○동안의 기간동안 ○의 매출을 달성할 것'이라고 쓰거나, 재미있게 쓰는 사람들은 '2020년 나는 스페인 매장의 점장이 되었고, 글로벌 영업팀

꿈마저도 구체적으로 꾸어야 한다는 이야기는 다시 멍키 매뉴얼로 돌아오게 한다. 매뉴얼을 디테일하게 만든다는 것은 나 아닌 다른 사람이 그 시스템에 들어와도 지체되는 비효율적인 시간이 없이 빠르게 업무를 수행할 수 있어야 하기 때문에, 매우 세세한 것 조차 구체적으로 명기되어야 한다. 이러한 디테일이 유니클로의 문화 중 하나다. 유니클로는 두루뭉술한 것을 상당히 싫어하며, 이러한 디테일이 또다시 스피드를 만든다. 유니클로는 누구에게나 '스피드'한 실행이 목표며, 이것은 결국 고효율을 통해 세상을 바꾸겠다는 하나의 목적으로 정렬된다.

유니클로의 유니크한 이상理想, 전원 후계자

유니클로에게 '성장'이란 중요한 이슈다. 물론 모든 기업에게 성장은 가장 중요하다. 그렇지만 유니클로인들이 말하는 성장에 대한 이야기를 들어 보면 다르다는 생각이 들 것이다. 그들에게 성장은 회사의 성장을 돕기 위한 부품이 되는 것이 아니라, 회사와 함께 자신이 성장하는 것을 의미한다. 그래서 유니클로인들은 10년 후에도 유니클로에 있고 싶지만, 과연 유니클로의 성장 속도를 내가 따라갈 수 있을

장과 결혼해서 오늘은 바르셀로나로 출장 가는 날이다'라는 식으로 쓰기도 한다."

까 걱정된다고 한다. 유니클로는 '좋은 옷'을 파는 '좋은 옷가게'가 아니라 옷을 바꿈으로써 세상도 바꾸겠다는 대의명분, 실제로 그럴 수 있다는 확신, 그 성장과 함께 나도 성장할 수 있다는 기대고 유니클로다움이 강화되고 있다.

"유니클로는 굉장히 버거운 문화를 가지고 있다. 그렇지만 내가 여기에 있고 싶은 이유는 회사가 계속 성장할 수 있다는 확신이 있기 때문이다. 나 자신도 성장하는 것을 느낀다. 입사하기 전에는 모르던 나 자신에 대해서 알게 되었다."

"유니클로에 입사하기 전에는 굉장히 부정적인 성격이었다. 하지만 유니클로에 와서 긍정적인 생각으로 할 수 있는 것이 훨씬 많다는 것을 알았다.[8] 전에 대기업에 있었는데 지방대 출신이라는 이유로 주요 업무를 맡을 수 없었다. 그러다 팀장님이 30대 후반에 명예퇴직하고 장사를 하다 실패하는 모습을 보고 나와야겠다고 생각했다. 유니클로에 와서는 주변의 환경 때문이든, 나의 능력 때문이든 할 수 없는 일은 없다는 생각을 한다."

조윤정 매니저와 박윤주 점장의 말이다. 이에 대해 카미무라 팀장이 그 의미를 설명해 준다. "유니클로인이 된다는 것은 모두가 성장하는 사람이 된다는 의미. 유니클로에는 '성장하지 못하면 차라리 죽어라'는 말이 있다. 회사가 직원을 뽑았으면 그 사람의 인생과 성장도 책임져야 한다고 생각하기 때문에 회사가 성장하는 만큼 직원의 성장도 요구한다. 올해로 유니클로에서 15년째인데 처음에 일본에서 1위를 하겠다고 할 때, 한국에 진출한다고 할 때만 해도 실제로 그러리라는 생각을 하지 못했다. 그런데 일본 기업들이 2~5% 성장하는

야나이 회장이 원하는 것은 모든 직원이 자신만큼 성장해서 자신의 목표와 목적, 그리고 정신에 이르는 모든 기준에 정렬된 '분신'을 만드는 것이 아닐까?

은 야나이 회장이 카리스마 있는 리더십으로 지금까지 유니클로를 이끌어 왔다면 모든 직원을 분신으로 만드는 것은 유니클로가 영속하기 위한 가장 빠르고 효율적인 방법이라는 것이다. 유니클로인 스스로 유니클로에 있으면서 지금으로 충분하다고 생각하는 순간 도태된다고 생각하는 것, 자신이 현재 무슨 일을 하고, 무엇을 지향해야 하는지 알며, 유니클로는 성장할 것이며 유니클로와 함께 자신

시기에 유니클로는 20% 정도 성장해 왔다. 따라서 성장하지 못하는 사람들은 유니클로의 성장 속도를 따라갈 수 없다. 요즘은 유니클로가 세계 1위를 할 것이라는 목표도 믿게 됐다."

최근 유니클로라는 독특한 브랜드에 대한 관심이 높아지면서 한국에도 유니클로와 관련된 책이 한 권 소개되었다. 20년간 일본 유통업에서 유니클로를 바라봐 온 가와시마 고타로의 《야나이 다다시 유니클로 이야기》다. 이 책의 마지막 챕터에서도 같은 의문이 제기된다. 유니클로가 계속 성장할 수 있느냐에 관한 것이다. 그리고 유니클로가 현재 처한 가장 커다란 문제로 '후계자'를 꼽는다. '지금, 유니클로의 후계자가 보이지 않는다'는 소제목 챕터에는 FR대학 등으로 후계자를 양성하고 있다고도 전하지만, '포스트 야나이 다다시'에 대해서는 의문이 가득한 채로 책을 마무리 짓는다. 야나이 회장이 원하는 것은 모든 직원이 자신만큼 성장해서 자신의 목표와 목적, 그리고 정신에 이르는 모든 기준에 정렬된 '분신'을 만드는 것이 아닐까? 모든 직원들을 자신의 후계자로 남기기 위하여 교육의 목적을 수정하고, FR WAY를 만들었다면 말이다. 사실 이러한 추측은 확인 불가다. 하지만 분명한 것

들도 성장할 것이라고 확신하고 있는 것도 분명하다.[5]

이러한 성장의 이유, 직원들이 자연스럽게 유니클로다움을 실행하는 이유는 브랜드 얼라인먼트에 있다. 따로 브랜드 내재화 커리큘럼을 마련하지 않았지만 모든 것을 목적(빠르게 전원 경영자를 만들어서 빠르게 성장하고 빠르게 세상을 바꾸는 것)에 빠르게 다가가기 위해 설계했고, 실제로 그렇게 움직이고 있다. 유니클로에서 직원들을 자기 브랜드에 동화시키기 위한 내재화 프로그램 방법을 기대한 독자들이 있다면, 이렇게 말하고 싶다.

멍키 매뉴얼은 답이 아니다. 목표가 아닌 목적이 있어야 한다. 그 목적 아래 당신이 할 수 있는 모든 것을 정렬하라. 심지어 직원들이 10년 뒤 오늘의 모습을 꿈꿀 때도 그 목적에 맞게 꿈꾸게 하고, 그 목적에 따라 모든 것들이 업무의 현장에서 실행되게 하라. UB

BrandNess 교육에 선행 되어야 하는 HumanNess교육

the Soul Stylist, 준오헤어

The interview with
(주)준오뷰티 대표 강윤선,
준오헤어 부천상동점 원장 탁수빈
압구정로데오2호점 점장 란주,
스타일리스트 배우

우리나라에는 미용실이 많을까, 아니면 치킨집이 많을까?
2007년 보건복지부 조사에 따르면 우리나라 미용실은 8만 2,000여 개로 인구 600명 당 1개, 치킨집은 1,000명 당 1개라고 한다. 미용실 개수에 남성들의 전용 공간인 이용실 2만 4,000여 개를 합치면 이·미용실의 개수는 우리가 상상하는 것 이상이다. 죽을 때까지 자라는 것이 머리카락이라 수요가 끝이 없다지만, 적지 않은 수치다. 그중에는 1~2명이 운영하는 미용실이 80% 이상이고, 10% 정도는 규모가 꽤 큰 미용실, 나머지 10% 정도가 각종 '프렌차이즈 브랜드' 미용실이다. 눈에 보이지 않는 '서비스'를 파는 이 업종에서 가장 중요시되는 것은 무엇일까? 과연 그것이 헤어 스타일링 기술일까?

2008년 이데일리EFN^Enter Franchise Network이 서울·경기권 성인 500명을 대상으로 조사한 '브랜드 미용실' 인지도 및 만족도 조사를 보면 눈에 띄는 브랜드가 있다. 인지도로는 3위 지만 서비스 만족도 부분에서는 1위(71%)인 준오헤어다. 반면 인지도 1위를 차지한 A사는 58.9%의 만족도를 나타냈고, 1~5위 중 만족도가 제일 낮은 B사의 만족도가 45.5%인 점을 감안하면 상당히 높은 수치다. 미용실을 이용해 본 사람이면 누구나 알겠지만 미용실에서 제공하는 서비스는 크게 다르지 않다. 머리 손질과 샴푸 서비스를 받는 것. 그외에는 특별할 것도, 손에 만져지는 그 무엇도 없다. 그런데 왜 만족도가 25% 가량 차이가 날까? 그런데 가만히 생각해 보면 미용 브랜드에는 독특한 한 가지가 있다.

"오늘 '셜리' 선생님 나오셨나요?"
"아니요, 오늘 안 나오셨어요."
"언제 나오시죠?"
"휴가라 내일모레나 출근하시는데요."

이 경우 예약 전화를 건 사람은 어떤 결정을 내릴까? 이틀 정도 기다려서 '셜리 선생님'께 머리를 맡길까, 아니면 그냥 아무 곳에나 가서 혹은 다른 스타일리스트에게 머리를 자를까? 개인의 성향에 따라 다르겠지만 (독자가 여성이길 바라면서) 이틀 정도 기다려 셜리 선생님께 서비스 받을 것이다에 한 표를 건다. 남성 독자의 경우도 내일이 입대일이 아니라면 '기다린다'에 한 표를 걸고 싶다. 이러한 추측을 하는 이유는 우리는 미용실에 단지 '머리카락을 자르기 위해' 가는 것이 아니라, '스타일링'을 위해 가는 것이고, 이것을 위해서라면 그간의 내 스타일링 히스토리를 기억하고 있는 '그' 선생님이 제격이기 때문이다. 지난번에 나눈 대화까지 기억해서 나와 '정서적 유대감'을 가질 수 있는 사람이라면 금상첨화다.

이 같은 '정서적 유대감'의 중심에는 '사람'이 있다. 누가 가위를 드느냐에 따라 다른 사람 눈에는 비슷해 보이는 '(일명)바가지 머리'가 '뱅헤어'가 되기도 하고, '(일명)닭벼슬 머리'가 '베컴 스타일'이 되기도 한다(남들이 인정하지 않아도 자기가 그렇게 생각하면 그만이다). 헤어스타일을 만들어 준 사람에 대한 신뢰, '신뢰를 바탕으로 한 만족도'가 그대로 스타일링 '결과(품질)의 만족도를 판가름하는 것이다. 그렇다면 이러한 만족도 부분에서 가장 높은 점수를 받은 준오헤어는 어떠한 '사람'들이 있을까? 그들은 어떤 '교육'을 받을까? 이러한 궁금증을 풀기 위해 준오헤어를 찾았다.

"Let JUNO awaken your Beauty!"

준오헤어에 대한 궁금증을 해결해 줄 인터뷰이 4명을 만나기 위해 찾은 준오헤어(이하 '준오') 매장 3곳에는 모두 "Let JUNO awaken your Beauty!"라는 문구가 있었다. 이 캐치프레이즈를 해석해 보면 이렇다. "준오가 당신의 아름다움을 찾게(깨우게), 하십시오!" 한글로 해석하면서 어색해진 이 문장을 조금 의역해보자. "당신의 아름다운 헤어스타일, 준오가 만들어 드리겠습니다." 미용실이 고객에게 멋진 헤어스타일을 만들어 준다는 것은 특별할 게 없어 보이지만, 이 문장에는 또 다른 의미가 숨겨져 있다. 'you'가 지칭하는 대상은 단지 고객만이 아니며, 'Beauty'가 의미하는 것 역시 단순한 외형적 아름다움이 아니다. 이것을 이해하기 위해서는 'awaken^깨우다'이라는 단어로 대

변되는 준오의 교육 방법론을 알아볼 필요가 있다. 앞으로 이어질 내용에서 그들은 '누구'의 '무엇'을, '어떻게' 깨우는지 확인할 수 있을 것이다. 본론에 들어가기 앞서 한가지 당부할 것이 있다면, 우리가 관찰해야 할 것은 준오에서 어떤 교육이 얼만큼 시행되고 있는가에 관한 것이 아니라 '그러한 교육을 왜 하는가?'다.

이쯤에서 준오의 교육 '목적'이 무엇인지 소개할 필요가 있을 듯 하다. 준오의 교육은 '준오맨'을 만들기 위함이며, '준오맨'이란 준오의 핵심가치 7가지를 모두 갖춘 사람이라고 말할 수 있다.

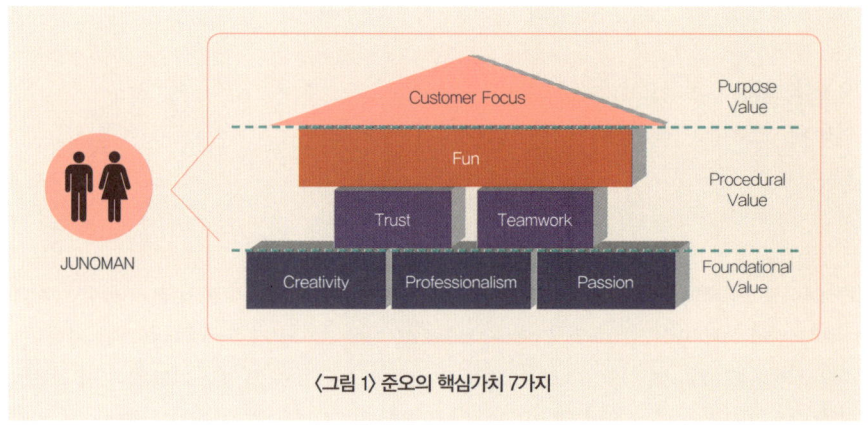

〈그림 1〉 준오의 핵심가치 7가지

이제부터 준오가 이 핵심가치 7가지를 직원에게 체화하기 위해 어떠한 교육을 하는지 한 단계씩(기반가치 Foundational Value, 과정가치 Procedural Value, 목적가치 Purpose Value) 알아보자.

"the Fan of Beauty!"

여느 미용 아카데미와 마찬가지로 준오헤어의 아카데미에는 미용 기술을 배우고자 하는, 헤어 스타일링을 통해 자신의 창조성을 표현하고자 하는, '아름다움에 열광하는 사람들 the fan of beauty'이 모인다. 준오아카데미의 문을 두드린 이들은 2년 6개월(다른 미용 아카데미보다 훨씬 길다)간 스텝 staff 교육을 받으며, 헤어스타일리스트로서 기본적인 자질을 쌓는다.

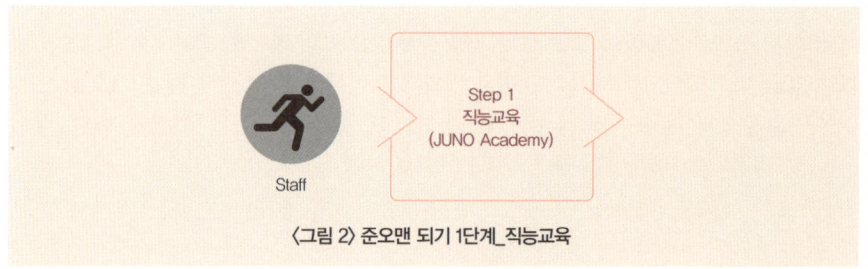

〈그림 2〉 준오맨 되기 1단계_직능교육

준오헤어의 기반가치 3가지 : Creativity, Professionalism, Passion

7가지 핵심가치 중 준오의 '기반가치 Foundational Value' 3가지는 다음과 같은 교육을 통해 성취된다.

1) 준오아카데미 교육

이 기간 동안 받는 교육은 펌 테크닉 Winding, 롤 스타일링 Blow Dry, 컬러 테크닉 Colour, 기본적인 커트 기법 Basic 등이고 이러한 교육 과정을 거쳐, 아카데미의 마지막 단계로 '주니어 스타일리스트 쇼 Junior Stylist Show'를 할 수 있는 기회를 얻는다. 이 쇼를 마친 사람만이 준오에서 헤

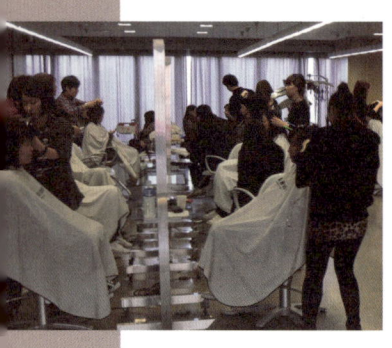

어 스타일리스트로의 첫걸음을 시작할 수 있다. 이러한 과정을 통해 미용 '전문Professionalism' 인력을 양성하고 '창의Creativity'적인 디자이너가 되기 위한 토대가 되는 각종 테크닉을 학습하는데, 이 교육을 받았다고 해도 아직 진정한 준오맨은 아니다. 다만 준오맨이 될 수 있는 '기본기'를 닦았을 뿐이다.

2) 사내강사 교육

준오의 사내강사 시스템은 단순히 스타일링에 관한 '기술'을 공유하는 것이 아니라, 업에 관한 '노하우'를 공유하는 것이라 표현하는 것이 옳을 것이다. 이는 본사에서 만들어 준 시스템이라기보다는 현장에서 제안한 자발적 현상이다. 부천상동점의 탁수빈 원장은 사내강사제를 도입한 효과에 대해 다음과 같이 말한다. "우선 직원들에게 책임감을 주고 동기 부여할 수 있다. 우리 매장의 샴푸매니저는 독특한 노하우가 있고, 준오 전체에서 공유할 만한 것이기에 다른 지점에 가서 샴푸에 대해 강의할 수 있게 한다. 직원들에게 늘 강조하는 것이 '러닝 바이 티칭learning by teaching'이다. 내가 누군가를 가르치기 위해서는 세 배, 네 배, 열 배 이상 알아야 한다. 스스로 찾아가며 학습하게 하고, 긴장을 늦추지 않게 할 수 있는 것이 '사내강사제'의 가장 큰 장점이다."[6]

3) 꿈나누기 교육

'꿈 나누기' 교육을 위해 강윤선 대표와 황석기 공동대표는 매장별로 1년에 2번, 오전 7시에 매장을 직접 방문한다. 2시간 정도 진행되는 이 교육에서는 준오가 왜 존재하는지, 어떤 가치를 가지고 살아야 하는지, 미용인으로서 자부심이란 어떤 것인지에 대한 이야기가 자연스럽게 나온다. 이러한 시간은 직원들이 자신의 꿈과 준오의 꿈이 어떻게 하면 합일될 수 있는지 고민해 볼 수 있는 시간이며, 선망의 대상인 CEO를 직접 만나 대화하면서 새로운 꿈을 키우는 계기가 되기도 한다. 이 과정은 단순히 CEO 대면 시간이라기보다는 개인과 조직의 꿈 나누기를 통해 '열정Passion'이 배가되는 시간이다.

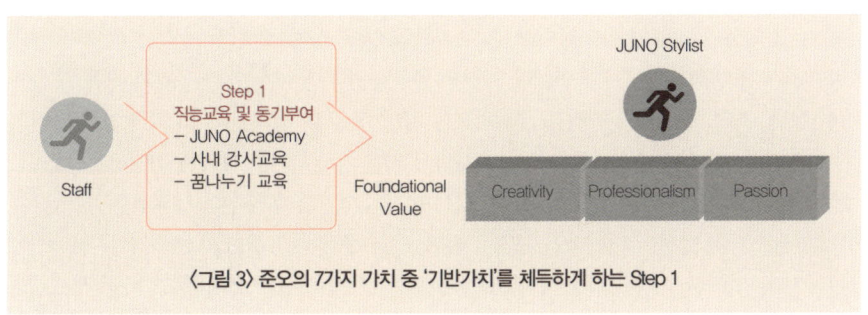

〈그림 3〉 준오의 7가지 가치 중 '기반가치'를 체득하게 하는 Step 1

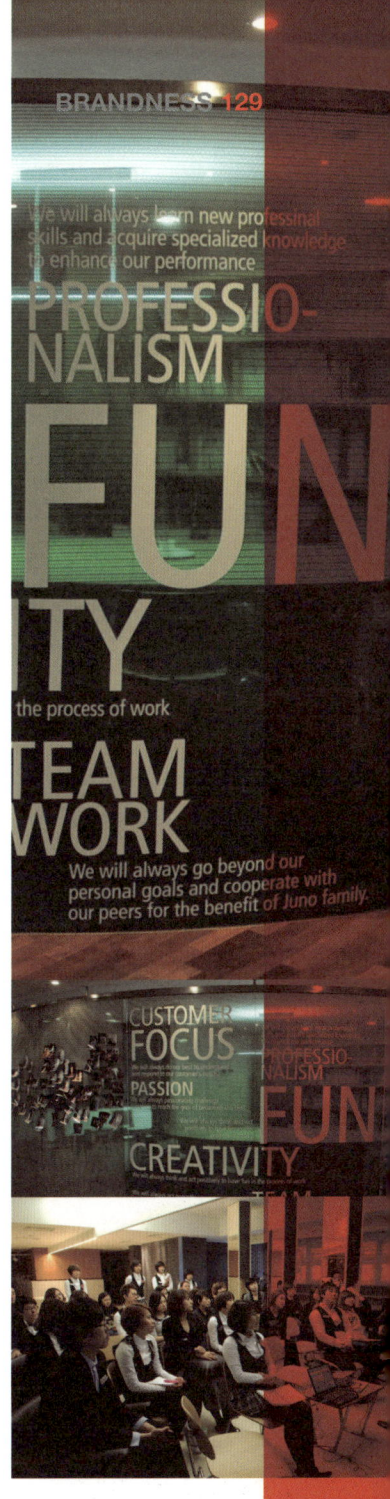

"the Fan of JUNO!"

한 명의 미용인으로서 새로운 탄생을 가능케 하는 이러한 교육은 준오헤어가 지향하는 핵심가치 7가지 중 가장 기본적인^{Foundational} 가치를 체득케 하며, 앞으로 받게 될 교육과 준오가 최종적으로 이루려는 '목적가치'를 위한 든든한 반석이 된다.

Step1을 통해 준오의 주니어 스타일리스트가 되면 본격적으로 '준오의 궁극적인 역할'을 내포한 'awaken'이란 단어와 만나는데, 이 단계부터 준오의 독특한 교육이 시작된다. 이 단계에서 진행되는 교육은 직원들의 잠든 자아를 깨우기^{awaken} 위한 것이다. 그리고 이렇게 준오에 의해 새로 깨어난 직원들은 준오를 좇는 열렬한 팬이 된다.

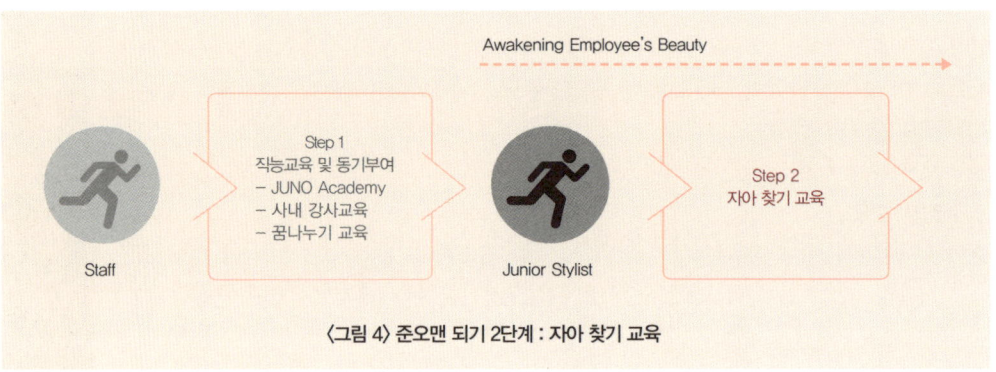

〈그림 4〉 준오맨 되기 2단계 : 자아 찾기 교육

이 그림에 대해 설명하기 앞서, 준오의 교육 전체를 큰 그림으로 볼 필요가 있다. 준오의 교육은 크게 3가지다. 앞서 소개한 ①'직능 교육' 그리고 이번에 소개할 ②고객을 만나기 전, 직원 한 명 한 명을 자신감 넘치고 온전한 주체로 깨우는 '전인교육', 마지막으로 ③직원이 고객에게 양질의 서비스를 전달하도록 돕는 '서비스 교육'이다. 3가지 교육 중 2단계에 해당하는 '전인교육'에서 강조되는 것은 '자아 찾기' 교육이며, 이 교육의 주된 주제는 셀프리더십$^{Self-Leadership}$이다.

셀프리더십, 자립근自立筋 키우기

셀프리더십이란 '개인 스스로 자신의 행동과 생각을 변화시켜 자기에게 영향력을 발휘하는 리더십'을 말한다. 자기에 대한 이해도를 높이기 위해 Self-SWOT 분석을 하고, 그것을 토대로 목표를 정하거나 비전을 세울 수 있도록 돕는다. 그런데 준오에서는 왜 이러한 교육을 할까? 직원 개개인의 자아실현에는 도움이 되겠지만 이것이 준오가 준오다워지는 것에 어떠한 도움이 될까? 이렇게 많은 지면을 할애하면서까지 셀프리더십 교육을 독자에게 소개하고자 하는 이유는 셀프리더십이 조직에게 큰 의미가 되는, '조직몰입$^{Organization\ Commitment}$ 성향'을 높이기 때문이다.

우선 '조직몰입'이 무엇인지 알아보자. 조직몰입 연구 분야의 전문가인 R. T. 모데이$^{R.\ T.\ Mowday}$의 말을 빌리자면 조직몰입이란 '조직의 목표나 가치에 대한 강한 신뢰와 애착, 조직에 대한 헌신, 조직 구성원의 자격을 유지하려는 강한 욕구'로 정의된다. 그의 정의는 직원의 (회사에 대한) 단순한 충성심을 넘어, '자신과 조직을 동일시하고 조직에 헌신하는 것'으로 해석하는 것이 옳다. 즉 자신이 몸담은 조직을 성공시키는 것을 자신이 성공하는 것과 같게 여기기에 조직의 발전에 헌신적인 직원이 된다. CEO들에게는 상당히 매력적인 직원이 아닐 수 없다. 이러한 직원을 만들어 내는 것이 바로 셀프리더십 교육이다. 그 사이(셀프리더십과 조직몰입)에는 어떤 관계가 있을까?

란주 1995년에 준오헤어 이대점으로 입사한 그녀는 크리스토퍼 리더십 교육, 파너스 교육을 통해 성격 자체가 변했다고 한다. "준오를 위해서라면 나보다 아래 직원들이 나를 밟고 올라서도 상관없다"는 놀라운 말을 들려준 그녀는 현재 압구정로데오2호점 점장으로 근무 중이다.

> 셀프리더십은 궁극적으로 '주인의식'을 만들어 낸다고 한다. 매사에 주인의식을 갖고 일하는 직원을 상상해 보라. 그들에게는 내 일이 아닌 것이 없다. 내 고유 업무는 물론이고 동료의 업무도 내 일이다.

한 *논문이 그 이유를 상세히 설명하고 있다. 셀프리더십은 궁극적으로 '주인의식'을 만들어 낸다고 한다. 매사에 주인의식을 갖고 일하는 직원을 상상해 보라. 그들에게는 내 일이 아닌 것이 없다. 내 고유 업무는 물론이고 동료의 업무도 내 일이다. 동료는 내가 할 일을 성실히 돕는 조력자이기에, 늘 감사한 존재다. 이러한 직원에게는 CEO 역시 '내 꿈을 이루는 데 물적·심적 자양분을 제공하는 성공 파트너'로 보일 것이다.

이러한 조직원은 (감사하니까) 기회가 되는대로 동료를, 상사를 돕기 위해 노력한다. 게다가 상대방도 나와 같은 꿈을 꾸는 것을 안다면 이들 사이에는 어떤 감정이 차곡차곡 쌓인다. 그것이 '신뢰'다. 그리고 그 신뢰를 바탕으로 서로 돕고 이끄는 힘, '팀웍'이 생긴다. 혹시 앞서 소개한 준오의 7가지 가치를 기억하는가? 그 안에 '신뢰^{Trust}'와 '팀웍^{Teamwork}'이 있던 것은 우연이 아니다.

그렇다면 이처럼 조직원 간의 '신뢰'와 '팀웍'을 만들어 내게 하는 셀프리더십을 위해 준오가 어떠한 교육을 하는지 알아보자.

1) 크리스토퍼 리더십 교육
'크리스토퍼 리더십' 교육은 1951년 미국 크리스토퍼가이던스스쿨$^{Christopher\ Guidance\ School}$에서 시작한 세계적인 리더십 프로그램이다. 그 교육의 핵심 메시지는 '당신은 이 세상에서 유일한 존재다. 그리고 당신은 변화를 일으킬 수 있다'로, 효과적인 커뮤니케이션 등 인간의 이성적인 면뿐만 아니라 심성에 호소하는 교육으로도 유명하다. 준오는 이 프로그램으로 경력과 직급에 맞는 리더십 교육을 실시한다. 이 교육은 외부강사를 통해 진행되는 부분도 있지만, 내부강사가 '준오'의 핵심가치를 녹여 새로이 디자인한 커리큘럼으로 진행하기도 한다. 준오의 시스템과 환경을 잘 아는 '준오맨이 준오맨을' 교육하게 해 조직원의 이해와 참여도를 높이기 위함이다.

2) JPLW$^{Juno\ Phoenix\ Leadership\ Workshop}$
또 하나의 리더십 교육은 세계적인 동기부여 전문가 브라이언 트레이시$^{Brian\ Tracy}$가 고안한 '피닉스 리더십' 교육이다. '개인의 동기부여를 통한 조직의 성과 극대화'를 기본 모토로 두는 이 프로그램은 한 인간의 무한한 잠재력을 깨닫게 해 '자신감'을 회복하고, 인생과 삶의 확실한 목표를 이루도록 돕는다. '완성된 삶'을 살도록 하는 것이다. 준오는 이 교육 역시 자사의 시스템과 환경에 맞도록 조율(준오의 강윤선 대표부터 크리스토퍼 리더십, 피닉스 리더십 전문강사 자격을 갖추고 있다)하여 준오맨의 잠재력을 일깨워^{awaken} 스스로 동기부여할 수 있는 시스템을 가동 중이다.

*논문
송정수·양필석, 「셀프리더십과 혁신행동과의 관계에서 조직몰입의 매개 효과에 관한 연구」, 2008, p5~6

> "준오에서 받는 모든 교육과 자극이 나를 점점 변화시키는 것 같다. 쉽게 표현하자면 준오라는 곳에서 100일 동안 마늘과 쑥을 먹으며 곰에서 사람으로 변한 것 같다."

3) SML^{Self Manager Leadership}

이밖에도 직원들이 '고객의 사고 형성 과정에 영향을 미치는 마음의 법칙'을 이해하는 것을 돕는 '피닉스 세일즈 교육'과 심리학 교육을 진행하고 있으며, 다양한 책을 통해 인문학적 소양과 인간에 대한 이해를 높이기 위해 노력 중이다. 이러한 교육 과정을 통해 조직원들은 '성숙한 개인'으로 거듭나고, 삶에 대한 자신감과 사회적 존재로서 공존의 의미를 깨닫게 된다.

이러한 조직원들로 구성된 브랜드를 상상해 보자. 조직은 조직원의 성장과 행복을 돕기 위해 각종 교육 프로그램을 제공하고, 조직원은 스스로 동기부여하며 성과를 일구어 다시금 조직의 성공을 돕는다. 즉 개인의 성장이 곧 회사의 성장이 되고, 회사의 성장이 곧 자기의 성장이 되는 무한한 상생의 선순환 구조를 만든다. 게다가 그런 직원이 한둘이 아니라 모

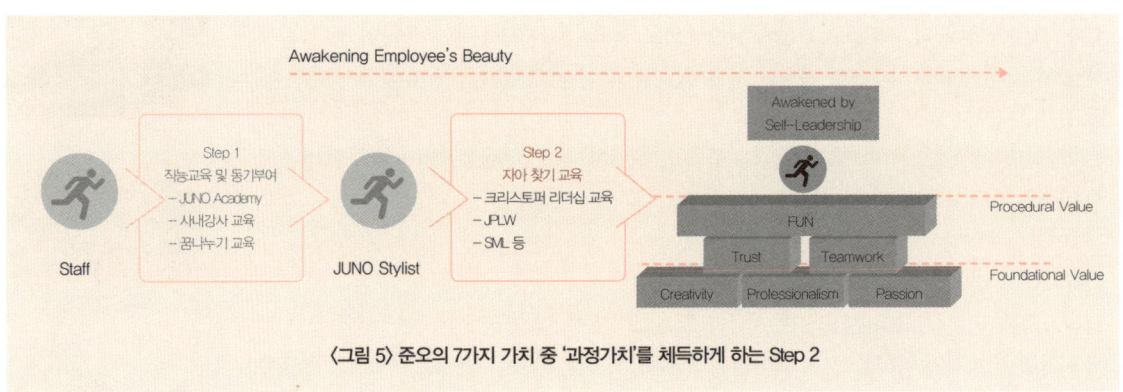

〈그림 5〉 준오의 7가지 가치 중 '과정가치'를 체득하게 하는 Step 2

두라면? 셀프리더십으로 충만한 직원들이 '모든 것이 내 것, 내 일'이라는 주인의식으로 일하는 회사는 생각만으로도 에너지 넘치고 즐거운 조직이 아니겠는가? 자신의 업과 조직에 높은 몰입을 보이는 것은 당연한 결과다. 이렇게 자신감이 넘치고 '준비된 개인'에게는 자연스럽게 '삶의 즐거움^{fun}'이 묻어난다. 그 즐거움은 조직 전체에 'FUN'이라는 기운을 만들어 내고 이렇게 얻어진 것이 준오의 또 하나의 핵심가치인 'FUN'이다. 준오의 직원들이 자신을 즐겁고 행복하게 만들어 준 준오라는 브랜드의 팬^{fan}이 되는 것은 당연한 결과 아닐까?

직원들은 이러한 교육을 통해 실제 어떤 변화를 경험했을까? 이번에 만난 준오맨들은 입사 16년 차인 부천상동점의 탁수빈 원장과, 압구정로데오2호점의 란주 점장, 5년 차인 압구정로데오2호점의 배우 스타일리스트다. 그들에게 준오와 만난 후 가장 크게 변한 것이 무엇인지 물었다.

탁수빈(이하 '탁') 크게 보면 두 가지인 것 같다. 사실 예전에는 미용에서 가장 중요한 것은 '테크닉'이라 생각해서 기술을 익히는 데 집중했다. 그런데 준오에서 점차 깨달았다. <u>나를 이해하고, 사람을 이해해야 진정한 미용도, 서비스도 나올 수 있다는 것을 말이다. 또 한 가지 큰 변화는 '긍정의 힘'을 믿게 되었다. '두려움을 모르게 됐다' 혹은 '명쾌한 사람이 됐다'고도 표현하고 싶다.</u> "이거 한 번 해 볼까?"

하면 "네, 한 번 해 보겠습니다"라고 말한다. 하다가 안 되면 다시 방법을 연구하고, 오늘 최선을 다했어도 부족하면 내일 채우면 된다는 생각이 든다. 이제는 어떠한 도전도 즐겁다. 난 원래 회계학과 출신이다. 그런데 준오에서 미용을 시작했고, 일하면서 내가 하고 싶은 것들에 끊임없이 도전한다. 요리사 자격증도, 크리스토퍼 리더십 강사 자격증도 있다. '도전이 즐거운 삶'은 뭐든 하면 될 것 같은 자신감에서 비롯된다.

란주(이하 '란') 준오는 나의 인생 자체를 변화시켰다고도 할 수 있다. 솔직히 말하자면 난 학교 다닐 때는 사람 만나기 쉬운 성격이 아니었다. 내성적이고, 대인기피증이 의심될 정도였다고 말할 수도 있다. 그만큼 사람들과 커뮤니케이션이 어려운 성격이었다. 그렇게 폐쇄적이던 내가 준오에 오면서 개방적으로, 활동적으로, 적극적으로 바뀐 것은 너무나 확실하다. ⓐ8 학교 때 친구보다 준오에 들어와서 만난 친구가 훨씬 많다. 그래서 난 미용은 사람의 '머리를 다듬는 기술'이 아니라, '마음을 다루는 마술'이란 것을 믿는다. 나도 동료에게, 고객에게 그런 존재가 되고 싶다.

배우(이해 '배') 어울리는 표현인지 모르겠지만, 난 곰 같은 사람이었다. 무뚝뚝하고 표현력도 없는데다, 배가 고프면 벌통을 찾아 배를 채우고, 누군가 나를 위협하면 나도 공격하는, 하고 싶은 대로 하는 자유분방한 사람이었다. 솔직히 좋게 표현해서 자유분방이지, 사춘기 때는 주위 사람들에게 해를 끼치는 사람이었다고도 말할 수 있다. 그런데 스무 살이 넘어 미용을 시작하면서 '아, 내 직업이다' 싶었다. 준오에서 받는 모든 교육과 자극이 나를 점점 변화시키는 것 같다. 쉽게 표현하자면 준오라는 곳에서 100일 동안 마늘과 쑥을 먹으며 곰에서 사람으로 변한 것 같다. ⓐ8 특히 나도 모르게 매장 앞에 떨어진 쓰레기를 줍는 것을 보면 스스로도 깜짝 깜짝 놀랄 때가 있다.

서비스업이기에 '서비스 마인드' 교육에 치중됐을 것이라 예상한 준오의 교육 커리큘럼은, 예상과는 달리, 전인교육에 가까웠다. 그 이유에 대해서는 뒤쪽에서 좀더 구체적으로 설명하겠다.

배우 준오헤어에 입사 5년차인 그는 현재 압구정로데오2호점 스타일리스트로 활동 중이다. 20세가 넘어 꿈꾸기 시작한 스타일리스트의 꿈을 준오에서 실현하고 있으며 지난 2008년 세비스찬 블랙브라이드에서 우승을 하는 영예를 안기도 했다.

"The Fan of FUN!"

자기가 좋아하는 직장fan of JUNO에서, 그것도 자신을 긍정적으로 변화하게 한 직장에서 일하는 그들이 '즐거운FUN' 것은 이상할 것이 없다. 이렇게 조직 전반에 흐르는 FUN의 기운은 그대로 '준오다움'이 되었고, 준오의 문화가 되었다. 그들이 의도하지 않아도 자연스럽게 우러나는, 내부적으로도 외부적으로도 누구나 느낄 수 있는, 그들만의 '분위기'가 된 것이다. ⓐ11 즉 준오의 브랜드 교육은 준오다움인 FUN을 직접적으로 교육한 것이 아니라 FUN을 느낄 수 있는 '자질과 태도', 그리고 환경을 만들어 준 것이다. 여기에 강윤선 대표의 노하우가 담겨 있다. 30년이 넘게 미용업에 종사하며 직원들을 경험해 본 그녀는 FUN(그녀가 그토록 내외부 고객에게 전달하고자 하는)이라는 것 자체는 교육할 수 있는 것이 아니란 것을 깨닫고, (셀프리더십 교육을 통해) 우회접근 했던 것이다. 그것을 지식으로 알게 되었든, 지혜로 알게 되었든 그녀는 현명했다.

만약 당신이라면 정의하기조차 힘든 FUN을 어떻게 교육했을까? 당신이 자녀에게 '즐거움'을 가르치려 할 때 어떤 것을 어떻게 가르칠까? 이것을 교육('느끼게'라는 표현이 더 어울린다)할 수 있는 방법은 'FUN을 경험케 하는 것' 'FUN을 위한 환경을 마련해 주는 것'일 테고, 다음 단계는 어떤 때에 즐거움을 느끼는지, 어떻게 즐거움을 경험하게 해 줄 수 있는지 아는 것이다. 당신은 언제 즐거움을 느끼는가? 즐거움을 느끼는 때를 정의하는 것 역시 거의 불가능하지 않을까? 개인마다 기준과 경험이 다르기 때문이다. 그렇다면 준오맨들이 말하는 FUN을 이해하는 방법은 그들에게 직접 물어 유추하는 것이 제일 적절할 것이다.

그들이 즐거운 진짜 이유는 모든 것이 만족스러워서라기보다는 '만족할 줄 아는 태도'를 갖췄기 때문 같다. 현재의 상황에 긍정적인 의미를 부여할 줄 알고, 감사할 줄 알며, 즐거워할 줄 알고, 있는 그대로 행복해하는 '자세'다.

*몰입
유니타스브랜드 Vol.6 p24,
Vol.12 p218 참고

준오의 FUN이 갖는 컬러칩
예상한 대로 그들이 말하는 FUN은 여러 가지 경험에서 묻어났고, 그것들을 한데 모아 정리한 결과 준오다움을 대변하는 'FUN'은 3개의 단어로 정리되었다. ①F : Flow, 몰입을 통한 즐거움 ②U : Uniqueness, 독특함을 즐기는 즐거움 ③N : Nurturing, 상호 보살핌을 통해 느껴지는 즐거움이다.

1) Flow, 몰입의 즐거움
어쩐지 아귀가 맞는다. 셀프리더십으로 주인의식을 가진 그들은 '조직몰입도'가 높아졌을 것이라는 점, 자발적 동기부여를 통해 업무를 한다는 점, 이는 *몰입을 경험하기에 최적의 조건이다. 결국 준오맨들은 자신의 업무를 '일'이 아니라 자신의 성장과 성공을 위한 '즐거운 도전과제'로 생각하는 경향이 높을 것이다. 그래서 선행과제를 성취하면 자발적으로 더 높은 과제를 선택해 또다시 몰입하며 즐거움을 찾는다.

탁 준오답다는 것은 FUN을 즐길 줄 아는 것인데, 난 신기하게도 '몰입'이라는 단어가 가장 먼저 떠오른다. 어떤 일을 하든지 그 순간에 충실하고 그 환경에 몰입했을 때가 가장 즐겁다. 이런 상태에서 나오는 성과는 최고일 수밖에 없고, 그것이 또 나를 즐겁게 한다. 우리는 청소도 즐겁게 한다. 준오에는 '리페어repair'라는 청소 문화가 있다. 또 다른 몰입을 경험하는 순간이다. 몰입하면 남들이 보지 못하는 곳이 보이고, 그곳까지 청소하게 된다. 우리는 기계 사이 사이를 바늘로 청소하기도 한다. 그런데 신기한 것은 몰입이 새로운 관점을 갖게 하는 능력을 만든다는 것이다. 청소는 예삿일이 아니다. 아는가? 청소는 '인생을 잘 정리하는 연습'이 되기도 한다. 자신의 행동, 사고, 습관을 정리할 수 있는 연습이 된다. 인생에서 쓸데없는 것과 소중한 것을 구분해 정리할 수 있게 하는 연습이다. 인생 공부라 생각하니 더 재미있고, 직원들과 함께 해서 더 즐겁다.

란 일에 점점 빠져 들 수 있는 것 자체가 즐거움이다. 피닉스 리더십 교육이 많은 도움이 됐다. 업무 스킬에 도움이 되었다기보다는 내 삶에, 내가 하는 일에 푹 빠져 들게 도와주었다는 의미다. 내가 몸담고 있는 곳에 푹 빠지면 전체가 보인다. 예전에는 나만 잘하면 된다고 생각했는데 함께 무언가를 만들어 갈 수 있는 공동체가 중요하다는 것을 깨달았다.

배 요즘 난 무척 행복하다. 작년에 '세바스찬 블랙 브라이드'라는 대회를 준비하는 과정에서 내가 살아 있음을 느꼈기에 감사하다. 준비하면서 정말 많이 노력했다. 기획한 컨셉에 맞는 헤어스타일과 모델, 의상을 준비하면서 스타일리스트로서 작업에 푹 빠졌던 그 순간이 행복했다. 결국 1위를 했고, 나를 객관적으로 평가할 수 있는 새로운 지표를 얻었다는 게 기뻤다. 이런 맛을 알게 한 준오에 또 한 번 감사했다.

2) Uniqueness, 독특함을 즐기는 즐거움
강윤선 대표는 인터뷰에서 직원들이 가끔 부끄럽다고 했다. "직원들의 끼가 너무 많아서, 시쳇말로 하도 튀어서(?)" 말이다. 하지만 그러한 질타는 건강하고 씩씩해서 활동적이고 장난기 많은 아이를 사람들 앞에서 "우리 아이는 너무 까불고 장난이 심해 걱정"이라고 말하

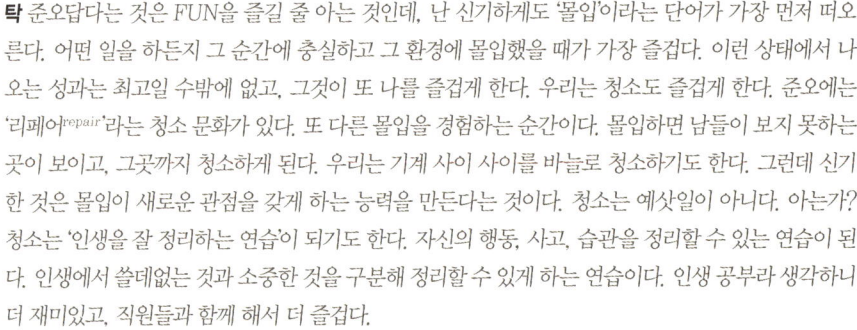
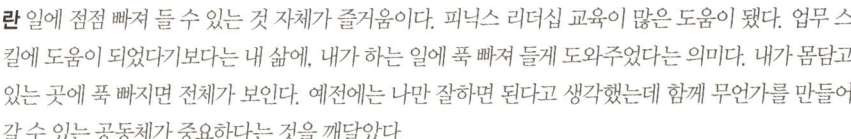

는 '부모의 아이를 향한 믿지 않은 핀잔' 같았다.

탁 우린 늘 유쾌하고 솔직하다. 그래서인지 별로 부끄러운 것도 없다. 나는 아침에 출근할 때 조용조용 "안녕"이라고 하는 대신 "아~ 안~ 녕~!"이라고 크게 인사하며 손을 좌우로 흔든다. 처음부터 그런 것은 아니지만 이제는 아주 자연스럽다. 이러한 인사는 서로 기분 좋게 한 번 더 웃을 수 있게 만든다. 그리고 우리 매장에는 '해피 타임'이 있다. 매일 오후 6시가 되면 전 직원이 모든 작업을 멈추고 창가에 쭉 늘어서서, 살사댄스, 라틴댄스, 맘보댄스 등 춤을 춘다. 일하는 도중에 모두 함께 모여 춤추는 즐거움을 아는가? 즐겁지 않다면 미용을 해야 할 필요도, 살아야 할 목적도 없다고 생각한다. 난 스타일리스트가 스킬을 익히는 것도 고객과 관계에서 좀더 즐거움을 얻기 위함이라 여긴다. 즐겁지 않으면 의미를 찾기 힘들다.

란 '준오답다'는 것에는 우리만의 표현법이 빠질 수 없다. 우리는 자기표현을 다소 과장스럽게 한다. 그래서 신입사원들은 처음에 어리둥절해하거나 부끄러워한다. 하지만 자기의 마음을 표현하는 것은 본능이고, 그것을 적극적으로 표현하는 것이 얼마나 즐거운 일인지 알아채는 데는 그리 오랜 시간이 걸리지 않는다. 사람이 솔직해지면 얼마나 표현이 재미있어지는지 경험해 본 사람은 안다.

배 준오답다는 표현 중 하나로 '오버스럽다'를 꼽고 싶다. 언제 시간이 되면 우리 사내 행사든 외부 프로모션을 보러 왔으면 한다. 이런 우리를 보는 타 브랜드 직원이나 행인은 간혹 의아해하거나 신기해한다. 하지만 우리는 자연스럽고 재미있다. 예를 들면 창립기념일에 우리는 독특하고 재미있는 복장과 헤어스타일로 마라톤을 한다. 행인들은 놀라면서도 굉장히 재미있어한다. 그런 것이 준오의 FUN 중 하나다. 그것이 준오다움이다.

3) Nurturing, 서로간의 보살핌에서 느껴지는 동기애의 즐거움

준오의 직원들을 만나면서 공통적으로 발견된 점은 유난히 '함께'라는 단어를 많이 사용한다는 것이다. 그만큼 그들의 인식 속에, 생활 속에 '함께'라는 단어가 함께하고 있음을 느낄 수 있었다. 서로 진지한 질문을 던질 줄 알고, 그것을 통해 배우고, 서로 좀더 잘 이해하고, 보살피면서 느끼는 '준오맨들만의 정'은 절대 포기할 수 없는, 그들만의 즐거움이다.

탁 나보다 훌륭한 후배들이 상당히 많다. 게다가 건전한 자극이 되는 날카로운 일침을 가해 주시는 선배님들도 많다. 나를 늘 변화하게 만든다. 이것은 질이 다른 즐거움이다. 나조차 알지 못한 새로운 나를 타인을 통해 아는, 발견하는 즐거움은 상당하다. 또 '사랑의 우체통'을 통해 직원들과 편지를 주고받는다. 훨씬 더 깊이 있고 많은 이야기를 나눌 수 있다. 행복에 대해 고민하는 친구들과 함께 미래를 나누기도 하는 소중한 기회. 한번은 더 유쾌하고 신나는 매장이 되면 좋겠다는 직원의 말에 레크리에이션 강사 자격증까지 땄다. 서로 위하는 것이 느껴지는 직장이라는 것 자체가 즐겁고 행복한 것 아닌가. 준오는 늘 함께 가는 조직이다. 그러기 위해서라도 리더들은 더 많이 나눠 줘야 한다. 그래야 또다시 퍼 담을 수 있고, 상생의 선순환이 가능하다.

란 돈을 많이 번다거나 높은 직책을 열망하지는 않는다. 매장의 리더로서 '작은 강 대표'님이 되고 싶다. 직원들이 나를 보며 꿈을 키우고 성장할 수 있도록 돕는 것이 행복이다. 내 능력 안에서 최대한 돕고, 직원들이 나를 밟고 올라가서 정말 멋있는 준오가 만들어졌으면 한다. 누군가를 도와 성장시키는 것만큼 즐거운 일이 없다는 생각이 든다.

배 준오에 오기 전에 다른 헤어 브랜드 두 곳에 있어 봤다. 준오에 와서 깜짝 놀란 것 중 하나는 '진지한 가르침'이다. 기본적으로 미용은 어깨 너머로 어렵게 배우는 경우가 많다. 사실 서로간의 win-win이란 개념이 잘 없었다. 지금도 타 브랜드에서는 어깨 너머로 배우는 경우가 많을 것이다. 아랫사람조차 경쟁 상대로 보기 때문이다. 하지만 준오는 win-win할 수 있는 분위기다. 실제 '나눔'을 통해 성장한다는 것이 느껴지는 곳이다. '내가 너를 믿고 네가 나를 믿는', 스승과 제자간의 끈끈한 우정이 있다. 이런 인간적인 면이 또 다른 준오다움이 아닌가 싶다. 즐거움을 넘어선 사는 맛이고, 행복이다.

"The Fan of Customer!"

그들의 이야기를 듣고 있자면 그들이 즐거운 진짜 이유는 모든 것이 만족스러워서라기보다는 '만족할 줄 아는 태도'를 갖췄기 때문 같다. 현재의 상황에 긍정적인 의미를 부여할 줄 알고, 감사할 줄 알며, 즐거워할 줄 알고, 있는 그대로 행복해하는 '자세'다. 즉 준오다움을 대변하는 'FUN'은 준오의 전인교육으로 만들어진 '긍정적인 태도'에서 자연스럽게 우러나는 '어떠한 상태'인 것이다.

그런데 이것을 왜 준오의 '브랜드 교육'이라고까지 해야 하는지, 직원들을 위한 복리후생 측면에서 '리더십 교육비 지원' 혹은 '교육 서비스 제공' 아닌가 하는 생각이 들지도 모르겠다. 그러나 이러한 교육의 '최종 수혜자'가 누구인지 생각해 보면 답은 나온다. 소비자 접점에서 준오의 브랜드 경험을 만들어 내는 매장 직원들이 즐거우면 누가 즐거워질까? 준오의 FUN을 최종적으로 맛보며 즐기는 사람은 '고객'이다. 이것은 준오의 핵심가치 중 마지막 가치를 확인해 보면 더욱 명확해진다.

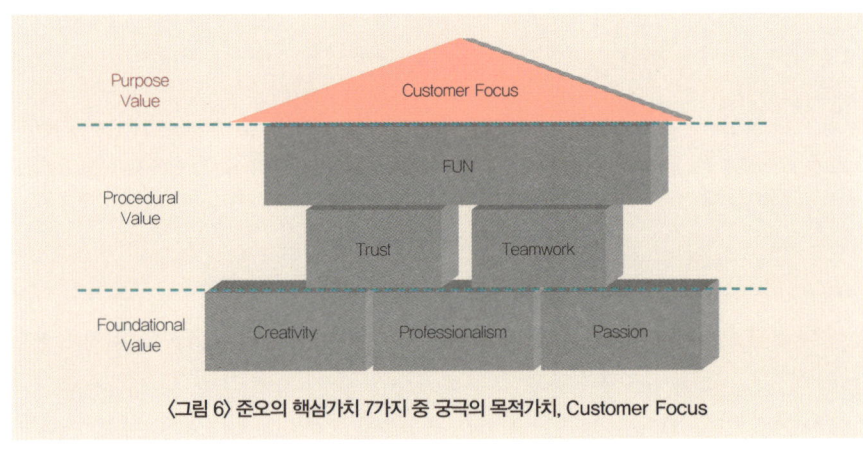

〈그림 6〉 준오의 핵심가치 7가지 중 궁극의 목적가치, Customer Focus

준오 교육의 최종 목표, 준오의 FUN이 고객의 FUN이 되도록

기반가치와 과정가치가 충족된 준오맨들이 그간 갖춰 온 역량들은 준오의 목적가치인, Customer Focus를 향하기 위한 준비 과정인 셈이다. '자기다움'을 넘어선 '인간다움'을 경험한 이들은 자신감에서 비롯된 밝은 표정, 행복한 미소, 적극적인 서비스를 하고, 무엇보다 고객의 마음을 헤아릴 줄 아는 '괜찮은 사람'으로 다시 태어나는 것이다.

이제부터는 준비된 그릇(직원)에 준오를 담아 내기만 하면 된다. 준오의 '핵심가치 DNA'가 녹아든 '기본 서비스 교육', 고객이 살롱에 입점할 때부터 퇴점할 때까지 '준오 경험 관리'를 위해 실시하는 '접객 프로세스 교육', 현장에서 일어날 수 있는 각종 위기를 롤플레잉을 통해 미리 경험하고 대처법을 함께 고민해 보는 '상황별 고객 상담 교육', 새로 런칭한 매장은 매장 컨셉에 따라 달리 적용되는 서비스를 위해 '오픈 매장 롤플레잉 교육'을 받는다. 이렇게 7가지의 핵심가치가 요소 요소에 적용된 서비스 교육을 통해 준오맨들은 차차 준오다움을 수혈받고, 이는 준오를 준오답게 유지할 수 있는 원동력이 된다.

탁수빈 준오아카데미의 크리에이티브디렉터이자 부천상동점의 원장인 그는 올해로 준오헤어 입사 16년 차다. 현 매장의 내부 구조 설계는 물론 작은 인테리어 소품까지 그의 작품이다. 뿐만 아니라 다양하고 창의적인 경영시스템과 프로모션을 기획해 타 지점에 전파하는 것으로도 유명하다. 비달사순, 웰라, 로레알 등 세계적인 헤어아카데미 코스를 수료하며 국제적 안목을 키운 그는 현재 경복대, 안양과학대 교수로도 활동하고 있다.

준오는 고객에게 외적인 아름다움을 선사하는 것도, 그 아름다움을 통해 얻는 자신감도 준오의 몫이며, 직원들의 내면적 아름다움을 깨워 참된 인간으로서, 참된 미용인으로서 살아가게 하는 것 역시 준오의 몫이라 말한다.

〈그림 7〉 Step 1, 2, 3을 통해 준오의 7가지 가치를 모두 체득한 준오맨

"The Fan of 강윤선!"

맨 처음 등장한 이 캐치프레이즈를 기억하는가? 여기서 'you'가 외부 고객만이 아닌 내부 고객을 포함하며, 'beauty'라는 단어가 고객의 헤어스타일을 포함하는 외적 아름다움뿐만이 아닌 직원들의 내적인 아름다움과 성장을 포함한다는 것을 이해할 수 있을 것이다. 준오는 고객에게 외적인 아름다움을 선사하는 것도, 그 아름다움을 통해 얻는 자신감도 준오의 몫이며, 직원들의 내면적 아름다움을 깨워awaken 참된 인간으로서, 참된 미용인으로서 살아가게 하는 것 역시 준오의 몫이라 말한다. 그리고 이것을 가능케 하는 방법론 중심에 '준오의 교육'이 있다. 교육으로 내외부 고객의 본연적 아름다움을 깨웠다. 결국 강윤선 대표는 준오다움JUNONess을 담아 내기 전에 그것을 담아 낼 '그릇'을 만들어 내고 있었다.

이 모든 것을 가능하게 한 강윤선 대표에게 2,000명이 넘는 열혈 팬fan, 준오맨들이 생긴 것은 놀랄 일이 아니다.

탁 강 대표님은 목표를 향해 늘 가슴 뛰는 삶을 사는 분이고, 그 저변에는 꾸준함이라는 무기가 있다. 그런데 이 꾸준함은 또 다른 능력을 지니게 한다. 한 분야에서 오랜 시간 몰입하다 보면 미래를 보는 눈이 생긴다. 교육에 대한 지속적인 투자도 미래를 보기 때문이라고 생각한다. 사업 초기 부군도 모르게 집을 팔아 만든, 그 때 당시 1억 원으로 직원들을 데리고 영국으로 연수를 떠났다. 그 정도 강단이라면 평생을 믿고 따를 수 있는 리더임을 의심치 않는다.

란 강 대표님은 미용인들의 꿈이자 자부심이다. 미용인들에 대한 객관적인 시선이 나아지기는 했지만 예전에는 경제적으로 어려워서, 가장이어서, 배우지 못한 사람들이어서 쉽게 하는 일이 미용으로 비춰지는 경향이 있었다. 그 선입관을 바꾼 사람이 강 대표님이라 생각한다. 돈암동의 작은 샵에서 시작하셨지만 늘 그 이상의 것을 꿈꾸고 비전을 가졌기에 오늘의 준오가 있다고 생각한다. 가장 멋진 리더는 조직원을 꿈꾸게 만드는 리더 아닌가.

배 어느 회사나 '대표님'이라면 어렵고 딱딱한 느낌이 먼저 드는 것이 사실이다. 내게도 강대표님은 그런 분이었다. 그런데 어느 날 매장에 오셔서 직접 쓰레기통을 비우고, 우리가 받는 교육 그대로 고객님을 맞이하시는 모습을 보았다. 그리고 그 안에서 고객을 향한 사랑이 느껴졌다. 가장 큰 교육은 솔선수범하는 것이라 생각한다. 아직도 리페어 시간에 무릎을 꿇고 바닥 걸레질을 하시는 분이다. 그런 모습에는 직원과 고객에 대한 사랑이 느껴진다. 늘 배우고 싶은 분이다.

그들이 미용인의 롤모델로, 삶의 멘토로 삼는 준오의 강윤선 대표는 1979년 돈암동 1호점을 시작으로 30년 동안 미용인의 자부심과 긍지를 가지고 오늘날의 준오를 만들었다. 준오헤어는 현재 61개 체인을 모두 직영으로 운영하고 있으며, 2005년에는 세

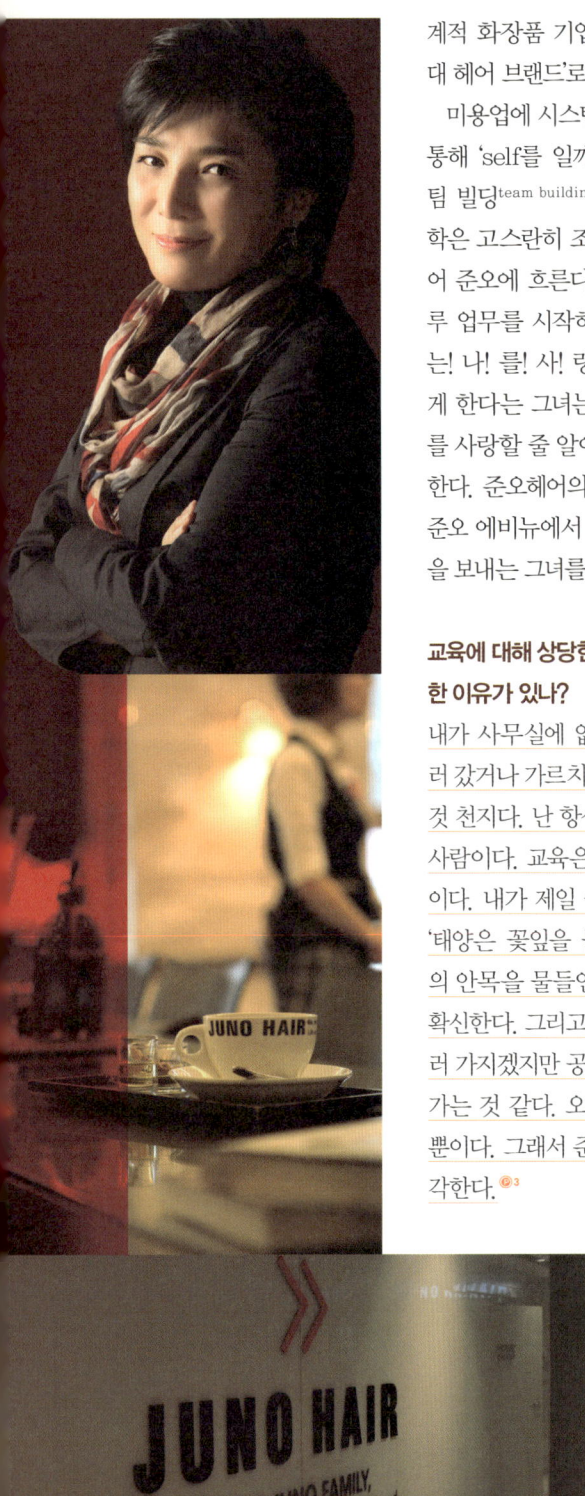

계적 화장품 기업 웰라가 선정한 '세계 10대 헤어 브랜드'로 선정되는 영광도 안았다.

미용업에 시스템을 도입하고 전인교육을 통해 'self'를 깨워 help'를 가능케 하는 팀 빌딩 team building 교육에 힘쓴 그녀의 철학은 고스란히 조직의 '핵심가치'로 구축되어 준오에 흐른다. 날마다 전 조직원이 하루 업무를 시작하기 전, 모두 일어나 "나! 는! 나! 를! 사! 랑! 한! 다!"는 구호를 외치게 한다는 그녀는 '남을 사랑하기 전에 나를 사랑할 줄 알아야 한다'는 것을 늘 강조한다. 준오헤어의 플래그십스토어, 청담동 준오 에비뉴에서 책에 둘러싸여 바쁜 일상을 보내는 그녀를 만났다.

교육에 대해 상당한 열의가 있는 것 같다. 특별한 이유가 있나?
내가 사무실에 없으면 딱 두 가지다. 배우러 갔거나 가르치러 갔거나. 세상에는 배울 것 천지다. 난 항상 교육에, 배움에 목마른 사람이다. 교육은 사람을 변화시키기 때문이다. 내가 제일 좋아하는 말 중에 하나가 '태양은 꽃잎을 물들이지만, 교육은 인간의 안목을 물들인다'는 것이다. 난 이 말을 확신한다. 그리고 인간이 느끼는 기쁨은 여러 가지겠지만 공부하는 기쁨이 가장 오래가는 것 같다. 오래가는 것에 투자하는 것뿐이다. 그래서 준오는 교육이 전부라고 생각한다.

대형 미용 브랜드에서는 독보적으로 '직영 체제'를 고집한다. 61개 매장 모두 직영하는 것은 준오의 일관성을 유지하기 위한 전략인가?
목적은 일관성이 맞다. 그것을 전략이라 표현해도 좋고, 열정이라 표현해도 좋다. 난 준오의 피가 각 매장에 있는 '우리 아이들'에게도 흘렀으면 한다. 그렇게 하지 않으면 내가 미칠 것 같다. 그래서 교육이 필수적이다. 준오에서 헤어스타일리스트를 시작하려면 누구나 준오아카데미에서 교육을 받아야 한다. 그래야 준오가 전달하고자 하는 양질의 서비스를 제공할 수 있기 때문이다. 하지만 실제적인 '브랜드 교육'은 오히려 직능 교육 이외의 부분에서 더 많이 진행된다.

직능 교육 이외의 것이라면 무엇을 말하나?
우리는 사람을 다루는 일을 하는 사람이다. 좋은 서비스는 상대방에 대한 이해에서 비롯된다. 그런 만큼 먼저 인간을 알고, 자신을 알아야 한다. 그래야 인격적으로 건강한 사람이 되고, 건강한 자아만이 남을 도울 수 있다. 그래서 우리는 기본적으로 셀프리더십을 먼저 갖추라고 한다. 그 교육에 많은 에너지를 쏟는다.

미용 브랜드라고 하면 기술 교육이나 트렌드 교육, 서비스 교육이 주가 될 것 같은데, 의외다.
그런 교육은 기본 중의 기본이다. 그런데 그 기본적인 교육조차 먼저 '인간'이 되지 않으면 효과를 보기 힘들다. 미용업도 최근 조금씩 기계의 힘을 빌리고 있지만 디지털화될 수 없는, 상당히 아날로그적인 비즈니스다. 그리고 아날로그 비즈니스에는 휴머니즘이 녹아 있어야 한다. 따라서 교육 방식도 좀 달라야 한다. '기술'보다 '사람'을 이해해야 한다는 의미다. 사람을 안다는 것은 자신을 아는 것부터 시작한다. 그래서 우리 교육이 다른 곳에 비해 시간이 오래 걸리긴 하지만 옳은 방향이라 생각한다.

그러한 교육을 통해 궁극적으로 얻고자 하는 것은 무엇인가?
스스로 동기부여할 수 있는 능력을 갖게 하고 싶다. 내가 줄 수 있는 모티베이션도 있지만, 가장 강력한 것은 스스로 동기부여 하는 것이다. 우리 아이들이 그 능력을 가질 수 있는 기회를 제공할 뿐이다.

'직원'을 직원이 아닌 하나의 주체로 생각하고, 개개인의 성장을 더 고민하는 것 같다.
누구든 자신의 직장을 통해서 성장하지 못하면, 회사의 책임이다. 회사가 한 사람을 바보 만드는 것이다. 나는 리더를 세울 때 '네 직원을 바보로 만들지 말라'고 강조한다. 직원들을 성장시키고 그들의 '강점을 끌어 내는 것'이 리더십이라 생각한다. 매출은 그 다음에 자연스럽게 따라오는 수치에 불과하다.

이번 특집을 준비하면서 education의 어원을 찾아보니 '잠재된 능력을 끌어 내다'라는 뜻이었다. 어찌 보면 지금 말한 '리더십'의 개념도 '교육'과 크게 다르지 않다는 생각이 든다.
그렇다. 리더십도 아이들이 잘하는 것, 그 가능성을 끌어 내는 것이다. 셀프리더십도 마찬가지다. 스스로 자기 안에 있는 강점을 끄집어낼 수 있는 능력을 함양하는 것이다. 교육으로 이야기하자면 '자가 학습' 정도로 이야기할 수 있겠다. 그런 측면에서 교육과 리더십은 그렇게 큰 괴리가 있는 것 같지 않다.

그런데 아무리 교육해도 변하지 않는 사람도 있을 것 같다.
인간 자체를 '바꾸는 것'이 아니라 '변화시키는 것'이라면, 시간이 걸려서 그렇지 모두 가능하다. 하지만 효율성을 고려하면 채용 때부터 신경 써야 한다. 쉽지는 않지만 뽑을 때부터 준오다운 사람을 뽑아야 한다. 우리 직업은 굉장히 외향적이다. 사람을 좋아해야 하고, 고객에게 받는 상처를 일방적인 희생이 아니라 '나의 사명'이자, 사람을 만나고 이해하는 데서 오는 일종의 '기쁨'이라고 생각할 줄 알아야 한다. 그래야 오래 갈 수 있다. 그래서 나는 똑똑한 사람보다 가까이 하기 좋은 사람, 냉철한 사람보다 인간미 넘치는 사람이 좋다. 내가 30년 넘게 이 분야에 있었지만 기술이 좋아서 손님 많은 아이들은 못 봤다. 테크닉은 언제든 따라갈 수 있다. 핵심은 휴머니즘이다. 결국은 사람을 좋아하고 사랑할 줄 알아야 한다.

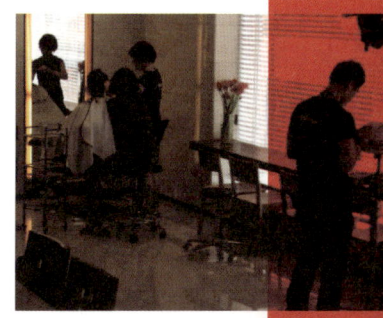

'휴머니즘'을 이 업에 종사할 사람들이 가져야 할 기본적인 '태도'라고 한다면, 실질적으로 '미용업'이라는 것 자체는 어떻게 정의하겠는가?
고객의 '자신감을 디자인'하는 업이다. 헤어 스타일 하나로 하루의 기분이 어떻게 달라지는지 경험해 본 사람은 안다. 우리는 필요 없는 부분을 잘라 내기도 하고, 현재의 상태를 매만지며 그 사람에게 가장 잘 어울리는 스타일을 연출한다. 살롱은 머리카락을 자르는 곳이 아니다. 미켈란젤로처럼 필요 없는 부분을 잘라 내면서 조각을 하고, 완성된 조각품으로 자부심을 만들어 주는 곳이다. 즉 고객의 감춰진 아름다움을 일깨워awaken, 궁극적으로 자신감을 주고 행복하게 만들어 주는 것이다.

오랜 시간 많은 직원들을 교육하면서 기억에 남는 직원이 있을 것 같다.
압구정로데오2호점의 란주 점장이 기억에 남는다. 준오에 들어온 지 벌써 16년 가까이 되어 간다. 처음 그 아이를 봤을 때는 솔직히 답답했다. 워낙 말수가 적은 아이여서 무슨 생각을 하는지, 어떤 꿈이 있고 고민이 있는지 전혀 알 수 없었다. 그런데 입사하고 시간이 꽤 지난 어느 날, 교육 후 진행된 워크샵에서 그 아이가 프레젠테이션 하는 모습을 봤다. 프레젠테이션이 끝

날 때쯤 눈물이 핑 돌았다. 그 아이가 자기의 뚜렷한 생각을 멋지게 담아낸 것이다. 물을 주고 햇볕을 쪼여 주니 어느 날 자신만의 색을 가진 꽃망울 터뜨린 것이다. 그건 교육이 힘이다. 눈물을 닦으면서 '인간은 교육으로 변화될 수 있구나!'를 다시 확신할 수 있었다. 그래서 나는 교육자는 '직업관'이 아니라 '사명감'으로 자신의 업에 임해야 한다고 생각한다. 나도 우리 아이들의 교육을 생각할 때 더욱 사명감을 가지고 임한다.

브랜드 교육을 떠나 전인격적 교육이 행해지는 곳 같다. 그러한 것을 통해 궁극적으로 얻고자 하는 것은 무엇인가?
행복, 그리고 즐거움이다. 그것이 곧 '준오다움'인 것 같다. 준오의 미션 중 하나가 '고객에게 행복을 전달'하는 것이고 '우리 아이들이 행복해지는 것'이다. 준오답다는 것은 한마디로 'FUN'이라 생각한다. 내 좌우명도 크게 다르지 않다. '즐겁게 놀다가 의미 있게 죽자'다. 그래서 그런지 몰라도 사람을 만날 때도 즐겁지 않은 사람은 안 만나고 싶다. 같은 일이라도 즐거우면 더 잘할 수 있을 것 같기 때문이다.

평소에도 '준오답다'는 표현을 자주 쓰나?
'준오다움'은 모든 생활 속에 묻어나지만 행사 때 보면 단번에 알 수 있다. 우리는 좀 특이한 집단이다. 굉장히 끼가 많은 아이들이다. 그래서 가끔 우리 아이들이 부끄러울 때도 있다(웃음). 시무식도 마치 나이트클럽에서 놀듯 한다. 2010년 시무식 때도 오전 7시에 모여 춤추고 연주하고 콩트를 했다. 물론 나도 한다. 누가 오전 7시부터 그런 것을 한다고 상상하겠는가.
그리고 우리는 직원들을 '준오맨'이라고 통칭한다. 준오의 신입 사원 교육 첫날 걸리는 현수막에 뭐라고 적혀 있는지 아나? '앗, 당신은 태어날 때부터 준오맨이었군요!'다.

그렇게 믿는 것이 시작이다. 사진 찍을 때도 '스마일~' '김치~' '치즈~' 대신 '준오답지~'라고 한다. 자연스럽게 미소지을 수 있는 발음이기 때문이다. 그러면서 차곡차곡 아이들 가슴속에, 뼛속에 '준오답다는 것'은 곧 미소고, 웃음이고, 즐거움이고, 궁극적으로 'FUN'이라는 것을 깨닫게 하고 싶다. 그래서 무의식중에도 습관적으로 웃고, 행복했으면 좋겠다. 무의식적 습관이 되기까지 꽤 오랜 시간 반복이 필요하겠지만 계속할 예정이다.

비즈니스도 비즈니스지만 전반적으로 FUN, 즐거움을 추구하는 조직 같다.
비즈니스가 이윤을 창출하고 성장하는 것이 숙명이라지만 아이들이 자신의 분야에서 성장하고, 그 밑의 아이들에게 좋은 영향력을 끼칠 수 있는 훌륭한 인격체로 살게 하는 것이 우선이다. 준오를 브랜드로 키우려는 것도 같은 이유다. 지금 잘해 놓으면 앞으로 준오에 입성하는 모든 아이들이 그 울타리 안에서 행복해질 수 있기 때문이다. 돈이나 숫자도 중요하지만, 직원들이 행복과 즐거움을 느끼게 해 주는 것도 리더의 사명 중 하나다. 그래야 나도 더 행복하다.

앞으로 준오에 들어올 직원들까지 생각하는 장기적 안목이 브랜드를 더욱 공고히 하는 원동력인 듯하다. 그런데 언젠가는 당신도 현업에서 물러날 텐데, 그 후에도 준오는 계속해서 준오다울 수 있을까?
그래서 준오가 '브랜드'가 되어야 하는 것이다. 내가 없어도 준오답게 돌아가려면 말이다. 나 강윤선도 준오에 속해 있다. 준오가 기준이고 나를 이끈다. 준오의 시작은 나였지만, 내가 대표로 있어서 준오가 준오답지 못하거나 준오의 발전을 막는다면 당장 준오를 떠날 것이다. 그때를 대비해 사표도 써 놨다. 나뿐만 아니라 직원들도 준오라는 브랜드의 우산 아래 안주하고 고객을 우습게 알거나, 고객에게 따스함을 전달하지 못하거나, 노력하지 않는다면 언제든 해고할 생각이다. 그래야 준오가 준오답게 오래갈 수 있다. 지금 가진 것만으로도 앞으로 30년은 먹고살 수 있다. 하지만 나에게 중요한 것은 그게 아니다. 그래서 내게는 준오를 언제든 접을 수 있는 자신감과 준오를 영원한 브랜드로 키울 수 있는 자신감, 이 두 가지가 다 있다.

그렇다면 10~20년 안에 준오를 준오답게 이어 갈 다음 주자를 찾는 것도 중요하겠다. 그 후계자가 갖추어야 할 조건 중 절대 포기할 수 없는 한 가지가 있다면 무엇인가?

기본적으로 브랜드 마인드가 있는 사람, 진보할 수 있는 사람이어야겠지만 무엇보다 가장 중요한 것은 '휴머니즘을 이해하는 사람'이다. 그런 사람을 찾는 것도 내 사명 중 하나다. 산도 내려올 때가 가장 중요하다. 준비하지 못한 상태로 내려오면 무릎, 허리, 다 망가진다. 그러지 않기 위해 항상 준비한다. 20년 전부터 아이들에게 항상 강조하는 것이 '내가 어느 날 사고로 끝났는데 준오가 제대로 돌아가지 않는다면, 내가 경영을 잘못 해 온 탓이다. 너희도 마찬가지다. 오늘 당장 자리를 비운다고 준오가 삐걱거린다면 모두 네 책임이다. 언제든 준오 스스로 돌아갈 수 있도록 준비해 두어라'다. 한 사람 때문에 그 조직이 돌아가지 않는다면 그 사람은 능력 있는 것이 아니라 '브랜드에 방만한 것'이다. 자기가 없어도 조직이 문제없이 돌아가게 만드는 것이 진짜 리더의 몫이다. '나 없으면 안 돼'라는 것이 제일 답답하고, 바보 같은 생각이다.

어찌 보면 준오의 교육 시스템도 그러한 후계자를 내부에서 양성하기 위한 밑단의 준비가 아닐까 하는 생각이 든다. 그런데 직원들을 지

> "나 강윤선도 준오에 속해 있다. 준오가 기준이고 나를 이끈다. 준오의 시작은 나였지만, 내가 대표로 있어서 준오가 준오답지 못하거나 준오의 발전을 막는다면 당장 준오를 떠날 것이다."

칭하는 용어로 '아이들'이라는 표현을 상당히 많이 쓴다.

실례가 되었다면 미안하다. 초창기 직원들은 18~19살 때부터 함께 일했다. 그러다 보니 이름도 부르고 '아이들'이라고 부르게 된다. 지금 마흔이 넘은 직원에게도 "차조심해라, 밥 잘 챙겨 먹어라" 잔소리를 한다. 함께 성장해서 더 그런 것 같다. 중간에 어디서 영입해 온 것이 아니라 함께 달리고, 함께 성장해서다. 우리 분야가 이직률이 굉장히 높다. 그런데 준오에서는 그런 일이 훨씬 적고, 입사해서 성장하고 결혼도 하고 아이도 낳고, 그 모든 모습을 쭉 지켜보니 다 자식 같아서 '아이들'이란 표현이 입에 밴 것 같다. UB

강윤선 1979년 준오헤어 돈암점을 시작으로 헤어스타일리스로서의 명성을 이어온 그녀는 현재 62개 직영점에 2,000여 명의 직원을 둔 ㈜준오뷰티의 대표이사다. 1992년 국내 최대 규모의 뷰티아카데미인 '준오아카데미'를 설립, 1997년에는 국내 최초 서비스 리콜제를 실시하였으며, 2005년 로레알 선정 세계 10대 헤어브랜드로 등재되었다. 현재 한성대학교 예술대학원, 호원대학교, 경복대학 교수로 있으며 다양한 기업 및 대학에서 리더십 특강 등을 진행 중이다.

ABSTRACT 3. BRANDNESS

프리스키비의 비행술, 프리스비
p 98

프리스비는 애플 스토어가 아니다. 금강제화에서 운영하는 애플 프리미엄 리셀러다. 그런데 왜 소비자들은 애플을 좋아하는 만큼 프리스비를 좋아할까? 프리스비는 애플을 흉내 내려 하지 않고, 프리스비만의 '자기다움'을 만들어 가고 있기 때문이다.

- 프리스비는 자신을 '놀이터'라 한다. 소비자들에게도 즐거운 애플 놀이터이며, 직원들에게는 일하기 좋은 놀이터 같은 직장이다. 애플이 'Think Different'라면, 프리스비는 'Work Different'다.
- 프리스비는 'Work Different'를 실천하기 위해 자생적인 학습조직 Learning Organization 을 이룬다.
- 프리스비가 학습조직이 된 것은 '브랜드 챔피언'들이 있기 때문이다. 브랜드 챔피언 역할을 하는 오픈 멤버들은 브랜드의 철학을 만들고 전파하며, '배우는 것'을 조직 문화로 뿌리내리게 한다.

Uniqlo Manual, Uniqlo Spirit, Uniqlo Way
p 114

유니클로의 교육은 원숭이도 따라 할 만큼 디테일한 매뉴얼에 의해 이루어진다. 하지만 그 매뉴얼이 공개되더라도 다른 브랜드는 유니클로다움 UniqloNess 을 따라 하지 못할 것이라고 말한다. 30년 동안 꾸준히 높은 성장률을 유지하는 이들의 비결은 마치 전 직원이 야나이 다다시 회장의 분신이 되도록 만드는 교육에 있다.

- 유니클로는 옷 장사를 하는 브랜드가 아니다. '옷을 바꾸고, 의식을 바꾸고, 세상을 바꾸는 브랜드'다. 유니클로인은 이것이 '자기다움'이라고 말한다.
- 유니클로에는 스킬(직능) 교육과 스탠스(마인드) 교육이 있다. 스킬 교육은 '멍키 매뉴얼'이, 스탠스 교육은 유니클로의 철학을 정리한 'FR WAY'가 담당한다.
- 유니클로는 모든 것이 하나로 정렬되어 브랜드 얼라인먼트 Brand Alignment 를 이룬다. 인사 제도, 평가 방법, 직급 체계, 교육 방법, 업무에 대한 높은 기준까지 '빠른 시간 내에 전원 경영자를 만들어서 빨리 성장하고, 빨리 세상을 바꿀 수 있는 브랜드'로 정렬된다.

The Soul Stylist, 준오헤어
p 126

대표적인 레드오션 시장으로 여겨지는 치킨집. 그런데 우리나라에는 치킨집보다 미용실이 더 많다. 이 같은 시장에서 브랜드 미용실 서비스만족도 1위EFN, 2008에 랭킹된 준오헤어의 브랜드 교육법은 무엇일까? 무형의 상품으로 승부하는 미용업계에서 그들이 찾은 강구책은 HumanNess인간다움 교육이다.

- 브랜드 교육은 때로 우회적 접근법이 필요하다. FUN즐거움으로 정리되는 준오다움을 교육하기 위해 준오가 찾은 방법은 직접적인 FUN 교육이 아닌, 직원들이 FUN을 느낄 수 있는 환경과 태도를 만들어 주는 것이다.
- 셀프리더십 교육으로 대변되는 그들의 HumanNess 교육은 조직원의 자립근自立筋을 키우고 스스로 동기부여 하게 만든다. 이를 위해 크리스토퍼리더십, 피닉스리더십 교육 등이 진행된다.
- 셀프리더십 교육은 결국 직원들의 '조직 몰입도'를 높이고 개인의 성장과 조직의 성장을 동일시하게 만들며, '업무'를 자아실현을 위한 도전과제로 여기게 한다. 이에 따른 성취감은 삶의 즐거움으로 나타나며 이러한 직원의 즐거움은 자연스럽게 고객의 즐거움으로 흐르게 된다.

THINK TO SYNC

브랜드 교육은 자기다움에 맞는 BrandWay를 걸어야 한다.
다음 명언에서 '길'과 '방향'을 BrandWay로 대신해서 읽으며 브랜드와 브랜드 교육의 방향성에 대해 고민해 보라.

세상은 자기가 어디로 가고 있는지 아는 사람에게 길을 만들어 준다. _{랄프 왈도 에머슨}

교육이 처음 설정해 주는 방향에 따라 사람의 장래는 결정될 것이다. _{플라톤}

배 한 척을 만들려거든 사람들을 불러 모아 나무를 해오게 하거나
이런 저런 일을 시키려 하지 말고 끝없이 망망한 바다에 대한 동경을 심어 주어라. _{생텍쥐페리}

To be simple, 2B(brand & business) simple!

비즈니스에 브랜드로 불을 밝히다, 필립스

The interview with ㈜필립스전자 인사부 **부장 김한수**, 인사부 **대리 이여경**, 소비자 라이프스타일부문 홍보 **차장 박선영**

BRAND To Be Simple

PHILIPS

"동화fairy tales는 끝났다!" 장 노엘 캐퍼러 교수의 이 말은 마치 현실과 동떨어져 독자적 노선을 걷는 듯한 브랜드 관점에 제동을 건다. 비즈니스와 브랜드가 서로 다른 길을 걷는다면 브랜드는 현실에는 없는 동화 같은 이야기가 된다는 말이다. 아마도 기업들이 최근 브랜드에 관한 이슈를 대하며 가장 많이 겪는 어려움은 실제 업무에서 겪는 '비즈니스'와 '브랜드' 사이의 갭일 것이다. 브랜드가 그토록 중요한 것이라면 왜 우리는 비즈니스와 업무에서 이를 바로 적용하지 않을까? 왜 브랜드와 비즈니스는 서로 다른 이야기를 하고, 하나로 움직이지 않는 걸까? 필립스전자의 브랜드 교육을 살펴보면, 더 이상 브랜드와 비즈니스가 나뉠 필요가 없으며, 나눠져서도 안 된다는 사실을 깨닫게 될 것이다. 서로 나뉘지 않은, 통합된 브랜드 교육으로 100년 역사를 넘어 200년 비즈니스를 바라보는 필립스를 조명한다.

brand simple, business simple

simple meeting
2010년 1월 14일 목요일 오전 10시 30분, 필립스전자 회의실
오늘의 주제 : 파워미니오븐의 출시에 따른 프로모션 진행

오전 10시 30분, 회의는 별다른 오차 없이 **정각에 시작되었다**. 물론 **이틀 전**에 오늘 회의할 내용과 관련된 읽을 거리가 **인트라넷**를 통해 관련 직원들에게 보내졌다. 회의의 진행은 A대리가 맡았고, 진행에 따른 **의사 결정을 위해 경영진 중 한 사람도 참석**했다. 총 **8장**으로 간단히 작성된 프레젠테이션 자료는 기획을 총괄한 B부장이 발표했다. 다른 프로모션을 진행한 경험이 있는 C차장도 의견을 말해 주기 위해 참석했다. 총 참석 인원은 4명. 기획에 참여한 직원들은 더 많지만, 오늘은 의사 결정을 위한 미팅이므로 **이곳에 참석하는 대신 다른 업무에 집중하기로 했다**. 어차피 결정 사항과 실제 해야 할 업무들은 **이메일을 통해 각자에게 전달될 것이다**. 회의는 **25분** 만에 끝났다. 미리 공유된 정보와 중요한 포인트만 짚어 낸 프레젠테이션은 **빠른 의사 결정에 도움**을 주었다. 이번 주 A대리가 참석할 미팅은 오늘 오후에 잡힌 30분가량의 대외 업무 관련 회의뿐이다. **내일은 필립스의 누구도 미팅을 하지 않는 금요일**이므로 한 주를 정리하며 개인 업무를 정리하고 다음 주에 진행될 업무를 미리 준비할 수 있을 것이다.

*필립스전자의 미팅 모습은 필립스그룹의 직원이라면 누구나 지켜야 할 10가지 미팅룰(10 simple principles for effective meetings)을 토대로 가상으로 작성되었다.

〈그림 1〉 필립스의 10 simple principles for effective meetings

'simplicity단순성'는 어쩌면 120년이 넘는 역사를 가진 기업과 간단히 어울릴 수 없는 단어일 지 모른다. 총 직원 12만 4,000여 명, 연간 매출 약 270억 유로. 네덜란드 에인트호벤에서 출발하여 세계 어디에서나 볼 수 있는 제품을 생산하는 글로벌 기업이 된 필립스는 대기업 중의 '대'기업이고 '대'가족이다. 어느 기업이든 많은 사람이 함께 일하다 보면 업무가 겹치고, 의견을 공유하는 데 오랜 시간이 걸리며 한 가지 의사 결정을 위해 많은 시간이 소요되기 쉽다.

그런데 필립스의 브랜드 약속은 '@sense and simplicity'다. 그리고 놀랍게도 이 약속은 외부 고객을 위한 것일 뿐만 아니라 내부 고객, 즉 직원들을 위한 것이기도 하다. 필립스가 말하는 sense and simplicity는 고객의 필요를 이해하고(sense; make sense, 이해에 가까운 의미) 점점 더 복잡해지는 세상에서 가장 단순하게simplicity 이를 전달하겠다는 의미다. 그렇다면 필립스는 어떻게 sense and simplicity라는 약속을 스스로, 그리고 고객에게 지킬 수 있을까? 이 역시 말뿐이었다면, 브랜드는 브랜드대로, 비즈니스는 비즈니스대로 다른 길을 가게 될 테고, 직원들은 뭔가 목에 걸린 듯한 이물감을 계속해서 견뎌 내야 했을 것이다.

🔍 sense and simplicity

필립스는 2004년 'sense and simplicity'라는 새로운 브랜드 약속을 공표했다. 그리고 필립스는 그룹 내 각국의 모든 필립스 직원들을 위해 '필립스 브랜드의 이해Understanding the Philips brand'라는 정리된 자료(〈그림 2〉)를 공유한다. 필립스에는 기본적으로 브랜드들이 정립하는 비전, 미션을 비롯해 4D Value, 3 Pillars까지, 케빈 켈러Kevin Keller가 말하는 브랜드 만트라(브랜드의 가장 중요한 면과 핵심 브랜드 가치를 간단한 단어로 짧게 표현한 것)와 관련된 다양한 단어와 개념들(〈그림 3〉 참조)이 존재한다. 따라서 필립스는 직원들이 이 용어들에 대한 기본적인 의미를 공유하고 개념을 익히는 데 어려움이 없도록 각각을 설명하고, 동시에 개념 간의 차이도 설명한다.

예를 들어 "필립스가 전달하는 제품과 솔루션 타입은 건강과 웰빙Health and Well-being이지만, 우리의 모든 솔루션들은 3 Pillars를 기본으로 만들어진다. 따라서 건강과 웰빙이 '우리가 하는 비즈니스 종류(what kind of business we do)'라면 sense and simplicity는 '우리가 이것을 어떻게 하는가(how we do it)'의 문제"라고 명확히 개념의 정의와 차이를 설명한다. 이런 자료를 통해 직원들은 필립스가 브랜드를 위해 지키고자 하는 비전과 미션, 가치 등이 어떤 것인지, 그리고 왜 필요한지 보다 쉽게 이해하고 이후에 외부와 소통하는 데 도움을 받는다.

〈그림 2〉의 자료는 다음과 같은 말로 설명을 시작한다. "필립스의 구성원으로서 당신이 하는 모든 일에서 'sense and simplicity'라는 우리의 브랜드 약속을 전달하는 것이 당신의 역할이다.@4 당신이 만약 내부 파트너들과만 일하고 있다면, 브랜드 약속을 고객에게 전달하기 위해 어떻게 당신이 파트너를 도울 수 있는지 물어보기 바란다. 이 자료들이 당신의 일상 업무에서 우리 브랜드의 원칙들을 어떻게 해석하고 적용할 수 있을지에 대한 가이드를 제공할 것이다." 이 말은 필립스가 브랜드 약속에 얼마나 큰 비중을 두고 업무에 적용하려 하는지 방증한다.

〈그림 3〉은 필립스의 브랜드 약속을 비롯한 주요 개념들을 정리한 것이다.

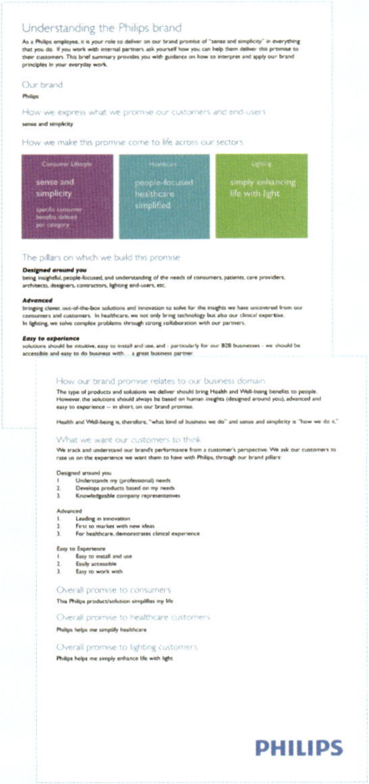

〈그림 2〉 Understanding the Philips brand

Brand Promise sense and simplicity	
Vision 점점 복잡해지는 일상 속에서, 사람들에게 sense and simplicity를 제공하고자 앞장 서는 것	Mission 의미있는 혁신을 적기에 제공하여 인간의 삶의 질 향상에 기여하는 것
4D Values	
Delight Customers 우리는 고객의 기대치를 예상하고 이를 넘어서는 성과를 이루어 냅니다. – 우리는 필립스의 브랜드 약속인 'sense and simplicity'에 대한 열정을 행동으로 입증해 보입니다. – 우리는 넓은 안목을 바탕으로 고객에게 최상의 체험을 제공합니다. – 우리는 언제나 하나의 필립스(One Philips)의 대표로 행동합니다.	Depend on each other 우리는 하나의 필립스라는 기본을 바탕으로 작업을 수행함으로써 더 많은 가치를 제공합니다. – 우리는 하나의 필립스로서 생각하고 주인으로서 행동합니다. – 우리는 최고의 결과를 낼 수 있도록 서로를 신뢰하고 권한을 부여합니다. – 우리는 가장 유망한 기회를 중심으로 팀을 구성하고 자원을 할당합니다.
Develop People 우리는 스스로 그리고 서로를 통해 최선의 결과를 얻습니다. – 우리는 강력하고 다각화된 팀 구성을 위해 최고의 인재를 유치합니다. – 우리는 인력 개발이 가능하도록 폭 넓은 업무를 부여합니다. – 우리는 공로 인정과 인재 교육에 많은 시간을 투자합니다.	Deliver Great Results 우리는 끊임없이 높은 기준을 가집니다. – 우리는 원대한 목표로 행동하며 항상 높은 목표를 추구합니다. – 우리는 현상 유지 주의를 타파하고 새로운 방법에 도전합니다. – 우리는 명확한 의사 결정을 내리고 결정된 바를 신속하고 질서있게 실행에 옮깁니다.
* 4D Values는 마치 나침반과 같이 직원들의 업무에서 작업, 고객 및 동료에 대해 어떻게 행동해야 하는지를 알려 주는 가이드 역할을 한다.	
3 Pillars Designed around you | Advanced | Easy to experience * 3 Pillars는 브랜드 약속이 의미하는 바로 브랜드 약속을 구성하는 3가지 축이다.	

〈그림 3〉 필립스의 브랜드 만트라

알다시피 필립스는 1990년대 초 큰 어려움을 겪었다. 전자, 조명, 음반, 컴퍼넌트 프로덕트, 반도체까지 사업군이 다양한 터라 몸집은 거대하지만, 어느 한 곳에도 집중하지 못하는 상황에 이르렀다. 비즈니스뿐만 아니라 브랜드로서도 마찬가지였다. 선도적인 기술력으로 사업이 지속될 수 있었던 시기가 지나자 필립스는 본격적인 위기를 경험했고, 얀 티머^{Jan Timmer}, 코 분스트라^{Cor Boonstra} 등의 CEO는 차례로 대대적인 구조조정을 단행한다.

100여 개의 자회사가 매각되고 2001년 취임한 현 CEO 제라드 클라이스터리^{Gerard Kleisterlie}는 수많은 변화를 겪은 후 '필립스 조직원과 고객의 마음을 사로잡을 만한 비전이 필요'하다고 생각했다. 그리고 제품 중심의 비즈니스였던 필립스의 사업을 브랜드 중심의 소비자(내부 고객과 외부 고객) 관점으로 돌리기 시작한다. '2B(brand & business) simple'의 One Philips(하나의 필립스; 필립스는 이 단어를 4D Values에서, 주요 내부 행사에서도 계속 사용하며 강조한다)가 시작된 것이다.

2B simple, One Philips

1) BrandView가 simplicity를 발견하게 하다

"sense and simplicity가 브랜드 약속으로 대내외에 공표되기 전, 필립스는 소비자를 대상으로 그들이 필립스에 원하는 것이 무엇인지 알기 위한 조사를 실시했다. 소비자들이 원하는 것은 더 나은 제품과 기술이었지만, 그것이 점점 복잡해서 사용하기 어려워지는 게 문제였다. 기술이 좋아지는 것도 좋지만 막상 사용하려고 보니 너무 복잡하고 편하지 않았던 것이다. 그에 착안해서 필립스는 소비자가 원하는 것을 단순하고 쉽게 제공한다는 약속을 하게 된 것이다." 김한수 부장은 sense and simplicity라는 필립스의 브랜드 약속이 나온 과정을 이렇게 설명한다. 필립스가 브랜드적 사고인 소비자 중심으로 비즈니스를 전환하기 시작했다는 증거는 데이비드 아커^{David Aaker}의 《스패닝 사일로》에서도 드러난다. "필립스는 마케팅 경험을 갖춘 CEO를 영입하고 글로벌 브랜드 매니지먼트 책임관리자로 외부 인사를 고용했다. 임무는 광범위한 고객 중심 문화와 강력한 글로벌 브랜드를 생성하는 것이었다. (중략) 고객 연구조사를 시행하고 각 지역의 필립스 브랜드에 대한 추적 조사 및 평가를 담당하는 중앙집권화된 고객 지식 부서를 조직했다." 필립스가 지난 10여 년간의 겪은 비즈니스 변화를 살펴보면 〈그림 4〉와 같다.

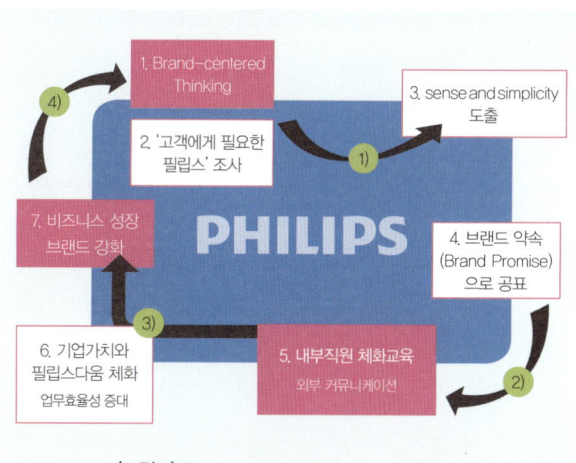

〈그림 4〉 Brand-centered Business Flow

필립스가 제품 중심의 사고를 소비자 중심, 브랜드 중심의 사고로 전환하지 않았다면 sense and simplicity라는 키워드를 도출하기 어려웠을 것이다. 만약 사고의 전환 없이 (이름뿐이라도) 브랜드 약속을 정하기로 했다면 기술 중심적으로 오히려 단순함과 거리가 먼 복잡하고 어려운 키워드를 선택지로 두었을지 모른다. 그리고 캐퍼러 교수의 말처럼 "자기 본위적이고 나르시시즘적인" 관점으로 소비자가 원하는 것보다 필립스가 잘하는 것을 택했을 것이다. 그러나 필립스는 브랜드를 구축하고자 먼저 소비자 조사를 시작했다. 이런 관점의 전환은 브랜드 중심의 비즈니스 흐름이 만들어지는 첫 단계로 의미가 있다. 이런 관점의 변화 없이 브랜드 중심의 비즈니스는 시작되지 않는다.

2) 브랜드 약속을 브랜드다움으로 만드는 시스템을 가동하다

현재 한국의 필립스전자를 살펴보면 필립스라는 브랜드가 브랜드 약속을 공언한 이후 그것을 자신만의 '필립스다움'으로 만들기 위해 얼마나 많은 노력을 해 왔는지 알 수 있다. 짐 콜린스는 좋은 기업을 위대한 기업으로 키워 낸 리더들의 공통점 중의 하나가 '무엇'보다 '누구'에게 집중하는 것이 변화하는 세계에 보다 쉽게 적응할 수 있게 만든다는 단순한 진리를 이해한 것이라고 말한 바 있다. 필립스도 1990년대 초부터 겪은 변화를 혼란이 아닌 혁신으로 바꾸기 위해서는 무엇보다 '직원'들이 브랜드에 녹아들 수 있어야 한다고 생각했다. 그래서 그들은 비즈니스뿐만 아니라 직원들의 문화까지 모두 sense and simplicity에 맞춰지도록 조정을 시작했다.

> 필립스도 1990년대 초부터 겪은 변화를 혼란이 아닌 혁신으로 바꾸기 위해서는 무엇보다 '직원'들이 브랜드에 녹아들 수 있어야 한다고 생각했다. 그래서 그들은 비즈니스뿐만 아니라 직원들의 문화까지 모두 sense and simplicity에 맞춰지도록 조정을 시작했다.

(1) simplicity day

"2007년에 시카고에서 최고 경영진 200여 명이 자체적으로 심플리시티 서밋simplicity summit을 했는데, 그때 논의한 내용이 '어떻게 하면 전 직원들이 우리 브랜드를 실제 업무에 적용할 수 있게 할 것인가'였다고 한다. '그렇다면 전 직원들을 모아 이 중요성을 알리자'는 결정이 내려졌고, 전 세계의 직원이 11월 15일 동시에 업무를 쉬고 하루 종일 워크샵을 진행하게 되었다. 이보다 우리에게 브랜드가 중요하다는 강한 인식을 남긴 이벤트는 없었다."

김한수 부장은 처음 있었던 커다란 이벤트를 이렇게 되새긴다. 2007년 11월 15일, 보통의 글로벌 기업들은 시도할 엄두조차 내지 못하는 큰 이벤트가 열렸다. 한국을 비롯한 전 세계 각국의 필립스 직원들이 같은 날, 하루 동안 모든 업무를 중단하고 simplicity day를 개최한 것이다. 브랜드 약속은 2004년에 공언되었으나 12만 명이 넘는 직원들이 하루아침에 오랜 관습이나 문화를 그것에 맞추기는 어려웠다. 따라서 직원들의 이해를 높이고, 이를 필립스의 업무 환경에 적용하고자 60여 개국에 위치한 301개 사무실에서 일하는 직원 모두를 이 행사에 참여시킨다.

그 하루의 행사 동안 한국 필립스전자의 직원들은 10명이 한 조가 되어 30개 테이블에 앉았다. 그리고는 각자 개인적인 업무에 simplicity를 어떻게 적용할 것인지 쓰기도 하고, 서로 simplicity를 업무에 적용한 아이디어를 나누기도 했다. 그리고 simplicity가 가장 필요한 3개의 분야를 정해 가장 '간단'하게 이 업무를 할 수 있는 방법을 발표하기도 했다.

"simplicity가 과제였기 때문에 이것을 복잡하게 하는 것은 simplicity가 아니라고 생각했다. 그래서 제일 간단한 방법들만 만들고, 마지막에 각자 실행 가능한 것들을 매일 지키겠다는 의미로 3가지 정도를 카드로 작성해서 아직도 책상에 세워 두고 있다." CEO는 이 행사가 있기 전 "우리 모두 simplicity의 발전에 주인 의식을 가지고 동참하기 위해 이 행사가 어디에 있든 어떤 업무를 하든 상관없이 이를 마음속에 품는 계기가 되기를 원한다"는 메시지를 전 직원에게 발송했다. 이날 세운 세부적인 계획이나 목표를 달성하게 하는 것도 중요한 일이겠지만, 그보다 이 행사가 의미 있는 것은 회사가 sense and simplicity라는 브랜드 약속과 그것을 직원이 체화하는 것에 시간과 자원을 투자할 만한 가치가 있다고 생각한다는 것을 보여 주었기 때문이다. 직원들은 이제 그날을 추억함과 동시에 회사의 의지를 떠올리게 되었다.

한국 필립스전자 본사에서 발견한 브랜드 약속과 4D Values 중심의 환경들

(2) everyday in simplicity

"안 보려고 노력해도 안 볼 수가 없을 것이다. 아침에 회사에 출근해서 컴퓨터를 켜면 화면에 오늘은 *sense and simplicity*를 통해 어떤 사람을 행복하게 만들지를 묻는 메시지가 뜬다. 업무 중간에도 이와 관련된 메시지가 종종 화면에 나타난다. 인트라넷은 또 어떤가. 필립스는 각 섹터별·사업 부문별로 쓰는 웹페이지가 있는데, 글로벌 필립스 본사에서는 자주 *simplicity*와 관련된 설문조사를 실시하고 되새기게 만들며, 브랜드와 관련된 정보를 공유한다. 금요일은 모두 *simplicity* 미팅 룰을 지키기 위해 회의를 하지 않는다. 웹페이지에도 금요일이면 'Today is no meeting day'라는 문구가 상단 배너에 뜬다."

박선영 차장은 필립스가 얼마나 집요(?)하게 simplicity를 직원들로 하여금 되새기게 만드는지 말해 주었다. 한국 필립스전자의 본사를 방문하면 사무실로 들어가기 전 로비에서 그들의 비전과 미션, 가치가 적힌 벽면을 발견한다. 그들의 집요함을 알기 전에는 여느 기업들이 그러하듯 의례적인 인테리어라고 생각할 수 있다. 그러나 사무실 곳곳에서 발견되는 simplicity와 4D values에 관한 포스터와 심지어 컴퓨터 화면 보호기, 마우스 패드 속 문구들은 편집증적 브랜드 경영을 하던 CEO들을 떠올리게 만들었다(유니타스브랜드 Vol.10, '디자인 경영' 참고). 그리고 그때와 마찬가지로 회사의 이런 집요함은 기업 문화로 이어져 '생활'이 된다. 이여경 대리는 "이제 simplicity라는 단어는 모든 직원들의 머릿속에 각인되어 회의나 일을 할 때도 '이게 심플하냐'는 식의 말들이 자연스럽게 오간다"고 전했다.[11]

(3) simplicity engagement

"필립스는 매년 직원들을 대상으로 EES^{Employee Engagement Survey}를 실시한다. 많은 기업이 직원들이 얼마나 일에 몰입하고 있는지를 조사하지만 필립스가 특별한 것은 2008년부터 조사 내용에 *sense and simplicity*에 관한 문항이 포함되었다는 점이다. 매년 전사가 시행하는 조사니 전 세계적으로 하려면 돈이 얼마나 많이 들겠나. 그래도 그만큼 브랜드 약속을 중요하게 생각하여 매번 체크하고, 직속 상사도 *sense and simplicity*에 대해서 아래 직원들에게 롤모델이 될 것을 요구한다는 뜻이다."[10]

매년 필립스의 EES에 참여하는 전 직원들은 김한수 부장의 말처럼 다음과 같은 항목을 통하여 자신과 동료를 브랜드 약속을 기준으로 돌아본다.

a. I know how to apply sense and simplicity to my work.
   나는 sense and simplicity를 내 업무에 적용하는 방식에 대해 잘 알고 있다.
b. In my working environment, sense and simplicity is a driver in what we do.
   나의 업무 환경에서 sense and simplicity는 업무의 원동력이 된다.
c. My management acts as a role model for sense and simplicity.
   내가 속한 조직의 경영진은 sense and simplicity에 대해 나의 롤모델이 되고 있다.

뿐만 아니라 2009년부터는 일반적인 직원의 성과 평가(People Performance Management, PPM)에도 sense and simplicity와 관련된 항목이 추가되었다. 종전 직원의 업무 평가 방식이 '무엇^{what}(결과)'을 했는지를 기준으로 했다면, 이제는 '어떻게^{how}(일하는 방식, 행동)' 했는지 함께 평가하며, 그중 how 평가 기준은 4D values이고, 각각의 value 세부 내용에 sense and simplicity 관련 행동 방식이 포함되는 것이다. 그중 일부는 다음과 같다.

Delight customers : We demonstrate passion for Philips and "sense and simplicity." (브랜드 약속을 실행하는 열정)
Deliver great results : We take clear decisions and implement with 'speed' and discipline. (sense and simplicity에 맞는 명확하고 빠른 의사 결정과 실행)

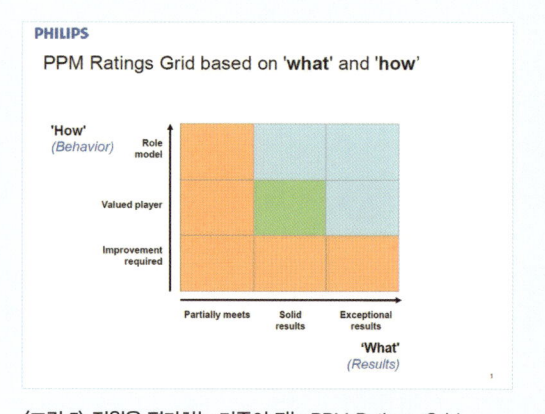

〈그림 5〉 직원을 평가하는 기준이 되는 PPM Ratings Grid

"이제 '무엇'을 했는가보다 '어떻게' 했는가에 기준을 두고 직원을 평가하겠다는 것이다. 무작정 행동하는 것이 아니라 sense and simplicity에 동화되어 행동해야 하고, 그렇지 않으면 필립스와 함께 앞으로 나아갈 수 없다는 메시지를 전 사원에게 던지는 것이다." 김한수 부장은 필립스의 인사 제도를 담당하면서 이렇듯 모든 것이 브랜드와 기업의 가치 사명 중심으로 전환되는 과정을 지켜보았다. 이토록 모든 시스템이 한 가지 모토를 가지고 움직이면 이를 지켜보며 함께 하는 직원들에게 그 자체가 메시지일 수 있다. 회사는 강압적인 것을 벗어나 '일상생활과 업무에서 브랜드 약속을 적용'하게 만들지만, 그것이 말로 끝나지 않도록 평가하는 단호함을 보여 준다.

(4) for simplicity newcomer

"이제 곧 새롭게 신입사원을 위한 sense and simplicity 교육이 시작된다. 그들에게는 기본적인 브랜드 교육과 더불어 업무뿐만 아니라 일상생활에서도 sense and simplicity를 적용할 수 있는 쉽고 간단한 과제를 줄 예정이다. 예를 들어 '공항에서 필립스 건물까지 오는 가장 간단한 방법을 4단계 이하로' 설명하거나 '신발끈을 매는 방법을 4단계 이하로' '스파게티를 만드는 방법을 4단계 이하로' 설명하라는 과제가 주어진다. 이런 과제를 풀어가면서 sense and simplicity가 얼마나 중요한지 알게 되고, 나아가 소비자들에게 브랜드 약속을 설명할 때도 같은 방법을 적용하여 왜 필립스가 이것을 중요하게 생각하는지 알 수 있게 해 준다."

신입사원들은 오리엔테이션을 통해 6시간 동안 브랜드 교육을 받는다. 이 과정 역시 필립스 본사에서 제작한 표준 자료를 사용한다. 기본적인 필립스의 역사, 창립자에 관한 것뿐만 아니라 '브랜드'의 의미를 포함한 BrandView 교육(p241 참고), 브랜드 약속이 목표로 하는 것은 고객에게 일관성 있는 메시지를 주기 위함이라는 것까지 포함된다.

오리엔테이션은 기본적으로 새로운 직원이 기업 문화에 흡수되기에 앞서 그 문화를 이해하는 데 도움이 되는 과정인데, 그 과정에 BrandView를 심어 주고 필립스가 중요하게 생각하는 것을 주지시킴으로써 기본 문화에 대한 저항을 줄이고 태도의 변화를 준비하는 것이다.

(5) award and event

"글로벌 행사인 simplicity event에 참석하기 위해 홍콩에 다녀온 적이 있다. simplicity event는 필립스가 가고자 하는 방향에 맞게 어떤 제품들이 어떻게 제품 혹은 솔루션화 되는지 보여주는 이벤트다. 매년 상징적인 도시에서 행사를 하는데, 직원들이 sense and simplicity에 대한 이해가 많이 부족할 때였던 2006~2007년쯤에는 지역별로 직원들을 초대해 보여주고, 브랜드 약속을 직접 체험하게 도움을 주었다."

필립스는 2005년부터 조직 내외부에 브랜드 약속을 공표하고 그 결과를 보여주기 위한 연례행사로 simplicity event를 개발했다. 파리, 런던, 홍콩, 모스크바 등에서 열린 이 행사는 주로 필립스가 'simplicity가 이끄는 디자인simplicity-led design'을 하고 있다는 사실을 제품을 통해 보여준다. 필립스는 이 행사에 외부인뿐만 아니라 내부 조직원들도 참석하게 하고 있다. 조직원들은 이 행사에 참여하여 필립스가 중요하게 생각하는 브랜드 약속이 가까운 미래에 어떻게 제품화되어 고객들에게 전달될 것인지 알게 된다. 그리고 동시에 브랜드 약속이 단순히 회사 내부에서만 머무르는 것이 아니라 고객에게까지 전달될 중요한 가치라는 사실을 스스로 되새기게 한다.

3) 브랜드와 비즈니스가 상생하다

필립스가 이토록 비즈니스에 브랜드 관점을 녹이고, 직원들에게 체화되도록 많은 것을 투자했을 때 얻을 수 있는 실질적인 이익은 무엇일까?

먼저 비즈니스 관점에서 의도했건 의도하지 않았건 sense and simplicity는 브랜드 약속임과 동시에 비즈니스 관점에서도 업무에 적용되었을 때 효율성과 신속함을 제공할 수밖에 없는 키워드다. sense and simplicity는 1차적으로 복잡한 업무 절차를 간소화하고 불필요한 일을 하지 않게 함으로써 직원들의 업무 효율성에 도움을 주었다. 이여경 대리와 박선영 차장의 이야기를 들어 보자.

이여경 sense and simplicity에 대해서는 대부분 호의적인 반응을 보이는 것 같다. 왜냐하면 업무를 진행할 때도 훨씬 효율적으로 단순화할 수 있는 방법들을 자연스럽게 생각해 내서 적용할 수 있고, 회사에서도 이를 브랜드 차원에서 권장하기 때문이다. 회사에서 모호하게 '우리 잘해 보자' '수익을 내자'라고 말하는 건 지키기 어려운 게 사실이다. 하지만 sense and simplicity라는 약속 아래서 모두 바뀌었다고 보면 된다.

박선영 오랜 기간 필립스에서 일해온 분들은 적응하기 어려울 만도 한데, 복잡하고 구태의연한 것들이 많이 없어져서 더 좋다고 말한다. 예를 들어 올해 마케팅 예산을 결정을 할 때는 작년보다 불필요한 작업이 훨씬 적어졌다. 과거에는 반복 작업을 하는 일이 많았는데, 이제 그런 일이 없도록 방향을 간단하게 제시하고 그게 확실해지면 움직인다. 예전엔 8월에 시작해서 11월에나 끝났을 다음 해 마케팅 플래닝 업무도 작년 말에는 한 달 만에 끝났다.

비즈니스보다 브랜드 관점에서 얻는 이익은 사실 정확히 수치화하기 어렵다. 하지만 필립스가 분명한 성과를 거두었다는 것은 확실해 보인다. 2008년 인터브랜드 조사에 따르면 필립스의 브랜드 가치는 2004년 브랜드 약속을 공표한 이래 2배 가량 성장하여 약 83억 달러를 기록하였다. 물론 브랜드 가치의 증대가 100% 직원 교육의 성과라고 볼 수는 없다. 하지만 브랜드를 구축하는 데 있어 대외적으로 직원들이 기준점을 가지고 일관된 메시지를 제공한다는 면에서, 또 정량화하여 측정할 수 있는 부분이 많지 않은 상황에서 브랜드에 투자하고 이를 교육하기 전후 브랜드 자산 가치가 200%에 가까운 성장치를 보였다는 것은 필립스에게 큰 의미가 있다.

4) 성공이 BrandView를 다시 찾게 하다

브랜드에 집중하고, sense and simplicity를 필립스다움으로 소화하려는 노력이 만들어 낸 브랜드와 비즈니스상의 성공은 다시 한 번 전 직원에게 이 노력이 왜 필요한지 알려 주는 계기가 된다. 예를 들어 앞서 언급한 인터브랜드의 브랜드 가치 조사와 같은 내용은 그것이 실제로 얼마나 정확하고 기업의 자산이 되었는가를 떠나서 성장 그 자체로 브랜드의 중요성을 모르는 직원들을 설득할 수 있는 도구가 되기도 하는 것이다. 니콜라스 인드도 《브랜드 챔피온》에서 "어느 조직이나 브랜드 가치를 평가절하하는 냉소적인 직원들은 있게 마련이다. (중략) 경영진들에게서 브랜드의 신뢰와 이해를 끌어내기 위해서도 브랜드 평가가 필요하다"고 말했다.

이렇듯 비즈니스와 브랜드의 상생은 그 성공을 목도한 전 직원이 지속적인 브랜드 관점을 가지고 sense and simplicity에 집중하도록 유도한다. 이런 브랜드 중심의 비즈니스 흐름이 완성되면 기업과 직원들은 그것을 더 발전·성장시키는 데 매진할 수 있다.

To be simple, 2B simple

"이미 simplicity가 직원들의 업무 프로세스에 많이 녹아 있는 것 같다. 일할 때마다 그것을 기준으로 두고 중간에 체크하기 때문이다. 브랜드가 업무를 하는 데 살아 있는 듯한 느낌을 많이 받는다."

아마 브랜드 교육을 하고자 하는 기업이나 교육 담당자들이 하는 가장 큰 고민은 브랜드와 비즈니스를 직원들이 동떨어지지 않은 것으로 받아들이게 하고, 실제로 성과를 내도록 하는 방법일 것이다. 필립스의 사례를 살펴보면 브랜드와 비즈니스가 다른 이야기를 하지 않으며, 또 상생할 수 있다는 사실을 목도하게 한다. 필립스는 지난 20여 년간 몸집을 줄이고 변화시키는 과정에서 혼란과 어려움을 겪었겠지만 그 해답을 브랜드에서 찾았고, 브랜드를 통해 실제로 직원을 한곳으로 모으고 성과를 내고자 하는 필립스의 이런 움직임은 배울 점이라 할 수 있다.

필립스가 sense and simplicity를 직원에게 체화하고자 하는 움직임은 이제 더 큰 성과를 기다리고 있다. 유형의 제품을 기반으로 하는 비즈니스의 경우 제품 자체가 얼마나 브랜드의 약속을 뒷받침할 만한 아이디어를 가지고 기술로 뒷받침하여 제품화하느냐가 기본 중의 기본이자 관건이라 할 수 있다. 제아무리 좋은 브랜드 약속이 있다 해도 소비자들을 만나는 제품이 이를 뒷받침하지 못한다면 그 브랜드 약속은 직원에게 체화된 보람도 없이 고객에게 전달될 수 없을 것이다. 물론 필립스 같이 큰 기업이 브랜드 약속을 만들고 그것을 직접적으로 제품에 반영할 때까지는 기본적으로 필요한 시간이 있다. 박선영 차장도 "이제 sense and simplicity를 기반으로 한 제품이 서서히 나오고 있고 시장에 변화한 모습을 보이고 있으니 앞으로 좀더 나아질 것으로 기대한다"고 하니, 필립스의 변화는 아직 끝나지 않은 듯하다.

피터 드러커는 《미래 경영》에서 "기업의 목적과 사명에 대한 정의, 사업에 대한 정의가 내려지고 나면 그것은 반드시 구체적인 목표로 표현되어야 한다"고 말했다. 피터 드러커는 구체적인 목표가 어떠해야 하는지를 말하기 위함이었지만, 이 말은 브랜드 관점에서 브랜드 교육의 방향과 현실적인 실행을 위한 탁월한 통찰력을 제공한다. 다음 다섯 가지 내용에서 '목표'를 자사의 '브랜드다움을 교육하는 것'으로 바꿔 본다면 브랜드 관점의 교육이 낼 성과와 브랜드와 비즈니스의 상생점을 동시에 유추할 수 있을 것이다.

피터 드러커는 목표(브랜드다움을 교육하는 것)란 무엇이며 어떻게 수립해야 하는지 다음과 같이 정리한다.

①목표(브랜드다움을 교육하는 것)는 우리의 사업은 무엇이며, 무엇이 될 것이고 그리고 무엇이 되어야만 하는가?라는 질문에 대한 대답으로부터 도출하고 추상적이어서는 안 된다.
②목표(브랜드다움을 교육하는 것)는 행동과 관련된 것이어야 하며, 구체적 작업으로 전환될 수 있어야 한다.
③목표(브랜드다움을 교육하는 것)는 회사의 모든 자원과 노력을 가능한 한 한곳에 집중시킬 수 있어야 한다.
④목표(브랜드다움을 교육하는 것)는 한 가지가 아니라 여러 가지여야 한다. (단 하나의 목표를 위한 맹목적인 교육이 아니라 기업의 다양한 요구들과 목표들 간의 균형이 필요하다는 의미다.)
⑤목표(브랜드다움을 교육하는 것)는 기업의 성패에 영향을 미치는 모든 부문에 필요하다.

브랜드는 결코 비즈니스와 분리시켜 생각할 독자적이고 비현실적인 '학문'이 아니다. 따라서 브랜드가 자신다움$^{brand-ness}$을 찾고 그것을 강화해, 모든 구성원들이 그것에 동화될 수 있도록 교육하는 것도 비즈니스와 분리해서 생각할 수 없으며, 생각해서도 안 된다.

어떤 브랜드의 '브랜드다움'에는 브랜드 약속을 비롯한 브랜드 철학과 원칙, 문화, 환경적 요소들이 녹아 있다. 그리고 그것을 어떻게 기업에 맞게 적용할지는 각자가 고민해봐야 할 문제다. 그러나 기업이 자사 브랜드가 약속한 대로 되기 위해서 브랜드와 비즈니스 모두에 이를 적용한 필립스 To be simple, 2B simple와 같은 노력은 어느 기업에서도 결국 괄목할 만한 성과를 가져올 것이다. UB

김한수 서울대학교 인문대학을 졸업하고 국제대학원에서 석사 과정을 마쳤다. Applied Materials Korea와 Sony Supply Chain Solutions Korea의 인사부를 거쳐 2005년에 필립스전자에 입사하였다. 2007년부터 Country HR Head를 맡고 있고 현재 인사담당 부장으로 재직 중이다.

이여경 숙명여자대학교 경영학과를 졸업하고 코오롱건설을 거쳐 2004년 필립스전자에 입사하여, 현재 인사부 대리로 채용과 복리후생을 담당하고 있다.

not coffee business but people business, not employee but partner

스타벅 선장의 항해술, 스타벅스

The interview with 스타벅스 인사팀 과장 송명희, 마케팅 팀장 안지웅, 커피대사 이병엽

이름이 운명을 결정한다고 한다. 특히 브랜드의 이름은 그 브랜드의 정체성과 존재 이유까지 설명하곤 한다. 스타벅스는 허먼 멜빌Herman Melvile의 소설 《백경Moby Dick》에 등장하는 일등 항해사의 이름 스타벅starbuck에서 출발한다. 스타벅은 커피를 좋아하는 항해사고, 스타벅스의 창업자 중 한 명(하워드 슐츠는 창업자가 아니라 이들의 사업을 인수해서 글로벌 브랜드로 성장시킨 인물이다)이 《백경》의 애독자였다고 한다. 그래서인지 스타벅스 사람들은 스타벅을 캡틴이라 부르며 따르는 스타벅의 후예들, 한 배에 탄 공동 운명체 같다. 놀라운 것은 스타벅의 후예들이 한국에만 317개 점포 3,500여 명, 전 세계적으로는 1만 6,000여 점포에 17만 명이 넘는다는 것이다. 이들은 유난히 스타벅스를 사랑하며 자부심이 높기로 유명하고, 스타벅스를 떠나서도 스타벅스에서만 커피를 사 먹겠다고 말한다. 도대체 뭘까? 스타벅 선장이 유니클로의 멍키 매뉴얼과 같은 철저한 매뉴얼이 없는데도 이 수많은 사람을 한 배에 태우고 40년 가까이 한 길way로 항해할 수 있는 이유 말이다.

스타벅스에는 비퍼beeper가 존재하지 않는다는 사실을 아는가. 안다면 왜 없는지 생각해 본 적 있는가. 대부분의 커피 전문점에는 고객의 편의를 위해서 비퍼 시스템을 구축해 놓았는데, 왜 스타벅스에만 이런 편리함이 없을까? 비퍼가 없는 것이 '스타벅스답지 않아서'라고 생각했다면 당신은 스타벅스의 브랜드 철학을 하워드 슐츠 회장 수준에서 이해하는 것이다. 스타벅스는 손님이 커피를 주문하고 잔에 담긴 커피를 받기까지 바 주변에서 기다리다가 "라떼 한 잔 주문하신 분이오"라는 목소리가 들리면 직접 받아 간다. 미국 현지에서는 아직도 종이컵에 커피를 주문한 사람의 이름을 써서 이름을 불러 준다고 한다. 반면 다른 대형 커피 전문점들을 상상해 보라. 커피를 주문하면 영수증과 함께 비퍼를 주고, 그 비퍼가 울리면 비퍼와 커피를 교환하는 형식이다. 이유가 뭘까. 비퍼가 프로세스의 간소화를 이룸으로써 효율성을 높이고 고객에게 더 빠른 서비스를 제공할 수 있는데, 아직도 아날로그 방식을 고집하는 이유 말이다. 답은 잘 구축된 '자기다움'에 있다. 스타벅스에 비퍼가 없는 이유는 바로 '자기답지 않기 때문'이다.

스타벅스는 자기다움을 '스타벅스 경험' '제3의 공간'이라는 일반적 용어로 설명한다. 그렇지만 스타벅스코리아의 교육 담당자 송명희 과장은 그 의미를 다음과 같이 설명한다. "스타벅스는 커피라는 물건을 파는 것도 아니고, 고객에게 웃어 주는 서비스를 하는 것도 아니다. 'One cup at a time'이라는 말로 설명할 수 있을 것 같다. 고객에게 커피 한 잔을 드리는 것은 그 고객의 하루를 책임지는 것이다. 그게 음료수가 될 수도 있고, 미소가 될 수도 있고, 격려의 말이 될 수도 있다. 한순간의 스타벅스 경험을 제공해야 한다는 것이 교육에서도 많이 강조된다. 우리가 커피를 전달하는 순간의 기분을 가지고 스타벅스 밖에 나갔을 때 기분 좋게 하루를 시작하고, 또 마무리할 수 있게 하는 것이다. 스타벅스는 커피 전문 기업이지만 커피 사업coffee business을 하는 곳이 아니라, 사람 사업people business을 하는 곳이다."

이것이 스타벅스가 생각하는 스타벅스다움이기 때문에 이 기준에서 모든 의사 결정이 이루어진다. 스타벅스다움이 무엇인지 알고 다시 매장에 가서 그들이 말하는 '스타벅스 경험'을 체험해 보니 보이지 않던 것들이 보인다. 바리스타가 커피를 전달할 때 나와 눈을 마주치며 미소 짓고, 그들의 앞치마에는 배지badge가 달려 있으며, 바 안쪽에는 녹색이 아닌 검은색 앞치마를 한 사람도 있고, 매장의 한쪽 벽면에는 '파트너 공간'이라는 문패가 보인다. 모든 것이 스타벅스다움을 기준으로 세팅되었다.

이러한 스타벅스다움을 만드는 스타벅스의 브랜드 교육은 '파트너'를 중심으로 만들어진다. 스타벅스는 내부 고객을 직원employee이라 부르지 않고, 서로 파트너partner라고 부른다. 그리고 파트너에게 '스타벅스 경험'을 경험시키고, 그들이 진정 직원이 아니라 파트너임을 경험시킴으로써 '스타벅스다움', 즉 사람 비즈니스를 하는 커피전문 브랜드로 동기화하는 것이다.

특히 고객과 접점이 많은 소비재나 서비스 브랜드, 그 접점에 수많은 내부 고객이 외부 고객과 맞닿은 브랜드는 비자VISA의 브랜드 마케팅 부서 부사장 베키 세이건의 말을 기억할 필요가 있다. "사원들이야말로 우리의 브랜드다. 사원 한 사람 한 사람이 고객과 접촉하고 있다." 스타벅스는 스타벅스 사람들을 스타벅스다움으로 동기화해 고객들에게 사람people을 통해 스타벅스 경험을 전달한다. 이때 스타벅스다움이 무엇인지 수많은 사람들과 커뮤니케이션하기 위한 도구가 있는데, 스타벅스의 헌법과 같은 사명선언서mission statement다.

당신 기업의 사명선언서는 죽어 있습니까, 살아있습니까?

"스타벅스는 하워드 슐츠가 없어도 문제없다. 스타벅스는 하워드 슐츠가 아니라 사명선언서에 의해서 움직이는 브랜드기 때문이다."

《브랜드 비즈니스를 움직이는 힘Building the Brand-Driven Business》의 저자 스캇 데이비스Scott M. Davis는 브랜드 기반의 기업 문화를 구축할 때 사명선언서가 액자 안의 몇 문장이 아닌, 직원들의 신념 시스템이 되어야 한다고 말한다. 이어서 사명선언서가 사문서인지 신념 시스템으로 행동을 유발하는지 확인하기 위해 몇 가지 질문을 추천한다.

- 사원들은 우리 회사가 하는 일이 무엇이라고 믿는가?
- 사원들은 우리 브랜드가 상징하는 것을 무엇이라고 믿는가?
- 어떠한 요소가 사원들의 행동을 유발하는가?
- 사원들에게 동기부여하는 것은 무엇인가?

스타벅스에서 B3(바리스타barista 3단계, 파트타이머 중 가장 낮은 직급)에서 시작해 부점장을 지내고, 현재는 스타벅스 커피대사coffee ambassador로 선정되어 활동 중인 이병엽 대사에게 이 질문을 던졌다.

스타벅스가 하는 일은 무슨 일이라고 믿는가?
맛있는 커피를 많은 사람들이 알 수 있도록 하는 일을 가장 중요하게 여기는 것 같다. 또 '스타벅스 경험'을 제공하고, 집, 직장, 학교가 아닌 '제3의 공간'을 제공하는 일이라고 생각한다.

그럼 스타벅스가 상징하는 건 뭐라고 생각하나?
LG나 삼성 하면 반도체나 휴대폰이 떠오르는 것처럼 사람들이 스타벅스라고 하면 커피를 떠올리는 것 같다. 스타벅스의 상징은 커피다.

일을 하면서 어떤 요소가 당신의 행동을 유발하나?
사람을 상대하는 서비스업이기 때문에 상당히 어렵지만, 내가 손님에게 희생하고 봉사해야겠다는 마음이 내 행동을 유발하는 것 같고, 커피에 대한 열정이 그렇다. 나를 포함해 스타벅스에 있는 많은 사람들은 커피가 너무 좋아서 근무하는 사람들이다. 커피에 대한 열정이 가득해서 항상 커피를 공부하고, 커피 관련 서적을 읽고, 커피마스터 자격증을 따려고 1년간 공부한다.

스타벅스는 무엇으로 내부 직원을 동기부여한다고 생각하나?
독특한 회사라는 점 자체로 동기부여가 된다. 예를 들어 'Just say yes'라는 교육을 한다. 고객이 해 달라는 대로 해주는 것이다. 또 직원을 직원이라고 부르지 않고 파트너라고 부른다. 실제로 파트너십을 이룬다고 느낀다. 고객을 존중하는 만큼 파트너를 존중하게 하는 것들이 모티베이션을 만든다.

1단계는 통과라고 할 수 있다. 그래서 2단계 질문을 던졌다. "스타벅스의 사명선언서가 무엇인지 아나?" 다행히 스타벅스의 사명선언서는 사문서가 아니었다. "물론 안다. 커피, 파트너, 고객, 매장, 이웃, 주주다. 사명선언서 자체에 대해서 교육을 받는다. 그렇지만 외우는 것이 아니라 사명선언서를 실제로 중요하게 생각하는 것이 중요하다."

스타벅스의 사명선언서가 갖는 의미에 대해서는 마케팅 팀의 안기웅 팀장이 부연 설명을 해 주었다. "사명선언서는 스타벅스의 모든 활동의 근거가 된다. 스타벅스의 하워

스타벅스는 사람 사업이라는 자기다움을 위하여 비퍼 시스템 대신 손님을 직접 대면하는 아날로그 방식을 고집하고 있다.

드 슐츠 회장이 없어도 잘 돌아갈 것이냐고 물었는데, 물론이다. 스타벅스는 하워드 슐츠가 아니라 사명선언서에 의해 움직이는 브랜드다.[10] 오랫동안 사명선언서를 기준으로 의사결정을 해 왔기 때문에 이제는 자연스러운 것이 되었다."

하지만 〈그림 1〉의 사명선언서를 읽으면 이것이 어떻게 원칙과 근간이 되며, 모든 행동의 기준이 되는지 의아하다. 당연하고 추상적인 말을 나열한 것 같기 때문이다. 이러한 의문은 스타벅스의 전 부사장 아서 루빈벨트[Arthur Rubinfeld]의 《소매업 성공 전략[Built for Growth]》을 보면 조금 풀린다. 〈그림 1〉은 스타벅스가 어느 정도 성공한 뒤 재정립한 사명선언서라고 한다(《스타벅스, 한 잔에 담긴 성공신화》에서 현재의

사명선언서와 초기의 사명선언서가 다름을 확인할 수 있다). 스타벅스는 어느 날 세계에서 가장 큰 커피 전문점을 건설하는 것을 목적으로 삼아도 되는지 고민하다가 짐 콜린스의 도움을 받아 사명선언서를 재정립한다. 다음은 그의 책에서 발췌한 문장들이다.

"짐 콜린스는 고위 경영층의 워크숍에서 10명의 경영자를 2개 팀으로 나눴다. 내가 속한 팀은 기업사명서를 다시 작성하는 임무를 부여받았다. 5명의 팀원에게 각자 사명서 개선안을 만들도록 지시했다. 우리는 다시 모여서 각자가 작성한 사명서를 낭독했는데, 놀라운 일이 일어났다. 5명 가운데 4명이 '정신'이라는 용어를 담았다. 정신! 나에게 아주 중대한 순간이었다. (중략) '인간 정신을 발달시키기 위하여'라는 문구는 공식적인 사명서에 다소 거창한 감이 있는 듯했지만, 내부 문서에는 자주 사용되었다."

그때 개선된 사명선언서는 현재까지 유지되고 있다. 그는 책에서 사명서에 대한 개인적인 입장을 밝히는데, 사명서는 일종의 표어나 슬로건이 아니라 문장이 얼마나 길든 상

스타벅스의 사명
인간의 정신에 영감을 불어넣고 더욱 풍요롭게 한다.
이를 위해 고객 한 분, 음료 한 잔,
이웃 하나에 정성을 다한다.
우리는 다음의 원칙을 매일 실천한다.

우리의 커피
최고 품질의 커피를 위해 항상 노력한다.
윤리적으로 구매한 최상품 커피 원두를 최고의 방식으로 배전하며, 커피 농가의 삶 개선을 위해 함께 노력한다.

우리의 파트너
우리는 서로 파트너라 부른다.
일이 아닌 열정으로 만났기 때문이다.
서로 존중하며, 하나로 뭉칠 수 있는 일터를 만들기 위해 다양성을 포용한다.

우리의 고객
우리는 정성을 다해 고객들과 마음을 나누고, 이분들의 일상을 풍요롭게 한다.
정성껏 만들어 드리는 음료 한 잔에서 출발하는 우리의 약속은 더 큰 뜻을 위한 노력으로 발전한다.
바로 더 나은 세상을 향한 인간적인 유대다.

우리의 매장
고객이 편안함을 느낄 때 우리의 매장은 일상의 휴식처가 되고, 진정한 만남이 이루어지는 곳이 된다.
때로는 느리게, 때로는 빠르게 삶의 속도에 맞춘 일상의 즐거움과 따뜻한 인간미가 넘쳐흐르는 곳이 우리의 매장이다.

우리의 이웃
우리의 매장 하나 하나는 지역사회의 환영을 받는 좋은 이웃이 되도록 최선을 다한다.
파트너와 고객, 지역사회가 하나 되어 필요한 노력과 행동을 해 나갈 수 있도록 우리의 책임과 역량을 키운다.
스타벅스의 노력을 모두 지켜보고 있으며, 우리는 항상 앞장서 실천할 것이다.

우리의 주주
우리는 이 모든 사명을 성실히 수행하여 우리의 성공이 주주의 보상으로 연결되고, 모든 이해 당사자들이 영원히 발전할 수 있도록 책임을 다한다.

우리는 언제나 앞으로 나아간다.

〈그림 1〉 스타벅스의 사명선언서

관없이 회사의 존재 의의가 무엇이고 무엇을 추구하며 무엇을 해야 할지 충분히 표현해야 한다고 말한다.

이러한 의도를 알고 스타벅스의 사명선언서를 다시 보면 다른 것들이 보인다. 여기에서도 눈에 띄는 점은 6가지 원칙 중 '파트너'가 있다는 것이다. 열정으로 만난 이들이 서로 파트너라 부르며 존중한다는 것은 하워드 슐츠의 철학에서 비롯되었지만, 사명선언서도 명문화됨으로써 스타벅스의 내부적 원칙이자 기준이 된 것이다. 외부 고객customer과 내부 고객partner을 위한 피플 비즈니스를 하는 스타벅스는 그들이 무엇을 하는 사람들인지 명확하게 하기 위하여 사명선언서를 기준으로 다양한 방법을 활용하여 파트너들에게 체화하고 있다.

열정도 교육될 수 있다고 생각하십니까?

"그때 커피마스터 자격증을 따지 않아서 커피에 대한 자신감이 없었다면, 'Just say yes' 교육을 받지 않았다면 고객 한 분을 위해서 카푸치노 여섯 잔을 만들지는 못했을 것이다."

스타벅스코리아가 스타벅스다움을 파트너들에게 체화하기 위해 진행하는 교육은 커피 교육과 스타벅스 철학 교육, 스타벅스코리아의 파트너인 신세계가 강조하는 윤리 경영 교육이다. 이것들은 궁극적으로 사명선언서의 6가지 축인 커피, 파트너, 고객, 매장, 이웃, 주주를 위한 교육인데, 이 6가지를 각각 교육한다기 보다 이중 '파트너'를 대상으로 '커피' 교육과 스타벅스의 철학을 갖추는 마인드 교육에 집중한다. 이는 커피 전문가가 된 파트너들이 서로 존중하는 법과 스타벅스 경험, 제3의 공간이라는 스타벅스의 철학

구분	교육 내용	
스타벅스 철학	스타벅스의 역사 스타벅스 경험 제 3의 공간 Just say yes	1971년 스타벅스의 창립부터 현재까지 역사 커피 기업으로서 고객 전달 가치의 재정의 스타벅스라는 커피 전문 매장에 대한 재정의 고객의 어떤 요구에도 "예"라고 대답
커피	바리스타 교육 커피 전문가 교육	Bar 교육(음료 제조법), 장비 교육(에스프레소 머신을 비롯한 커피 전문 장비 교육) 1년 과정의 사내 자격증인 커피마스터 교육
리더십	자신감 책임감 리더십	쉬프트 슈퍼바이저 대상, 러닝코치, 장비교육 부점장 대상, 현장관리자 마인드, 멘토링 심화 점장대상, 파트너들의 조화를 이끌어내는 리더

〈그림 2〉 스타벅스의 주요 교육 내용

스타벅스의 직원들은 커피마스터와 같은 전문적인 커피 교육을 통하여 커피에 대한 열정을 갖게 된다.

출판 브랜드들이 '미디어'가 무엇인지, '책'의 본질이 무엇인지 교육할까. 통신 브랜드들은 '커뮤니케이션'의 본질에 대해서 교육할까. 의류 브랜드들은 '옷'이 갖는 의의에 대해서 교육할까 생각해 보면 스타벅스의 커피 교육에는 무언가 다른 의도가 있을 것 같다.

더십 교육이 있다. 하지만 스타벅스인을 만드는 것은 직급별·직무별로 체계화된 커리큘럼이 아니라, 이들에게 자부심을 만들어주는 '커피 교육'이다. 스타벅스의 파트너들이 스타벅스에 입사할 때 분명 스타벅스라는 최고의 브랜드에서 일한다는 자부심도 있었을 테지만, 입사한 뒤에는 그것이 '커피 전문가의 자부심'으로 바뀐다. 스타벅스의 커피 교육은 한 명 한 명을 커피 전문가로 만드는 데 목표를 두기 때문이다.

스타벅스 교육담당자도 스타벅스의 가장 특별한 교육이 무엇인지 물었을 때, '커피 교육'이라고 대답했다. 커피 브랜드에서 커피 교육을 하는 것은 당연한 일이 아닐까. 그렇지만 많은 커피 브랜드들이 커피 자체에 대한 교육을 강조하지 않는 것을 포함하여, 다른 카테고리의 브랜드들이 과연 자신이 제공하는 제품 자체에 대한 교육을 하는지 생각해 보자. 출판 브랜드들이 '미디어'가 무엇인지, '책'의 본질이 무엇인지 교육할까. 통신 브랜드들은 '커뮤니케이션'의 본질에 대해서 교육할까. 의류 브랜드들은 '옷'이 갖는 의의에 대해서 교육할까 생각해 보면 스타벅스의 커피 교육에는 무언가 다른 의도가 있을 것 같다. 이에 대해 송명희 과장의 부연 설명을 들어 보자.

"질의서에 스타벅스만의 차별화된 교육이 있냐는 질문이 있었다. 대답은 '커피에 대한 열정'이라고 할 수 있을 것 같다. 우리는 커피 전문가를 키워 내는 커피 기업이다. 그래서 B3부터 기본적인 바리스타 교육이 이루어지고, 조금 특별한 것은 커피마스터라는 사내 자격증 제도다. 커피마스

을 이해하면 자연스럽게 '고객'에게 전달된다고 생각하기 때문이다. 또 스타벅스와 신세계가 동시에 강조하는 윤리 경영 교육은 '이웃'을 위한 것이며, 이 모든 교육이 성실히 이루어졌을 때 '주주'에게 올바른 이익이 돌아간다고 믿는다.

구체적으로는 B3, B2, B1, 슈퍼바이저, 부점장, 점장이 되어 감에 따라 기본적으로 받는 위의 3 가지 카테고리의 교육과 직급이 올라갈수록 더 많이 받아야 하는 관리자 리

터가 되기 위해서 거의 1년 동안 5단계를 거쳐야 하는 쉽지 않은 과정이다. 커피에 대한 일반 상식과 커피 테이스팅 교육, 커피 전문 서적으로 독서 통신 교육을 받은 뒤 필기시험을 치르고, 평가가 완료되면 실습 능력을 배양하기 위한 입문 교육이 시작된다. 하지만 자격증을 딴다고 끝이 아니다. 이것을 유지하기 위해 점포에서 고객을 대상으로 커피 세미나를 진행한다. 커피마스터들은 명함에 '커피마스터'라고 명기되고, 매장에서 그린이 아닌 블랙 에이프런을 한다. 태권도의 검은 띠 같은 개념이다. 물론 보상도 따르지만, 전문가로 인정받고 자신의 커피에 대한 열정을 펼칠 수 있는 기회라고 생각한다."

커피마스터는 스타벅스만의 것이다. 그러나 이렇게까지 확신에 차서 설명해 주는 사내 자격증 제도가 단순히 자격증을 의미하지는 않을 것이라는 확신이 들었다. 이병엽 커피대사에게 물었다. "도대체 스타벅스가 말하는 커피에 대한 열정은 무엇인가? 교육이 열정을 만들 수 있는 것인가?"

"열정이 교육한다고 생길지는 잘 모르겠다. 그런데 스타벅스에서 일 할수록 커피에 대한 열정이 생기고, 실제로 그때 자부심을 느낀다. 커피 교육을 받으면서 '내가 커피 회사에 들어와서 커피 전문가가 되지 않으면 이 회사에서 고객에게 할 수 있는 일이 도대체 뭐란 말인가' 하는 생각이 들었다. 이를테면 이런 거다. 매장에서 근무할 때 굉장히 까다롭게 음료를 드시는 분이 있었다. 카푸치노를 주문하시면서 에스프레소의 양이나 우유의 온도 등에 대해 아주 정확하게 요구하셨는데, 마셔 보니 아닌 것 같다고 다시 만들어 달라고 했다. 그러다 총 여섯 번을 새로 만들었다. 물론 '드셔보시고 마음에 안 들면 말씀해 주세요'를 여섯 번 말하는 동안 나는 더욱 잘 만들어야겠다는 생각이 들었고, 반면 그분의 혀 감각은 둔해졌을 거다. 마지막까지 마음에 들지 않았을지도 모른다. 그렇지만 맛보다 나의 열정을 보고 맛있다고 하고, 다음에 또 오신 것 같다. 그때 내가 커피마스터 자격증을 따지 않아서 커피에 대한 자신감이 없었다면, 'Just say yes' 교육을 받지 않았다면 그럴 수 있었을까 하는 생각을 한다."

스타벅스에 모인 사람들은 자신이 커피마스터와 같은 전문가가 됨으로써 고객과 파트너들이 서로 존중하고 존경받을 수 있다는 것을 경험한다. 커피를 좋아하는 사람들이 모인 커피 기업에서 커피 교육을 했을 뿐인데 커피에 대한 열정이 만들어지고, 파트너들 스스로 커피와 스타벅스에 대한 자부심을 느낀다. 자신은 단지 커피를 파는 것이 아니라 커피에 대한 열정을 팔며, 커피를 전달하는 순간의 경험을 고객에게 제공하는 일을 한다는 것을 알아간다.

스타벅스는 다양한 방법으로 동기부여를 하는데, 비경제적이더라도 유인도(그 사람에게 매력적인 보상)를 높이는 방법을 활용한다.
1. 스타벅스 커피대사 선발 대회
2,3. 다양한 사내 어워드 프로그램
4. 커피마스터에게 주어지는 블랙에이프런과 명함
5,6. 사내 어워드의 보상 프로그램인 해외 연수를 통해 방문하게 되는 미국 시애틀 본사와 시애틀 본사만의 스타벅스 컵

보상은 당신의 직원들에게 충분히 매력적입니까?

"커피대사가 되고 나서 3주간 시애틀에 다녀왔다. 시애틀에 간다는 것은 스타벅스인들에게 상당한 영광이다. 커피의 도시, 스타벅스의 본사가 있는 곳이자, 존경하는 하워드 슐츠 회장이 있는 곳이기 때문이다."

스타벅스의 창업자 하워드 슐츠가 스타벅스를 브랜드로 만드는 과정과 자신의 생각을 담은 《스타벅스, 커피 한 잔에 담긴 성공 신화》에 따르면 그는 초기부터 '파트너'와 '파트너의 교육'에 상당 부분 무게를 두었음을 알 수 있다. "우리는 처음에 소비자가 아니라 회사 사람들과 함께 스타벅스 브랜드를 만들었다. 그것은 크래커나 시리얼 회사의 브랜드 구축 전략과는 정반대의 시도였다. 우리는 고객의 기대를 충족시키거나 능가하기 위한 가장 좋은 방법은 훌륭한 사람들을 고용하고 교육하는 것이라고 믿었기 때문에 우선 종업원들에게 투자했다."

이때 크래커나 시리얼 회사와 다르다고 한 이유는 업자체의 차이에서 기인한다. 시리얼이나 크래커가 얼마나 많은 소비자들을 만나느냐는 얼마나 많은 유통 회사와 관계를 맺느냐에 있다. 시리얼 회사의 직원 대부분은 직접 고객을 만나지 않는다. 하지만 스타벅스의 경우 17만 명이 넘는 직원 중 80~90% 이상이 고객과 접점에서 일한다. 스타벅스가 캔커피 유통, 자판기, 티백 커피 브랜드였다면 파트너에 대한 중요성과 그들의 교육이 조금은 덜 중요했을지도 모른다. 내부 고객과 외부 고객의 접점이 많은 브랜드에서는 브랜드 교육에 더 많은 투자를 해야 한다.

이런 브랜드는 대부분 서비스 교육이라는 이름으로 교육을 진행한다. 스타벅스의 많은 교육도 사실은 서비스 교육이다. 그렇지만 관점을 달리해서 그것을 '커피 전문가(바리스타, 커피마스터) 교육' '스타벅스 경험 교육'이라 부른다. 방법에 있어서도 스킬 교육이라기보다는 마인드 교육에 가깝다. 특히 이 파트에서 다룰 내용은 이들이 그러한 마인드를 갖게 하기 위한 방법이다. 스타벅스와 브랜드 교육이라는 주제로 인터뷰가 진행되는 중 가장 많이 들을 수 있었던 단어는, '스타벅스 경험' '파트너' '모티베이션'이다.

동기부여는 경영자들뿐 아니라 심리학자들에게도 오래된 고민이다. 인간을 움직이게 하는 동인이 무엇이냐에 대한 것이기 때문이다. 그래서 경영학에서만 해도 맥그리거,

애덤스, 매슬로 등이 X·Y이론, 공정성이론, 욕구단계론이라는 이름으로 평생의 연구 주제를 삼기도 했다. 그렇지만 덩샤오핑이 말했듯, '행동만이 유일한 진실'이기에 책 속의 이론은 현장으로 연결되어야 한다. 그런 측면에서 스타벅스는 다양한 동기부여 방법을 현장에 적용하고 있는데, 커피 교육으로 커피에 대한 열정을 만들어 주는 부분과 작은 도전 과제들을 준다는 것이다. 그리고 여기에 항상 경제적 혹은 정신적 보상이 뒤따른다.

기대이론(유니타스브랜드 Vol.12 p174 참고)으로 유명한 브룸^{Vroom}에 따르면, 기대(주관적 믿음)^{expectancy}, 수단성(달성의 가능성)^{instrumentality}, 유인도(행위의 가치)^{valence} 의 3가지 요소의 값이 각각 최대값이 되면 최대의 동기부여가 되는데, 중요한 것은 기대이론 공식은 '동기부여=기대×수단성×유인도'기 때문에 이중 하나라도 0이 되면 전체 값이 0이 된다는 것이다. 스타벅스에는 늘 도전할 만한 과제와 보상이 존재하기 때문에 '기대'를 갖게되며, 도전 과제가 과도하게 어렵거나 하지 않다는 점에서 '수단성'도 만족시킨다. 보상은 '나이키 사람들'에게는 매력적이지 않더라도 '스타벅스 사람들'에게 매력적인 것들을 제공함으로써 '유인도'를 높인다.

예를 들어 커피에 대한 열정을 교육하는 과정에서도 1년에 걸쳐 커피마스터 자격증을 따는 동안 한 단계를 수료할 때마다 배지를 지급해서 그 사람이 현재 커피 전문가로 변신 중이라는 것을 다른 파트너들이 알게 한다. 또 커피마스터가 되면 명함에 커피마스터라는 직함을 추가할 뿐만 아니라, 블랙 에이프런이라는 명예를 안겨 준다. 정신적 보상뿐이라 하더라도 스타벅스의 파트너들은 '커피' 자체에 대한 욕심과 열정이 있는 사람들이기 때문에 스타벅스 내에서는 유인도가 높다. 그렇지만 항상 정신적 보상만하는 것은 아니다.

이에 대해 스타벅스가 제시하는 작은 도전 과제를 차례로 밟고, 그때마다 보상을 얻는 단계를 거쳐 현재 커피대사가 되었으며 서포트센터(본사) 근무를 하게 된 이병엽 커피대사의 말을 통해 그들이 받는 동기부여와 그에 따른 보상

보상방법	동기부여 방법	보상 내용
경제적 & 유인도 높음	사내 어워드 프로그램 - 베스트 파트너 상 - 올해의 커피마스터 상 - 베스트 스탠더드 상 - 머그 상	해외 연수
	사내 제도 - 사내 강사 제도 - 사내 승진 제도 - 올해의 커피대사	강사로서 명예와 강사료 파트너들에게 사내 승진의 우선권 해외 연수
비경제적 & 유인도 높음	사내 어워드 프로그램 - 베스트 CSR상	본인의 이름으로 자선단체 기부
	사내 제도 - 5Be 카드(thanks 카드) - 쌓이는 아이디어 제도	동료들의 자발적 칭찬의 문화 확산 파트너 존중의 문화의 확산
	상징적 어휘 - Partner , immersion, Support Center, Facilitator	파트너 존중 문화의 상징

〈그림 3〉 스타벅스의 다양한 동기부여 방법들

"회사에서 기회를 많이 주는 것 같다. 이 사람이 조금씩 업그레이드될 수 있도록 말이다. 나만 해도 입사할 때는 아무것도 모르는 바리스타였다. 그런데 들어와서 눈에 보이는 목표들을 향하다 보니 커피마스터 자격증을 따고, 부점장 승진 시험을 보고, 커피대사 대회에 참가했다."

을 이해할 수 있다. "교육을 받는 과정에서 스타벅스는 동기부여를 잘한다고 느낀 적이 있느냐"는 질문에 대한 대답이다.

"첫째 나를 가르치는 강사 자체가 나와 같이 근무하는 사람이라는 점이 자극된다. 어떻게 하면 강사가 될 수 있을까, 나도 강사가 되고 싶다는 생각을 했는데 금방 방법을 알게 되었다. 커피마스터가 되고, 장비 교육을 받고 시험을 통과하면 된다는 것이다. 또 근무를 하다가 검은 앞치마를 입은 분들을 보고 나도 그 앞치마를 입고 싶다는 생각이 들었다. 스타벅스에서 검은 앞치마는 실력이자 명예의 상징이고, 선망의 대상이기 때문이다. 그런 점에서 회사에서 기회를 많이 주는 것 같다. 이 사람이 조금씩 업그레이드될 수 있도록 말이다. 나만 해도 입사할 때는 아무것도 모르는 바리스타였다. 그런데 들어와서 눈에 보이는 목표들을 향하다 보니 커피마스터 자격증을 따고, 부점장 승진 시험을 보고, 커피대사 대회에 참가했다. 돌아보니 작은 목표를 수립하고 그것을 하나씩 수립하는 과정이 있었던 것 같다. 그 과정 자체가 재미있고 동기부여가 상당히 많이 되었다."

그는 이어서 2009 커피대사에 대한 보상으로 시애틀 본사를 방문한 소감을 전해 주었다. "커피대사가 되고 나서 3주간 시애틀에 다녀왔다. 시애틀에 간다는 것은 스타벅스인들에게 상당한 영광이다. 커피의 도시, 스타벅스의 본사가 있는 곳이자, 존경하는 하워드 슐츠 회장이 있는 곳이기 때문이다. 그 도시에 얼마나 많은 커피 회사들이 있는지 알았고, 그중에서도 아침에 스타벅스 앞의 줄이 제일 긴 것을 눈으로 보고, 우리가 '하 회장님'이라고 부르는 하워드 슐츠와 직접 만나 인사하는 것은 특별한 경험이었다. 또 스타벅스 본사가 얼마나 크고 체계화된 곳인지 볼 수 있었다."

스타벅스는 사내강사 제도, 사내 승진 제도, 배지라는 작은 보상 외에도 파트너들의 동기부여를 위해 여러 가지 방법을 활용한다. 대표적인 방법은 사내 어워드다. 스타벅스에는 베스트 파트너 상, 올해의 커피마스터 상, 베스트 CSR상, 베스트 스탠더드 상, 파트너들 사이의 최고 영예라는 머그 상 등이 있다. 파트너가 파트너를 선정하는 방식으로 정신적 보상뿐 아니라, 해외 연수의 기회를 준다거나 CSR상 수상자에게 본인의 이름으로 누군가를 후원하는

스타벅스 칭찬문화의 상징인 5Be 카드

등 해당 파트너의 유인도를 높일 수 있는(그 사람에게 매력적인) 보상이 주어진다.

'5Be 카드'는 스타벅스의 정신을 교육하는 프로그램이라 할 수 있다. 동기부여 전문가 조셉 미첼리가 스타벅스를 심층 취재하고 집필한 《스타벅스 사람들》에서는 다음과 같은 문장이 발견된다. "스타벅스의 직원 수는 1987년 100명에서 2006년 10만 명으로 폭발적으로 증가했다. 회사가 이토록 빠르고 공격적으로 성장하는 가운데 경영진은 인재를 끌어들이고 그들을 스타벅스 방식으로 교육하는 과제에 맞닥뜨리게 됐다." 여기에서 말하는 스타벅스 방식의 교육 중 하나가 5Be 카드다. 5Be 카드는 파트너들이 매뉴얼에 따른 고객 대응이 아니라 그들이 자신의 일에 온전히 매진하면서 집중해야 할 5 가지 행동 지침(5Be)이고, 이것은 스타벅스다운 파트너가 되는 것을 지향한다. 5Be란, 환영합니다Be welcoming, 감동을 드립니다Be genuine, 서로 배려합니다Be considerate, 지식을 갖춥니다Be knowledgeable, 함께합니다Be involved를 의미한다. 5Be 카드는 파트너들이 서로 칭찬하는 도구로 사용되는데, 동료 파트너가 5 가지 지침 중 잘했다고 생각되는 지침이 있으면 카드에 감사 혹은 칭찬의 메시지를 적어서 파트너에게 전달한다.

특별한 보상도 없기에 동기 유발 요인이 없을 것 같은, 그리고 귀찮고 사소한 것 같은 칭찬 시스템이 정말 문화로 정착되었는지 확인하기 위해 이병엽 커피대사에게 5Be 카드의 활용에 대하여 물었다. "매장에 파트너들 닉네임별로 5Be 카드 꽂이 함이 있다. 이것을 몇 개 이상 모으면 포상이 있는 것이 아니라, 자율적인 칭찬의 도구일 뿐이다. 그렇지만 상당히 소중하게 간직한다. 예를 들어 오늘 커피 테이스팅 시간에 좋은 정보를 준 파트너에게 '지식' 카드에 써서 준다. 종이 한 장일 뿐인데 파트너들끼리 친해지기도 하고, 칭찬을 잘 못 하는 사람에게 칭찬의 도구가 되고, 다른 사람들의 눈을 통해 자신의 좋은 점을 발견하는 계기도 된다. 나는 5년 동안 근무하면서 모은 카드들을 보고 마음을 다잡기도 한다."

당신은 당신의 브랜드가 무슨 일을 한다고 믿고 있습니까?

스타벅스는 직원 하나 하나를 브랜드로 만들기 위해서, 사명선언서를 기준으로 동기부여라는 방법론을 활용하여 스타벅스의 파트너로서 전문성과 자부심을 경험하게 만든다.

이 모든 것이 파트너들에게 주인의식을 만들어 하나 하나가 스타벅스를 대표하게 하는 것이라는 생각으로 귀결된다. 이에 대해 교육 담당자는 어떻게 생각하는지, 그 주인의식이란 어떻게 만들어지는지 궁금했다. "주인의식은 내가 낸 의견이 반영되고 실행되었을 때 생기는 것 같다. 그래서 파트너들의 목소리를 경청하는 것이 중요하다고 생각한다."

'경청' 역시 상당히 강조되는 부분이지만, 이것을 조직에서 실천하기란 어려운 일이다. 그래서 스타벅스는 여러 가지 제도적·상징적 경청의 장치를 마련했다. 이를테면 '쌓이는 아이디어'라는 파트너 제안 제도를 만들었다. 파트너들이 제안을 하면 현업 팀에서 담당자가 평가하고 우수 제안이라고 평가되는 것은 그 파트너에게 보상해 준다. 물론 바로 개선하는 것으로 이어진다. 또 스타벅스 내에서 사용되는 어휘를 통해서도 경청의 문화를 확인할 수 있다. 스타벅스에는 직원employee, 가르침teaching, 오리엔테이션orientation, 본사head quarter라는 말이 없다. 이 단어들을 직원이 아니라 협력자라는 의미의 partner, 가르치는 사람이 아니라 돕는 사람이라는 의미의 퍼실리테이팅facilitating, 스타벅스 경험에 흠뻑 젖어 들어보라는 의미의 이머전immersion, 매장을 돕는 역할이라는 의미의 서포트 센터support center가 대신한

지를 가지고 있는 것이다.

마지막으로 스타벅스가 브랜드들에게 전달하는 메시지가 있다면 자신의 존재 가치가 무엇인지 분명히 해야 하며, 아직 그것을 찾지 못했다면 '자기다움'이 무엇인지 발견하고 그것을 정제해 나가야 한다는 점이다. 스타벅스가 런칭하던 초기에는 에스프레소 커피 문화가 하나의 트렌드로 끝나 버릴지도 모른다는 예측도 있었다. 한때 요거트 아이스크림이 유행하다 현재는 소수의 요거트 아이스크림 브랜드만 남아 있는 것처럼 말이다. 이는 찜닭이나 일본식 돈가스 시장에서도 마찬가지다. 트렌드로 시장을 뜨겁게 하던 몇 카테고리의 브랜드들은 그 트렌드가 끝나면 대부분 시장에서 철수하고 소수의 진정성 있는 브랜드만 살아남았다.

그렇지만 예상과 달리 커피 시장은 트렌드로 끝나버리지는 않을 것이다. 커피는 이제 한국 사회에서도 일상이 되었기 때문이다. 그래서인지 수많은 커피 전문점들이 여전히 시장에 진입하고 있다. 각각의 커피 브랜드들은 유통력, 브랜드 관리력, 서비스 교육 등으로 차별화를 꾀하고 있지만 이것만으로 궁극의 차별화를 만들기는 어렵다. 따라서 자신이 하는 일이 '무엇을 하는 일'인지 알아야 한다. 업을 어떻게 정의하느냐에 따라 어떤 교육을 하고 어떤 브랜드 관리가 이루어질지 결정된다. 스타벅스가 자신들을 커피 비즈니스가 아닌 피플 비즈니스라고 재정의하고 모든 내외부 시스템을 구축한 것처럼 말이다. 스타벅스가 피플 비즈니스를 한다고 자신의 존재 가치를 이해하지 않았다면, 매장에 비퍼 시스템이 작동하고 있을지 모르며, 교육비를 광고 예산으로 돌렸을지도 모른다.

커피는 커피 맛을 내야 하고, 스타벅스는 스타벅스 맛을 내야 한다. 브랜드들은 자기가 누구고, 어떤 맛을 내야 하는지 알아야 한다. 그렇다면 '스타벅스의 커피 맛'은 어떤 맛일까? 커피에서 나올 수 있는 최고의 맛과 스타벅스의 최고의 맛은 맛이 아니라 'One cup at a time'이라는 진정한 '멋(고상한 품격, 운치)'일 것이다. 눈을 감고, 코로 느끼고, 입 안을 적시며, 손으로 느끼는 것까지는 다른 '커피 전문점'에서도 느낄 수 있다. 하지만 스타벅 선장이 선원들과 고객들에게 주고 싶었던 것은 고된 항해 후에 시애틀 항구에서 느낀 '그 커피 경험의 멋'이다. 스타벅스 starbucks는 우리를 또 하나의 스타벅 starbuck(s)으로 생각하고, 그가 느낀 그 순간을 '스타벅스 경험'이라는 이름으로 전달하고 있다. UB

다. 미국 본사에는 고객의 불만사항이 아니라 파트너들의 불만을 해결해주는 부서가 24시간 3교대로 근무하고 있다고 한다.

이 모든 것은 스타벅스는 자신의 업을 사람 비즈니스 people business라고 정의하기 때문이다. 내부 고객인 파트너에게는 커피에 대한 열정을, 외부 고객에게는 커피에 대한 여유를 전달하는 사람 비즈니스라는 것이다. 재미있는 사실은 자신이 언제 스타벅스인이라고 느끼냐는 질문에 안기웅 팀장과 이병엽 커피대사의 대답이 같았다는 점이다. 바로 외부에서 스카우트 제의를 받을 때라고 한다. 경쟁사에서 훨씬 높은 연봉으로 스카우트 제의를 하기도 하지만, 안기웅 팀장은 10년째, 이병엽 커피대사는 5년째 스타벅스에 있고 앞으로도 있고 싶다고 한다. 그 이유는 스타벅스가 행복하게 일할 수 있는 조직이며, 스타벅스에서 할 일과 배울 것들이 아직도 많고, 브랜드를 관리하는 사람으로서 일하기 좋은 곳이기 때문이라고 한다. ⑤ 브랜드 교육의 궁극적인 목표가 브랜드 동화와 체화를 만들어 내는 것이라면, 그것이 성공했을 때 내부 직원의 만족과 확신을 통해 브랜드의 에너지를 만들 수 있다. 스타벅스 사람들이 대부분 인터뷰이 세 사람과 같은 만족도가 있다면, 스타벅스는 엄청난 에너

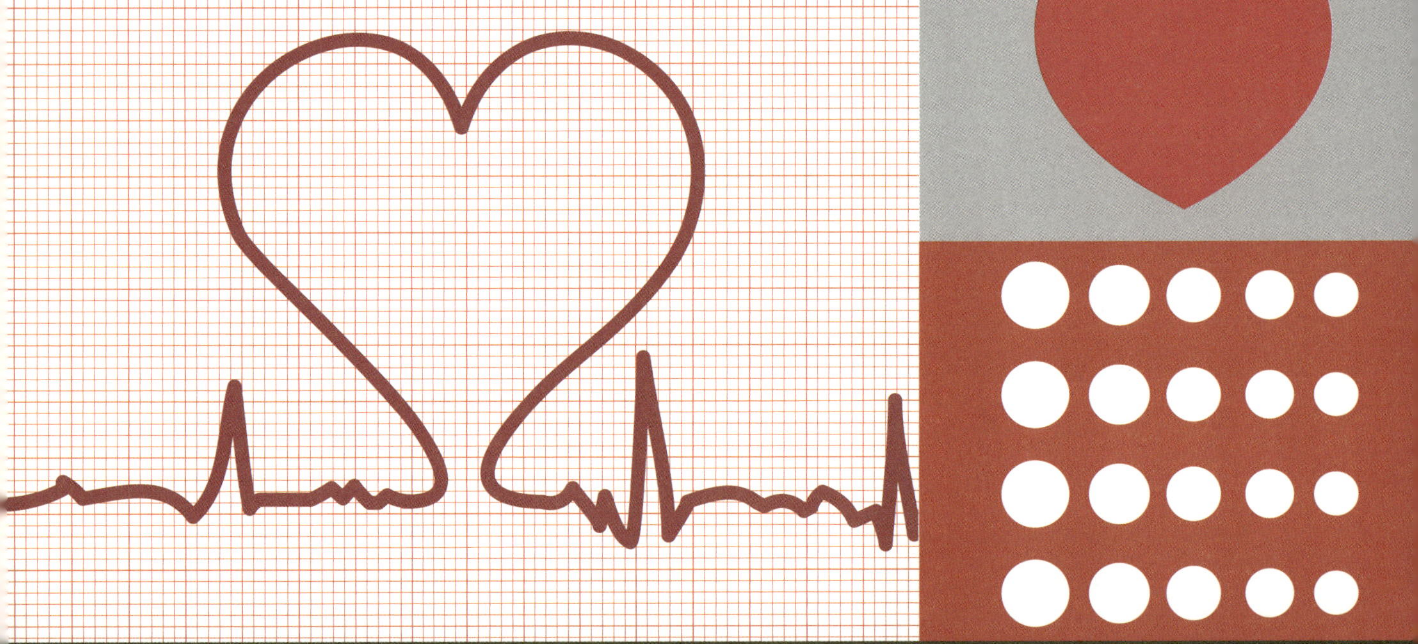

자사의 '핵심가치'를 직원의 '습관'으로 만드는 브랜드 교육

선善인을 만드는 Habitualization, 대전 선善병원

The interview with 대전 선병원 의료원장 선승훈

병원을 들어서면 안내 데스크에 앉아 있던 직원이 절제된 미소와 함께 눈을 맞추며 일어나 정중하게 인사한다. 접수를 마치고 입원하는 경우, 담당 간호사를 소개받는다. 이 간호사는 퇴원하거나 다른 병동으로 옮기기 전까지 나를 전담할 간호사라, 불편한 사항은 이 간호사와 커뮤니케이션하면 된다. 힘들게 이 사람, 저 사람에게 이야기할 필요도 없다. 입원한 병실에는 수시로 간호사들이 들어와 나를 체크하는데, 병실에 들어오고 나갈 때마다 허리 숙여 인사를 한다.

'한 시간 대기 3분 진료'라는 씁쓸한 유행어가 나돌 만큼 실망스러울 때가 많은 병원 서비스가 만연한 요즘, 이런 병원을 상상해 보는 것은 지나친 욕심일지 모르겠다. 2020년쯤 되면 이런 서비스를 받을 만큼 우리나라 병원은 '착해질까?'

그런데 현재, 대전에는 이런 병원이 있다.

2007년, 대한의사협회가 조사한 바에 따르면 지난 1980년부터 2007년까지 약 30년 간 의사 면허자 증가율(321.8%)이 인구 증가율(16.8%)을 20배가량 앞섰다고 한다. 물론 이러한 단순 증가율을 근거로 (의사 수와 인구의 표본 규모 격차가 워낙 크기 때문에) 뾰족한 분석 자료를 내놓기 힘들지만 우리 주변에 병원 수는 확실히 늘었고, 요즘 들어 "환자가 없어 폐업한다"는 병원계 소식을 전하는 뉴스가 종종 들리는 것을 보면 수치보다 와 닿는 경험치로 그 실태를 직감할 수 있다. 그래서 그들이 생존 혹은 성장을 위해 택한 방법은 무엇일까?

 의술? 서비스? or 브랜딩?

물론 병원을 평가하는 첫째 기준이 서비스는 아닐지 모른다. 1차적으로는 '의술'일 테고, 결국 환자가 완쾌되는 것에 있다. 그렇기 때문에 '잘 고치는 병원'은 여전히 환자가 끊이지 않는다. 하지만 전체 의술 중에 꼭 그 병원에서, 그 의사에게 수술을 받아야 하는 경우가 몇 퍼센트나 될까? 게다가 점차 정교화되고 고성능을 자랑하는 의학 기계들이 등장하는 추세에서 개인의 의술 역량이 얼마나 중요할까? 병원 수가 늘면서 경쟁이 치열해진 요즘, '의술'만으로 성공적인 '차별화'를 꾀할 수 있을까? 의술이라는 '제품의 품질'은 당연해졌고, 그외 부분에서 경쟁적 우위를 점해야 지속적으로 성공할 수 있는 시대다.

이러한 환경 속에서 병원들이 찾은 방법 중 하나가 '서비스'다. 병원 서비스가 차별화의 묘안일뿐더러 중요하게 여겨지는 이유는 또 있다. 한국갤럽의 '병원 인지도 조사 보고서(2004년)'에 따르면 일반인 80% 이상이 가족, 친지 등 주위 사람들의 '입소문'을 통해 병의원에 대한 정보 얻는다고 하니 서비스를 통한 입소문 또한 병원에게 큰 영향력을 미칠 것은 자명할 것이기 때문이다. 하지만 아직 뭔가 부족했던 그들이 서비스 차별화 외에 또 한가지 다른 방향을 잡는다. '(일종의)브랜딩'이다.

"병원 마케팅, 이제는 브랜드 시대!"
"의료 서비스의 질을 높이는 병원의 감성 브랜딩!"
"메디컬 브랜드 매니지먼트 솔루션!"

2000년 이후, 병원들의 '브랜드화'를 다룬 위와 같은 기사나, 관련 강의들이 쏟아져 나오고 있다. 소규모 병원들은 물론 대학병원과 일반 종합병원의 경쟁이 치열해지면서 자의 반, 타의 반으로 걷게 된 길이다. 큰 그림에서 방향성이 틀린 것 같진 않다. 여타 다른 산업군처럼 기술과 서비스가 '상향 평준화'를 이룬 '성숙된 시장'에서 살아남을 방법은 '브랜드'임은 자명하고, 이제는 '선택'이라기보다는 '숙명'에 가깝다. 문제는 '브랜딩'의 옷을 입기 시작한 그들이 첫 단추를 잘못 끼운 것 같다는 데 있다. 그들의 행태를 살펴보면 '브랜딩'에 대한 몇 가지 오해를 하는 것이 아닌가 하는 의구심이 들기 때문이다. 지하철이나 버스에 대대적인 광고를 하고 프랜차이즈나 네트워크 구조 아래, 단지 '같은 이름을 내거는 것' '동일한 마케팅이나 프로모션 진행하는 것'을 '브랜딩'으로 이해한 것처럼 보이기 때문이다.

이에 대해 함께 논의해 보고자 인비절라인 코리아의 인현진 대표를 만났다. 《메디컬 브랜딩》의 저자이자 몇 년 전까지 '고운세상네트웍스'의 마케팅·운영 총괄이사로 성공적인 네트워크 병원 브랜딩을 추구했던 그가 바라보는 의료 시장에서의 '브랜딩'은 무엇이며, 어떤 문제가 있는지 들어 보았다. 지난 10년 간 의료 시장의 브랜딩, 마케팅의 흐름을 살펴보면 선 병원을 정확히 이해하는데 도움이 될 것이다.

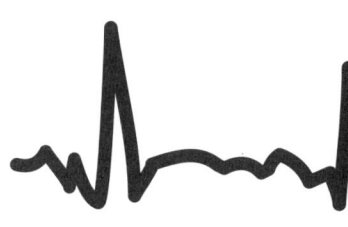

> 문제는 '브랜딩'의 옷을 입기 시작한 그들이 첫 단추를 잘못 끼운 것 같다는 데 있다. 그들의 행태를 살펴보면 '브랜딩'에 대한 몇 가지 오해를 하는 것이 아닌가 하는 의구심이 들기 때문이다.

잘못 끼운 첫 단추,
잘못 쓴 처방전, 병원들의 브랜드 교육
The interview with 인비절라인코리아 대표 인현진

병원 브랜딩의 X-ray 진단 보고서
의료 시장에서 브랜딩에 관한 이야기를 듣는 것은 이제 전혀 어색하지 않다. 의료 시장에서는 브랜딩을 어떻게 바라보는가?
시기별로 나누어 생각해 볼 필요가 있다. 먼저 2000년 이전에는 상당히 자생적인 형태의 '브랜드화'가 일어나고 있었다. 의사 자체가 브랜드고, 의사의 진료 활동이 곧 서비스이자 마케팅이었다. 그런데 의료 시장의 경쟁이 치열해지면서 광고와 마케팅 전술이 등장하고 그것이 그대로 '브랜딩'이라고 인식된 듯하다. 또 2000년 초반 이후 시장 대내외적으로 의료 산업이 서비스 산업화되면서 의사가 개인적으로 전하는 가치보다는 적정 수준의 진료와 기타 서비스가 고객에게 전달되면 되는 것으로 인식되기 시작한 것이다.

급작스럽게 광고와 마케팅이 중요해지면서 수동적으로 '브랜드'라는 옷을 걸친 셈인가?
그렇다고 볼 수 있다. 과거 공급자 중심에서 '소비자(환자) 중심으로 패러다임이 전환되면서 그들에게는 '우리 병원을 어떻게 더 잘 알려 환자 유입을 늘려야 하는가'가 큰 이슈가 된 것이다. 그러던 것이 2003년부터 본격적으로 '의료 경영' '의료 산업화' '의료 서비스' '병원 경영' '의료 컨설팅' 등 의료 서비스 산업 개념이 등장하면서, 2005년 이후 가속이 붙었다. 이처럼 브랜드를 제대로 이해하는 과정 없이 (그들이 생각하기에는 그럴듯한) 겉모습만 브랜드인 브랜딩이 시작되었다.

그러한 움직임이 시작되면서 두드러진 현상을 꼽자면 어떤 것이 있는가?
의료도 '동일한 의료 서비스를 제공할 수 없을까'를 고민하게 되었고, 그렇게 시행된 대표적 샘플이 병원들의 '네트워크 시스템'이다. 이름이 같은 간판으로 동질의 서비스와 마케팅 시스템을 갖추기 시작한 것이다. 대표적으로 A치과, B피부과, C소아과가 있다.

그들은 나름대로 성공을 거두고 있는 병원 브랜드라 평가되지 않는가?
컨셉으로 보면 성공했다고 할 수 있다. 그리고 각기 나름대로 의미도 있다. A치과는 의료와 브랜드를 접목하기 위해 '시스템'을 도입했다. 의료 산업에서 비즈니스 시스템을 갖춘 병원으로 소비자에게 인식됨으로써 인지도를 높이고, '브랜드로서의 이미지'를 선점했다는 정도는 인정해 줄 필요가 있다. 실제로 그러한 시스템 아래 가맹점을 지속적으로 넓히면서 가맹점 전체에서 동일한 서비스를 제공하려 노력했다. 그런데 A치과의 경우 브랜드의 핵심가치가 없는 상태에서 가맹점 수만 많아졌다. 준비되지 않은 상태에서 확장하다 보니 동일한 서비스를 제공하기 힘들어졌고, 브랜드 약속도 지키지 못했다. 결국 소비자가 이름이 같은 병원을 주변에서 쉽게 발견하게 된 것 외에 큰 시사점이 없다고 본다. 그런데 '같은 이름으로 간판을 내거는 것'이 브랜딩은 아니지 않나.

B피부과는 어떤가?
B피부과가 업계에서 가질 수 있는 의미는 모든 지점이 100% 직영이라는 점이다. 의료 경영 지원 부분에서 '직영'의 의미는 상당하다. 기업으로 말하면 중앙통제가 가능한 상태고, 일반 가맹점 시스템보다는 중앙 본부에서 전달하려는 메시지가 소비자에게 잘 전달될 확률이 높다. 소비자와의 커뮤니케이션에서 '일관성'을 갖기가 쉬워졌다. 동일한 마케팅 프로모션을 진행하고 양질의 서비스를 제공하기 위해 같은 장비와 의술 시스템을 갖추었고, 브랜드 경영 능력이 함양됐다. 하지만 '동일한 서비스와 프로모션을 제공하는 것'이 브랜딩의 전부는 아니라고 생각한다.
C소아과 경우 비즈니스적으로는 상당히 성공적이다. 의료 시장에 적절한 생산 구조를 만들어내면서 생산성과 효율성이 높아졌기 때문이다. 의료와 한약 물류시스템, 전략적 제휴 등을 통해 컨셉적으로도 성공했다. 그 유통 체계를 통해 네트워크를 만들고, 소비자에게 표준화된 서비스를 제공한다는 평을 받고 있다. 하지만 '비즈니스적인 성공과 표준화된 서비스를 제공하는 것'만으로 브랜딩이 이루어졌다고 볼 수는 없지 않은가.

세 가지 사례 모두 뭔가 알맹이가 빠졌다는 뉘앙스다. 무엇이 필요하다는 의미인가?
앞서 말한 브랜드 모두 현존하고 나름대로 운영되고 있지만, 과연 '브랜드'로 봐야 하는지 주저하는 이유는 '진정성'과 '그들의 철학'을 말하기 힘든 현실 때문이다. 내부를 들여다보면 어쩔 수 없이 가맹점 시스템에 들어가려는 병원장들도 많다. 허울 좋은 마케팅 프로모션이 그것을 부채질하기도 했고, 시각적인 부분에서 완성도가 높아 보이니 그것에 현혹되는 병원장도 많을 것이다. 그러나 점차 비즈니스

적으로도, 브랜드의 진정성 측면에서도 신뢰를 잃는 곳들이 많다. 소비자들의 반응이 그것을 대변한다. 해당 브랜드에 속한 의사들의 만족도, 수익률도 하향 추세다. 경영과 브랜드 측면 모두 힘들어지는 것을 의미한다. 그 원인은 그 의료 브랜드의 '핵심가치'가 없기 때문이다.

10년간의 임상 병리 소견서
결국 의료 브랜드가 가야 할 길 혹은 이상적인 모습이 '도식화된 네트워크 시스템'은 아니라는 것이 지난 10년에 대한 리뷰인가?
네트워크 시스템 자체에 문제가 있다는 것이 아니다. 다만 공동 마케팅, 표준화된 의료 서비스와 그 지원 시스템을 제공하는 것이 브랜딩이라고 인식된 부분이 안타깝다. 마케팅 중심의 브랜딩은 시행착오이자, 일종의 트렌드였다.

그렇다면 본질은 뭔가? 의사의 의료 행위나 철학이 의료 브랜드의 본질이라면, 결국 원점으로 한 바퀴 돌아온 셈이 아닌가.
심심한 결론이지만, 그렇다. 의료 행위를 둘러싼 '주변 요소'로 볼 수 있는 경영, 마케팅 요소가 의료 행위의 본질을 바꾸거나 직접적인 영향을 미칠 수는 없다는 것이 시장의 결론이다. 본질적인 것이 충족된 후에 그것을 받쳐 주는 환경적 시스템이 갖춰져야 한다. 그것이 맞는 순서다.

이것을 보여 주는 성공 모델이 이따금 눈에 띄기는 하지만 현재로서는 규모가 작은 병원들이 대부분이라 큰 이목을 끌지 못하는 것뿐이다. 그래도 브랜드를 마케팅의 논리로 접근한 의사들이 의료업에 대한 '정체성' 부분을 고민하기 시작했다는 것이 의미 있다.

새로운 처방전
앞으로 병원은 어떻게 브랜드를 구축해야 하는지 대안이 있는가?
외형적으로만 보면 종전과 큰 차이는 없어 보일지 모르지만, 그 순서상에는 확연한 차이가 있다. 기존에는 병원들이 광고와 프로모션부터 시작했다. 하지만 의사들 스스로 의료업의 본질과 철학이나 가치관부터 되짚어 볼 필요가 있다. 그간 지나치게 규모 지향적이었다. 본질적인 측면부터 매만지고, 그곳에서 시작해야 한다. 그것을 어떻게 브랜딩하는가는 그다음 단계다. 명시화된 핵심가치를 서비스(전략, 전술 등)로 풀어 내면서 고객에게 어떠한 가치를 전달할 지 결정해야 한다. 기업으로 치면 캐치프레이즈에 해당한다고 볼 수 있다. 환자와의 약속을 규명하는 것이고, 여기에는 대체재가 없다는 것을 인정해야 한다.

하지만 병원도 의사 혼자 일하는 것이 아니다. 규모가 커질수록 조직원도 많아지는데 어떻게 의사 혼자 브랜딩을 해 나갈 수 있겠는가? 의사의 가치를 어떻게 병원 브랜드의 핵심가치로 만드나?
그래서 필요한 것이 교육이다. 하지만 무엇을, 어떻게 교육하는가도 바꾸어야 한다. 그간 '마케팅 지식'과 '서비스킷'이 직원들을 대상으로 하는 교육이었다면 이제는 개인 병원이든 종합병원이든 병원의 '핵심가치'와 그것을 어떻게 직원들에게 체화할 것인가에 대한 교육이 필요하다.

그것이 곧 '브랜드 교육'인 것 같다. 그런데 의사나 병원장도 브랜딩에 대해 잘 모른다면 어떻게 그러한 교육이 진행될 수 있겠는가?
교육의 대상도 구분해 생각해 볼 필요가 있다. 1차, 2차, 3차 교육 대상이 있다고 생각한다. 당연히 병원장과 의사들이 1차 교육 대상이다. 그들부터 브랜드란 무엇인지, 브랜딩이란 무엇인지 아는 것이 첫 단추다. 그래야 2차 대상인 내부 직원, 3차 대상인 소비자에게까지 브랜드 교육이 진행될 수 있다. 현재로선 가장 중요한 1차 교육은 뒷전이고 2, 3차 교육에 초점이 맞추어져 있다. 2, 3차 교육은 어느 병원이나 어느 정도는 다 하고 있다. 다만 주객이 전도된 것이 안타까울뿐이다. 앞단 없이 소비자에게 어떤 툴을 이용해서 광고할 것인가에 혈안이 되어 있다는 얘기다. 알맹이 없는 메시지가 대중적으로 전개되는 실정이다.

3차 대상자가 소비자라는 것은 어떤 의미인가?
소비자에게 '우리 브랜드란 이런 것이다'라는 것을 전달한다는 측면에서 한 이야기다. 결국은 그것이 목표 아니겠는가. 소비자가 우리 브랜드(병원)를 경험함으로써 얻는 '가치'가 무엇인지 알게 하는 것. 그래서 결국 '신뢰'를 얻고 '관계'를 구축하는 것이 브랜딩이라 생각한다.

그렇다면 1차 대상인 의사들은 어떤 교육을 받아야 하는가?
종전의 브랜드 교육이 천편일률적인 '마케팅 툴' 교육이었다면 이제는 브랜드의 원론적이지만 핵심적인 '철학'에 대한 부분, 브랜드를 유지하는 데 철학이 왜 중요한지, '브랜드 약속'이란 무엇인지에 관한 것이 되어야 한다. 어쩌면 그것보다 인성교육이 먼저일지 모르겠다. 그래야 밀도 있는 브랜딩을 할 수 있을 것이다.

그것이 준비된 병원은 2차 교육 대상인 직원들에게 어떠한 교육을 해야 하나?
우선 병원의 핵심가치에 대한 '동의'일 테고, 그다음은 동의된 핵심가치를 어떻게 직원들에게 '체화'할 것인가, 그다음이 '어떻게 소비자들이 그것을 느끼도록 할 수 있는가'에 대한 교육이어야 할 것이다. 어떻게 보면 마지막 단계를 '서비스 교육'이라 통칭하고 있는지 모르지만 선행 과정이 있는 서비스 교육과 그렇지 않은 서비스 교육은 판이하다. 진심이 담긴 서비스와 그렇지 않은 서비스의 차이를 만들어 내는 것이 그런 것 아니겠는가? UB

인현진 고려대학교에서 사회학을 전공하였으며 호주 BOND 대학에서 국제 마케팅 석사학위를 받은 후 제일기획 마케터, 하이네켄 브랜드 매니저를 거쳐 2003년부터 고운세상B&H 마케팅 총괄이사로 재직했다. '줌마렐라' '노무족' 등 새로운 관점의 마케팅 트렌드 용어를 만들어내기도 한 그는 현재 의료경영전문기업 Trust&Value와 인비절라인코리아의 대표로 재직 중이다. 저서로는 《메디컬 브랜드 마케팅》《퍼플오션전략》이 있다.

그의 말을 간략히 요약하면 '잘못된 처방전(알맹이 없는 광고 전략) 때문에 실수를 범한 의료 시장의 많은 병원들은 이제 새로운 처방전이 필요하고, 그것이 철학에서 시작된 의술 및 의료 서비스에 집중해야 한다' 정도가 될 것이다. 이러한 의료 시장의 브랜딩 경향에서 제대로 된 병원 브랜드를 찾는 것이 쉽지 않아 보였다. 그러던 중 보건복지부가 시행한 '환자 만족도 조사(2008)'를 보게 되었다.

이 조사는 전국에 있는 '500개 병상 이상의 86개 의료기관'을 대상으로 진행되었는데, 조사 결과 총 9개 병원이 최우수 등급^을 받았다. 그중 내로라하는 서울의 대학병원과 종합병원들 사이에 나란히 들어선 지방 병원 3곳이 눈에 띄었다. 화순 전남대병원(2004년, 전남대학교 설립)과 충주 성모병원(1997년, 청주교구 사제평의회 설립), 나머지 한곳이 대전 선병원이다. 서울의 대기업과 대학병원을 모# 브랜드로 둔 병원들 사이에 지방 병원이 포함된 것도 놀라웠지만, 그들 중에서도 '개인 병원'으로 시작해 43년간 명백을 이어 온, 대전 선병원이 궁금해 그들을 찾았다. 대전 선병원은 (의도했는지와 관계없이) 병원이지만 '브랜드'의 모습을 갖췄고, 브랜드의 정신적 생명이라고 볼 수 있는 핵심가치와 핵심사명을 중심으로 브랜드 경영을 하고 있었다.

Valuing the Value
물론 핵심사명과 핵심가치를 공표한 병원들은 많다. 하지만 중요한 것은 그 핵심가치^{value}에 얼마나 가치를 두고 있는가^{valuing}다. 선병원은 핵심가치에 가치를 부여하고, 전 직원이 그것을 체화해 결국 '습관화'될 수 있을 만큼 '브랜드 교육'을 하고 있었다. 즉 내적 가치를 지닌 서비스를 하는 것이다.

독자로서는 조금 의아할 수도 있겠다. '병원 브랜드에서 무엇을 배우겠는가?' 혹은 '병원이 서비스 잘하는 것은 당연한 것 아닌가?'라는 의문 때문이다. 하지만 타 산업군의 성공 케이스를 보며 배우는 지식이나 벤치마킹은 더 큰

적으로 전달하고 있으며, 그것이 환자(고객)에게 잘 전달되어 지속적인 관계 맺음(브랜딩)이 가능하도록 하는지 볼 수 있을 것이다. 마지막으로 중요한 것은 이러한 자사의 핵심가치를 '어떻게' 직원들의 '습관'으로 만들어 내는지에 관한 그들의 '브랜드 교육 방식'이다.

노드스트롬의 전설적 서비스를 만들어 낸 지침서

'고객이 없으면 회사도 없다'란 명제는 서비스와 관련해서 늘 최고의 성공 사례, 모범 사례로 꼽히는 노드스트롬Nordstrom의 기업 철학이 담긴 핵심사명이다. 물론 이러한 메시지는 누구나 언급할 수 있는 내용이고, 실제로 많은 기업들이 이와 비슷한 핵심사명을 내걸고 있다. 다만 노드스트롬이 여타 기업과 다른 점이 있다면 노드스트롬은 이러한 핵심사명이 충분히 느껴지는 여러 사례들(타이어 반품 사례, 비행기표 사례, 세일이 끝난 상품에 관한 일화)이 존재한다는 것이고, 나머지는 그렇지 못하다는 것이다. 그 차이는 '실천'에 있다. 그리고 '실천' 여부는 직원들의 머리와 가슴속에 핵심사명이 얼마나 공유되었는가에 달려있다. '습관'이 되어 현장에서 보여야 할 것이 입에서나 겨우 맴도는 사훈 정도로 남아있다는 것이다. 그렇다면 노드스트롬은 어떻게 자사

물론 핵심사명과 핵심가치를 공표한 병원들은 많다. 하지만 중요한 것은 그 핵심가치에 얼마나 가치를 두고 있는가다.

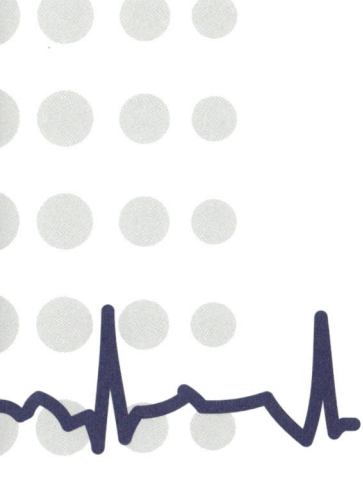

의미가 있다. 지금 당신이 동종 산업군에서 1위인 A라는 회사를 벤치마킹한다면, 아주 열심히 해야 A'이 될 수 있다. 하지만 A'는 A의 아류다. 진짜 벤치마킹은 다른 영역의 성공 케이스를 곱씹어 소화한 뒤 우리 산업군에 적용하는 것이다. 그래야 A를 이기는 B로 치고 나갈 수 있다. 앞으로 전개될 선병원의 브랜드 교육에서 '환자'를 '고객'으로, 의사와 간호사를 '브랜더'로 생각하고 읽어보면 그들이 얼마나 병원(기업)의 핵심가치를 의사와 간호사(실질적인 고객 접점에 있는 사람들로서 고객 경험을 창조한다는 측면에서 브랜더)에게 효과

의 핵심사명을 전 직원에게 이해시키고 습관화시킬 수 있었을까?

그들의 '(직원을 대상으로 한) 핵심사명의 습관화' 전략의 비법을 엿볼 수 있는 책이 한 권 있다. 노드스트롬의 전 부사장이자 총책임자였던 벳시 샌더스Betsy Sanders가 펴낸 《신화가 된 전설적인 서비스》다. 그녀는 전설적 서비스가 되기 위한 조직 '습관'을 다음 6개 지침으로 설명한다.

1. 이상을 가지고 실천하라
2. 행동을 취하라
3. 평생을 바쳐 가르치고 배워라
4. 자신과 남에게 높은 기대감을 가져라
5. 원하는 회사상을 만들어라
6. 현실적인 신념들을 발전시켜라

이것이 노드스트롬의 창업자, 존 W. 노드스트롬John W. Nordstrom의 철학이 담긴 핵심사명을 조직에게 체화하기 위해 사용한 '습관화habitualization' 전략이라고 한다. 하지만 여전히 이상적이고 추상적이며, 어찌 보면 뻔한 명제들이다. 그리고 그 책 어느 곳에서도 정리된 'how to'를 찾아보기 힘들었다. 혹시 노드스트롬과 비슷한 철학(환자가 없으면 선병원도 없다)을 가진 선병원을 벳시 샌더스가 제시한 6가지 지침에 대입해 분석해 보면 '전설이 될 수 있는 서비스'의 '실질적인 how to'가 도출되지 않을까? 결론부터 이야기하면, 크게 다르지 않았다. 선병원의 활동은 대부분 이 6가지 지침으로 구분되었고 그 하나 하나의 지침은 그들의 '습관화 전략'으로 자리 잡혀있었다. 선병원은 어떠한 방식으로 조직원들에게 핵심사명을 습관화 시킬 수 있었을까?

1. 이상을 가지고 실천하라 : Habitualization in Keeping the Values

선병원에게, 그리고 브랜드에게 이상이란 무엇일까? 이상이란 단어의 뜻이 '생각할 수 있는 범위에서 가장 완전하다고 여겨지는 상태'

선두훈 이사장님을 뵈면 시쳇말로 "로또 맞았다"고 한다. 모든 치료가 무료기 때문이다.

라는 것을 생각해 보았을 때, 어떤 브랜드의 이상이란 그 브랜드가 되고자 하는 최적의 상태, 즉 자사 브랜드다움BrandNess이 완전하게 구축된 상태를 말할 것이다. 그것이 브랜드의 '핵심가치 혹은 비전'이다. 선병원의 핵심가치는 무엇일까?

선승훈(이하 '선') 선병원에는 세 가지 핵심가치가 있다. 그런데 핵심가치 이전에 '핵심사명'부터 말해야겠다. 핵심사명을 간략히 요약하면 "언제나 제약 없이 최선의 의료 서비스를 제공한다"다. 그것이 우리 병원의 존재 이유다. 의료진은 어떤 상황에서건 환자에게 최선의 진료를 해야 한다.

핵심가치 이전에 핵심사명을 설명하던 선승훈 의료원장의 말에 조금 의심이 들었다. '언제나 제약 없이'라는 문구가 애매했기 때문이다. 그런 병원이 있을까? '돈이 없으면 치료 받을 수 없는 것이 현실이고, 야간 응급실에 가면 전문의는 없고 레지던트에게 급한 대로 응급처치만 받는 것이 요즘 병원의 모습 아닌가?'라며 조금은 비아냥거리고 싶었기 때문이다. 그런데 이어지는 말은 조금 놀라웠다.

선 형님이신 선두훈 이사장님은 아직도 정형외과 외래 진료를 보고, 수술도 직접 한다. 그리고 환자들이 선두훈 이사장님을 뵈면 시쳇말로 "로또 맞았다"고 한다. 모든 치료가 무료기 때문이다. 이것은 부친이자 초대 회장님이셨던 *선호영 박사님 때부터 현재 선두훈 이사장님까지 이어져 오는 기업 문화 같은 것이다. 원무과 쪽에서는 상당히 곤혹스러워하지만 어려운 사람들에게도 의술은 아끼지 말아야 한다는 초대 회장님의 철학을 실천하려는 것이다. 요즘 병원들이 환자를 무조건 고객으로 보고 상업적으로 많이 흘러가는 실태지만, '병원은 병원이고 아픈 사람 진료가 최선이다'라는 생각에는 변함이 없다. 선두훈 이사장님은 아예 응급실로 출근하신다. 그리고 아직 제대로 된 집무실이 없다. 현

* 선호영 박사

대전 선병원의 창립자 선호영 박사는 서울대학교 의학대학을 졸업하고, 1960년 아이들과 아내를 고향에 두고 유학길에 오른다. 독일에서 5년간의 학업을 마치고 돌아온 그는 당시 우리나라에서 몇 안 되는 정형외과 전문의가 되었지만 고수익을 보장하는 서울이 아닌 자신의 고향, 대전에 개원한다. 지역사회의 일자리 창출과 발전을 위해, 의술이 부족한 곳에서의 의료 행위가 더 의미 있다고 생각했기 때문이다. 배우고자 하는 학문에 대한 '열정', 지역사회와 환자에 대한 '배려', 삶에 있어 더 높은 가치를 위해 다른 요소들은 '절제'할 줄 아는 그의 가치관이 선병원에 고스란히 자리 잡아 이제는 하나의 문화로 계승되고 있다.

선호영 박사의 철학을 기반으로 1966년 20개 병상으로 개원한 선정형외과는 지난 43년간 건강하게 성장해, 현재는 대전선병원을 비롯한 유성선병원, 선치과병원, 건강검진센터로 확장해왔다.

장에 있는데 집무실이 왜 필요하냐고 해서 현재는 회의실에 노트북만 가져다 놓고 종종 사용하신다.

병원 이사장에게 치료를 받으면 무료라는 것이 요즘 병원들에서는 찾아보기 힘든 사례인 것만은 확실해 보였다. 병원에서 최고 위치에 있는 사람부터 핵심사명을 실천하고 있는 셈이다. 그것처럼 직원들에게 핵심사명의 진정성 혹은 감동적인 충격을 전해 줄 수 있는 방법이 있을까? 그렇다면 그 핵심사명은 어떠한 핵심가치로 구체화되었을까?

선 <u>선병원의 핵심가치는 '배려' '열정' '절제', 세 가지다. 이 가치는 선병원이 43년간 이어져 오면서 일종의 문화처럼 자리 잡았다.</u> 사실 세 가지라 말씀드렸지만 나머지 두 가치는 '배려'라는 가치에서 파생된 개념이라고 생각해도 좋다. 간략히 열정과 절제에 대해 설명하면 '열정'은 말 그대로 역동적이고 진취적인 기개와 같은 것이다. 선병원은 늘 도전적이다. 그래서 새롭게 도전하는 일도 많다. 이것을 함께 해 나가려면 조직원도 도전 정신과 호기심이 많아야 한다. 또 환자의 병을 치료하겠다는 끝없는 열의가 있어야 올바른 의술이 나온다.

'절제'라는 것은 다양한 해석이 가능한 가치다. 병원에 오는 환자는 불편한 곳이 있는 분들이다. 그런 분들을 응대하면서 너무 밝게 웃으면 환자들은 마음이 더 불편해질 수 있다. 절제된 미소, 환자에게 공감하는 정도의 미소면 된다. 평상시 원내에서 의사나 간호사가 너무 떠들거나 신나게 웃는 것도 환자를 배려하는 태도가 아니다. 역시 절제가 필요한 부분이다. 마지막으로 의사들의 경우, 수술할 때 절제의 미덕이 있어야 한다. 적당한 긴장을 유지해야 하고, 수술 도중에도 올바른 판단을 내려야 한다. 이것이 절제라는 핵심가치다.

앞선 그의 설명처럼 '열정'과 '절제'는 모두 환자를 위한 '배려'에서 파생된다. 그렇다면 선병원이 궁극의 핵심가치로 여기는 배려란 무엇일까?

선 '배려'에 대해서는 선호영 회장님과 관련된 일화들을 소개하는 것이 더 적절할지 모르겠다. 1960~1970년대에는 수술 한 번 하려면 집을 팔아야 할 만큼 큰돈이 들었다. 그러다 보니 수술만 받고 의료비를 못 내는 환자들이 꽤 많았다. 당시 원무과 직원들이 집에 찾아가 보면 환자가 도망가 집이 비었거나, 너무 가난해서 끼니 걱정을 해야 하는 경우가 많았다고 한다. 원무과 직원이 회장님께 전화로 보고드리면, "그 집 쌀이라도 팔아 주고 오라"고 말씀하시는 경우가 많았단다. 그것이 선병원의 배려를 단적으로 보여 주는 것이라 생각한다. 나와 선두훈 이사장은 어려서부터 아버님의 그러한 모습을 보고 자랐다.

'환자 중심'이라는 병원의 표어는 일반 기업에서 '고객 중심'이라는 표현만큼 닳도록 보고 또 본 표어다. 물론 틀렸다는 말은 아니다. 다만 고객 중심을 외치는 수많은 브랜드 가운데 그것을 정말로 고민하고, 행동으로 옮기고, 결과물로 만들어 내는 기업은 손에 꼽히는 것처럼, '환자 중심'의 병원은 좀처럼 찾아보기 어렵다는 점이다. 그리고 환자 중심이 되기 위해서는 실제 현장에 있는 직원들이 그렇게 느끼고 '행동'해야 하는데, 가능할까?

2. 행동을 취하라 :
Habitualization by Action

공감도 좋고 감동도 좋다. 선병원에서 일하는 사람들은 대부분 이러한 선병원의 모습과 故 선호영 박사의 본보기가 되는 삶에 감동했을 것이고, '의료인이라면 나도…'라는 생각으로 공감하고 그의 삶을 동경했을 것이다. 하지만 그러한 가슴 설렘은 '행동'으로 옮기지 않으면 '일시적인 감흥'으로 끝나 버릴 확률이 높다. 그 끈을 이어 주는 것이 '느낀 것을 행동으로' 취하게끔 하는 것이고, 그 전달 방법의 중심에는 '교육'이 있다.

역시 그랬다. 선병원의 문화는 선호영 박사에 얽힌 히스토리로 끝나는 것이 아니라 그것이 지속적으로 전해질 수 있도록 현장의 지침으로 만들어지고 있었다. '실질적인 교육'을 통해서 말이다. 선병원은 자신들이 따라야 할 핵심가치 3가지를 직원들에게 효과적으로 전달

하기 위해 여러 교육 시스템을 제공하고 있었다. 그중 몇 가지를 소개하자면 다음과 같다.

1) 구호를 외쳐라
선병원에는 ⊕정신강령과 행동강령이 있다. 직원들이 마음을 다잡고 핵심가치를 자주 되뇌어, 잊지 않도록 하기 위함이라고 한다. 정신강령과 행동강령을 1주에 한 번 오전 8시, 직원들이 대열을 갖추고 환자들 앞에서 외친다. 이것은 '선인善人(선병원 사람)'이라면 모두 참여한다. 월요일은 간호부서, 수요일은 행정부서, 금요일은 의료 지원부서가 그 대열을 갖춘다.

2) SUP^Stand-Up Positioning 약속
선병원의 의료진(특히 안내부와 간호부)은 대기 상태시 고객의 발자국 소리가 나면 앉은 자리에서 반드시 일어나 환자를 맞아야 한다(이들은 내부적으로 이 약속을 '벌떡 시스템'이라 칭한다). 앉은 자리에서 고개만 들어 환자를 보는 경우 자칫하면 내원 환자를 노려보는 표정이 될 수도 있다는 우려 때문이다. 또 '당신을 환영한다, 나는 당신을 배려할 준비가 되어 있다'는 마음의 표시다. '배려'라는 핵심가치를 어떻게 가시화할 수 있는지 고민한 결과일 테고, 자연스러운 차별화 요인이 된 것이다.

3) 입출입 시 인사
경험이 없다면 믿기 힘들지 모르겠지만, 선병원의 간호사는 병실에 들어가고 나올 때마다 허리를 숙여 인사한다고 한다. 투병 중인 환자의 심리적 상태는 다소 주눅 들거나 때로는 무시당하고 있다는 느낌을 가질 수 있다는 것이 이러한 서비스를 고민하게 된 배경이다. 특히 병실에서 나올 때는 "편히 쉬십시오"라는 배려의 멘트도 더해진다. 그런데 환자를 위해 시작한 이러한 활동은 또 다른 긍정적인 변화를 만들어 냈다. 환자들이 간호사들에게 상당히 정중해졌다는 것이다. 간혹 환자들이 간호사를 부를 때 '아가씨' '저기~' 하던 호칭 대신 '선생님' '간호사 선생님'이라는 호칭을 쓰기 시작했고, 이것은 선병원의 문화 중 하나로 더해졌다. 존중해 주는 만큼 존중 받게 마련이다.

그외에도 선병원에는 '배려'라는 핵심가치가 묻어나는 서비스를 여럿 찾아볼 수 있다. 자신의 그간 병력이나 입원 후 진행된 치료를 여러 번 다른 간호사에게 설명할 필요가 없도록 입원에서 퇴원까지 한 간호사가 전담하는 '담당 간호사제'를 실시하며, 경제적 어려움이 있는 환자들을 위해 '무료 간병인 제도'를 도입하여 보호자가 없거나 간병인을 둘 수 없는 환자들을 배려한다. 하지만 선병원은 아직 더 발전하고 싶다고 한다. 그래서 '배운다.'

🔍 정신강령과 행동강령

행동강령 : Certainly, Sir
난 정돈되고 밝은 모습으로 일한다.
난 먼저 인사하고 안내한다.
난 쉽게 적극적으로 설명한다.
난 업무 중 항상 긴장한다.
난 근무 중엔 끊임없이 업무에만 몰입한다.
난 낭비와 비효율을 없앤다.
난 매사 꼼꼼히 마무리한다.

정신강령 : Yes, I can
난 무엇이든 할 수 있다.
난 즉각 될 때까지 한다.
난 매사에 긍정적이다.
난 항상 변화 개선한다.
난 에너지로 항상 충만하다.
난 우리 병원과 동료를 죽도록 사랑한다.

환자를 배려하는 마음은 행동으로 표현 되어야 하며, 이를 습관화 하기 위해 선병원 임직원들은 매 주 1회 병원 앞에 모여 행동강령과 정신강령을 외친다. 뿐만 아니라 간호사들은 병실 출입시 허리 숙여 인사하는 문화를 갖고 있다.

3. 평생을 바쳐 가르치고 배워라 : Habitualization of Learning

벤치마킹 혹은 마케팅 사례연구는 이제 일반 기업체들만의 것이 아니다. 누구라도 배움에 대한 갈구가 있다면 스스로 학습하게 마련이다. 선병원은 여전히 환자나 고객 배려에 있어 귀감이 되는 해외 병원이나 호텔 등에서 배우고 있다. 선병원이 현재 진행하는 여러 서비스 교육 역시 그간 선승훈 의료원장과 이규은 행정원장의 자가 학습과 연구, 벤치마킹 사례 발굴 등의 노력을 통해 얻어진 결과다. 이것이 선병원의 근간인 배려 문화와 시너지를 이루며 시스템화된 것이다.

이규은 벤치마킹 사례를 많이 연구한다. 그리고 말보다 행동, 들려 주기보다 보여 주는 것이 효과적인 방법이라 생각하기 때문에 직원들에게 비행기 서비스부터 여러 해외 병원과 호텔을 체험하게 한다. 그러한 고급 서비스를 경험해 보면서 많은 토론이 진행된다. 이렇게 경험을 통한 교육을 시행한 지 7년 정도 되었고, 200명이 넘는 직원이 체험했다. 그냥 여행사에 맡겨서 가는 게 아니라 나와 선승훈 의료원장이 버스를 함께 타고 다니면서 직접 교육한다. 이러한 시스템은 교육 효과 외에 'CEO와 직원의 유대 관계'를 돈독히 하고 소속감을 높이는 데도 효과적이다.

그들은 사미티웨이 병원Samitivej Hospital, 래플스 병원Raffles Hospital, 글렌이글스 병원Gleneagles Hospital, 범룽랏 병원Bumrungrad Hospital 등 해외 유명 병원들을 시찰하며 그들의 서비스에서 배울 점을 찾는다. 비단 병원뿐만이 아니다. 이규은 행정원장이 말했듯 각종 항공 서비스뿐 아니라 리츠칼튼호텔The Ritz-Carlton Hotel처럼 서비스로 유명한 브랜드를 찾아 조사한다. 하지만 이러한 벤치마킹을 통해서도 아직 그들의 기대 수준은 만족되지 않는다. 그래서 '자신과의 경쟁', 즉 자가 평가에도 게을리 하지 않으며 자신에게 더 높은 기대치를 부여한다.

4. 자신과 남에게 높은 기대감을 가져라 : Habitualization of Higher Expectation

선병원 사람들의 진화 욕구에는 끝이 없다. 그래서 다음과 같은 ❷자기 개발서 시트를 마련해 두고 분기별로 스스로 평가하고, 선후배와 동료의 눈을 통해 다시 평가 받음으로써 자신을 점검하는 기회를 갖는다. 그리고 이러한 기회를 통해 자신에게 좀더 높은 기대치를 갖고 발전할 수 있도록 '발전의 습관화'를 꾀한다. 그런데 자기 개발서의 체크리스트를 처음 읽었을 때는 이것을 왜 '자기 개발서'라 부르는지 의아할 수밖에 없다(p176 참고).

5. 원하는 회사상을 만들어라 : Habitualization by setting the 'To be Model'

이렇게 명확한 핵심가치를 전사적으로 이행하는 선병원은 어떤 꿈을 꾸고, 그들이 원하는 회사상은 무엇일까?

선 선병원이 100년, 200년을 넘어 영원해질 수 있

> 이러한 기회를 통해 자신에게 좀더 높은 기대치를 갖고 발전할 수 있도록 '발전의 습관화'를 꾀한다.

🔍 자기 개발서

평가부문	평가항목	1분기 평가		
		자기평가(각10)	업무성과요약	비고

1. 기본	1) 핵심가치
	   - '열정'적인가?
	   - '배려'를 충분히 하고 있는가?
	   - '절제'는 잘 이루어지는가?
	2) 사명
	   - '우리를 찾는 모든이에게 언제나 제약없이 서비스를 제공'하기 위해 노력하고있는가?
	3) 항상 밝은표정으로 근무하는가?
	4) 용모는 단정한가? (머리모양, 얼굴, 손톱 등)
	5) 복장은 적절하고 청결한가?
	6) 내외부 고객에게 먼저 말을 건네는가?
	7) ==고객 및 동료간 인사는 잘하는가?==
	8) 주변 정리정돈은 잘 하는가?
	9) ==항상 긍정적 마인드를 갖고 있는가?==
	10) 매사 능동적으로 결정하며 근무하는가?
	11) 문제해결에 얼마나 적극적인가? (당일해결원칙)
	12) 근무에 임하는 자세는 올바른가?
	13) ==언제나 옳다고 판단하는 일을 하고 있는가?==
	14) 적당한 긴장감을 가지고 근무하는가?
	15) 업무지식을 잘 숙지하고 있는가?			

2. 고객만족도	1) 고객의 소리에 귀기울이며, 시정사항은 즉각 시정하는가? 2) ==내,외부 고객에게 항상 친절한가?== 3) 재방문환자는 기억해놓고 반가이 맞이하는가? 4) 고객의 니즈를 잘 파악하고 있는가? 5) 고객으로부터의 만족도 평가는?			
3. 업무몰입도	1) 어느정도 업무에 몰입하는가? 2) 근무중 업무와 무관한 일을 하지 않는가? 3) 업무추진력과 실행력은? (각자실적 기록)			
4. 변화개선도	1) 내 자신이 얼마나 변화하고 있는가? 2) 1일개 이상 개선의지를 가지고 출근하는가? 3) 개선에 대한 실적은? 4) ==하루에 몇번 "왜" 라는 질문을 가져보는가?== 5) ==창의적 아이디어를 얼마나 제공하는가?== 6) 변화를 이끌어 가고 있는가?			
6. 리더십	1) 통솔력있게 리드하는가? 2) 자신의 일간,주간,월간,분기별 매니지먼트 체크리스트로 점검하고있는가? 3) 직원의 잘못에 감정을 억제하고 적절하게 지적하는가?(일관성) 4) ==동료로부터 신뢰감을 갖게 하는가?== 5) 인재육성을 얼마나 하였는가?			
7. 비용절감	1) 비용절감에 대한 인식은? 2) 인건비(인력운영), 재료비, 관리비 절감액은?			
8. Communication	1) 발표력이 좋은가? 2) ==설득력있게 대화하는가?== 3) ==대인관계는 좋은가?== 4) ==대화시 감정통제 등, 절제력은 있는가?== 5) 고객상담 능력은?(설명능력) 6) 부서, 동료간 협조를 잘 이끌어 내는가? 7) ==대화 후 상대방에게 신뢰감과 좋은 여운을 남기는가?== 8) ==항상 활발히 의견을 개진하는가?== 9) 정보전달의 대상자 및 시기가 적절한가? 10) 확인되지 않은 정보를 언급하진 않는가?			
9. Documentation	1) 주요사항을 자신의 업무파일에 잘 기록하는가? 2) 자신의 업무 매뉴얼이 있는가? 3) 지식경영시스템을 잘 활용하는가? 4) 고객정보를 잘 기록하여 활용하는가?(CRM활용도)			
합계				

> 체크리스트를 자세히 살펴보면 직원들이 선병원의 핵심 가치를 얼마나 잘 이해하고 얼마나 현장에서 실천하는지 묻는 질문들인데, 이것이 왜 '자기 개발서'일까? '선병원 기업 정신 숙지 평가서'나 '인사 고과 평가서' 정도가 더 어울리지 않을까?
> 체크리스트(특히 하이라이트 부분)을 천천히 읽어 내려가다 보면 '긍정적인 마인드' '적극성과 혁신성' '리더십' '커뮤니케이션 능력'에 관한 내용이 주를 이루고, 이것은 선병원의 발전을 떠나 개인의 발전과도 방향성이 크게 다르지 않다는 것을 눈치 챌 수 있을 것이다. 개인의 발전과 조직의 발전이 같은 방향성을 갖는다면 조직의 몰입도를 높일 수 있다(p130 참고)는 것을 선병원은 이미 알고 있던 것일까? 일반 기업체나 웬만한 대기업에서도 하지 않는 자가 점검표를 병원 브랜드에서 전 사원을 대상으로 실행한다는 것이 놀라울 따름이다.

는 병원이 되고 싶다. 한마디로 표현하면 '진짜' 명품 병원이 되고 싶은 것이다.

그가 표현한 '진짜'라는 단어는 많은 것을 내포한다. 그가 명확히 밝혀 말하지는 않았지만 선호영 박사 때부터 가업으로 이어 내려오는 선병원은 '명품'의 조건을 상당부분 갖춘 것으로 보인다. 명품 브랜드의 조건(유니타스브랜드 Vol.3 p18 참고)이 '전통history' '정통master' '트렌드trend'라는 관점에서 보면 더욱 그렇다. 그들에게는 43년이라는, 계승·발전시킬 '전통'이 있으며 전국 각지에서 모인 훌륭한 의료진으로 '정통성'도 인정받았다(참고로 대전 인구의 27%, 40만 명 이상이 이미 선병원의 소화기 센터를 찾았다고 한다). 그리고 각종 의료 장비와 진료 시스템, 사용 약품이나 시술 아이템, 그리고 인테리어까지 '트렌드'에 뒤지지 않는다.

이처럼 전통, 정통, 트렌드라는 명품의 조건에 한 가지 추가하고 싶은 것이 있다. '철학 혹은 정신적인 측면'이다. 의사로서 소명 의식, 선호영 박사와 선두훈 이사장이 의술을 통해 보여 주는 노블리스 오블리제noblesse oblige다.[2] 지역사회를 위해 서울이 아닌 대전에 둥지를 틀고, 어려운 사람들을 위해서는 무료 시술도 행하는(습관화되어 문화로 자리 잡은) 그들의 정신을 앞으로도 이어 나갈 수만 있다면 '진짜' 명품 병원이 되는 날도 그리 멀지 않은 것 같다. 그 날을 위해 꼭 필요한 것이 있다면 아마도 그들의 신념을 지속 발전시키는 것일 게다.

6. 현실적인 신념들을 발전시켜라 : Habitualization of Realization

그들에게 신념은 크게 두 가지다. 하나는 모든 것의 근간이 되는 '핵심가치'일 것이고, 다른 하나는 앞서 선승훈 의료원장이 밝힌 그들의 꿈(명품병원)에 관한 의지일 것이다.

선 사실 선병원의 핵심사명과 핵심가치는 우리가 새로 만든 것이라기보다는 선호영 박사님이 생전에 하신 생각과 행동, 그리고 그분의 소명 의식을 단어로 명기한 것에 불과하다.[3] 그리고 그것을 좀더 많은 직원에게 효율적으로 전달하기 위해 시스템으로 정리한 것뿐이다. '꼭 브랜드로 만들어야지'라는 생각이었다면 이렇게 자연스러운 문화로 정착되지 못했을 것이다. 이 신념은 현실적인 것으로 지속적으로 변화·발전시킬 것이다.

실제로 선병원의 홈페이지를 방문해 보면 커뮤니티 폴더에 '선병원의 변화는 계속됩니다!'라는 섹션을 따로 두고 있다. (이제 태동 단계이지만) 그 섹션에서는 선병원이 현재 어떤 활동을 통해 그들의 신념을 '현실화'하는지에 대한 내용이 게재된다. 뿐만 아니라 2002년 초반부터 사내 인트라넷을 이용해 병원 개선에 도움이 되는 아이디어를 공유하고 있다. 자기 개발서에 '1일 1개 이상 개선 의지를 가지고 출근하는가?'라는 질문이 있는 것도 맥을 같이 한다.

서두에서 벳시 샌더스가 제시한 '전설적인 서비스가 되기 위해 가져야 할 습관'을 기준으로 조망해 본 선병원의 이러한 성장 과정, 그들이 가고자 하는 방향성, 진행하는 브랜드 교육이라면 언젠가는 대전의 태양SUN은 물론 올곧고 따뜻한 서비스 문화의 '볕'을 전국에 알리는 태양SUN이 될 수도 있지 않을까 싶다. 하지만 마지막 한 가지 검증 작업이 남아 있다. 선승훈 의료원장이 아닌 실제 현장에서 업무를 진행해 온, 오랫동안 선병원을 지켜봐 온 직원에게 정말 이러한 기준들이 '습관(같은 상황에서 반복된 행동의 안정화·자동화된 수행)'화 되어 있는지 확인해 보는 것이다.

MINI INTERVIEW 1
Habitualization of Caring 배려

The interview with
선병원 종합검진센터 **차장 박희숙**
1982년 대전 적십자 혈액원에서부터 간호일을 시작한 그녀는 대전 선병원과 1985년 부터 인연을 맺어 현재까지 근무 중이다.

결혼 때문에 잠시 그만두었던 3년을 제외하고, 현재 26년째 선병원을 지키는 그녀는 선인(善人, 선병원인)이었다. 선병원에서 다시 일을 시작했을 때 가족에게서 "모래밭에서 뒹굴던 물고기가 다시 물 만난 것 같다"는 말을 들었다는 그녀에게 선병원에 대해 짧게 물었다.

한 직장에서 26년, 쉽지만은 않았을 것 같다.
딱히 어렵다고 생각해 본 적은 없다. 특히 간호사들은 이상하게도 일을 해야 사는 것 같다. 환자분들을 도우면서 생명력을 얻는 것 같기 때문이다. 사람들은 내가 도움을 주는 사람이라고 말하지만, 역으로 내가 받는 것이 더 많아 늘 감사한 마음이다.

선병원의 핵심가치에 대해 얼마나 공감하는가?
핵심가치 중에 가장 중요한 것은 '배려'다. '열정'도, '절제'도 배려를 위한 것이기 때문이다. 얼마나 공감하느냐는 질문에 적절한 대답인지는 모르겠지만, 그건 이제 내 '삶'이 된 것 같다. 꼭 내가 간호사라서가 아니라 인생을 살면서 배려는 너무 당연한 것이다. 이제는 선병원의 가치를 넘어서 내 삶의 가치가 된 셈이다.

그러한 가치를 이제는 후배들에게 교육하는 입장에 선 것 같은데 어떠한 교육을 하나?
요즘은 검진센터에서 일하는데, 아침에 하는 교육이 있다. 고객들이 오기 전에 직원들이 두 줄로 서서 마주 보고 있으면 매니저가 선병원의 핵심가치를 한 번 더 점검하고, 오늘 진행될 검진 사항과 주의 사항, 여러 사례를 발표 해 준다. 사례 발표에는 성공 사례도 있고 실패 사례도 있는데, 그 기준이 우리의 핵심가치다 보니 자연스럽게 직원들에게 (핵심가치) 교육이 된다. 일종의 케이스 스터디인 셈이다. 처음부터 핵심가치를 체감할 수는 없다. 실제 교육도 받고 현장도 느껴 보고 고객에게 직접 불평 불만도 들어봐야 체감할 수 있다. 이런 교육은 5~10분으로 짧지만 강력한 습관이 된다고 생각한다. 이 시간에 전달한 것들이 고객에게 일관성 있게 전달되다 보니, 직원들이 모두 한 마음이다.

새로운 조직 문화를 경험하는 신입 직원이 적응할 때까지 어떻게 돕나?
시스템이 잘 되어 따로 도울 건 없다. 모두 편하게 적응하는 편이다. 오히려 적응을 못 하는 경우는 신입 직원이 아니라 선병원을 그만둔 직원이 다른 병원에 갔을 때다. 이런 문화에 젖어 있던 그들이 다른 병원에 간다는 것은 '병원을 바꾸는 것이 아니라 습관을 바꿔야 하는 차원'이다. 그래서 돌아오는 직원들도 꽤 있다. 직원뿐만 아니라 환자 분들도 그렇다. 다른 병원의 광고를 보고 호기심에 갔다가 돌아오시는 환자 분들이 상당히 많다. 선병원의 문화를 한번 경험해 보면 다른 곳과는 아주 다르다는 것이 느껴지기 때문일 것이다.

'선병원답다'고 하면 어떤 단어들이 떠오르나?
너무 어려운 질문인데, 내 경우 '환자 중심'이란 단어 외에는 떠오르는 게 없다. 어느 부서 어느 직원이건 목적은 그것 하나기 때문이다. 그것 하나를 위해 선병원 전체가 일사불란하게 움직일 수 있는 것이다.

MINI INTERVIEW 2
Habitualization of Abstinence 절제

The interview with
선병원 재활의학과 전문의 **부장 박노경**

가톨릭대학교 의과 대학을 졸업하고 동 대학교 성모병원 재활의학과 전공의를 수료했다. 전문의 취득 후 강남성모병원 재활의학과 임상교수를 역임하였으며, 가톨릭대학교 의과 대학 재활의학과 외래 조교수로 활동 중이다.

박노경 부장은 선병원의 핵심가치 중 가장 독특하면서도 다의적인, 그래서 이해가 조금 어려웠던 '절제'가 현장에서 어떻게, 얼마나 적용되고 있는지 명확히 설명해 주었다. 선병원의 절제는 진정으로 '한 환자를 위한 배려'임과 동시에 '여러 환자를 위한 공정한(?) 배려'를 위해서라도 반드시 필요한 '절대 가치'였다.

선병원의 핵심가치에 대해 얼마나 공감하고 있나?
공감한다기보다는 이제 일상이 되었다. 핵심가치를 얼마나 느끼는지 되묻지 않으면 그것이 '내 사고의 기준'인지 '핵심가치'인지 구분하기 힘들다는 의미다. 그래도 질문에 답하자면 '절제'라는 가치가 내게는 가장 와 닿는다.

절제라는 것이 현장에서 어떻게 도움이 되나?
환자 분들의 요구는 굉장히 다양하다. 때로는 너무 많은 검사를 요구할 때가 있고, 때로는 어려운 형편 때문에 검사를 안 하고 치료만 원하는 경우도 있다. 그런 경우 환자가 앓는 병을 대하는 자세에서 '절제'가 미덕이 필요하다. 어디까지 접근해 가야 하는지 판단해야 하기 때문이다. 병만 보고 쫓아가다 보면 '검사'하느라 '치료가 뒷전'이 되어 시기를 놓칠 수 있고, 환자의 형편만 생각하다가 검사를 미루고 급한 '치료'만 하면 정말 '중요한 검사를 안 하고 넘어갈 수도' 있다. 물론 환자가 원하는 대로 진행하는 것도 배려지만, 어떻게 보면 병을 제대로 진단하고 치료하는 것이 '진정한 배려'라고 생각한다. 이때 절제라는 가치는 실제 나를 고민하게 하고, 판단의 근거와 당위성을 만들어 준다. 아이러니컬하게도 '진짜 배려를 위해 배려를 절제해야 하는 순간'도 온다. '절제'라는 핵심가치는 각 파트에 있는 직원마다 다르게 해석이 될 수 있겠지만 나에게 절제란 그런 것이다.

'선병원답다'는 어떻게 해석될 수 있다고 생각하나?
'설명을 잘 해주는 병원' '친절한 병원'이 선병원의 캐치프레이즈기도 하지만, 정말 선병원을 잘 말해 주는 문구라 생각한다. 실제 사람들에게도 선병원은 대전·충청권에서 제일 친절한 병원으로 알려져 있다. 물론 병원이 친절만 가지고 환자를 치료할 수 있는 것은 아니지만, 아프신 분들은 마음도 많이 손상돼 있기 때문에 그것을 풀어 낼 수 있는 서비스 역시 굉장히 중요하다.

설명을 잘해 주는 병원이 되려면 상대적으로 진료 상담 시간이 꽤 길어야 할 것 같은데, 대형 병원에서는 불가능하지 않나?
쉽게 설명하는 것, 설명을 잘해 주는 것이 꼭 설명 시간에 달린 것은 아니다. 일상적이고 이해하기 쉬운 예를 들면 쉽게 이해한다. 그런 소재들을 많이 찾아 내는 노력을 하고 있다. 그리고 진료 시간 같은 경우에도 절제라는 가치를 다시 한 번 떠올리는 순간이 된다. 지금 상담 중인 환자도 배려해야 하지만 밖에서 기다리는 환자도 배려해야 한다. 그래서 우선은 쉽게 충분히 설명을 드리고, 더 궁금한 게 있으면 따로 면담 시간을 잡고 진행하는 경우가 상당히 많다. 여담이지만, 내 휴식 시간이나 개인 시간은 간호사나 간호조무사들이 잡아 놓은 '환자 면담 시간'으로 정신없다.

선승훈 미국 버클리대학교 경제학 학사를 마친 그는 조지타운대학원 경영학 석사. 미네소타대학원 병원경영학을 수료한 뒤 1987년 씨티은행 자금부에서 근무한 바 있다. 1993년부터 선병원의 대표원장을 맡고 있으며 현재 스웨덴 명예영사이기도 하다.

선병원의 브랜드 교육 사례가 모든 기업 상황에 들어맞는 규정집 혹은 정답이라 할 수는 없다. 하지만 분명한 것은 모범적인 사례로 참고할만한 선(善)례임은 분명하다. 선병원에서 참고할 것은 그들의 소명 의식, 그 소명 의식을 명기화한 핵심가치를 그들의 직원들에게 얼마나 치열하고 밀도 있게 전달하며 그것이 직원의 '습관'이 되도록 어떠한 실질적인 '액션 툴 킷action tool kit'을 제공하고 있는가에 관한 것이다. "습관은 처음에는 거미줄 같으나 나중에는 밧줄과 같아진다"는 말처럼 선(善)인들 생활 곳곳에 녹아든 사소하고 별것 아닌 듯한 액션 툴 킷들이 처음에는 거미줄처럼, 보일 듯 말 듯 하겠지만, 쌓이고 쌓여 선병원을 지켜 내고 조직 전체를 단단한 묶어줄 밧줄이 될 것이다.

혹자는 이러한 교육 시스템은 시간 낭비, 자원 낭비라고 생각할지 모른다. 하지만 자사의 핵심가치를 이해하지 못해 고객에게 그릇된 자기다움BrandNess을 전달하는 '이방인 직원'에게 주는 월급이 더 낭비가 아닐까? UB

ABSTRACT 4. BRANDNESS

비즈니스에 브랜드로 불을 밝히다, 필립스
p 144

컴퓨터 부팅 화면, 마우스 패드, 건물 로비, 미팅 룸, 직원평가 기준까지 필립스는 'sense and simplicity'를 직원들의 생활 곳곳에 새겨 놓았다. 필립스의 브랜드 교육은 현실적인 '생활 속 교육'이다.

- sense and simplicity는 필립스의 브랜드 약속이다. 이것은 고객에게 전달되는 약속이자 직원들의 업무와 생활의 기준이다.
- 필립스는 자신의 브랜드 약속을 자신다움으로 만들기 위해 simplicity day를 열었다. 2004년 브랜드 약속 공언 후 전 세계 필립스 직원은 같은 날 업무를 쉬고 이것을 업무에 적용할 방법을 함께 고민했다.
- sense and simplicity는 일하는 방법, 평가 방법, 커뮤니케이션 방법에 모두 영향을 미친다. 미팅 룸, 신입사원 교육, simplicity event 등은 직원들이 브랜드 약속을 체화하도록 돕는다.
- 필립스의 브랜드 중심 비즈니스는 여러 성과를 가져왔다. 브랜드 자산가치는 2004년 이후 약 2배 성장했고, 직원들은 업무의 효율성도 높이고 일관성 있는 커뮤니케이션을 할 수 있게 되었다.

스타벅 선장의 항해술, 스타벅스
p 154

스타벅스에는 비퍼^{beeper}가 존재하지 않는다는 사실을 아는가. 안다면 왜 없는지 생각해 본 적이 있는가. 대부분의 커피 전문점에는 고객의 편의를 위해서 비퍼 시스템을 구축해 놓았는데, 왜 스타벅스에만 이런 편리함이 없을까? 그것은 '스타벅스답지 않기 때문'이다.

- 스타벅스는 커피 비즈니스^{coffee business}가 아니라, 피플 비즈니스^{people business}를 한다고 말한다. 이것이 스타벅스의 '자기다움'이다.
- 스타벅스는 파트너(직원)들에게 스타벅스다움을 체화하기 위하여, 커피에 대한 열정과 스타벅스에 대한 자부심을 갖게 하는 브랜드 교육을 진행한다. '커피마스터 과정'과 'Just say yes 교육'이 대표적이다.
- 스타벅스는 스타벅스다움을 교육하기 위한 방법으로 다양한 모티베이션 기법을 고안했다. 비경제적이라도 유인도(그 사람에게 매력적인 보상)가 높은 보상은 직원들에게 주인의식을 갖게 한다.

선善인을 만드는 Habitualization, 대전 선善병원
p 166

대전 시민 4명 중 1명 이상(27%), 40만 명이 찾은 대전 선병원은 지난 2008년 보건복지부 '환자만족도조사'에서 최우수 등급(전국에서 9곳이 수상)을 받았다. 선병원을 브랜드라 말할 수 있는 이유는 명확한 사명과 핵심가치가 전 조직원의 생활 속에서 묻어나며 그것을 고스란히 고객(환자)에게 전달하고 있기 때문이다.

- 선병원은 그들의 핵심가치(배려, 열정, 절제)가 조직원의 생활 속 습관이 될 수 있도록 정신강령, 핵심강령 등의 구호를 매주 환자들 앞에서 외치게 한다.
- 조직의 핵심가치와 인간으로서의 핵심가치를 기준으로 더 발전할 수 있도록 '자기 개발서'를 통해 수시로 스스로를 점검하고 개선시킬 수 있도록 돕는다.
- 산업군의 구분 없이 고객(환자)을 위한 배려의 자세를 배우기 위해 끊임없이 모범 브랜드 사례를 찾아 배운다.
- 네트워크 시스템 아래 같은 이름의 간판을 내걸고, 같은 마케팅 프로모션을 제공하고, 비슷한 서비스를 제공하는 것을 브랜딩으로 착각하는 일부 프랜차이즈 병원과는 달리 의사로서의 소명과 사명감으로 환자에게 최선을 다하려 노력하는 것이 선병원의 병원 브랜딩의 시작이다.

THINK TO SYNC

교육에서 교육자의 역할은 아무리 강조되어도 지나치지 않다.
브랜드 교육을 설계하는 교육 담당자들이 되새겨 볼 만한 어록들이다.

교육의 최대 목표는 지식이 아니라 행동이다. E. 스펜서

교육은 알지 못하는 바를 알도록 가르치는 것을 의미하는 것이 아니라,
사람들이 행동하지 않을 때 행동하도록 가르치는 것을 의미한다. 마크 트웨인

평범한 교사는 말을 한다. 훌륭한 교사는 설명을 한다. 뛰어난 교사는 직접 보여 준다.
위대한 교사는 감동을 준다. 윌리엄 와드

우리는 사람들에게 아무 것도 가르칠 수 없다.
다만 무엇인가를 발견하도록 도울 수 있을 뿐이다. 갈릴레오

Brand Identity, Behavior Identity, Being Identity
Brand Avatar

브랜드의 분신을 정의한다면 브랜드 관점에서 브랜드처럼 행동하고 브랜드와 같이 성장하는 사람을 말한다. 어떤 사람에게는 브랜드 아바타라는 단어의 어감이 꼭두각시, 로봇 혹은 조직에 순종하는 직원의 모습으로 다가올 수도 있겠다. 그러나 여기서 말하는 브랜드 아바타는 아바타의 원래 의미인 신의 분신 그리고 화신에 가깝다.

유니타스브랜드 Vol.12에서 특집으로 다루었던 '슈퍼내추럴 코드$^{Supernatural\ code}$'는 브랜드에 소비자가 갖는 '특별한' 감정 몰입과 가치 공유에 관한 이야기다. 또 슈퍼내추럴 코드에서 '코드'란 소비자가 브랜드와 하나가 된 것을 체험한 사람들이 공통적으로 증언한 것으로, 브랜드와 소비자 혹은 브랜드와 브랜드 간에 교감 코드를 말한다. 무엇보다도 슈퍼내추럴 코드를 가진 특정 소비자들이 마케터들에게 주목 받는 이유는 자발적으로 다른 사람들에게 브랜드를 전파하고 구매를 촉진시키기 때문이다. 이들은 일명 '감염 구매'라고 불리는 구전 마케팅 현상을 주도하기 때문에 그들을 '브랜드 뱀파이어'라고 부르기도 한다.

2000년경부터 온라인 네트워크가 발달하면서 그제야 시장에서 신출귀몰한 브랜드 뱀파이어와 그들에게 물린(?) 소비자들의 감염 경로(게시판, 댓글, 블로그 등)를 파악할 수 있게 되었다. 무엇보다 마케터들에게 온라인은 보이지 않던 소문의 진원지인 '마음의 세상'을 볼 수 있게 해 주었다. 마치 천문학자들이 허블 망원경으로 또 다른 우주 세계를 보게 된 것처럼, 미생물학자들이 광학 현미경을 통해 생명의 기원이라는 염색체를 보게 된 것처럼, 온라인은 오프라인 시장에서는 보이지 않던 트렌드 리더와 브랜드 마니아들의 움직임을 보게 해 주었다. 이런 온브랜딩$^{ON-Branding}$은 유니타스브랜드 Vol.11에서 자세히 다룬 바 있다.

슈퍼내추럴 코드를 지닌 소비자들은 브랜드의 identity^{정체성}를 파악할 수 있는 '브랜드의 지문'이다. 모든 사람의 지문이 다른 것처럼 각 브랜드가 가진 소비자 역시 다르기 때문에 특정 브랜드의 소비자를 연구하면 브랜드의 identity를 파악할 수 있다. 온라인을 통해 시장을 움직이는 감정선을 파악한 마케터들은 마치 과학수사관처럼 경쟁사 혹은 슈퍼내추럴 코드를 지닌 사람들의 태도와 습관을 보며 시장의 현상과 미래 구도를 읽어 낼 수 있게 되었다.

슈퍼내추럴 코드를 가진 소비자들이 브랜드의 지문이라고 한다면, 유니타스브랜드 Vol.14에서 다루는 슈퍼내추럴 코드를 가진 직원(내부 슈퍼내추럴 코드, Inner supernatural code)들은 브랜드의 DNA$^{deoxyribonucleic\ acid}$라고 말할 수 있다. 우리가 흔히 말하는 DNA란 유전자의 본체로 모든 생체 세포 속에 존재하는 디옥시리보스를 함유하는 핵산이다. 아데닌, 구아닌, 시토신, 티민의 4종 염기로 이루어져 있으며, 그 배열 순서에 유전 정보를 포함한

가장 자신다운 것이 최고의 차별화이며 궁극의 브랜딩이다. 강력한 identity를 가진 브랜드는 시장에서 독점적인 지위를 누린다.

다. 이런 DNA 관점에서 브랜드를 거대한 유기체라고 본다면 직원은 바로 브랜드의 영구적 생존의 유전과 지속적 성장의 유지를 관장하는 DNA다. 특히 창업자의 정신, 브랜드의 비전 그리고 철학을 소유하고 다른 직원들에게 영향을 끼치는 직원들은 브랜드의 identity를 강화 및 유지하는 '슈퍼내추럴 DNA'다.

BM, Brand Manager or Beyond Master

브랜드는 브랜드의 가치를 공유하는 소비자와 직원들에 의해서 강력한 브랜드가 된다. 그렇다면 '강력한'의 강도는 얼마나 될까? 예를 들어 애플과 비슷한 상품이 시장에 나오면 소비자들은 그것을 '짝퉁'이라고 말한다. BMW와 비슷한 이름을 가진 BMW가 나오면 그것도 가짜다. 왜냐하면 애플이나 BMW와 같은 브랜드들은 자신만의 독특하고 차별화된 identity정체성를 가지고 있기 때문이다.

가장 자신다운 것이 최고의 차별화이며 궁극의 브랜딩이다. 강력한 identity를 가진 브랜드는 시장에서 독점적인 지위를 누린다. 아무리 새로운 브랜드가 나와도 자신과 비슷하면 가짜가 되고, 오히려 가짜가 많은 그 브랜드는 해당 카테고리의 원형archetype이 되어 그야말로 '기준'이 된다. 시장에서 기준이 된다는 것은 가장 강력하다는 뜻이다. 예를 들어 BMW를 능가하는 엔진과 기술을 가졌더라도 가능한 BMW의 총체적 이미지나 디자인과는 다른 스타일을 가져야 한다. 하지만 무조건 BMW와 다르다고 소비자들이 선호하는 것은 아니다. 경쟁자는 비슷하되 우월한 강점을 가지고 BMW를 이겨야 한다. 물론 말처럼 쉬운 일이 아니다. 코카콜라와 경쟁하는 펩시를 보면 이해하기 쉬울 것이다.

브랜드의 강력한 힘을 만드는 identity의 구조를 알기 위해서 5000년 전으로 거슬러 올라가서 어원을 살펴보도록 하겠다. identity의 어원은 고대 라틴어 identitas로 그 뜻은 '같은 것' 혹은 '같다'이다. brand identity는 말 그대로 '브랜드'와 '같은 것'이라고 해석해도 무방할 것이다. 현재 brand identity는 비전, 가치, 철학, 욕망 등의 다양한 의미와 상징으로 사용되고 있다.

누군가 독자에게 '당신의 identity를 설명해 보라'고 한다면 아마 난처할 것이다. 단어의 의미 그대로 이 세상에 독자의 identity를 대표하며 똑같은 존재가 있을까? 만약에 독자의 이력서 항목에 경력career이라는 말 대신 identity라는 단어가 들어가 있다면 과연 독자는 그 안에 무엇을 적을 수 있을까? 주민등록번호를 적거나 아니면 아직도

이런 직원들은 슈퍼내추럴 코드를 지닌 소비자와 함께
'가치의 공유점'과 '철학의 융합점'을 만들면서
브랜드의 완성점을 향해 나아간다.

identity라는 개념을 이해하기 어려워서 학력이나 다른 회사 경력을 적을 것이다. 어떤 사람은 자신이 좋아하는 색, 음식, 음악 등을 100가지 정도 적을 수도 있을 것이다.

속도와 섹시함을 상징으로 가지고 있는 자동차는? 귀족적 우아함과 궁극의 드라이브를 느끼게 하는 자동차는? 안전, 안전, 무조건 안전을 추구하는 자동차는? 디자인과 트렌드 그리고 오묘한 개성을 가진 자동차는? 이런 질문과 함께 떠오르는 자동차 브랜드들은 명확한 identity가 구축되어 있는 것이다. 그렇다면 독일 자동차 중에 독일 자동차는? 그리고 스포츠카 중에 스포츠카는?이라고 물을 때도 떠오르는 자동차 브랜드가 있을 것이다. 그 브랜드는 identity를 넘어서 자동차의 원형을 가진 브랜드라고 할 수 있다.

원형은 세상에 하나밖에 없는 최초의 것이어야 한다. 하지만 브랜드에서 사용하는 원형의 개념은 '최초'의 개념만은 아니다. 브랜딩은 사람들이 그 브랜드를 '마치 원형스럽게 혹은 원형에 가깝게' 인식하게 하는 것이다. 애플이 만든 iPod은 최초의 MP3 플레이어가 아니다. 최초가 나온 후 3년이 지나서야 시장에 나왔다. 그러나 시장에 가면 모두 애플스러운 MP3 플레이어들을 볼 수 있다. 이렇게 애플은 MP3 플레이어의 '원형'이 되었다. 브랜딩 중에 브랜딩이라고 한다면 '원형이 아니지만 원형이 되는 것'이라고 할 수 있다.

시장에서 원형이 된 원형 브랜드는 복제가 불가능하다. 또한 원형이 된 브랜드는 시장을 리드하며 트렌드를 만들거나 역행 혹은 무시한다. 왜냐하면 원형이 된 브랜드는 시장의 급변화와는 상관없이 자신의 관점과 기준을 가지고 있기 때문이다. '무엇을 버릴지 그리고 무엇을 유지할지'를 알고 있는 원형 브랜드들은 어떤 변화에도 아랑곳하지 않고 항상 자기다움을 유지하면서 시장을 이끌어 간다. 바로 이 과정과 결과를 '강력한 브랜드 구축 혹은 강력한 identity 구축'이라고 말한다.

그렇다면 이런 원형을 유지하고 더 발전하기 위해서 브랜드는 어떻게 해야 할까? 첫째는 그 원형을 지지(소비)하고 전파(구전)하는 슈퍼내추럴 코드를 지닌 소비자가 필요하다. 브랜드가 시장에서 '원형'이 되기까지는 많은 시간이 필요하다. 최초일지라도 소비자가 무시하면 시장에서 사라지기 때문에 단순히 '역사성'만으로 원형 브랜드가 될 수 없다. 브랜드는 세대와 세대가 이어지는 동안에 지속적인 선호에 의해 '정통성'과 '전통성'을 얻게 되고, 결국 시간이 갈수록 원형 브랜드가 되어 간다.

둘째는 그 원형을 유지(유전)하고 혁신(성장)시키는 슈퍼내추럴 코드를 지닌 직원이 필요하다. 이 사람들은 브랜드의 설립 가치를 옹호하는 사람들이다. 이들은 브랜드의 모든 의사결정에 있어서 초심을 가지고 브랜드 순수성으로 '우리 브랜드는 이래야 한다'며 브랜드의 영점 freezing point, 곧 브랜드 초기의 순수한 가치를 유지한다. 또한 이런 직원들은 슈퍼내추럴 코드를 지닌 소비자와 함께 '가치의 공유점'과 '철학의 융합점'을 만들면서 브랜드의 완성점을 향해 나아간다.

직장에서 이런 직원들의 최종점은 어디일까? 임원 혹은 사장이라고 생각할 수도 있다. 이것은 인사관리 관점에서 보면 개인의 경력 관리 차원이다. 하지만 브랜드 관점에서, 정확히 말해 브랜드의 창업자 관점에서는 어떨까? 1,000년 브랜드를 꿈꾸는 브랜드 창업자라면 자신보다 브랜드에 더 애착을 가진 사람을 원할 것이다. 숙달되고 마케팅 기술이 뛰어난 BM^{Brand Manager}도 아니고, 대기업에서 탄탄하게 훈련 받은 전문 경영자도 아닌 창업자 이상으로 브랜드를 열망하는 BM$^{Beyond\ Master}$(p25 참고)을 원할 것이다. 창업자라면 브랜드가 전략과 돈으로 만들어지는 것이 아니라 꿈과 희생으로 성장한다는 것을 알기 때문이다.

모든 브랜드는 아니지만 강력한 브랜드의 대부분은 창업자가 곧 브랜드이고, 브랜드가 창업자인 경우가 많다. 이런 경우는 창업자가 브랜드의 강점이자 약점이다. 창업자의 사망 이후에 브랜드도 함께 시장에서 사라지는 경우가 허다하기 때문에 브랜드(기업)는 조직적으로, 그리고 브랜드 자체로서 생명력을 가져야 한다. 애플의 창업자인 스티브 잡스가 암에 걸리자 사람들이 애플의 운명을 걱정한 것도 그 때문이다. 그렇다면 애플이 앞으로 해야 할 일은 무엇일까? 독자가 애플의 주주, 직원 혹은 임원이라면 무엇을 바랄까? 스티브 잡스보다 더 뛰어난 경영자가 나오거나, 조직 전체가 스티브 잡스보다 더 뛰어나길 원할 것이다. 한마디로 브랜드 교육의 최종 목표는 창업자 이상의 사람 혹은 창업자 이상의 조직을 만드는 것이다. 그것만이 brand identity 구축을 통한 원형의 브랜드를 유지할 수 있다. brand identity 구축의 시작과 끝에 바로 직원이 있는 것이다.

Brand Avatar

브랜드의 매장 분위기와 본사 사무실 분위기가 같은 브랜드가 과연 얼마나 있을까? 한 브랜드(조직)에 가능한 모든 것을 자신의 브랜드에서 나온 제품으로 사용하는 직원은 몇 퍼센트나 될까? 만약 100명의 사람을 선발하여 그중 50명을 같은 브랜드에서 일하는 사람으로 구성하고, 제3자에게 같은 브랜드에서 일하는 50명을 찾아 보라고 한다면 몇 명을 찾을 수 있을까? 마지막으로 만약에 특정 브랜드 A를 선호하는 소비자와 특정 브랜드 A에서 일하는 직원을 5:5로 섞어 놓았을 때, 제3자가 소비자와 직원을 구별할 수 있는 가능성은 얼마나 될까? 이 질문들의 의도는 특정 브랜드를 중심으로 소비자와 직원 그리고 매장과 사무실 등 브랜드의 안과 밖이 모두 일치해야 함을 강조해서다.

그렇다면 이론적으로 존재하는 궁극의 Brand Identity의 최고점을 가진 브랜드는 어떤 모습일까? 일반적으로 브랜드의 BI$^{Brand\ Identity}$를 구축하기 위한 직원들의 태도, 곧 브랜드답게(혹은 브랜드처럼) 사고하고 행동하는 것도 BI$^{Behavior\ Identity}$라고 한다. 더 나아가 직원과 소비자가 Brand에 대한 BI$^{Behavior\ Identity}$가 같을 때, 즉 소비자와 직원을 제3자가 구별하지 못하는 브랜드가 BI 구축의 궁극적 모습이다.

지금까지 소비자와 생산자를 구분하기 어려울 정도로 브랜드의 직원과 소비자의 융합점을 만든 브랜드를 뽑는다면 할리데이비슨 정도일 것이다. 할리데이비슨의 직원들과 고객을 섞어 놓으면 누가 직원이고 누가 소비자인지 구분하기 어렵다. 물론 할리데이비슨 외에도 자신이 만든 라이프스타일과 자신만이 주장하는 세계관을 가진 브랜드들에게 종종 보이기는 한다.

우리나라 사람 4명 중 한 명이 보았다는 영화 〈아바타〉를 보았다면, 한 사람의 영혼으로 두 생명체가 존재할 수 있음을 받아들이는 것이 그렇게 낯설지 않을 것이다. Brand Identity 그리고 Behavior Identity가 융합^{blending}되는 개념을 쉽게 이해할 수 있을 것이다. 왜냐하면 창업자의 정신 혹은 브랜드의 가치관을 여러 사람이 공유하는 것이 아바타와 같은 원리이기 때문이다.

먼저 아바타^{avatar}라는 용어를 살펴보면 신의 분신^{分身}, 화신^{化身}이라는 뜻을 가지고 있다. 온라인 세계가 태동하면서 흔하게 쓰이기 시작한 아바타는 온라인에서 오프라인에 있는 사용자의 역할을 대신하는 애니메이션 캐릭터라는 의미로 널리 사용되었다. 이 단어는 최근에 '구현 및 구체화'라는 의미와, 동사로도 사용되고 있다. Brand가 '구별하다'라는 동사에서 명사로, 명사에서 다시 동사(차별화하다, 특별해지다 등)로 변화한 것처럼, 아바타도 시대와 문화에 따라서 명사에서 동사, 그리고 다시 명사 등으로 계속 진보·진화할 것 같다.

브랜드의 분신을 정의한다면 브랜드 관점에서 브랜드처럼 행동하고 브랜드와 같이 성장하는 사람을 말한다. 어떤 사람에게는 브랜드 아바타라는 단어의 어감이 꼭두각시, 로봇 혹은 조직에 순종하는 직원의 모습으로 다가올 수도 있겠다. 그러나 여기서 말하는 브랜드 아바타는 아바타의 원래 의미인 신의 분신 그리고 화신에 가깝다.

브랜드처럼 생각하고 브랜드답게 행동하는 직원, 과연 이 사람에게 어떤 일이 일어날까? 결론적으로 브랜드의 사명과 사람의 소명이 융합되면서 직원이 아니라 브랜드의 아바타가 되는 것이다. 물론 브랜드 아바타라는 개념이 갑자기 나온 단어는 아니다. 브랜드 전도사 혹은 브랜드 챔피언이라는 단어로 자신의 브랜드에서 브랜드적으로 특별한 역할을 하는 사람을 설명하기도 했다. 하지만 앞서 나온 단어들은 브랜드와 동격을 의미하지는 않았다. 브랜드 아바타란 사람이 곧 브랜드로 존재하는 것을 의미한다.

좀더 주의 깊게 시장을 들여다보면 브랜드 아바타들에 의해서 운영되는 브랜드가 세상을 바꾸고 주도한다는 사실을 알 수 있다.

자신이 브랜드 아바타인지 아니면 브랜드 직원인지 알 수 있는 방법이 있다. 충실한 직장인일수록 구분하기가 어렵겠지만, 다음 질문에서 둘 중에 하나만을 택하면 된다. 지금 자신이 속한 브랜드는 '평생 직장'인가? 아니면 '공동 운명체'인가? 이 질문이 모호하다면 더 명확하고 결정적인 질문도 있다. 만약 지금 속한 브랜드가 도산한다면 다른 직장으로 옮길 것인가? 아니면 전 재산을 팔아서 브랜드의 회복을 도울 것인가? 월급을 계속 받기 위해서 자신의 재산을 헌납하는 사람은 없다. 하지만 자신의 꿈을 이루기 위해서 재산을 헌납하는 사람은 많다.

좀더 주의 깊게 시장을 들여다보면 브랜드 아바타들에 의해서 운영되는 브랜드가 세상을 바꾸고 주도한다는 사실을 알 수 있다. 그들은 매출 목표를 달성하거나 대기업이 되는 것이 목표가 아니기 때문에 매출액을 기준으로 매겨지는 브랜드 순위에는 오르지 않겠지만, 목적이 이끄는 브랜드이기 때문에 세상에 영향력을 행사하고 있다. 놀라운 것은 이제 이런 목적이 이끄는 브랜드들이 목표가 이끄는 브랜드를 규모 면에서도 능가하는 브랜드들이 나타나고 있다는 사실이다. 브랜드의 개념이 바뀌듯이 시장도 바뀌고, 사람도 바뀌고, 세상도 바뀌고 있다. 바로 공동 운명체로 구성된 브랜드 아바타들의 비전과 도전에 의해서 말이다.

이번 특집에서 다루었던 브랜드 교육은 대부분 상당히

영적인 부분을 다루고 있었다. 가치를 통한 섬김에서 시작해서 좋은 세상을 만들기 위한 헌신은 기본적인 태도였다. 그들의 교육을 한마디로 말한다면 '가치 있는 사람 되기'였다. 그 교육을 BrandView에서 설계하고 BrandNess를 결론으로 가져가고 있었다. 브랜드는 파는 것이 아니라 섬기는 것이고, 브랜드는 소유하는 것이 아니라 공유하는 것이며, 브랜드는 필요를 채우는 것이 아니라 꿈을 이루는 것임을 교육하고 있었다.

따라서 브랜드 아바타에 의한 브랜드를 만들고 싶다면 종전 브랜드들이 행하는 혁신 혹은 전략에 치중된 교육 방향과는 달라야 한다. 바로 브랜드 안에 있는 사람들이 자신의 브랜드에 인생을 맡길 수 있도록 (맡길 만하게) 브랜드의 목적을 따라 경영해야 한다. 참고로 직원을 브랜드 아바타가 되도록 하는 것은 충성도 높은 직원을 만들기 위한 경영자의 고도의 심리술과 세뇌 전략이 아니다. 사람이 자신의 인생을 걸 만한 브랜드가 된다는 것은 브랜드의 생존 목적이 '이윤'이 아니라 '가치'이기 때문에 그 가치를 이루기 위한 혁신적인 경영이 필요하다. 그것이 바로 '브랜드 경영'이다. 경영자의 솔선수범, 일관성, 헌신 그리고 진정성은 브랜드 아바타 교육의 1단계일 뿐이다.

브랜드 교육의 수준은 영적인 체험까지 이르러야 한다. 창업자와 종업원이 브랜드라는 매개체를 통해서 서로 소통하는 것이기 때문이다. 또한 소비자도 브랜드 안에서 서로 교감하기 때문이다. 브랜드는 더 이상 상거래의 대상이 아니고 운명을 공유하는 또 다른 대상이 되었다.

Being Identity

being은 불가산 명사로서 존재, 실존, 실재, 본질 그리고 본성이라는 철학적 정의를 가지고 있다. Being Identity는 '실존적 정체성'이라고 해석될 수 있으며, Brand Identity 그리고 Behavior Identity에 대한 궁극적인 대답이며 결론일 것이다.

당신의 브랜드는 왜 존재하는가? 브랜드의 존재를 위해 당신이 그 브랜드에서 존재해야 하는 이유는 무엇인가? 이 질문에 대해서 직원들이 명쾌하게 대답할 수 있다면 Brand Identity가 완벽하게 구축되었다고 말해도 과언이 아닐 것이다. 이번 특집에서 다루었던 대부분의 브랜드의 교육은 강력한 브랜드 구축을 위해서 Brand Identity를 직원들에게 주입식으로 가르치기보다는 우리가 여기에 있는 이유, 즉 '존재'에 대한 질문에서 시작하고 같은 질문으로 끝냈다.

스타벅스의 예를 든다면 자신들은 커피 비즈니스가 아니라 피플 비즈니스라고 말한다. 브랜드의 실존적 정체성 Being Identity이 '사람을 위해서' 존재하는 것이다. 그래서 스타벅스의 교육 중에 'Just say yes!'가 말로만 끝나는 것이 아니라 독특한 스타벅스 경험 Starbucks Experience을 만들어 내기까지 한다. 스타벅스라는 브랜드가 사라진다면 소비자는 커피를 못 마시게 될까? 아니면 도시에서 안식을 잃어 버리게 되는 것일까? 이 질문에 대해서 우리(소비자) 또한 스타벅스 직원과 같은 대답을 할 때 비로소 브랜드의 실존적 존재가 완성된 것이다.

본죽이 없어지면 소비자는 무엇을 잃는 것일까? 준오헤어가 문을 닫는다면 소비자는 준오헤어를 대체할 만한 또 다른 미용실을 찾아야 할까? 아니면 한동안 머리를 자르지 못한 채 무엇을 해야 할지 몰라서 당황해 할까? 유니클로가 일본으로 철수한다면 우리는 유니클로를 대체할 수 있는 어떤 브랜드를 찾아야 할까? 소비자가 인터넷 쇼핑몰에서 더 싸게 애플을 살 수 있는데도 불구하고 프리스비에서 굳이 애플을 사는 이유는 무엇일까? 낯선 곳에서 아침에 눈을 떴을 때 JW메리어트호텔에서 숙박했다는 이유만으로 행복한 이유는 무엇 때문일까? 교보생명에서 보험을 들었다는 말은 인생을 같이할 친구를 사귀는 것일까? 아니면 보호자를 만난 것일까? 선병원에 입원했다면 환자는 완쾌되는 것 말고 또 어떤 것을 기대해도 좋을까? 필립스의 제품이 시장에 없다면 소비자는 무엇을 누리지 못하게 될까? 바로 이런 질문이 브랜드 실존에 관한 질문들이며 브랜드가 가져야 할 궁극의 가치라고 할 수 있다. 우리가 특집으로 다루었던 브랜드들은 브랜드의 차별화를 위한 identity 구축을 넘어서 이제 실존적 정체성, 즉 Being Identity 구축 과정 중에 있었다.

> 당신의 브랜드는 왜 존재하는가?
> 브랜드의 존재를 위해 당신이 그 브랜드에서 존재해야 하는 이유는 무엇인가?

Brand Avatar

그래서 브랜드 교육의 목적은 브랜드의 정신을 배우는 것이다. 진정한 브랜드는 존재의 이유가 있는, 다른 말로 한다면 영혼이 있는 존재가 되어야 한다. 따라서 브랜드 교육 담당자는 브랜드 교육을 주관하기 위해서 진정한 '정신 교육'이 무엇인지를 이해해야 한다. 여기서 정신 교육은 우리가 그동안 강제로 받아온 주입식 정신(?)교육을 말하는 것이 아니다.

만약에 영어로 정신교육을 표현한다면 어떤 단어를 선택할 것인가? 정신에 해당하는 단어를 찾는다면 mind, spirit, soul, will, intention, mentality 그리고 motive 등이 있다. 그중 정신교육은 moral (spiritual) education이라고 할 수 있다. 브랜드 교육은 영적이어야 하기 때문이다. 그런데 과연 브랜드 교육이 영적이어야 한다는 것을 쉽게 이해할 수 있을까? 이에 대한 대답을 대신해서 다시 처음으로 돌아가 브랜드에게서 필요를 느끼는 것이 아니라 교감을 느낄 수 있다면 영적이다라고 말하겠다. 브랜딩의 결론은 한마디로 브랜드를 영적으로 만드는 것이다. 따라서 이번 특집의 주제였던 '브랜드 교육'을 '브랜드 영적 체험'이라고 말해도 무방할 것이다. 브랜드 교육을 통해서 브랜드 직원을 브랜드의 화신으로 만드는 것이 바로 브랜드 교육의 목적이다. UB

BRAND CHAMPION

VISION SHARING

BRAND
LECTU

브랜드 교육을 한다는 것은 무엇을 교육한다는 것일까? 브랜드 교육이 가능하기는 할까? 브랜드 아이덴티티를 최초로 주창한 장 노엘 캐퍼러 교수, 고려대학교에서 마케팅을 가르치고 있는 토니 가렛 교수, 북유럽의 브랜드 컨설턴트 니콜라스 인드, 미국 유나이티드 슈퍼마켓의 CEO 댄 J. 샌더스. 이 네 명 중 누구도 어떠한 '지식'을 가르치라고 하지 않았다. 오히려 브랜드의 내부적 진리 inner truth, 브랜드에 대한 '확신' 같은 보이지 않는 것을 교육하라거나, 브랜드 챔피언을 양성하라거나, 브랜드 교육이란 비전이 담고 있는 특정한 맥락을 전사가 공유하는 것이라는 더 어려운 대답을 들려주었다. 하지만 이것이 정답이다. 브랜드 교육의 다른 이름은 브랜드 동기화 BrandSync 기 때문이다.

INNER TRUTH

CONVICTION

PRE

내부적 진리^{inner truth}를 설파하라,
암묵지^{implicit Knowledge}를 얻을 것이다

장 노엘 캐퍼러에게 배우는
브랜드 교육법

The interview with Jean-Noël Kapferer

앞서 소개된 많은 기사들에서 다양한 사례들을 통해 강조한 것은 결국 브랜드를 경영의 대상(객체)^{Management the brand}으로 볼 것이 아니라, 경영의 주체^{Management by brand}로 봐야 한다는 것이다(p40 참고). 그런데 눈에 보이지 않는 '가치의 응축체'인 브랜드가 어떻게 경영의 주체가 될 수 있을까? 이에 대한 장 노엘 캐퍼러 교수의 제안은 직원들에게 inner truth를 학습시키라는 것이다. '브랜드 교육'을 주제로 세 시간 남짓 진행된 그와의 인터뷰를 두 문장으로 요약하면 다음과 같다.

"자사 브랜드의 '내부적 진리^{inner truth}'를 직원들에게 학습시키면 직원들과 조직은 결국 암묵지^{implicit knowledge}를 갖게 된다. 그것이 브랜드 교육의 결과이자 Management by Brand를 가능케 하는 첫 단계다."

단어의 구조를 보았을 때 영혼이라는 측면에서 inner(내면의)는 쉽게 이해가 되는데, truth를(우리에게 익숙한 value나 브랜드 아이덴티티를 접어 두고) 택한 특별한 이유가 있는지 궁금했다.

inner truth?

'기업'을 나타내는 company라는 단어는 라틴어 corpus(몸)에서 유래됐다고 한다. 여기에서 '몸'이란 '영혼이 있는 육신'을 의미한다. 의미대로라면 우리 주변의 수많은 '기업'들은 눈에 보이는 육신(건물, 로고 등)은 물론, '영혼'이 있어야 온전한 것이 될 수 있다. 캐퍼러 교수가 영혼 부분을 강조하기 위해 사용한 단어가 'inner truth'다. 그는 왜 수많은 표현을 두고 이 단어를 택했을까? 단어의 구조를 보았을 때 영혼이라는 측면에서 inner(내면의)는 쉽게 이해가 되는데, truth를(우리에게 익숙한 value나 브랜드 아이덴티티를 접어 두고) 택한 특별한 이유가 있는지 궁금했다. truth를 '진리'로 해석하고 사전을 찾아보면 기업이 가져야 할 영혼 측면을 이 단어로 설명하려 한 그의 의도가 짐작된다.

> **진리 truth**
> 1 참된 이치. 또는 참된 도리.
> 2 〈논리〉 논리의 법칙에 모순되지 아니하는 바른 판단. 사고의 정당함
> 3 〈철학〉 언제 어디서나 누구든지 승인할 수 있는 보편적인 법칙이나 사실.
>
> '진리'의 뜻을 '기업(브랜드)'이란 단어와 조합해서 생각해 보면 더 쉽다.
> ① 기업(브랜드)이 따라야 할 '참된 이치. 또는 참된 도리' : 자기다움에 합당한 이치, 도리
> ② 기업(브랜드)의 핵심가치를 근간으로 '논리의 법칙에 모순되지 아니하는 바른 판단. 사고의 정당함'
>   : 자기다움에 모순되지 않는 판단
> ③ 기업(브랜드) 구성원이 '언제 어디서나 누구든지 승인할 수 있는 보편적인 법칙이나 사실'
>   : 조직원 전체가 용인할 수 있는 기준

브랜드 아이덴티티라는 단어만으로는 설명이 조금 부족한, 이것이 'inner truth'다. 즉 자사 브랜드와 관련한 의사를 결정할 때 기준이 되는 브랜드의 아이덴티티, 자기다움, 핵심가치 등 '무형적 기준'인 inner truth가 없다면 그 기업은 (브랜드라기보다는) 무색, 무취의 제조사에 그칠 확률이 높다.

이번에 출간된 《뉴 패러다임 브랜드 매니지먼트》 개정판에서도 느꼈지만, 브랜드를 이야기할 때 '무형적 측면'을 상당히 강조한다.
브랜드라는 개념 자체가 무형의 관계, 의미, 영혼에 관한 것이고, 브랜딩은 그 무형적 속성들을 쌓아 나가는 작업이다. 그래야 '제품 이상의 것(브랜드)'이 될 수 있다. 단적으로 ⑥아이덴티티 프리즘만 보더라도 여섯 측면 중 하나를 제외하고는 모두 무형의 것들이다. 그리고 눈에 보이고 손에 만져지는 '제품'은 내가 설명하지 않아도 누구나 안다. 무형적인 부분은 어렵기 때문에 더 이야기할 필요가 있다. 나는 그것을 'inner truth'라고 통칭한다.

아이덴티티 프리즘

1996년, 브랜드 분야에서 최초로 '아이덴티티'라는 용어를 주창한 캐퍼러 교수가 주로 사용하는 아이덴티티 분석 구조 틀이 '아이덴티티 프리즘'이다.

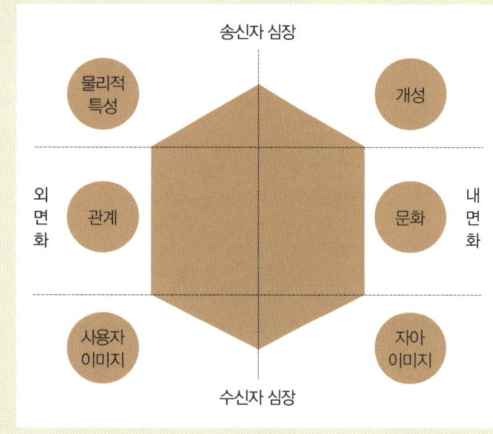

브랜드 아이덴티티 프리즘은 브랜드가 송신자(기업)에서 수신자(사용자)로 전달되는 과정에서 갖는 여러 '역할'을 설명하고자 만들어진 프레임이라고 할 수 있다.

이해를 돕기 위해 '할리데이비슨(이하 할리)'을 예로 들어 보자. 할리의 '물리적 특성(기능적 특징)'과 '개성(소리와 외관으로 대변되는)'은 송신자(기업)가 만들어 낸 측면이라면, '사용자 이미지(할리 라이더가 사회적으로 갖는 이미지, ex. 반항아 이미지)'와 '자아 이미지(할리 라이더가 자신 스스로에게 부여한 이미지 ex. 자유를 즐기는 멋진 사람)'는 수신자(고객) 측면에서 만들어진 요인이다. 그러한 전달 과정에서 생기는 '관계'와 '문화' 요인은 송신자와 수신자를 연결하는 요인이 되는데, 그중 '관계'는 그 브랜드를 통해 사용자가 외부적으로 갖는 H.O.G와 같은 여러 관계 요인을 의미한다. 여기서 '문화'는 그 브랜드가 만들어 낸 특정 문화, 할리의 경우 바이크 라이딩을 통해 자유를 느끼는 문화를 형성한다는 것이다. 캐퍼러 교수가 아이덴티티 프리즘을 통해 강조하는 것은 한마디로 'be yourself'다. 자사의 inner truth가 송신자 입장에서 수신자 입장으로 전달되는 과정에서 갖는 모든 역할을 인지하고 자사 브랜드의 존재 이유를 규명할 수 있어야 한다는 것이다.

inner truth, 예를 들어 설명해 줄 수 있는가?

어떤 사람이 '유니타스브랜드'라고 크게 쓰인 티셔츠를 입었다고 가정하고 그에게 그 옷을 왜 만들어 입었는지 물어보면 어떤 대답을 할지 상상이 되는가? 또 유니타스브랜드에서 향수를 만들면 어떤 향이 날지 상상이 되는가? 이러한 질문들에 대한 답에서 유니타스브랜드의 inner truth를 유추할 수 있다. 유니타스브랜드의 아이덴티티, 핵심가치, 유니타스브랜드다움을 설명하는 단어들이 그 답에 녹아 있을 것이다.

브랜드 스스로도 아직 자사가 내포하는 inner truth를 알지 못하는 경우가 많다. 스스로 질문할 줄 알아야 한다. 자사 브랜드의 영혼을, 자기 브랜드가 실제로 무엇을 파는지, 실제 소비자들은 무엇을 쫓을 것 같은지 이해하는 데 큰 도움이 될 것이다. 이것을 알아내고 자신만의 것으로 지켜내는 것은 경쟁사들 사이에서 당신 브랜드를 돋보이게 하는 차별화 수단이 되기도 한다.

유니타스브랜드가 연구 중인 '브랜드 교육'은 결국 자사의 inner truth를 전 조직에 전파하는 것이라 생각해도 무방해 보인다.

그렇다고 볼 수 있다. 2년 전 한국의 한 코스메틱 브랜드와 함께 일한 적이 있다. 코스메틱 브랜드로서 갖춰야 할 미적 감각도 뛰어나고, 예술에 대한 이해도 높았다. 현대미술을 좋아하는 CEO 때문인지 본사에는 현대미술 갤러리가 있을 정도였다. 그러한 환경을 만들어 주는 것도 브랜드 교육이라 생각한다. 여러 면에서 잘하고 있는 브랜드였는데 처음 만났을 때 아쉬운 점이 하나 있었다. 그 브랜드의 이름 자체가 내포하는 inner truth가 굉장히 훌륭한 것인데도 그것을 제대로 활용하지 못한다는 느낌을 받은 것이다. 그래서 그 깊은 의미에 대해 진지하게 고민해 보고 발견된 그들의 inner truth를 전 조직이 체화하는 과정이 필요했다. 먼저 그들의 브랜드 이름의 의미부터 찾고 그 의미가 갖는 연상 이미지들을 함께 그려 내 스토리로 만들어 전 조직이 그것을 학습했다. 웹사이트를 통해 소비자 역시 학습시키는 과정을 거쳤다. 최근 그 브랜드를 다시 둘러보니 그러한 노력이 성과를 거둔 듯하다.

기업은 고객 조사나 설문조사를 하기 전 자신에 대해 진지하게 질문하는 것부터가 시작인 것 같다.
그렇다. 브랜드에 진지해질 필요가 있다. 사실상 기업이 겪는 모든 문제는 사람들이 브랜드를 진지하게 받아들이지 않기 때문이다. 오히려 소비자들이 더 진지할 때가 많다. 그게 문제다. 가끔 내 세미나에 참석하는 브랜드 담당자들에게 "이 제품의 이름은 왜 이것인가?"라고 묻는다. 대답을 못 하는 사람들이 생각보다 많다. 또 "당신 제품이 자랑스러운가?"라고 물으면 쭈뼛거리는 사람들도 많다. 그러면서 매번 다음 광고 캠페인을 어떻게 진행할지 고민하는 모습은 사실 이해하기 힘들다. 자기 브랜드의 이름도 제대로 이해하지 못하고, 자부심이나 자신감도 없다면 그것은 고객을 모욕하는 행동이라고 생각한다. 브랜드의 이름과 제품, 서비스는 '고객과의 약속'이라는 것을 너무 쉽게 잊는 것 같다. 브랜드 약속brand promise이라는 말이 괜히 있는 것이 아니다.

> "자부심이나 자신감도 없다면 그것은 고객을 모욕하는 행동이라고 생각한다. 브랜드의 이름과 제품, 서비스는 '고객과의 약속'이라는 것을 너무 쉽게 잊는 것 같다."

브랜드 약속 그리고 '계약contract' '제약discipline' '확약commitment'
이런 상상을 해 보자. 당신은 이벤트 회사의 직원이다. 한 어린이집이 내일 하루 종일 있을 행사에 피에로 역을 맡아 줄 것을 제안해 왔다. 당신은 제안을 수락약속했고, 일정 금액을 받기로계약 했다. 때문에 당신은 내일 이것 외에 다른 일정을 잡아서는 안 되고제약 복장과 화장도 반드시 피에로제약여야 하며, 피에로다운 행동을 위한 연습제약도 해야 한다. 가장 중요한 것은 그 역을 충실하겠노라 스스로 다짐확약하고 그 역할에 푹 빠져야확약 한다는 점이다.

캐퍼러 교수의 말처럼 브랜드는 고객과 한 '약속'이다. "우리 브랜드를 구매하면 얼마만큼의 이익(기능적, 정서적, 자아 표현적)을 약속합니다"를 일종의 상징으로 내건 것이 브랜드의 심벌이니 말이다. 그러한 '약속'은 '계약(계약서는 돈을 지불하고 받은 품질보증서나 영수증)'을 통해 '지켜질 것'을 전제로 한다. 브랜드와 고객과의 '계약contract'을 잘 지켜 내기 위해서는 브랜드가 내부적으로 일종의 '제약discipline' 혹은 규율을 가질 필요가 있고 전 직원이 그것을 잘 지켜 내야 하며, 그 지켜 냄에는 직원 스스로 그 업에 대해 '확약commitment'할 수 있을 정도여야 한다. 이처럼 고객과 맺은 계약을 이행하는 과정에서 생기는 제약과 확약을 전 조직원에게 이해시키고 받아 내는 것이 브랜드 교육의 또 다른 목적이다.

브랜드 관련 세미나에서 '브랜드는 제약discipline'이라는 것도 강조한다고 들었다. 제약이라는 것을 일종의 '기준이나 규율'이라고 이해해도 되겠는가?
브랜드는 고객과 맺은 계약을 깨뜨려서는 안 된다. 그래서 브랜드는 조직 내부에서 시작되는 제약 혹은 통제다. 그런 측면에서 기준이라 생각해도 좋다. 소비자가 우리 브랜드에 충성도를 갖기 원한다면 브랜드 스스로부터 계약을 지켜 내기 위한 제약을 불편해하면 안 된다. 그것을 어기면 스스로를 해고할 정도가 돼야 한다. 전달하기로 한 가치를 진지하게 받아들여야 한다.

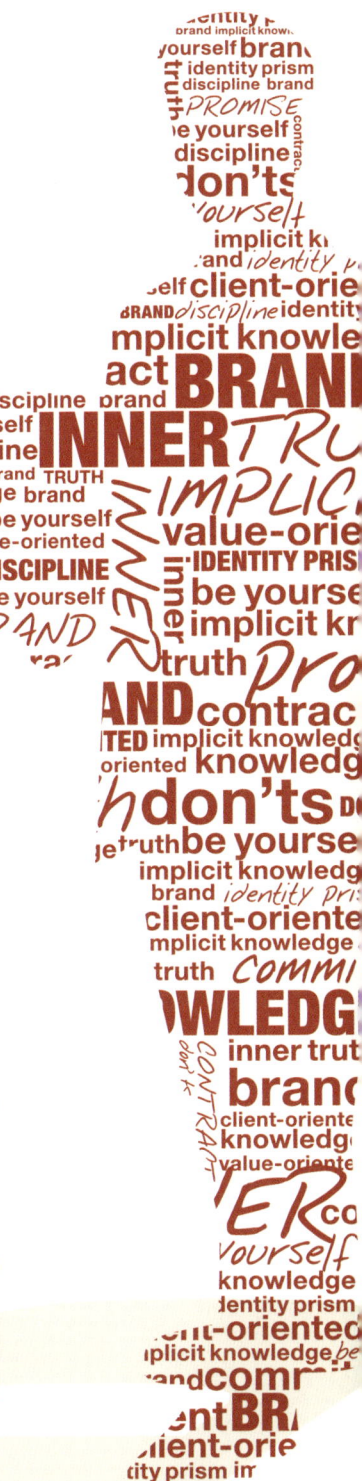

브랜드 약속을 지키기 위한 제약들을 조직원들에게 알리고 학습시키는 것 역시 브랜드 교육의 일부겠다. 이름은 달라도 대부분의 기업들이 가지고 있는 Dos&Don'ts 리스트도 그런 것 아니겠는가. 브랜드 교육이라는 것이 모두 브랜드 약속과 계약 조건, 제약 리스트들을 학습시키고 그것을 충실히 이행하겠다는 확약을 갖게 하는 것이라 봐도 될 것이다.

하워드 슐츠는 스타벅스가 커피 사업이 아니라 사람 중심의 비즈니스라고 했다. 그래서 스타벅스의 핵심은 인간관계다. 이것이 그들의 약속이다. 그리고 그들이 가진 제약 중 하나가 10분 규칙 10minute rule이다. 내가 있는 시카고의 스타벅스는 오전 7시 반에 문을 연다. 그런데 추운 겨울 누군가 밖에서 기다린다면 10분 전에 가게 문을 연다. 사람 중심의 기업이기 때문이다. 밖에서 기다리는 사람들이 자기 부모 혹은 지인이라면 그대로 두지 않을 거란 얘기다. 그래서 그들을 안으로 들이고 커피는 7시 반부터 판매한다. 이런 작은 것들을 통해 인간관계를 창조하고 브랜드 약속을 지키는 것이다. 이런 상황에서 어떻게 행동하는 것이 스타벅스다운지 직원들에게 교육하는 것이다. 그들이 광고보다 세미나와 트레이닝에 더 많은 돈을 쏟는 것은 당연해 보인다. 직원들이 이렇게 행동하는 것을 보이는 것이 곧 광고며, 스타벅스는 그것에 투자한다.

소비자 접점에 있는 모든 직원에게 브랜드의 핵심 가치를 교육하는 것이 중요하다는 사실이 다시 한 번 느껴지는 대목이다.

하지만 교육이 일어나야 할 곳은 소비자 접점의 무대, 소위 프런트 오피스front office만이 아니다. 백 오피스back office의 직원들을 대상으로 하는 브랜드 교육도 상당히 중요하다. 여기서 말하는 백 오피스란 고객 접점에 있는 직원을 제외한 모든 브랜드 관계자다. 고객 접점에 있는 직원들은 늘 브랜드 교육을 받겠지만, 고객을 거의 볼 일이 없는 백 오피스 직원은 그것을 피해 가는 경우가 많다. 하지만 좋은 프런트 오피스의 전제 조건이 백 오피스다. 레스토랑을 생각해 보라. 음식을 만들어 내는 주방에서 고객 중심의 사고를 하지 않는다면 웨이터의 서비스가 아무리 좋아도 부질 없는 일이다.

조직 전반에 걸쳐 자사 브랜드의 내부적 진리를 교육하고 그것을 이해한 직원이 실천으로 옮길 때 진정으로 브랜드 약속을 지킬 수 있다는 것이 어떤 의미인지 알겠다. 또 어떤 종류의 브랜드 교육이 필요하다고 보는가?

inner truth가 내부적 기준이라면 소비자 측면에서 truth도 생각해 봐야 한다. 브랜드는 소비자와 호흡해야 한다. 고객에게 피드백(VOC, Voice Of Customer)을 받는 이유가 그것이다. 브랜드 교육은 어찌 보면 '자사의 inner truth를 담은 컨셉과 VOC를 가르치는 것'이라 해도 과언이 아니다. 고객이 제기한 불만들은 담당 부서에 국한되어 전달되거나 고객 만족 센터에서 처리하고 끝나는 경우가 많다. 하지만 회사 전체가 알지 못하면 개선될 여지가 적어진다. 고객 만족 센터의 응대는 일시적인 것으로 끝날 확률이 높다. 그런 식의 불만 사항들은 회사 전체에 공유되고 전부 흡수되어 모든 직원들이 자신이 맡은 일에서 그것과 관련해 개선할 부분은 없는지 고민하게 해야 한다. 앞서 예로 든 레스토랑에서 고객이 음식이 늦게 나온다고 불평하면 웨이터가 재빨리 움직여 음식을 나르는 시간을 줄이는 데 그쳐서는 안 된다. 웨이터는 주방과 다른 모든 직원에게 이것을 전달해서 설거지 팀 일손이 부족한지, 주방장 손이 더딘 것인지, 재료부에서 재료 공급이 늦는 것인지 확인해야 한다. 웨이터가 밖의 사정을 알리지 않으면 내부는 아무런 개선 없이 하던 대로 한다. 웨이터가 뛰는 것으로는 근본적인 문제가 해결되지 않는다.

고객의 목소리에서 인사이트를 얻기 위한 방법을 브랜드 교육으로 정착시킨 사례가 있는가?

프랑스 남부에는 테크날Technal이라는 중소기업이 있다. 창틀 및 알루미늄 프레임을 만드는 회사다. 이 회사는 1년에 한 번씩, '테크날 데이'를 정해, 회사 문을 닫고 사장, 경리부 직원, 생산 라인 직원, 회계사, 청소부 할 것 없이 전 직원이 고객을 만나러 나간다. 직원들을 회사 밖 고객 앞에 내놓는다는 것은 굉장한 일이라고 생각한다. 이것을 경험한 직원들은 회사가 무슨 일을 하는지, 고객에게 전하는 가치는 무엇인지, 그들은 어떤 점을 좋아하고 불편해하는지 여실히 느끼게 된다. 기업들은 자기가 브랜드를 '소유'하고 있다고 생각한다. 하지만 고객 없이는 기업도 존재하지 않는다는 것을, 브랜드는 고객과의 호흡을 통해 만들어진다는 것을 알아야 한다. CEO나 회계부장, 인사부장에게서 월급이 나오는 것이 아니다. 월급은 고객에게서 나온다. 브랜딩의 첫 단계는 고객 중심client-oriented이고, 두 번째 단계가 가치 중심value-oriented이 돼야 한다.

그러한 브랜드 교육을 통해 기업이 얻는 것은 무엇이라 생각하는가?

기업이 내건 약속을 모든 이들이 이해하게 되는 것 아닐까? 달리 말하면 자신들이 지구상에 존재하는 이유를 알게 되는 것이고, 직원 자체가 브랜드가 되는 것이다. 이러한 모습을 가장 잘 보여 주는 것이 럭셔리 브랜드들이다. 예를 들어 샤넬을 보자. 샤넬의 직원들은 그들 스스로가 이미 샤넬이다. 샤넬에는 명시된 브랜드 플랫폼도 없다. 모든 의사 결정은 5~6명이 한다. 그들은 '샤넬이라면' 무엇을 해야 하는지 안다. 이것이 보이지 않는 지식implicit knowledge이다. 이것은 종이에 적어낼 수 있는 것이 아니다. 럭셔리 브랜드의 브랜드 경영은 많은 토론을 기반으로 한다. 이것이 충분히 샤넬다운지 조직 스스로에게 끊임없이 묻는 것이다. 마치 모차르트를 보는 것 같다. 모차르트가 자기 스스로 to do list(브랜드로 치면 플랫폼이나 Dos&Don'ts 리스트)를 갖고 있었겠는가? 그는 무엇을 해야 하는지 주지하지 않아도 알았고, 아는 것을 행동으로 옮겼다.

럭셔리 브랜드들은 어떻게 그러한 경지에 올랐다고 생각하는가?

그것에 대해서는 할 이야기가 너무 많다.

* 장 노엘 캐퍼러 교수의 '럭셔리 브랜드의 교육과 전략'은 추후 개재될 예정입니다.

브랜드 교육 궁극의 모습, 암묵지implicit knowledge

암묵지暗默知란 형식을 갖추어 표현되지 못하고 경험과 학습을 통해 몸에 쌓인 지식을 뜻한다. 이것을 갖는 것이 브랜드 교육의 목적이자 궁극의 모습 아닐까? 브랜드의 inner truth가 조직 차원에서 체화되어 사명선언서나 Dos&Don'ts 리스트, 매뉴얼 없이도 운영되는 것. 조직 자체가 지식을 가진 생명체처럼 스스로 의사 결정을 하고 돌아가는 것. 조직 전체에는 누구 하나 핵심 가치를 설명하거나 강요하지 않아도 공유된 암묵지가 흐르는 것. 암묵지의 또 다른 이름은 '문화'일 것이다. 이처럼 브랜드가 곧 기업의 문화가 되고 기준이 되어 경영의 중심에 서는 것이 Management by Brand의 진정한 의미이자 상태일 것이다.

물론 이것은 현재 명확한 브랜드다움을 갖춘 소수의 브랜드 혹은 일부 명품 브랜드에서 보이는 현상이며, 모든 기업이 당장 이렇게 될 수는 없을 것이다. 그래서 필요한 것이 브랜드 교육이다. 혹시 얼마나, 언제까지 브랜드 교육에 투자해야 하는지 의아해하는 기업이 있다면, 혹은 잠시나마 브랜드 교육에 회의를 가진 기업이 있다면 여기, 그 기준을 제안한다. 조직 전체에 암묵지의 기류가 흘러 Management by Brand가 가능해 지는 그날까지 브랜드 교육은 계속돼야 할 것이다. UB

장 노엘 캐퍼러 브랜드 경영 분야에 가장 영향력 있는 권위자 중 한 사람으로 국제적 명성을 쌓아온 그는 HEC Paris에서 MBA, Northwestern대학에서 박사 학위를 취득한 후, 동 대학에서 처음 강의를 시작했다. 현재 SLBI(Seoul Luxury Business Institute)에서 럭셔리 이그제큐티브 매니지먼트 프로그램을 강연중이다. 저서로는 《뉴 패러다임 브랜드 매니지먼트》《브랜드와 유통의 전쟁》 등이 있다.

I love my brand!
브랜드 챔피언들의 삶, Living the brand

The interview with Nicholas Ind

브랜드 챔피언이 브랜드 루저loser를 만났을 때?
니콜라스 인드가 말하는 '브랜드 챔피언'은 브랜드에 완전히 '동화Sync(p20 참고)된 직원'과 크게 다르지 않다. 자기 브랜드가 추구하는 가치에 따라 살려 노력하며, 누구보다 열성적인 브랜드 마니아 같은 사람이다. 이러한 사람들이 조직 내의 브랜드 루저(브랜드 회의론자나 브랜드 임포스터imposter(p205 참고) 정도로 해 두자)를 만났을 때는 어떤 현상이 일어날까? 자신이 속한 브랜드의 핵심가치에 대해 다시 한 번 설명하고, 브랜드의 중요성에 대해 알리고, 브랜드다움을 함께 지켜 나가고자 독려하는 모습을 보일 것이다. 입소문 마케팅의 대상은 조직 밖, 외부 고객에게만 유효한 것이 아니다. 외부 고객을 만족시키기 위해 1차적으로 만족시켜야 하는 내부 고객(직원)에게도 필요한 활동이며, 그들 사이에서 일어나는 버즈buzz 현상도 주목해야 한다. 기업 내부에서 일어나는 긍정적인 버즈 현상의 중심에는 브랜드 챔피언이 있다.

> "A라는 브랜드의 직원들이 A답게, A처럼, A를 위해, A에 근거하여 의사 결정을 하고 현장에 적용해야 'Living the Brand(브랜드가 되어 사는 것)'라고 말할 수 있다."

사실 익숙한 단어는 아니다. 브랜드 챔피언, 무슨 뜻인가?
'조직 내부에서 브랜드의 가치를 전달하는 사람'이라고 설명하는 것이 가장 빠르겠다. 대기업이나 다국적 기업일수록 모든 직원에게 브랜드 가치를 전파하는 것이 힘들다. 본사의 의도를 무시하거나 지점 혹은 그 지역의 독특한 문화를 핑계 대며 본사가 추구하는 가치를 성실히 전달하지 않는 경우가 많다. 이럴 때 그 조직 내에서 스스로 브랜드의 가치를 성실히 전파하고 브랜드의 힘을 믿는 인물들이 바로 '브랜드 챔피언'이다.

설명대로라면 브랜드 챔피언은 기업이 조직원들을 상대로 브랜드 교육을 할 때 충실한 퍼실리테이터facilitator가 될 수 있을 것 같다. 브랜드 챔피언은 어떻게 알아볼 수 있나?
브랜드 챔피언은 단순히 브랜드에 관한 지식이 뛰어나거나 높은 성과를 내는 사람들이 아니다. 그들에게 보이는 가장 큰 자질적 측면은 조직 전체를 똘똘 뭉치게 하고자 애쓰고 스스로 브랜드와 하나가 되고자 하는 열정이 넘치는 사람이다.

많을수록 좋은 것이 브랜드 챔피언인 것 같다. 이들을 육성할 방법은 없나?
분명 있다. 전제 조건은 기업이 조직원에게 자사 브랜드를 제대로 정의해 보여 줘야 한다는 것이다. 기업은 자사 브랜드를 정의함에 있어 ①조직과 직원 모두에게 '의미'있는 것이 되도록 ②각자의 삶에서 '연관성'을 찾을 수 있도록 ③'현실적'이면서도 미래를 꿈꾸게 하는 '영감'을 줄 수 있도록 해야 한다. 그래서 직원들이 이 조직에서 일하는 것 자체가 나의 성장을 돕는다는 데 의심할 여지가 없게 해 줘야 한다. 즉 직장은 '자아 발견의 통로'가 돼야 한다는 의미다.

대부분의 기업들이 직원들과 조직의 win-win을 이야기하며 직원을 성장시킨다고 말한다.
맞다. 하지만 '얼마나 적극적인가'에 대해서는 이야기가 좀 달라지지 않겠나. 점차 더 많은 기업이 조직원들의 자아실현과 자기 계발을 돕기 위해, 직원들이 자사 브랜드를 더 잘 이해할 수 있도록 '브랜드 스쿨'을 만들고 있다. 참고가 될 만한 사례로는 노르웨이의 모바일 브랜드 텔레노어를 꼽고 싶다. 그들의 브랜드 교육은 브랜딩과 관련된 업무를 하는 직원뿐만 아니라 브랜드를 대표한다고 볼 수 있는, 모든 직원 한 명 한 명을 대상으로 한다. 이와 같이 교육해야 직원들이 그 '브랜드가 되어 살 수Living the brand'있다.

🔍 **텔레노어**
노르웨이의 통신사로 현재 13개국에 진출했다. 텔레노어의 구체적인 자사 브랜드 교육에 대해서는 공개된 바 없지만, 홈페이지(www.telenor.com)를 방문해 보면 직원들의 성장을 돕기 위해 다양한 교육 프로그램을 제공한다는 것을 확인할 수 있다. 교육은 '리더십' 교육이 대부분이며, 'Core(매니저들을 위한)' 'Accelerate(향후 3~5년 이내에 임원진을 꿈꾸는 직원을 위한)' 'Expand(향후 1~2년 이내에 임원진을 꿈꾸는 직원을 위한)' 코스로 진행된다. 이밖에 국제적 경험을 쌓을 수 있는 Global Trainee Programme, 비즈니스 마인드와 전문 지식을 키울 수 있도록 런던비즈니스스쿨의 도움을 받아 진행되는 커리큘럼 등이 있다.

그러고 보니 《브랜드 챔피언》의 원제가 《Living the Brand》다. Living the Brand는 무슨 의미인가?
직원들에게 우리 브랜드가 무엇인지 말하는 것만으로는 아무런 효과를 거둘 수 없고, 여러 번 말했다고 해서 직원들이 자사 브랜드를 충분히 이해했다고도 생각할 수 없다. 직원들이 브랜드를 충분히 이해하고 있다는 것을 확실히 알 수 있는 유일한 때는 그들의 행동에서 그것이 묻어날 때다. A라는 브랜드의 직원들이 A답게, A처럼, A를 위해, A에 근거하여 의사 결정을 하고 현장에 적용해야 'Living the Brand(브랜드가 되어 사는 것)'라고 말할 수 있다.

조직원들이 그렇게 생활한다면, 그 브랜드다움BrandNess이 일종의 '조직 문화'로 자리 잡힐 것 같다.
그렇다. 그것의 대표적인 예가 파타고니아다. 조직 전체가 브랜드 챔피언이라 해도 과언이 아니다.[7] 모든 직원들이 자사 브랜드가 의미하는 바를 굉장히 잘 이해하고 있다. 그도 그럴 것이 파타고니아는 브랜드의 비전, 핵심가치에 대해 오래전부터 상당히 명쾌하고 확실하게 지켜 왔다. 직원들은 핵심가치에 따라 살고, 스스로가 브랜드가 되어 산다. 매일매일 생겨나는 모든 의사 결정의 기준이 '파타고니아다움'과 그들의 '핵심가치'다. 그들에게는 또 한 가지 재미있는 특징이 있다. 직원들이 파타고니아를 해석하는 방식과 그것을 고객에게 전달하는 방식에 상당한 자율권이 있다는 점이다.

🔍 **파타고니아**
"5월, 6월, 7월, 8월, 9월에는 신속한 납품을 기대하지 마십시오." 1966년 파타고니아의 첫 우편 주문서에 적혀 있던 문구다. 파타고니아의 창립자 이본 쉬나드Yvon Chouinard가 등산을 다니는 시기기 때문이다. 서핑하기 좋은 시즌에도 비슷한 상황이었다. '고객중심'을 강조하는 브랜드적 사고로는 납득하기 힘든 '고자세(?) 브랜드'가 어떻게 1970년에 미국 최대의 등산 장비 브랜드가 되고, 현재도 수많은 마니아를 이끄는 것일까? 이러한 결과를 만든 핵심적인 이유는 파타고니아의 브랜드 철학(비즈니스를 통해 환경 위기에 대한 해결책을 강조하고 실천한다)과 그에 따른 실천(클린 클라이밍clean climing, 등산시 사용되는 피톤을 환경 파괴가 일어나지 않는 방법으로 생산하는 것)에 적극적으로 동참하는 조직 내 브랜드 챔피언들의 역할이 컸다.[2] 파타고니아에서는 실제 프리스비 세계 챔피언이 고객 상담 전화를 받고, 자유형 프리스비 챔피언이 리셉셔니스트를 맡는다. 자연을 즐기고 환경의 소중함을 몸소 느끼는 그들은 파타고니아의 철학을 주변 동료들에게 알리고 그에 동참할 것을 독려하는 조직의 핵심 중추 역할을 한 것이다. 조직 응집력이 좋은 이 브랜드가 보여주는 또 다른 독특한 현상은 고객 응대시 따라야 할 매뉴얼이 있다기보다는 직원들이 자율권을 가지고 자연스런 상담을 한다는 점이다. 고객과 관심사가 같은 직원이 보이는 열성적인 태도와 상품 소개, 브랜드 소개보다 효과적인 브랜드 관리는 없기 때문이다.

아이러니컬하다. 브랜드가 일관성 있는 '자기다움'을 지켜 내기 위해서는 더 많은 통제와 교육이 필요할 것 같은데 파타고니아는 자율성이 높다니 말이다. 사실 브랜드가 자사의 브랜드북brand book을 만들고 교육하는 것도 브랜드로서 일관성을 지켜키 위함 아니겠는가?
물론이다. 나 또한 《브랜드 챔피언》에서 브랜드북의 중요성에 대해 상당히 강조했다. 이것은 꼭 필요한 것이고 직원들에게 교육해야 한다. 하지만 기업이 아주 소소한 부분까지 엄격히 적용될 수 있는 규칙을 만들어 교육할 수는 없다. 특히 서비스 브랜드는 고객 접점에서 생길 수만 가지 경우의 수에 대해 해야 할 것과 하지 말아야 할 것을 어떻게 규정지을 수 있겠는가.

핵심가치만 교육하고 그 외 고객 접점에서 일어나는 것에는 직원에게 자율성을 제공하라는 것인데 일관성을 지키기에는 다소 불리할 것 같다.
그래서 브랜드북에 명기된 자사 브랜드의 핵심가치는 '머리'로 이해하는 것이 아닌 '가슴과 일상'에서 느낄 수 있도록 교육해야 한다. 방법은 쉽고 명쾌한 커뮤니케이션이며 현실에서 지속적으로 그 개념이 사용 하는 것이다. 좀더 구체적으로 이야기하면 조직 단위의 리더들부터 자사 브랜드를 명확히 이해하고 업무 현장에서 사용해야 한다. 자율성은 그것을 '어떻게 활용'하는가에 관한 부분이다. 그러면 직원들은 놀랍게도 브랜드북을 통해 교육된 가치들 내에서 자율적으로 프레임워크를 만들어 내고, 이는 일종의 바운더리boundary 역할을 한다. 그 바운더리 내에서 (핵심가치를 가슴으로 느낀) 직원들은 올바른 의사 결정과 행동을 한다.

성공적인 브랜드북 교육 '방법'이 궁금하다.
딱 잘라 말하기는 어렵지만 다양한 워크샵 프로그램, 내부적 스토리텔링을 이용하거나 지속적이고도 직접적인 소통이 그 방법이라 할 수 있다. 이에 대해서는 NGO 단체들에게 배울 필요도 있다. 나는 유니세프와 그린피스 등 NGO들과 꽤 오랫동안 일해 왔는데, 그들의 브랜드북은 꽤나 살아 있다는 느낌을 받았다. 그 이유를 생각해 보면 특별한 과정을 거쳐 제작된 브랜드북이라기보다는 확고한 목적 아래 자생적으로 확립된 것이고, 매니저 직책이나 커뮤니케이션 부서가 직원들에게 행동강령들을 제시했다기보다는 조직원들이 공감할 수 있는 부분들을 명기한 것이기 때문이 아닐까 싶다. 톤 자체도 상명하달식이 아니라 '직원이 직원에게' 전하는 조언처럼 되어 있다. 또한 그 브랜드북들은 책으로서만 존재하는 것이 아니라 조직 내 모든 업무에서 일종의 (우리 브랜드가 의미하는 것이 무엇인지 이해할 수 있는) 사례집이나 스토리텔링의 소재로 사용된다. 일반 기업 중에는 구글 역시 좋은 사례다. 그들은 수평적인 조직 문화 속에서 공고히 공유되고 지켜지는 그들의 철학(Don't be evil, 악해지지 말자)을 모든 업무 현장에 적용하기 때문이다.

구글, 파타고니아를 비롯해 소개한 브랜드들처럼 '브랜드가 이끄는 조직'들에서 또 어떠한 공통점이 발견되나?

리더 브랜드라는 것이다. 《브랜드 챔피언》에서는 주로 직원들에 대해 강조했지만, 사실상 최종 고려 대상은 고객이다. '고객에게 브랜드가 제공하고자 하는 가치를 잘 전달하기 위해' 필요한 것이 브랜드 챔피언이기 때문이다. 리더 브랜드가 되기 위해서는 조직원들이 브랜드가 제공하고자 하는 가치를 잘 이해하는지 확인하는 내부적 관점도 필요하지만, 직원들이 고객을 잘 이해하고 행동하는 지 알아볼 수 있는 외부적 관점도 필요하다. 이를 위해서는 브랜드가 고객과 함께, 고객을 위해 발전하겠다는 열린 자세가 필요하다. 또 이러한 모든 것들이 그 조직의 문화로 정착되어야 한다.

> **리더 브랜드**
> 니콜라스 인드는 《브랜드 챔피언》에서 2005년 스웨덴의 500대 기업을 대상으로 실시된 BOI(브랜드 지향지수, Brand Orientation Index)에 근거해 브랜드의 유형을 소개한다.

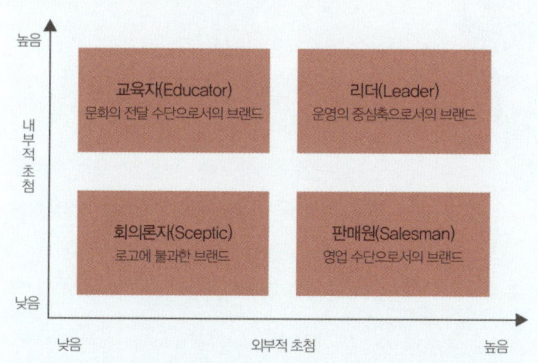

〈그림 1〉 브랜드를 이해하는 경향에 따른 조직 분류

브랜드를 순전히 내부적 관점에서 커뮤니케이션 용어쯤으로 보는 기업을 '교육자형Educator', 외부적 '상표'의 역할쯤으로 생각하는 기업을 '판매원형Salesman', 내외부적 관점 모두에서 브랜드의 중요성을 인식하는 기업을 '리더형Leader', 브랜드의 필요성 자체를 인식하지 못한 기업을 '회의론자형Sceptic'으로 소개하는 이 매트릭스는 현재 조직이 브랜드를 인식하는 태도를 평가해 볼 수 있는 기준을 제공한다. 당신의 브랜드가 어느 섹션에 있는지 확인해 보는 것도 브랜드 교육의 단계와 방향성을 잡는 데 도움이 될 것이다.

그러한 브랜드들은 '목적'이 이끄는 브랜드로 보인다. 즉 '목표' 지향적인 브랜드들과는 사뭇 달라 보이는데, '목적'이 이끄는 브랜드와 '목표'가 이끄는 브랜드가 어떻게 다르다고 생각하나?

개인적으로는 두 가지가 괴리된 것이라고 생각지 않는다.

> "그래서 브랜드북에 명기된 자사 브랜드의 핵심가치는 '머리'로 이해하는 것이 아닌 '가슴과 일상'에서 느낄 수 있도록 교육해야 한다."

또 브랜드(목적)와 비즈니스(목표)를 따로 떼어 생각하는 것 자체가 별로 옳지 않다고 본다. 브랜드는 분명 그들의 존재 '목적'에 대해 명확해야 한다. 이것은 직원들이 가야 할 길과 해야 할 일들에 대한 가이드라인을 제공하기 때문이다. 그리고 그 방향성 안에서 시장에서 이루고자 하는 명확한 '목표'에 대해 생각하게 도와야 할 것이다.

그러한 환경을 만들어 주는 리더의 역할도 중요할 것 같다.

리더 스스로 브랜드란 무엇인지 명확히 이해해야 하는 것은 두말할 나위 없이 중요하다. 그런 지식을 바탕으로 자사 브랜드가 무엇인지 정확히 정의할 수 있어야 한다. 그리고 리더가 말하고 행동하는 것은 앞서 이야기한 브랜드 정의의 확실한 샘플이 돼야 한다. 마지막으로 리더는 직원을 신뢰해야 한다. 여기서 말하는 신뢰란 브랜드 챔피언을 비롯한 직원들이 이따금 실수하더라도 기다려 주고 믿어 주는 것을 의미한다. 그러한 신뢰는 '브랜드가 되어 살 수 있는 것'이 옳다는 것에 대한 신뢰로 이어진다는 것을 잊지 말아야 한다. UB

니콜라스 인드 스칸디나비아 출생의 컨설턴트로서 현재는 영국 소재의 Equilibrium Consulting사의 파트너로 있다. 강연자로도 유명한 그는 대학에서 영문학과 사학을 전공하였고 Strathclyde 경영대학원에서 MBA를 마쳤다. 저서로는 《브랜드 챔피언Living the Brand》《The Organic Organisation》《The Corporate Image》《Inspiration》《Terence Conran-The Authorised Biography》 등이 있다.

202 BRANDSYNC

BrandView의 첫 단계, '사람'과 '관계'

브랜딩의 영혼을 강조하는 브랜드 교육

The interview with Dan J. Sanders

"인간의 몸이 피부로 덮여 있는 것과 마찬가지로, 조직은 경영 실적으로 감싸져 있다. 즉, 조직에서 숫자라는 것은 마치 인간의 피부와 같은 것이다. 그러나 문화로 움직이는 튼튼한 조직은 그 피부를 통과하여 직원들의 심장과 영혼과 소통한다." 아직도 많은 기업이 '숫자'에 연연하고 있다. 이 말은 댄 J. 샌더스Dan J. Sanders에 따르면 오로지 겉모습 치장에만 집중하는 것이다. 그보다 중요한 것은 오히려 피부를 통과한 뒤 '직원'들의 '심장'과 '영혼'과 소통하는 일이다. 어째서 기업은 직원의 심장, 영혼과 소통해야 할까?

브랜드 관점에서 "강력한 브랜드를 위한 브랜딩의 결과는 강력한 관계 구축(유니타스브랜드 Vol.13 p34 참고)"이라는 말을 듣고, 기업은 어쩌면 강력한 브랜드를 위해 '소비자'와 어떻게 관계를 맺을 것인가부터 고민할지도 모른다. 하지만 그에 앞서 기업이 '관계'를 놓고 고민해야 할 대상은 다름 아닌 브랜드를 전달할 메신저, 바로 직원들이다. 이들이 강력한 브랜드 구축에 앞서 '사람'과 '관계'의 중요성을 알지 못하면, 그리고 브랜딩이 강력한 관계를 구축하는 일이라는 사실을 알지 못하면 브랜드 교육은 구체적인 커리큘럼과 교육 시간을 가지더라도 별 효과 없이 예산만 낭비하는 일이 될 것이다. 지난 100여 년간 직원과 지역사회의 존경을 받으며 성장한 미국 유통 브랜드 유나이티드 슈퍼마켓United Supermarkets의 CEO이자, 《섬기는 기업 문화가 경쟁력이다Built to Serve》의 저자 댄 J. 샌더스는 사람과의 관계가 바로 '브랜딩의 영혼'이라고 지적한다. 그에게 왜 직원들이 관계의 중요성을 깨달아야 하며, 어떻게 BrandView를 갖게 할 수 있는지 들어보았다.

우리는 기업의 조직원들이 브랜드 관점을 갖는 BrandView 교육과 자신의 브랜드가 어떤 브랜드인지 알고 자기다움을 지키며 성장해 가도록 교육하는 BrandNess 교육이 브랜드 교육을 구성한다고 본다. 물론 브랜드 교육의 최종 목표는 강력한 브랜드 구축이라 할 수 있다. 이에 대한 당신의 생각은 어떤가?

우선 밝혀 둘 것은, 나는 기업이 처음부터 직원들에게 어떻게 자신의 브랜드를 지켜낼지를 묻는 것은 잘못이라고 생각한다. 그 대신 나는 오히려 먼저 기업이 직원들에게 다른 사람과의 '관계'를 어떻게 보호할 것인지 묻기를 독려한다. 내 생각에 관계는 사람의 마음에 가까이 다가가는 일임과 동시에 브랜딩의 영혼 soul of branding 이다. 브랜딩이란 그런 것이다. 최고의 브랜드들은 알다시피 모두 소비자와의 관계를 '즐기고' 있다. 인간으로서 우리는 모두 타인과 관계를 맺는 것이 어떤 의미인지 본능적으로 알고 있다. 최고의 브랜드와 조직은 이런 사람을 닮아 있다.

당신이 저서에서 '사람 중심의 조직 문화'를 강조하는 것도 그 때문인가?

그렇다. 문화라는 것은 인간의 근본에서부터 자연스럽게 배양된 것들이 표출된 것이라고 본다. 성공적인 조직들은 대부분 자기 사명을 인간적 본질 essense 에서부터 새롭게 정의한 사람들로 인해 만들어졌다.®1 나는 인간을 믿고, 인간이 다른 사람들을 돕길 원하는, 그리고 관계 맺기 원하는 '선한 본성'을 가졌다는 것을 믿는다. 어떻게 생각하면 '일'이라는 것은 사람들의 삶을 변화시키는 것이다. 브랜드가 한 차원 높은 목적을 가지고 직원들과 타인을 도울 수 있는 것들에 가치를 두면 모든 비즈니스에서 큰 변화를 일으킬 수 있다.®2 나는 이것이 산업군을 초월하여 모든 곳에서 인간의 삶을 풍성하게 하고, 조직 문화를 건강하게 하는 요소라고 생각한다.

조직 문화나 기업 자체의 목적도 모두 사람과 관계를 맺으며 사람들을 위하는 데 있기 때문에 더 높은 차원의 목적을 가져야 한다는 말인가?

그렇다. 안타깝게도 요즘 대부분의 기업들은 무언가를 팔기 위해 만들어졌지 사람을 위해, 혹은 타인을 위해 만들어진 것 같지는 않다. 요즘 기업은 너무 많은 숫자로 이루어져 있다. 이러한 '수치적 성과'에 대한 강요 때문에 기업의 리더들은 너무 많은 시간을 숫자로 이루어진 스프레드시트를 검토하는 데 쏟고 있고, 정말 중요한 '사람'들을 돌아보는 데는 충분한 시간을 투자하지 못하고 있다. 실상 조직의 진정한 생명선 lifeblood 은 사람임에도 불구하고 말이다. 기업은 자본과 이윤 이상의 것이어야 한다. 그러려면 반드시 사람을 우선 순위에 두어야 한다. 수치적 성공은 리더와 조직원이 그들의 중심을 자본과 이윤에서 이런 사람 중심의 문화로 옮겼을 때 최상의 것이 된다.

기업이 '숫자' 이상의 목적과 비전을 가져야 한다는 것은 유니타스브랜드의 관점과도 일치한다. 하지만 많은 기업들이 그렇게 하지 못하는 것도 사실이다.

나도 그 부분은 안타깝다. 많은 기업이 아직도 산업혁명 때부터 퇴적되어 그 시대에 남겨진 사람처럼 손익계산서만 바라보고 있다. 예를 들어 리더가 하루 종일 표준 회계 절차 standard accounting practice 를 사용하여 비용을 고민하는 동안 그의 컴퓨터 역시 그에 따른 기업 자산만 계산하는 것이다. 이러한 시스템은 '새로운 시대'의 '새로운 비즈니스'를 반영하기 위해서 변화해야만 하는 일종의 망가진 시스템이다.

'새로운 시대'의 '새로운 비즈니스'는 무엇인가?

새로운 비즈니스에서 리더는 사람들을 믿고 섬기는 문화를 심는 '투사 warrior'가 될 필요가 있다. 나는 기업이 수치와 이윤 위주의 사고에서 사람을 최우선으로 두는 사고로 전환하면, 곧 새로운 시대에 지속되어야 할 깊은 가치와 채움을 찾게 될 것이라고 확신한다. 어떤 이는 과거부터 오랜 시간 세계적으로 많은 기업들이 성공한 경험이 있는 숫자 위주의 낡은 사고가 틀렸을 리 없다고 주장하기도 할 것이다. 그러나 나는 이 사고가 틀림없이 잘못되었다고 생각한다.

> "관계는 사람의 마음에 가까이 다가가는 일임과 동시에 브랜딩의 영혼이다. 브랜딩이란 그런 것이다. 최고의 브랜드들은 알다시피 모두 소비자와의 관계를 '즐기고' 있다."

나는 우리가 과거로부터 배운 잘못된 벤치마킹을 수정해야 할 필요가 있다고 생각한다. 우리는 과거의 성공과 실패를 측정하기보다, 앞으로 가질 수 있는 미래의 잠재력을 측정해야 한다고 생각한다. 그것이 훨씬 더 의미 있는 노력이고 확실한 지향점이다.

전반적인 사고의 전환을 위해서는 기업과 이를 위해 일하는 구성원 모두 같은 가치와 비전을 공유하는 것이 중요할 것 같다.
물론이다. 특히 기업의 비전을 공유하는 것은 최우선시해야 되는 것이다. 왜냐하면 비전이 어떤 특정한 맥락context을 전달하기 때문이다. 기업은 직원들에게 그들의 장기적 목표를 이해하도록 설명해야 하고, 그렇게 해야만 기업 내부의 아주 작은 의사 결정에서조차 비전의 맥락에 맞는 선택으로 변화를 만들어 낼 수 있다. 어떤 조직이 장기적인 성공을 원한다면 조직 구성원의 단기적인 목표와 조직의 장기적인 목표가 조화를 이루는 과정을 거쳐야만 한다. 그리고 두 가지의 조화는 모든 구성원의 비전에 대한 이해 없이는 불가능하다. 비전이 공유되면 이들은 더 이상 매 분기 실적만 기대하며 소모적으로 일하는 것이 아니라 장기적인 목표를 극대화하기 위해 일하게 될 것이다. 조직이 이런 사고를 품으면 수치적인 성공은 자연히 따라온다.

당신은 @유나이티드 슈퍼마켓의 CEO기도 하다. 실제 직원들에게 사람이 중요하다는 사실을 어떻게 인식시키나?
예를 들어 나는 베이커리에서 일하는 우리 직원들에게 그들이 지금 그저 판매를 위한 케이크를 데커레이션하고 있는 것이 아니라, 당신 가족의 생일을 축하하는 것이라고 말한다. 꽃을 판매하는 직원에게도 마찬가지다. 당신의 아이들에게 해 주는 것처럼 준비하라고 말하는 것이다. 처음에도 말했지만, 우리는 모두 이런 관계가 어떤 것을 필요로 하는지 본능적으로 알고 있다. 이런 맥락을 모든 직원들에게 전달하면, 직원들은 나이와 상관없이 이것을 위해 무엇이 필요한지 알게 된다. 그리고 그에 맞게 준비한다.

유나이티드 슈퍼마켓이나 메리어트 인터내셔널 등 글로벌 브랜드 사례를 찾아보더라도 조직원들이 뚜렷한 가치와 비전을 고수하기 위해서는 리더의 역할이 무엇보다 중요한 것 같다.
그렇다. 사람들은 뚜렷한 원칙을 가진 principle-centered 리더가 이끄는 조직에서 일하고 싶어한다. 따라서 과거보다 나은 조직 문화를 갖기 위해 가장 먼저 해야 할 일은 어떤 일

"기업은 직원들에게 그들의 장기적 목표를 이해하도록 설명해야 하고, 그렇게 해야만 기업 내부의 아주 작은 의사 결정에서조차 비전의 맥락에 맞는 선택으로 변화를 만들어 낼 수 있다."

을 하든지 직원들이 의사 결정을 할 때 가이드를 줄 수 있도록 리더가 조직원과 공유할 중요한 '가치'를 정의하는 것이다. 이 과정에서는 물론 우리가 흔히 '공유'라고 말하는 것처럼, 기업의 모든 직급 직원들과 대화해야 한다. 한번 중요한 가치들이 명확하게 규정되어 공유되고 나면 리더들의 행동은 그 가치들을 반영하는 롤모델이 되어야 한다. 이것은 모든 리더의 행동이 과거와는 달리 '변화'를 보여 줘야 함을 의미한다. [3]

리더가 롤모델이 되더라도 변화가 생기기까지 조직 내부의 갈등은 피할 수 없는 부분일 것이다. 이런 문제는 어떻게 조율하나?
사실 조직이 변화하는 과정에서 갈등이 일어나는 것은 당연하다. 그러나 갈등은 어떤 면에서 기업이 정체되어 있지 않고 건강하다는 것을 방증하는 것이기도 하다. 물론 이 과

유나이티드 슈퍼마켓

미국 시장윤리 부문 National Torch Award를 수상한 최초의 슈퍼마켓인 유나이티드 슈퍼마켓은 1916년 H.D Snell이 오클라호마에 처음 문을 열었다. 10,000여 명의 직원들은 모두 Ultimate Service, Superior Performance, Positive Impact라는 미션을 실천하는 것을 목적으로 하고 있다.

댄 J. 샌더스는 《섬기는 기업 문화가 경쟁력이다》에서 '사람 중심'의 문화를 가진 사례로 유나이티드 슈퍼마켓을 언급하고 있는데 그 중 재미있는 사건이 하나 있다. 키이스 브래들리라는 매장 직원은 어느 날 무척 화가 난 손님 한 명을 대하게 된다. 그녀는 자신이 유나이티드 슈퍼마켓에서 산 햄이 유통기한이 지난 것이었다면서, 당장 손님을 접대해야 하는데 어떻게 이럴 수 있냐며 불만을 토로했다. 그러나 키이스가 잘 살펴본 결과, 그 햄은 유나이티드 슈퍼마켓에서 팔지 않는, 손님이 다른 매장에서 구입한 것이었다. 그러나 그는 침착하게 사정을 설명하고 고객이 당장 필요한 햄을 무상으로 제공했다. 손님은 무안해했지만 이내 직원의 이런 태도에 매료되어 크게 고마워했다고 한다. 댄 J. 샌더스는 이 직원이 당장의 수익을 생각하기 보다는, 브랜드의 미션과 비전을 제대로 이해한 의사 결정을 내렸기에 평생고객을 얻게 된 것이라고 좋게 평가하고 있다. 이런 유나이티드 슈퍼마켓의 사례는 기업이 유형의 가치보다 무형의 가치를 통해 성공하고자 할 때 이들을 따르는 고객을 만들 수 있다는 확신을 심어준다. 댄 J. 샌더스는 책에서 무형의 가치들로 기업이 성공하기 위해 명심해야 할 것 4가지를 다음과 같이 정리하고 있다.

- 무형의 가치들은 예측 가능한 행동들을 좌우하기 때문에, 유형의 가치들보다 훨씬 더 중요하다.
- 사람을 중시하는 조직은 개개인이 자신의 신성한 가치를 따라 살 수 있도록 격려한다. 그리고 이것이 바로 불가능한 일들을 가능케 만드는 힘이다.
- 문화로 움직이는 사람 중심의 조직에서는 조직원 모두에게 권한이 있고, 직원들 모두가 각자의 자리에서 리더가 된다.
- 기업 최고의 무형의 가치는 직원들 간의 유대감 강화다. 직원들 간의 유대감은 이직율을 줄여 주고, 조직에 힘을 불어 넣는다.

출처 : 댄 J. 샌더스, 《섬기는 기업 문화가 경쟁력이다(2008, 비전과 리더십)》

현재 이들은 미국 서부와 북부 텍사스 지역 30개 도시에 3개의 브랜드(United Supermarkets, Market Street, Amigos) 아래 50여 개의 매장을 가지고 있으며 매주 백만 명 이상의 손님이 찾고 있다.

정에서 어떤 조직원은 머무는 것을 선택하고, 어떤 조직원은 조직을 떠날지도 모른다. 그러나 이런 변화는 긍정적일 뿐만 아니라 꼭 필요한 것이기도 하다. 꽤 자주 '*가면 현상'이 있는 사람들(imposter, 겉으로는 가치가 중요하다는 사실을 이야기하면서도 한편으로는 비밀스럽게 그 가치를 손상시키는 사람들)이 성공적인 변화를 지연시킨다. 따라서 장기적인 성공을 위해 대화로 새로운 경영의 고삐를 조이는 것은 꼭 필요한 일이다.

*'가면 현상'이 있는 사람들 imposter
imposter는 본래 사기꾼이라는 뜻을 가진 단어다. 댄 J. 샌더스가 사기꾼에 가깝다고 표현한 사람들은 진짜 '사기꾼'이라기보다는 조직 내부에서 공유하고 있는 것들이 중요하다는 걸 자신의 입으로 강조하면서도 실제로는 자신은 그런 사람이 아니라고 비밀스럽게 믿는 사람들을 의미한다. 이는 가면 현상(假面現象, imposter phenomenon)이라 불리는 현대인의 정체성 상실 현상과도 비슷하다. 가면 현상은 외부로 표출되는 자신의 모습이 참모습이 아니라고 생각하며 곧 그 모습이 벗겨지게 될 것이라는 혼란과 망상을 겪는 것을 말한다. 이런 사람들은 끊임없이 자신의 정체성의 혼란을 느낄 수밖에 없고, 결국 조직의 구성원들이 진실하게 믿는 가치를 내부에서 손상시킬 가능성이 크다.

마지막으로 당신이 말한 브랜딩의 영혼, 즉 '사람'과 '관계'를 중요하게 여기고 조직과 브랜드를 이끌어 가고자 하는 리더에게 하고 싶은 조언이 있다면 말해 달라.

조직의 변화를 이끌기 위해서는 많은 어려움이 따를 것이다. 언제건 브랜드가 가고자 하는 방향이나 조직의 욕망은 특히 '주주'의 것과 다를 수 있고, 따라서 수없는 마찰을 경험한다. 예를 들어 투자자들에게 브랜드를 구축하기 위해 장기적인 액션이 필요하다는 것을 설득하기란 매우 어려울 것이다. 특히 투자자들의 투자 지평 time horizon 이 겨우 한 분기 정도에 그친다고 한다면 더욱 그럴 것이다. 그러므로 CEO는 매우 설득력 있는 스토리텔러가 되어야만 한다. 과거와 현재, 그리고 미래의 투자자들에게 브랜드의 열정과 긍정성을 불어넣을 수 있는 사람 말이다. 그러나 많은 리더들이 이것에 실패한다. 왜냐하면 주주들의 이해를 만족시키는 경영이 소비자를 만족시키는 경영을 하는 것보다 쉽기 때문이다. 그러나 브랜드를 위해서는 장기적인 기업의 생존 가능성을 기준으로 두고, 단기적인 주주들의 만족감을 위해 의사 결정을 하지 말 것을 당부할 뿐이다. UB

댄 J. 샌더스 미국 유나이티드 슈퍼마켓의 CEO다. 유나이티드 슈퍼마켓에 합류하기 전 AdPlex, AdContent 등의 광고 프로덕션을 설립하기도 했다. 유나이티드 슈퍼마켓의 CMO였다가 2004년 CEO가 되었으며 저서로 《섬기는 기업문화가 경쟁력이다 Built to Serve》《Equipped to Lead》등이 있다.

Go Your OWN Way,
BrandWay를 유지하는 브랜드 교육

The interview with Tony C. Garrett

도요타 WAY, 유니클로 WAY, JW메리어트 WAY, GE WAY, 마스시타 WAY, LG WAY… 브랜드들은 대체 왜 이렇게 Way에 집중할까? 이것만을 담은 책을 만들어 낼 만큼 말이다. 답은 아주 간단하다. 길을 잃지 않기 위해서다. 브랜딩에서 길way을 잃는다는 것은 비전과 미션을 성취할 방법way을 잃는다는 것과 같다. 비전과 미션이 기업 존립의 이유라면 Way를 잃는다는 것은 머지않아 브랜드의 죽음을 뜻하는 것과도 같다. 그래서인지 세계적인 브랜드들은 저마다 자기다움BrandNess을 고수해가며 그들만의 방향성way을 공표하고 나선 지 오래다. 그렇다면 브랜드에게 있어 굵직한 가이드라인과도 같은 Way를 제대로 지켜 내기 위한 방법은 무엇일까? 고려대학교 경영대학원 토니 가렛 교수는 자신의 업에 대한 '확신'이 있어야 그들만의 Way를 걸어갈 열정을 만들 수 있으며, 브랜드 교육을 통해 내부 직원들이 그 Way을 계속 닦아 나갈 수 있도록 해야 한다고 전한다.

'전략적 브랜드 관리', 그중에서도 '브랜드 확장'에 관해 강의하는 것으로 안다. 브랜드 확장에 성공적인 브랜드들의 공통점은 무엇인가?
식상한 대답처럼 들리겠지만, 강력한 브랜드를 구축하고 있다는 것이다. 그리고 확장하더라도 절대 그들의 BrandWay를 벗어나지 않는다.

어떻게 하면 BrandWay를 벗어나지 않을 수 있는가?
우선 자신의 BrandWay를 제대로 아는 것이 먼저 아니겠는가.

예를 들어 설명해 달라.
대부분의 성공적인 브랜드들은 BrandWay를

"폰티악을 보자. 얼마 전 폰티악은 전 생산라인을 중단했고, 이제는 기록으로만 남게 된 브랜드가 되었다. 왜였을까? 폰티악은 1926년에 등장한 브랜드로, 스포티한 '머슬카'로도 유명했다."

잘 지키고 있으니, 반대로 자사의 BrandWay, 즉 궤도를 벗어나 실패한 사례를 들면 이해가 쉽겠다. 폰티악Pontiac을 보자. 얼마 전 폰티악은 전 생산라인을 중단했고, 이제는 기록으로만 남게 된 브랜드가 되었다. 왜였을까? 폰티악은 1926년에 등장한 브랜드로, 스포티한 '머슬카muscle car'로도 유명했다. 물론 이번 폰티악의 종결을 온전히 GM이 처한 재정난으로 해석하는 사람들도 있다. 하지만 GM의 시보레, 뷰익, 캐딜락, GMC는 살아 남았다.

폰티악의 지난 2005년 성적표를 보면 1978년 전성기에 비해 판매치가 약70% 줄었다. 지금 말해주려는 것이 이러한 결과를 만든 것에 대한 답이 될 것도 같다.

그렇다. 최근 그들이 출시한 폰티악의 차량을 보면 알 수 있다. 그들은 폰티악이 가야 하는 길에서 한참 벗어난 차량을 시장에 내놓았다. 머슬카다운 강한 힘이나 남성적인 매력은 전혀 찾아볼 수 없고 선이 부드러운 소형차량이었다. 폰티악은 BrandWay를 완전히 잃었다. 이런 브랜드가 수익성이 좋을 리 없지 않은가.

그것은 제품 컨셉이 바뀐 것이라고 봐도 되는 것이지 BrandWay를 잃은 것까지는 아니지 않나?

BrandWay와 컨셉은 다르다. 만약 폰티악의 BrandWay가 3차선 도로라 생각해보자. 컨셉을 바꾸고 싶다면 그 3차선 내에서 바꿔야 한다. 차선을 바꾼다고 가고자 하는 길, 즉 방향성을 잃는 것은 아니다. 컨셉을 바꿀 수는 있지만 그것도 그 Way 안에서 이루어져야 한다.

그렇다면 BrandWay를 잃지 않기 위해서는 어떠한 노력이 필요한가?

앞서 잠시 이야기했듯, 자사의 BrandWay가 어떠한 방향성을 갖는 지 아는 것이 필요하다. 이에 선행돼야 하는 것이 자신의 정체성을 규명하는 것이다. 정의를 내릴 수 있어야 한다. 우리 브랜드는 무엇인지, 무엇을 하고 있는지, 앞으로 무엇을 할 것인지를 명확히 알아야 하고, 직원은 내가 입은 유니폼이 무엇을 상징하는지 정확히 알아야 한다. 그래야 내가 파는 제품을 통해 어떠한 가치를 전달할지, 어떠한 방향성을 갖고 있는 지를 알 수 있는 것이다. 조직 전체가 이를 잘 알고 지켜내야 BrandWay를 잃지 않을 수 있기에 전사적 공유가 필요한 것이고, 이때 필요한 것이 바로 '브랜드 교육'이다.

자신의 정체성을 명확히 정의하는 것이 Brand-Way에서 벗어나지 않는 것의 선행작업이라 했는

데, 그것을 성공적으로 이뤄낸 사례가 있는가?
정체성을 정의하는 것을 넘어 종전의 것을 뒤엎고 재정의 함으로써 성공한 케이스가 팸퍼스Pampers다. 이들은 한 때 경영위기에 처했고, 새로운 CEO, 앨런 래플리Allen G. Lafley를 영입한다. 래플리는 팸퍼스라는 브랜드가 앞으로 나아가야 할 방향을 찾기 전에 정체성부터 규명했다. 종전의 팸퍼스는 일회용 기저귀였다. 하지만 그는 이러한 정의에 의심을 품었고 마트에서 소비자 구매 행태를 살펴보고 인터뷰 하면서 팸퍼스가 진짜 의미하는 것이 무엇인지 고민했다. 그가 내린 팸퍼스 기저귀의 정체성은 '베이비 스킨 케어 제품'이었다. 팸퍼스가 상징하는 것과 전하고자 하는 가치와 브랜드의 목적이 달라지니 가야 할 (전략과 전술을 포함하는) 방향이 달라지게 될 것이다. 타 상품과는 자연스런 차별화를 이루었고, 이를 무수히 많은 커뮤니케이션을 통해 직원들에게 전달했다.

일회용 기저귀를 스킨 케어 제품으로 보고 방향을 바꾼 것은 BrandWay를 잃어버린 것 아닌가?
잃은 것이 아니라 '이제야 찾은 것'으로 봐야 하지 않겠는가? 그때부터가 BrandWay를 진짜 잃어버리지 말아야 할 때가 된 것이다.

기업들이 왜 종종 BrandWay를 잃어버린다고 생각하는가? 그리고 잃어버린 BrandWay는 어떻게 되찾을 수 있나?
BrandWay를 잃는 이유에는 여러 가지가 있다. 자신의 정체성을 잊어버린 경우, 궤도를 벗어나 지나치게 확장에 욕심을 내는 경우, 자신의 임기 내에 성과를 내야 한다는 CEO의 강박, 그것을 강요하는 기업 환경도 한몫할 것이다. 이런저런 이유로 자사의 BrandWay를 잃은 경우 그 궤도를 다시 찾는 방법은 오히려 간단하다. 처음에 그 브랜드를 만들었던 이유, 즉 가장 근본적인 질문으로 돌아가 보는 것이다. 처음에 중요하게 여긴 것들, 예전의 핵심가치를 찾아 낸다면 답이 나온다. 폰티악은 소형 컴팩트 차량이 아닌 머슬카를 느낄 수 있는 차를 만들었어야 한다. 그것이 그들이 가야할 방향을 명확히 보여주는 방법이었기 때문이다.

"잃어버린 궤도를 다시 찾는 방법은 오히려 간단하다. 처음에 그 브랜드를 만들었던 이유, 즉 가장 근본적인 질문으로 돌아가 보는 것이다. 처음에 중요하게 여긴 것들, 예전의 핵심가치를 찾아 낸다면 답이 나온다."

그러나 그 핵심가치가 더 이상 유효하지 않거나 원래부터 명확하지 않았다면, 그때는 이 브랜드를 기반으로 어디서부터 새로운 브랜드 가치를 세울 수 있을지 고민하면 될 것이다.

BrandWay를 잃지 않기 위해서는 핵심가치를 잊지 말아야 한다는 것은 알겠다. 그러나 기업은 CEO 혼자 운영하는 것이 아니다. 실질적으로는 내부 직원들이 소비자 접점에서 더 큰 영향력을 발휘하는데, 이들을 어떻게 컨트롤할 수 있나?
상당한 커뮤니케이션과 공유 작업이 필요하다. 이는 BrandWay를 지키는 데 중요한 활동이기 때문에 절대 게을리 해서는 안 된다. 사람은 기업에게 매우 중요한 구성 요소다. 직원들은 조직을 대표하며 그 사람이 외부에서 전달하는 메시지, 스타일, 성격, 가치관 등이 그 기업을 판단하게 한다. 그렇기 때문에 이들이 브랜드와 일관성을 유지해야 한다. 개인의 개성을 무시하라는 얘기는 아니다. 단지 이들이 타깃 마켓이나 이해관계자들을 대상으로 명확하고 일관된 메시지를 주어야 한다는 것이다.
이것을 위해서 경영자는 조직의 핵심가치를 내부적으로도 일관성 있고, 명확하고, 적절하게 전달할 수 있어야 한다. 현재 유니타스브랜드에서 연구 중인 '브랜드 교육'도 그것의 일환이라 생각한다. 사실 익숙한 표현은 아니지만 무엇을 의미하는지는 알 수 있다. 보통 우리는 그러한 활동을 '내부 고객 마케팅·브랜딩' 혹은 '직원 트레이닝' 등으로 표현한다.

그러한 일련의 활동들은 결국 브랜드(혹은 CEO나 조직의 핵심가치)와 직원의 동화assimilation를 위함인가?
크게 보면 그렇게 말할 수 있다. 직원 개개인 모두 '자사 브랜드가 상징하는 것'을 스스로 상징할 수 있다는 측면에서 '브랜드에 대한 동화'는 긍정적이다.

동화가 이루어지면 어떠한 효과를 얻을 수 있다고 생각하는가?
브랜드와 직원이 비슷한 양상을 띤다면 소비자는 그 브랜드 위에 더욱 명확한 이미지를 그려 내지 않겠는가. 달리 말해 특정 브랜드만의 '스러움' 혹은 '다움'이 생길 것이다. 일종의 룩look이라고 표현하고 싶다. 룩이라고 해서 꼭 보여지는 외관이나 스타일을 의미하는 것은 아니다. B2B에서든, B2C에서든 그 브랜드에게서 기대되고 예상되는 일관된 태도를 말한다. 나에게는 '애플 룩'이라는 것이 있다. 설명하기는 힘들지만, 디자인이든 웹사이트든 제품이든 애플에게서 느껴지는 일정한 이미지가 있다는 것이다. 깔끔하고 간결한 디자인, 사용자 네트워크의 든든한 지지, 적정 가격 등이 예상된다. 그들이 실망감을 안겨 주지 않는다면 애플을 지속적으로 구매할 의사가 생기게 하는 것이다. 당연히 소비자들의 구매 전 고민 시간이 짧아지지 않겠는가. 애플 룩이라는 잔상이 애플이라는 브랜드의 이미지를 더욱 구체화하는 셈이 된다.

그런 효과를 내는 '동화'를 위해서는 제품도 그 브랜드다움BrandNess을 가져야겠지만, 역시 어려운 것은 그것을 전달하는 '사람'일 것 같다. 자신만의 가치관이 있는 개인을 변화시키거나 조직에 동화시키는 것이 쉬운 작업은 아닐 텐데, 제안하고 싶은 방법이 있는가?
어떤 가치관을 가진 인간이든 결국은 '행복'을 좇게 마련이다. 만약 어떤 직원이 그 브랜드를 위해 일하는 것이 행복하다고 느낀다면, 그는 그 브랜드가 지속적으로 성공하기를 바랄 것이다. 그렇다면 이 직원은 그 성공을 위해 현재의 브랜드가 가는 BrandWay를 계속 응원하고 지켜 내기 위해 노력할 것이다.

지속적으로 행복을 느끼게 해 줘야 한다는 것인데, 그들이 행복해하는 요소를 어떻게 알 수 있는가?
높은 급여가 쉬운 방법이라 생각하겠지만, 돈에 동기가 부여된 사람은 더 높은 보수를 위해 언제든 떠날 수 있다. 그래서 모든 것에 앞서는 것이 '채용'이다. 입사 때부터 직원 개개인이 좇는 가치가 무엇인지 알아야 하고, 그들뿐 아니라 현재 직원들을 대상으로도 리서치하거나 그들의 비전이 무엇인지 이야기할 수 있는 시간을 많이 마련해야 한다. 직원들은 '내부 고객'이다. 다른 마케팅 활동처럼 CEO는 타깃(직원)을 이해해야 하고, 그들의 요구를 파악해 그들이 추구하는 가치를 잘 알아야 그들을 설득할 수 있다. '개인적 가치'가 '조직의 가치'와 얼마나 일치하는가에 따라 직원의 회사를

"브랜드에 대한 확신은 물론이고 자기 확신, 그 브랜드를 통해 전달하고자 하는 가치에 대한 확신이 있어야 한다. 그래서 리더는 그 브랜드 안에서 살아야 Living in Brand 한다는 것이다."

위한 열정과 동기 부여 정도가 달라진다. 두 가치가 일치할수록 직원의 몰입도가 높아질 것이며 결국 직원 스스로 '브랜드를 상징'할 수 있는 확률이 높아지는 것이다.

그렇다면 가장 중요한 것은 '개인과 조직의 가치관의 합치 정도'인가?
그렇다. 그것이 자기 조직에 대한 '확신'을 가져오기 때문이다. 나의 가치와 조직의 가치가 합치되면 자신의 업이, 조직이 옳다는 확신을 갖게 되고 그 확신은 곧 브랜드가 갖는 에너지가 된다. Q5 BrandWay를 유지할 수 있는 추진력이라 생각해도 좋다. 그리고 이러한 확신은 CEO부터 시작해야 한다.

리더의 브랜드에 대한 확신을 말하는가?
브랜드에 대한 확신은 물론이고 자기 확신, 그 브랜드를 통해 전달하고자 하는 가치에 대한 확신이 있어야 한다. 그래서 리더는 그 브랜드 안에서 살아야 Living in Brand 한다는 것이다. Q3 리더 스스로 무엇을 성취하길 원하는지, 브랜드의 존재 목적이 무엇인지 알아야 한다. 단지 필요에 의해서 '가지고' 있는 브랜드인가, 중요한 가치기 때문에 '보존'하는 브랜드인가에 대해 솔직해 져야 하고 어떤 모습으로 성장시킬지 명확히 해야 한다. 즉 리더 스스로 설득되어 있어야 한다. 그래야 직원들에게 가치를 부여할 수 있고, '핵심가치가 내재화된 사람'의 본보기가 될 수 있다. UB

토니 가렛 고려대학교 경영대학원에서 마케팅 교수로 재직중인 그는 뉴질랜드 오타고대에서 마케팅 박사 학위를 받았다. 일본 히토쓰바시대와 프랑스 HEC에서 강의하며 국제 경험을 쌓았고 중국, 일본, 태국 등 아시아 국가에 큰 관심을 갖고 있다. 저서로는 《Marketing the Core》가 있다.

ABSTRACT 5. BRAND LECTURE

장 노엘 캐퍼러에게 배우는 브랜드 교육, 장 노엘 캐퍼러   p 192

데이비드 아커, 케빈 켈러와 함께 세계적인 3대 브랜드 구루로 꼽히는 캐퍼러 교수가 생각하는 가장 이상적인 브랜드 경영은 'Management by Brand'다. 브랜드를 경영하는 것이 아니라 브랜드에 의해, 브랜드를 중심으로 돌아가는 기업 시스템은 어떠한 조건이 만족되어야 가능해질까?

- 어느 브랜드건 그 브랜드만이 가진 inner truth내적진리가 있게 마련이다. 이를 명확히 규정하고 전 조직원이 함께 공유하며 inner truth에 근거한 '자기다움'을 지켜 내야 한다.
- 브랜드 교육이란 결국 '가치 중심'과 '소비자 중심'의 '태도'를 조직원이 갖게 하기 위한 모든 활동을 뜻한다.
- 브랜드는 자신의 브랜드 '약속'에 진지해져야 한다. 약속은 '계약'을 통해 지켜질 것을 전제로 하고, 비록 일종의 '(약속을 지키기 위한) 제약'이 있더라도 꼭 지켜야 하며 이를 위해서는 직원의 브랜드에 대한 '확약' 또한 필요하다.
- 브랜드 교육은 조직 내에 '보이지 않는 지식(암묵지, implicit knowledge)'으로 쌓여 '문화'로 정착될 때까지 지속되어야 하는 필수 요소다.

브랜드 챔피언들의 삶, Living the brand, 니콜라스 인드   p 198

'브랜드 챔피언'이란 자사 브랜드에 대해 깊은 애정을 가지고 동료들에게 자발적으로 그 브랜드의 핵심가치를 꾸준히 설명하며, 그들의 브랜드다움을 함께 지켜 나갈 것을 독려하는 사람이다. 자사 브랜드에 대한 긍정적인 버즈buzz를 만들어 내는 이들을 어떻게 하면 더 많이 양성할 수 있을까?

- 기업은 자사 브랜드를 정의함에 있어 ①조직과 직원 두 주체 모두에게 '의미' 있는 것이 되도록, ②각자(조직, 직원)의 삶에서 '연관성'을 찾을 수 있도록, ③'현실적'이면서도 미래를 꿈꿀 수 있는 '영감'을 주도록 해야 한다. 그래야 직원들은 브랜드가 되어 살게living the brand 된다.
- 브랜드북에 명기된 자사 브랜드의 핵심가치는 '머리'가 아닌 '가슴과 일상'에서 느낄 수 있도록 교육해야 한다. 방법은 쉽고 명쾌한 커뮤니케이션이다.

브랜딩의 영혼을 강조하는 브랜드 교육, 댄 J. 샌더스   p 202

"관계는 사람의 마음에 가까이 다가가는 일임과 동시에 브랜딩의 영혼soul of branding이다." 사람 중심의 브랜드를 강조하는 유나이티드 슈퍼마켓의 CEO 댄 J. 샌더스는 '수치적 성과'는 기업에게 중요한 것이 아니라고 말한다. 조직의 생명선인 '사람' 중심의 브랜드 교육은 무엇일까?

- 인간은 타인을 위한 마음을 본능적으로 가지고 있다. 따라서 브랜드는 직원들에게 타인을 위한 높은 차원의 목적을 제시해야 한다. 과거 기업은 수치적 성과를 목표로 성장했다. 하지만 새로운 시대의 새로운 비즈니스와 브랜드는 '사람'을 중심으로 구성되어야 한다. 그리고 직원에게 가장 강조할 것도 성과보다는 사람이다.
- 직원은 뚜렷한 원칙이 있는 리더를 따른다. 가장 먼저 사람 중심의 비전을 공유한 뒤, 리더가 직접 비전에 부합하는 롤모델이 되어야 한다.
- 사람 중심의 브랜드로 변화하는 데는 당연히 갈등이 생기게 마련이다. 조직에는 가면현상을 가진 직원도 있고, 이익을 원하는 주주도 있다. 따라서 갈등을 겪더라도 이들을 열정으로 설득할 리더의 자질이 중요하다.

BrandWay를 유지하는 브랜드 교육, 토니 가렛   p 206

명확한 비전을 두고 그 비전을 이루기 위한 올바른 길을 찾은 사람일지라도 때로는 그 길에서 맞닥뜨린 돌부리나 자욱한 안개 때문에 그 길을 의심하거나 중도 포기하게 된다. 그것을 극복하게 하는 것은 그 길에 대한, 방향성에 대한 '확신'일 것이다.

- 조직원 하나 하나가 자신이 속한 브랜드의 방향성에 확신을 가져야 조직은 한 몸이 되어 자신의 궤도를 잃지 않고 목적지에 도착할 수 있다.
- 이를 위해 기업은 ①자사 브랜드의 명확한 BrandWay가 무엇인지 정확히 정의 내려 ②그 길을 직원들에게 안내하는 커뮤니케이션에 적극적이어야 하며 ③브랜드가 걷고자 하는 길이 직원의 행복에 어떠한 역할과 의미를 갖는지 제시할 수 있어야 한다.
- 이를 위해 선행되어야 할 것은 조직의 리더부터 자사 브랜드의 핵심가치에 대해 믿음과 확신이 있어야 한다. 즉 리더는 그 브랜드 안에 살아야living in Brand 한다.

BRAND
LECTURE
NOTES

BrandView의 필요성을 알았다면, BrandNess 교육의 다양한 방법을 간접 경험했다면, 브랜드 교육에서 잊지 말아야 할 기본 마인드를 재정비했다면, 이제 당신 브랜드의 브랜드 교육에 어떻게 적용할 것인지 고민할 차례다. 마지막으로 브랜드 교육 전문가들에게 조언을 구하고, 추천 도서들을 검토한 후, 각자 자기 브랜드에 맞는 자기다운 브랜드 교육 커리큘럼 시트sheet를 작성해 보길 바란다.

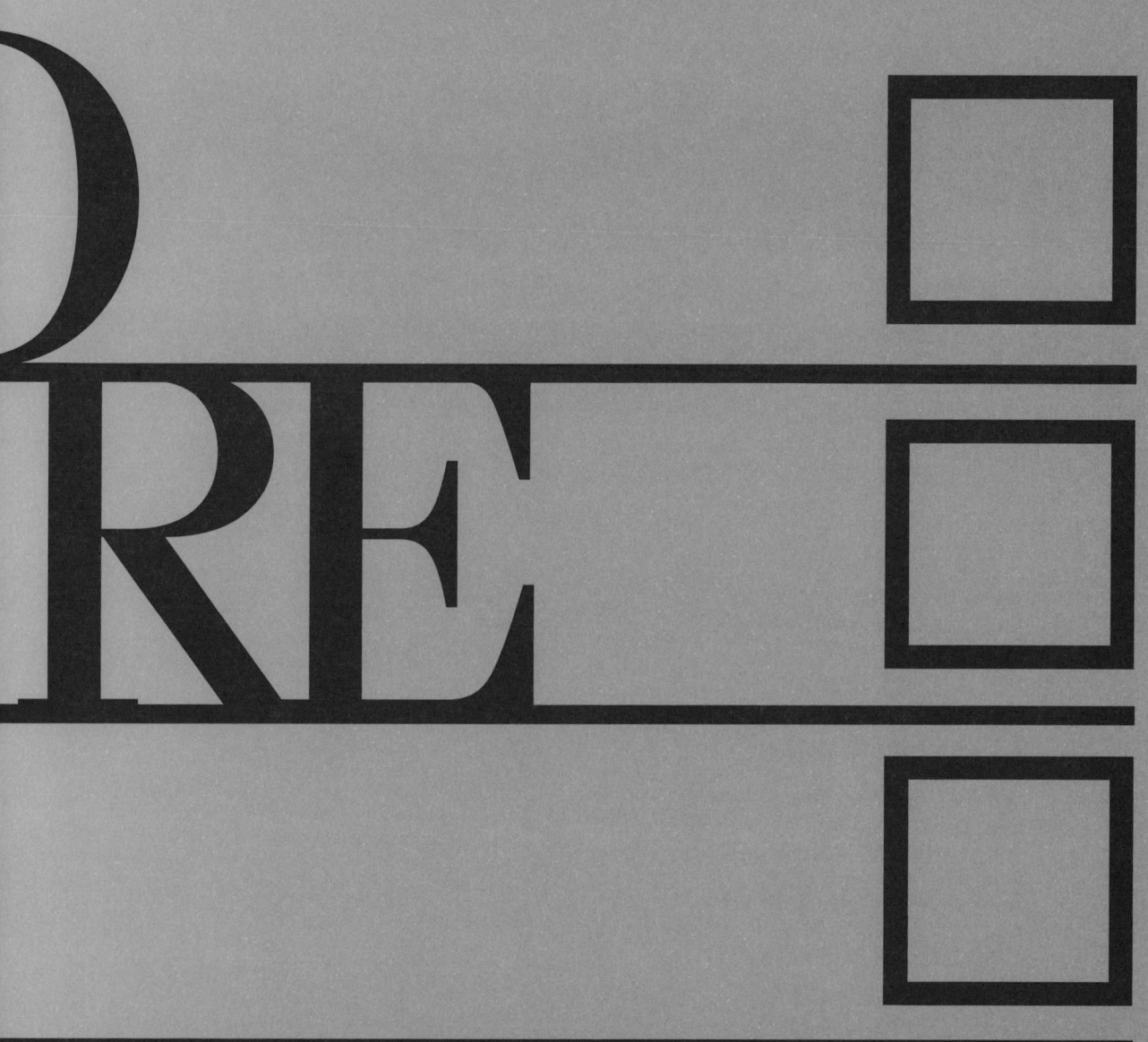

브랜드 교육 전문가 10인의
One Point Lesson

어느 브랜드 이론서에서도 정의한 적 없는 '브랜드 교육'에 대하여, 브랜드 전문가 및 실무자들에게 물었다. "브랜드는 어떻게 배우고 어떻게 가르쳐야 합니까?" 이들은 이 모호한 개념을 직관적으로 이해하고 실행 방법들을 들려 주었다.

- ☐ Relationship Mechanism
- ☐ Under-standing
- ☐ Brand TOC
- ☐ Discovery of SelfNess
- ☐ MBA Teaching Method
- ☐ Reading Method
- ☐ Pause and Play Technique
- ☐ Quixotic Learning Method
- ☐ Imagination Training
- ☐ Educational Games

Relationship Mechanism
브랜드와 소비자, 관계의 메커니즘

"브랜드 교육이란 소비자와 사랑하는 법을 가르치는 것이다"

The interview with 세계경영연구원 부원장 문달주

많은 사람들이 '브랜드 교육'이라는 말을 들었을 때 무엇을 의미하는지 되묻곤 한다. 실제로 브랜드 교육을 담당하는 전문가로서 브랜드 교육이란 무엇이라고 생각하나?

브랜드 교육이란 기업 입장에서 소비자와 사랑하는 법을 배우는 것이다. 보통 브랜드 교육이라고 하면 네이밍 전략, 브랜드 확장 전략, 포트폴리오 전략, 브랜드 아이덴티티 전략, 커뮤니케이션 전략 등 파편적으로 이해한다. 하지만 중요한 것은 현 시점에 왜 브랜드가 중요해졌고, 기업에서 브랜드가 어떠한 역할을 하는지 아는 것이다. 나는 기업과 브랜드의 관계에서는 '사랑'이라는 것을 가장 강조한다. 그래서 기업과 소비자의 관계를 사랑의 메커니즘으로 이해하게 하는 것이 브랜드 교육이라고 생각한다.

좀더 자세히 설명해 달라.

일반적으로 기업과 소비자가 사랑하려면 세 가지 중요한 포인트가 갖추어져야 한다. 첫째가 진정성이다. 사람 사이에서도 진실한 상대에게 끌리게 마련이듯 말이다. 둘째는 일관성이다. 누군가에게 받은 첫 느낌대로 행동이 유지될 때 그 사람에 대한 신뢰가 생긴다. 셋째는 즐거워야 한다. 브랜드를 결혼이냐, 연애냐 묻는다면 연애에 가깝다고 할 수 있다. 연애할 때 즐거움이 없으면 싫증이 나고 결국 헤어진다. 브랜드도 항상 소비자를 유혹하고 즐거움을 주어야 관계가 오래 지속된다. 이런 관점에서 봤을 때 브랜드 교육이란 기업이 소비자를 사랑하는 법을 배우는 것이다. 소비자는 브랜드를 사랑할 준비가 되어 있기 때문이다.

브랜드 교육에는 이론 교육이 있고 관점을 변화시키는 교육이 있을 텐데, 지금 이야기한 것은 후자에 가까워 보인다. 그런데 소비자를 사랑하는 법을 내부 고객에게 어떻게 인식시킬 수 있을까?

공감대를 만들어야 한다. 나의 경우 기업과 소비자 관계의 메커니즘을 이해시키기 위해 소비자를 이해하기 위한 컨텐츠 개발에 많은 시간을 투자한다. 내가 누구를 사랑해야 하는지조차 모르면서 사랑하는 방법을 배운다는 것은 말이 안 된다. 그래서 경영학 원론보다 심리학, 인문학에서 답을 찾는다. 사랑도 밀고 당기기라고 하는데, 결국 인간관계의 심리에 관한 것이다. 브랜드의 본질은 인간을 가장 잘 이해할 때 알 수 있다. 강의할 때 여러 가지 방법론을 활용하지만, 그중 소비자의 말에 의존하지 말라고 이야기한다. 소비자가 불평 불만, 호불호에 대해서 말하는 것은 그들의 진짜 욕구가 아니다. 하버드 대학교의 제럴드 잘트먼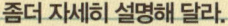Gerald Zaltman 교수도 말했듯 우리가 말로 할 수 있는 것은 5%에 불과하다. 나머지 95%에 말로 표현되지 않는 수많은 욕구가 숨어 있다. 브랜드 교육에서는 이러한 생각에 대한 공감대 형성이 선행되어야 한다.

문달주 프랑스 파리8대학에서 마케팅 석사 및 박사과정을 마치고 오리콤㈜ 브랜드전략 연구소장, 빌트로㈜ 전무를 역임했다. 한양대 산업경영대학원 겸임교수, 한국외국어대 경영학과 겸임교수이며, '풀무원' '대우증권' 'KB카드' 'LG전자' '두산중공업' '웅진코웨이' 등 브랜드 전략 수립에 관여한바 있다.

②

Under-standing

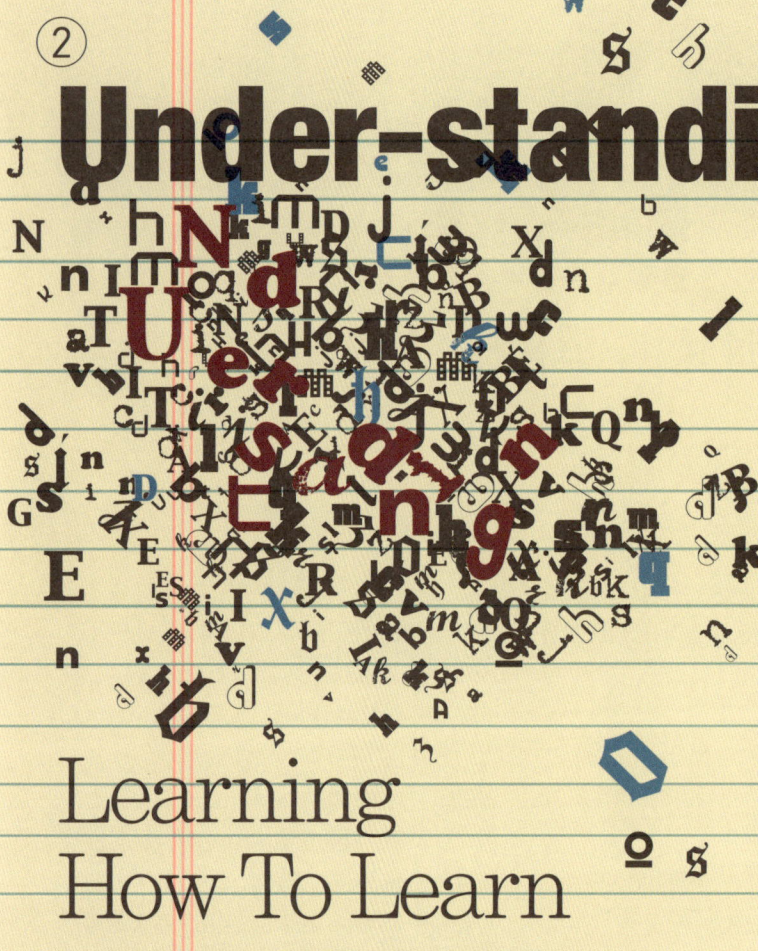

Learning How To Learn

"교육의 본질은 배우는 법을 가르치는 것이다"

The interview with 홍익대학교 IDAS 디자인경영학과 교수 나건

고 CEO의 이미지가 좋다해도 체크인할 때 직원 한 명 때문에 기분이 나빠진다면 무슨 소용인가. 옛말에 밖에 나가서 집안 망신시키지 말라는 얘기가 그것이다. 아이가 나가서 실수하면 "너, 아빠가 누구니?"라고 묻는 것과 같다.

그렇다면 전 직원을 하나로 움직이게 하는 브랜드로 만들기 위해서는 어떤 교육이 진행되어야 하나?
교육의 내용보다 중요한 것은 교육의 본질이다. 직업의 특성상 늘 어떻게 가르쳐야 할지 고민하는데 고민을 거듭하다 보면 유대인들이 고기를 주기보다 고기 잡는 법을 가르쳤다는 《탈무드》와 같은 결론을 내린다. 어떻게 스스로 학습할 능력을 가르치느냐, 즉 'learning how to learn'이 교육의 본질이다. 그래야 새로운 상황에서도 스스로 답을 찾는다. 브랜드 교육이 잘 된다면 직원들 스스로 경기가 나쁠 때나 좋을 때, 경쟁자가 있을 때나 없을 때, 고객이 바뀌었을 때 등 다른 상황에서도 브랜드를 키우기 위해 무엇을 해야 할지 알게 된다.

당신은 항상 모든 것을 정의 definition(유니타스브랜드 Vol.12 p270 참고)하는 것에서 시작한다. 브랜드 교육은 어떻게 정의하나?
브랜드 교육은 독립적으로 해석될 수 있는 단어가 아니라 브랜드를 둘러싼 컨텍스트 context를 따라가야 하기 때문에 정의하기가 조금 어려웠다. 그러나 결국 브랜드 교육이란 CEO나 창업자의 생각, 즉 브랜드의 철학이 전 직원에게 일관성 있게 전달되는 것이라는 생각에 닿았다. 결국 직원 한 사람 한 사람이 그 기업을 대표하는 '움직이는 기업'이 되어야 하기 때문이다. 브랜드 매니지먼트를 사장이 하겠나, 이사가 하겠나. 아무리 위에서 외쳐 봐야 사원 한 명이 실수하면 모두 깨진다. 공항에 수많은 브랜드가 있지만 A항공사가 아무리 광고를 잘하

나건 홍익대학교 국제디자인전문대학원 디자인경영학과 교수이며 국제디자인트렌드센터의 센터장으로 재직중이다. 한양대학교 공과대학 및 KAIST에서 산업공학(인간공학)을 전공하였고 TUFTS University에서 공업디자인으로 박사학위를 취득하였다. 저서로는 《디자인 발전소 : 디자인 마인드 갖기》 《기획발전소 : 디자인 실행하기》가 있으며, 역서로는 《Office Ergonomics》가 있다.

그렇다면 교육 담당자는 교육의 본질이라는 'learning how to learn'을 어떻게 받아들여서 교육에 적용해야 하나?
'배우는 법'을 가르친다는 것이 말장난 같지만, 이는 교육자의 태도에 가깝다. 효과적인 교육을 위해 가장 중요한 것은 이해 understanding 다. "I understand you"라고 하면 내가 아래 under 에 서 stand 있는 것이다. 가르치는 사람은 배우는 사람 아래에 서서 그들을 이해시켜야 한다. 하지만 가르치는 사람들의 태도는 대부분 'overstand'다. 상대에게 어려운 것을 이해시키기 위해서는 그 사람보다 낮은 입장이 되어야 한다. 브랜드 교육 담당자들도 교육 받는 사람들 아래에 서서 그들에게 브랜드를 이해시켜야 한다.

Brand TOC
브랜드 제약 조건 이론

"브랜드 교육으로 브랜드의 약한 연결 고리를 관리하라"

The interview with aSSIST 교수 서일윤

브랜드 교육은 내부 브랜딩internal branding에 가깝다. 그런데 교육 담당자들은 여전히 브랜드 교육이란 브랜드 이론을 교육하는 것이라고 생각한다. 이런 교육 담당자를 어떻게 설득하나?

브랜드 교육이란 직원들이 브랜드라는 인격체의 일부가 되도록 만드는 것이라고 설명한다. 인간은 뇌, 심장과 같은 기관들, 그것을 연결하는 혈관과 혈액도 있어야 한다. 하지만 건강한 육체만으로 온전한 인격체가 되는 것이 아니라 정신과 태도, 이타심, 배려 등 그 사람만의 스타일까지 모든 것이 조화로워야 매력적인 하나의 인격체가 된다. 브랜드도 마찬가지다. 기업 안에 뇌의 역할, 코의 역할, 신진대사를 관리하는 사람 등 나름의 기관과 그들 사이의 메커니즘이 있다. 그중 누군가가 브랜드 아이덴티티와 다른 무언가를 흘러 내보낼 때 거기에 '누수'가 생기는 것이다. 브랜드에서도 제약 조건 이론(TOC, Theory Of Constraints)을 생각해야 한다. 베스트셀러 《더 골The Goal》 때문에 유명해져서 생산 관리 이론처럼 보이지만 브랜드에서도 이는 마찬가지다. 연결 고리가 크고 강력한 사슬로 이루어졌더라도 어느 한 부분이 클립으로 연결되었으면 힘을 가했을 때 그 클립 부분은 100% 끊어진다. 브랜드의 가장 약한 부분인 클립의 세기가 궁극적인 그 브랜드의 파워라는 것이다. 이 부분, 즉 브랜드의 가장 약한 연결 고리를 해결할 수 있는 부분이 브랜드 교육이다.

가장 약한 고리는 브랜드의 병목bottleneck 현상을 일으킬 수 있는 병목 자원인데 이것을 브랜드 교육을 통해서 잘 관리하는 브랜드 사례가 있나?

BMW가 간단한 미팅이나 파티에서 쓰일 인테리어나 모든 소품의 컬러까지 매뉴얼화 한 것을 보고 굉장히 감동 받은 적이 있다. 탁자 위에 놓일 컵의 컬러 하나까지 말이다. 브랜드와 관련된 어떤 활동도 단단한 고리로 연결하기 위한 것이다. 하지만 매뉴얼 교육보다 다른 상황에서 창조적으로 대처할 수 있는 개인의 자세를 교육하는 것이 중요하다. 이를 위해 브랜드에서 정말 가르쳐야 할 것이 뭘까? 우리 브랜드다움이 A라고 한다면 전 직원들에게 똑같은 A를 교육해서 A가 브랜드의 문화가 되고, 고객에게 일관성을 보이는 것이 진정한 교육의 목표일까? 이상적인 답 같지만 아니다. 기업도 진화하고, 경쟁사도 진화하고, 고객도 진화하기 때문에 A라는 교육이 진화와 진보하는 환경에 대한 교육, 기초적인 논리와 원칙, 원리를 가르치는 것이 브랜드 교육의 핵심이다. 어떤 상황에서도 개인 혹은 하나의 조직 단위가 유기적으로 A', A"가 되어 변화에 대응할 줄 아는 진정한 인격체가 되어야 약한 연결 고리가 만들어지지 않는다.

서일윤 이탈리아 밀라노 아르떼벨레 장식미술학과를 졸업하고 헬싱키 경제경영대학교 디자인경영 MBA, 서울과학종합대학원대학교 경영학 박사 학위를 취득했다. 18년간 롯데백화점, 갤러리아, 삼성플라자 등 400여 공간디자인 프로젝트와 삼성건설, 롯데건설, 웅진그룹 등의 디자인경영 컨설팅을 수행했다. 현재 IDS&Associates Consulting 대표이사, 한국디자인브랜드경영학회 부회장으로 재직 중이다.

Discovery of SelfNess

자기다움의 발견

"브랜드 교육이란 자기다움을 찾는 데서 시작한다"

The interview with 제네시스그룹 대표 박지현

박지현 ㈜심펙트 대표이사를 역임하였으며, 미국 Estee Lauder와 Pentagram에서 디자이너로 활동했다. 금호타이어 유통브랜드전략, BI, SI 컨설팅, 코오롱건설 주택사업부문 Concept Creation, 상품개발 및 라이프스타일 개발, SK Broadband 브랜드전략 및 BI 개발, 삼성전자 하우젠, 삼성노비타 브랜드 전략과 BI 개발 등 다수의 프로젝트를 진행하였으며 건국대학교, 중앙대학교, 중앙대학교 대학원에 출강 중이다.

10년 전에 만들어진 제네시스 홈페이지에서 '브랜드는 자기다움에서 출발한다'는 문장을 발견하고 반가웠다. 우리가 생각하는 브랜드 교육이 자기다움을 교육하는 것이기 때문이다. 제네시스가 말하는 '자기다움'이란 무엇인가?

20년 동안 브랜드 아이덴티티와 관련된 일을 해 오며 이 업에서 자기다움을 찾는 것이 가장 중요하다는 것을 알았다. 지금은 조금 나아졌지만 기업들이 BI를 단순히 비주얼 아이덴티티라고 인식하던 시절이 있었다. 하지만 브랜드 아이덴티티를 구축하는 것은 자신의 철학을 찾는 것이 첫째고, 그것을 표현하는 것이 BI다. 애플과 똑같은 디자인은 만들 수 있지만, 애플의 철학은 애플만의 것이다. 애플은 제품만도 아니고, 패키지만도 아니고, 디자인만도 아니고, 서비스만도 아니다. 모든 것이 합쳐진 것인데, 그때 그것을 모으는 '기준점'을 찾는 것이 자기다움이다. 하지만 많은 기업들이 자기다움이 무엇인지 모르고 살아간다.

자기다움은 어떻게 찾을 수 있나?

자기다움을 찾는 것은 쉽지 않다. 답을 모르기 때문이 아니라 답이 너무 많아서 찾아 내지 못하는 것이다. 자기가 왜 살아가는지 자신의 존재 가치가 무엇인지, 그 비즈니스를 할지 하지 않을지 판단하려면 스스로 생각할 수 있는 분명한 자기 기준점이 필요하다. 하지만 이것은 갑자기 찾아지는 것도 아니고, 하나의 프로젝트로 완성되는 것도 아니다.

브랜드에서 '자기다움'이 모든 것이고, 그것은 스스로 찾아야 하지만, 찾기 어렵다면 어떻게 해야 하나? 기다린다고 되지 않는다면 어떤 노력이라도 해야 할 것 같다.

정말 어려운 일이다. 차라리 '돈'이라고 말하면 쉽다. 오히려 이렇게 명확한 것이 좋을 수도 있다. 그만큼 자기다움을 발견했다면 행운이라는 말이다. 단 자기다움을 찾는 브랜드에게 해주고 싶은 말은 그 브랜드가 가장 잘할 수 있는 것, 정말 브랜드의 목적이 될 수 있는 것을 발견하라는 것이다. 내 경우를 예로 들면, 나는 '나다움'을 찾기 위해 혹은 '자기다움'을 찾는 브랜드를 돕기 위해 끊임없이 근원을 찾는 공부를 한다. 중국에서 자연재해가 났다고 하더라도 왜 저런 사고가 중국에서 날까, 기후변화에 왜 세계 정상들이 모여서 늘 같은 결론을 낼까 등 끊임없이 '왜'를 거듭한다. 그러다 보면 빅뱅이론까지 파고들기도 한다. 직원들에게도 당신이 가장 관심이 있는 것에 대해 끝까지 근원을 파헤쳐 보라고 한다. 그것이 가장 좋아하는 브랜드여도 좋고 지구 온난화여도 좋다. 늘 근원적인 것에 촉각을 세우고, 그것이 내 안에 체화되면 이것들이 어느 날 모여 스파크를 일으킴으로써 통찰력이 될 것이다.

MBA Teaching Method

MBA식 교수법
"Perception precedes reality"

The interview with ㈜LG 브랜드실 부장 이한구

LG도 2007년부터 브랜드 교육을 시작하고 있는 것으로 알고 있다. 브랜드 교육 담당자로서 브랜드 교육에서 가장 중요하게 생각하는 것은 무엇인가?

'고객 관점'이다. 어떤 기업이든 영리단체에서 가장 중요하게 생각하는 건 고객 관점에서 생각하는 것이다. 너무 많이 들어서 식상한 말이지만 '손님은 왕'이라는 말의 다른 표현이 고객 관점이고, 브랜드에게는 이것이 가장 중요하다. 그런 마인드에 대해서 언급할 수 있는 교육은 브랜드 교육밖에 없다. '비즈니스맨의 마인드는 고객 관점에서 나와야 한다'는 커다란 명제를 교육하는 것이다. 옛날 제조업체들의 마인드는 인사이드아웃inside-out, 만들어서 시장에 내놓으면 팔린다는 생각이었다. 그런데 지금은 밸류 체인상의 끝단에 서 있는 고객의 공감을 사는 아웃사이드인outside-in의 접근이 필요하다.

'고객 관점'이라는 것을 어떻게 교육하나? 그것에 대한 공감을 얻어 내는 노하우가 있나?

주입식이 아닌 MBA식 교육 방법을 사용한다. 참석한 사람들이 토론을 해서 스스로 답을 찾게 한 다음 체화하고, 교육자가 마무리하는 형식이다. 300명이 모인 교육은 주입식이 될 수밖에 없다. 그래서 인원도 20~30명으로 제한한다. 교육 초기에는 많이 알려 주는 것이 맞다고 생각해서 무조건 많은 지식을 전달하려고 했다. 하지만 한 방향one way식 교육은 한계가 있더라. 이를테면 브랜드 아이덴티티는 고객 관점을 이해하는 데 중요한 개념이다. 그렇지만 이 개념을 개념적으로 설명하면 그저 흘러가는 정보에 지나지 않는다. 그래서 브랜드 아이덴티티와 브랜드 이미지를 비교해서 토론하게 한다. 수강생이 20명이면 짝을 지어 상대방의 첫인상을 적어 보게 하고, 이어서 자신이 원하는 자신의 이미지를 적으라고 해서 비교해 보는 것이다. 그래서 발표를 시키면, 10쌍 중 9쌍은 다르다. 본인은 토끼라고 적었는데 옆 사람은 용맹스러운 사자라고 한다. 브랜드 매니지먼트는 이미지와 브랜드 아이덴티티의 갭을 줄여 나가는 것인데, 지금처럼 쉽지 않다는 것을 이야기해주며 브랜드 이미지와 아이덴티티의 개념을 설명한다. 우리가 생각하는 아이덴티티가 고객이 생각하는 이미지와 다를 수 있고, 10명 중 9명이 나를 사자라고 생각하면 차라리 사자라고 하는 것이 낫지 혼자 토끼라고 하며 나머지의 생각을 바꿀 수 없다는 이야기도 한다. 이렇듯 백화점 식으로 내용을 진열하는 것이 아니라 강의장을 떠났을 때 머릿속에 담을 만한 확실한 체화 교육이 MBA식 방법이다.

이한구 ㈜LG 브랜드 교육 담당으로 1995년 LG 전자 브랜드 교체 프로젝트(Goldstar LG)를 진행하고, 1999년 LG 전자 해외 브랜드 커뮤니케이션팀장, 2003년 LG 전자 브랜드 매니지먼트 그룹장, 2009년 ㈜LG 브랜드담당 선임부장을 역임하였다.

Reading Method

Back to basics

"변주 능력은 기본기에서 온다"

The interview with 컨셉추얼 대표 양문성

컨셉추얼만의 브랜드 학습법이 있나?

우리는 기본을 중요하게 생각한다. 그래서 브랜드 전문가가 되겠다고 하거나 제대로 공부하겠다고 하면 책 읽기를 추천한다. 정말 전문가가 되고 싶다면 실용서로 나와 있는 사례모음집보다 기본서를 읽게 한다. 조금 어려워도 유명한 원론서를 읽고, 거기에 나오는 프로세스를 따라보는 것이다. 자기가 속한 브랜드를 그 틀에 맞게 다시 정리해 보고, 우리 산업에 적용해보는 공부를 권한다. 이 모델이 틀리다 맞다를 떠나서 그 모델에 맞게 우리 브랜드를 충실하게 정리해 보는 것이 목표다. 그다음에는 같은 주제를 다룬 다른 저자들의 책을 비교해 보게 한다. 데이비드 아커와 케빈 켈러를 비교하고, 두 사람의 시점과 관점을 비교하면 그들의 이론과 잭 트라우트의 포지셔닝이 어떻게 다른지, 마케팅에서 접근하는 방법과 브랜드에서 생각하는 것이 무엇이 다른지 이해할 수 있다. 이 모든 것이 기반이 된 후 실용서를 봐야 원론에서 본 것들을 변주할 수 있다. 이 시대에 맞지 않는 부분, 실전에 적용할 때의 약점들, 혹은 타 산업의 이런 부분을 우리 브랜드에 변형하면 맞겠다는 것이 그제야 보일 것이다. 기본도 알지 못하고 변주부터 하면 이도 저도 아닌 것이 되기 때문에 기본기를 닦으면서 자기만의 것을 고민해야 한다. 이 모든 것을 조합하여 변주 능력이 생기면 직업병도 생긴다. 이 커피 전문점은 왜 사람이 많지, 주얼리 샵 옆에 주얼리 샵이 또 하나 생겼는데 어디가 문을 닫을까, 외국 드럭스토어는 잘 되는데 우리나라는 왜 늘 안 될까같은 문제도 항상 고민하게 된다.

클라이언트들도 이러한 개념이 있으면 좋을 것 같은데, 혹시 프로젝트를 진행하기 전에 위와 같은 학습법을 제안하나?

독서법을 추천하긴 하는데 오히려 여기에만 매여 있는 것은 독이 되기도 한다고 말한다. 때로는 데이비드 아커 책 몇 권, 케빈 켈러의 책 몇 권을 읽고 브랜드를 다 아는 듯이 말하는 클라이언트와 일하기가 더 힘들다. 구체적으로 누구의 어떤 브랜드 모델을 기반으로 컨셉을 만들어 달라고 요구하기도 하는데, 그 브랜드와 맞지 않는 경우에는 상당히 당황스럽다. 심지어는 "내가 마케팅 쪽에 몇 십 년 있었는데 나를 가르치려 드느냐"고 하기도 한다. 그래서 프로젝트를 시작하기 전에 클라이언트와 대화할 시간을 많이 확보하려고 하고, 가급적 '앙꼬 없는 찐빵'과 같은 쉬운 은유를 들어 서로 이해하기 쉽게 설명하려고 한다.

양문성 연세대학교 경영학과를 졸업하고 서강대학교 경영대학원에서 MBA과정을 마쳤다. 엠파스 마케팅 디렉터, 메타브랜딩 디렉터를 거쳐 현재 브랜드 컨설팅 및 컨셉 플래닝 전문회사인 Conceptual의 CEO로 재직 중이다. Conceptual은 SK텔레콤, KT&G, 아모레퍼시픽, 웅진코웨이, 현대자동차, 해태음료 등의 브랜드 구축 관계 프로젝트를 진행한 바 있다.

Pause and Play Technique

Pause & Play

"잠시 멈춰 긴장감과 에너지, 넘치는 정보를 재정비하라"

The interview with 퍼셉션 대표 최소현

최소현 서울대학교 미술대학 산업디자인학과를 졸업하고 연세대학교 언론홍보대학원 문학 석사 학위를 받았다. 현재 디자인컨설팅 회사인 perception의 CEO이자, 건국대학교 산업디자인과 강사, 디자인 코리아 국회포럼 연구위원 등으로 활약하고 있다. perception은 삼성전자, LG, KTF, 워니아, SK텔레콤 등의 기업 UI, CI 구축 및 신규 브랜드 관련 프로젝트를 진행하였다.

여러 기업들과 함께 브랜드를 구축하기 위해서는 상당한 인풋input이 있어야 할 것 같다. 브랜드 학습을 위한 노하우가 있다면 소개해 달라.

개인적으로 퍼즈pause 기법을 좋아한다. 브랜드에 대해서 조사를 시작하면 너무 많은 정보가 순식간에 들어온다. 그때 중심을 잡지 못하면 어디로 가는지조차 헷갈린다. 보통은 프로젝트가 시작되면 그 산업에 대한 조사를 한다. 논문을 검색하고, 논문 쓴 사람을 만나 보기도 하고, 유사 산업군 사람들을 만나서 이야기를 들어 보고, 관련된 책을 찾아서 본 다음에 나만의 통찰력으로 정리한다. 이 모든 것을 머릿속에 집어넣어 이미지나 키워드를 뽑는 작업을 하는데 그러다 막힐 때가 많다. 그러면 아무것도 하지 않고 '일시 정지' 한다. 아무것도 없는 벽을 30분 동안 멍하니 보기도 하고, 무작정 나무밖에 없는 숲에 가기도 하고, 휴대폰도 없이 백지와 연필만 가지고 산 속에 들어가 나름의 스토리를 써 보기도 한다. 그러다 가는 길이 맞다고 생각해서 돌아올 때도 있고, 모두 버리고 다시 시작하기도 한다. 이 방법은 크리에이터나 클라이언트들에게도 추천한다. BI나 CI를 골라야 할 때도 잠깐 멈추라고 하고, 파일들을 가지고 돌아갔다가 다음 날 다시 고르게 한다. 퍼즈와 플레이를 반복하며 긴장감과 에너지, 넘치는 정보를 재정비하고, 재배열하는 과정이다. 이 과정에 얻는 인사이트가 상당하다.

브랜드뿐 아니라 클라이언트도 학습하나?

함께 하는 일에 있어서는 서로 이해하는 것이 가장 큰 공부다. 직원들에게 가장 많이 하는 말이 '클라이언트를 사랑하라'다. 그래서 퍼셉션은 클라이언트와 최대한 워크샵을 함께 하려고 한다. 직원들에게는 '고객과 워크샵을 행복하게 하는 법' 같은 것도 연구해 보라고 한다. 시장조사도 함께 가려 하고, 우리가 함께 가지 못할 때는 클라이언트들에게 디자이너나 개발자를 꼭 한 명씩 데리고 나가라고 한다. 또 많은 회사들이 활용하는 방법인데 10만 원을 주고 이 브랜드에 맞는 것들을 사 오라고 한다. 그래서 클라이언트와 우리 식구들이 모여서 콜라주 해 보며 컨셉을 도출한다. 이 과정에서 상대의 생각을 이해하고, 생각의 갭을 좁혀나가며, 더 좋은 것은 팀웍이 생기는 것이다.

Quixotic Learning Method

돈키호테식 학습법
"내 열정을 행동으로 확인하라"

The interview with 유나이티드브랜드 대표 김상률

김상률 경희대학교에서 브랜드마케팅전공 MBA, 미국 앨라바마 CSU대학원 마케팅전공 MBA를 취득하고 호주 멜번 경영대학원 및 INSEAD 유럽경영대학원에서 마케팅 프로그램을 수료하고, 우송대학교 컴퓨터디자인학과 브랜드마케팅담당 겸임교수로 활동 중이다. 저서로는 《브랜드네이밍》외 5권이 있으며 역서로는 《뉴 패러다임 브랜드 매니지먼트》외 4권이 있다.

직접 교육을 주관하는 전문가인데, 강의 컨텐츠를 개발하거나 효과적인 강의를 하기 위해서라도 브랜드에 대한 학습이 필요할 것 같다. 개인적인 학습 노하우가 있다면 소개해 달라.

나는 '돈키호테식'이라고 말하는데, 일단 부딪쳐 보는 편이다. 케이스를 발굴하더라도 책에 나온 사례보다는 직접 찾는 사례가 생생하고 재미있다. 그러면서 배우는 것이 더 많기도 하다. 내가 좋아하는 학습장은 주로 백화점이나 할인 마트다. 언젠가 갤러리아백화점에 들어온 신규 브랜드의 직원에게 어느 나라 브랜드인지, 브랜드 네이밍의 의미가 무엇인지 물었는데, A라는 브랜드의 경우 컨셉까지도 디테일하게 말해 주더라. 굉장히 전문적으로 느꼈고, 이런 것이 브랜드 교육이 잘 이루어진 경우라고 봤다. 반면 같은 질문을 B브랜드에 가서 해봤는데, 샵마스터가 '런칭한 지 얼마 되지 않아서 잘 모르겠다'고 말했다. 브랜드 교육은 브랜드에 관련된 사람들이 모두 그 브랜드에 빠져 있는 것을 목표로 한다. 그래서 A브랜드의 경우 성공적이라고 할 수 있지만 B는 아니다. 궁금한 것을 바로 확인하는 습관 덕에 새로운 사례를 계속 개발하고, 브랜드 교육뿐 아니라 컨셉, 포지셔닝 등에 대해서 나만의 사례로 체험 학습을 하는 것 같다.

대신 브랜드 담당자들은 적잖이 당황해 하지 않을까?

그렇지만 대면했을 때 서로 얻는 것이 많다고 본다. 학생들에게 과제를 내 주면 '이메일을 보냈는데 답변이 오지 않았다'고 말한다. 그러면 궁금한 것은 전화해서 직접 물어보라고 하고, 그것이 진짜 배우고자 하는 사람의 열정이라고 설명한다. 전화는 빠르고 정확해서 추천하는 학습 방법이다. 언젠가는 한 브랜드의 네임이 한국어로는 브랜드 컨셉에 어울리는데 영어로는 부정적인 의미를 담고 있기에 그 브랜드에 전화해서 물었더니, 몰랐다고 한다. 이런 전화도 처음 받아 봤고 내부 검토도 없었다고 한다. 그 브랜드의 홈페이지에는 글로벌 브랜드를 지향한다고 해 놓았는데 네임을 고려하지 않았다는 것이 놀랍기도 했고, 그 자체에서 배운 것도 많았다. 그래서 내가 무언가 알고 싶은 열정이 있다면 담당자에게 직접 확인하는 것이 제일 좋다.

Imagination Training
시나리오 기법
"상상력이 학습 도구다"

The interview with 이노션월드와이드 마케팅본부장 박재항

굉장히 오랫동안 다양한 브랜드와의 접점에서 일해 왔기에 브랜드를 학습하는 개인적인 방법이 있을 것 같다.
특별한 것은 없다. 늘 브랜드의 관점으로 모든 것을 보는 것뿐이다. 이제는 습관이 되었는데 항상 머릿속에 시나리오를 써 본다. 그때 필요한 것은 '상상력'과 '기준점'이다. 광고를 보거나 편의점에서 새로 런칭한 제품을 보거나 하물며 신문의 헤드라인도 브랜드 관점으로 보면 브랜드 학습이 가능하다. 이를테면 오늘 헤드라인이 'A브랜드의 부회장, 회사 경영의 전면에 나서'라고 한다면, 이게 과연 A브랜드가 표방하는 방향과 맞는지에서 시작해 앞으로 일어날 일을 브랜딩의 관점에서 상상하고 분석하고 평가한다.

'상상력'은 이해가 되는데 '기준점'이란 무엇인가?
모든 기업에는 그 브랜드의 DNA가 있다. 그 DNA가 기준점이고, 그 브랜드에서 보이는 것들이 혹은 예상되는 미래가 DNA에 맞느냐 아니냐를 기준으로 평가한다. 예를 들어 A기업의 경우, 새로 취임한 리더가 인간적인 면이 부각된 인물이라면 이 기회에 그동안 강박적으로 추구하던 '친근하고 부드러운 이미지'를 강화하려 할 것이라는 상상이 가능하다. 그런데 사실 그 브랜드는 회장님이 어디 간다고 하면 거의 초 단위로 동선을 짜고 관리해서 사람이 끼어들 틈이 없는 조직 문화가 있다. 그런 브랜드의 DNA를 억지로 따뜻하게 보이려 하면 오히려 가식적인 미소로 보이고 역효과를 낼 것이다. A브랜드 이미지가 '차갑다'고 한다면 '뜨겁다'로 바꾸려 할 것이 아니라 '철저하다'로 관점을 달리해서 상상력 훈련을 계속해야 한다. 브랜드의 DNA에 맞는 브랜딩을 해야지 너무 이상적으로 가도 좋지 않을 것이다.

박재항 서울대학교 인문대 동양사학과를 졸업하고, 뉴욕대학교 경영대학원 MBA 과정에서 마케팅을 전공했다. 삼성전자 홍보실 홍보기획, 제일기획 마케팅실 해외브랜드 전략을 담당하였으며 제일기획 브랜드마케팅연구소 소장을 역임했다. 저서로는 《브랜드 마인드》《모든 것은 브랜드로 통한다》등이 있다.

Educational Games
Easy to Learn

"브랜드의 문화를 찾아가는 게임 학습법을 개발하라"

The interview with 서울대학교 경영학과 교수 주우진

브랜드 교육은 결국 브랜드의 문화를 만들기 위한 것일지 모른다는 생각이 든다.
그렇게 볼 수 있다. brand as company라는 개념으로 설명할 수 있다. 회사 안에서 공유하는 가치가 브랜드의 가치가 되고 그것이 곧 그 브랜드의 문화로 정착 되어야 하기 때문이다.

브랜드가 문화를 갖는 것은 어떠한 의미인가?
간단히 말하자면 시너지다. 모든 부서가 상충되지 않고 하나의 생각으로 집결할 수 있고 그들만의 독특한 분위기를 연출해 내는 것이다. 이런 사람들이 만들어내는 제품에는 그 문화의 향기가 고스란히 담겨 있다. 그만큼 일관성을 가질 수 있다는 것이다. 또한 브랜드 경험은 제품에서뿐만 아니라 그 브랜드의 구성원을 통해서도 일어난다. 구성원들이 외부에 보이는 모든 언어나 태도가 마케팅과 커뮤니케이션의 효율성을 높이고 혼선을 없앤다.

사실상 브랜드가 문화를 갖고 싶어도 억지로 되는 것도 아닐뿐더러 어떻게 시작하는 것인지를 알기도 어렵다. 좀 더 쉬운 방법은 없나?
얼마 전 마케팅 학부와 미술대학 교수들이 함께 게임 하나를 개발했다. 브랜드의 경영진들을 위한 교육 교구인데 십여 차례 적용해 본 결과 좋은 반응을 얻었다. 좀 더 쉽고 빠른 이해와 직관적 학습을 위해 게임 보드와 카드에 디자인 개념을 접목한 것이다. 활용법은 이렇다. 여러 산업군에 걸친 35개의 세계 초일류 기업들의 문화를 소개하기 위해 각 브랜드별 에토스(ethos, 특정 집단의 기풍이나 정신), 비전, 미션, 전략적인 측면을 카드에 기록했다. 예를 들어 에토스를 크게 다섯 가지로 분류(지속가능성, 자연과 하나됨, 문화적 다원주의, 개인의 가치 존중, 나눔)하여 기업문화의 방향을 잡지 못하는 브랜드가 문화를 발견하고 정의하는데 활용할 수 있게 했다. 예를 들어 기업의 임원들을 모아 놓고 이 카드들을 보여준 후 자사와 가장 잘 어울리는 에토스, 비전, 미션, 전략 카드를 뽑게 하는 것이다. 그리고 개개의 브랜드 사례를 통해 그 문화가 어떻게 브랜드의 비전으로, 미션으로 또 전략과 전술로 풀리는지 단번에 볼 수 있다. 에토스에서 시작된 하나의 개념이 모든 브랜드 활동에서 어떠한 일관성을 갖는 지도 확인할 수 있는 것이다.

때로는 학습자가 만들고자 하는 브랜드를 상상하며 믹스매치(mix&match)도 할 수 있겠다.
그래서 카드가 효율적이다. 한 브랜드의 것을 볼 것이 아니라 많은 이슈들을 분류하고 다시 조합해 보는 통합의 과정을 거친다면 더욱 자기다운 브랜드 문화를 고민할 수 있다. 교육과 학습이 꼭 어렵고 딱딱할 필요는 없다. 이러한 보드 게임이나 그밖의 손쉬운 방법으로 교육에 대한 두려움이나 장벽을 없애는 것이 좀 더 효과적인 시작을 열 수 있게 할 것이다. UB

주우진 서울대학교 경영학과를 졸업하고 와튼스쿨에서 경영학 석사와 박사 학위를 취득한 후 MIT 경영대학원에서 조교수, 미국 버클리대학교 경영대학원 초청 부교수로 재직하였으며 미국 〈마케팅 사이언스〉 지의 편집위원으로 활동 중이다. 저서로는 《개성상인의 현대 경영학적 재조명》《마케팅 신조류》《21세기 마케팅 정보혁명》 외 다수가 있으며 미국 〈Journal of Marketing Education〉지에 아시아태평양 연구업적 2위에 선정되었다.

브랜드 교육의 현장은 거리다
거리에서 브랜드를 배우다 2.0

브랜드를 공부하는 목적 중 하나는 '누가 왜 브랜드를 쓰는가?'의 답을 찾는 것이다. 마케팅에서는 '소비자 조사'로 이것을 알 수 있다고 말한다. 하지만 소비자들은 자신들이 구매하는 것을 기능적 이익, 정서적 이익, 자아 표현적 이익과 같은 전문 용어를 들어 설명하지 않는다. 또한 자신이 신고 있는 나이키가 연예인이 TV에 신고 나와서, 길 가다가 본 멋진 사람이 신어서, 폼 나서, 마트에서 싸게 팔아서, 우울해서, 길 가다가 갑자기 사고 싶어서 샀더라도 이 부분을 명료하게 이야기하지 않는다. 왜냐하면 이들이 꼭 한 가지 이유만으로 구매를 결정한 것은 아니기 때문이다. 소비자는 자신이 왜 샀는지 정확히 '한 줄로' 설명하기 어렵다. 따라서 소비자 설문지로 모든 것을 알 수 있다고 믿어서는 안 된다.

방법은 단 한 가지다. 거리로 나가야 한다. 지하철을 타고 다른 사람들의 신발과 얼굴을 보면서 '왜'와 '어떻게'를 찾아야 한다. 거리에서 사람들을 직접 보며 직관과 통찰로 통계 프로그램을 돌려야 한다. 특정 브랜드를 착용한 사람 수만 명을 위와 같은 방법으로 본다면 아마 마음(머리가 아니다)속에 '척 보면 아는' 통찰적인 브랜드 지도가 생길 것이다.

누가 나이키를 신는가?

지금으로부터 30년 전, 나이키는 한국 시장에 '누가 나이키를 신는가?'라는 질문(광고 카피)으로 런칭했다. 나이키 광고 지면에서 나이키를 신고 있는 사람은 테니스 황제 존 매켄로를 비롯한 수많은 스포츠 스타였다. 당시에는 '에어 기능'도 없던 평범한 운동화에 나이키가 제시한 소비자가격은 1만 원대로, 1,000원대에 불과하던 당시 '신발 가격 상식(?)'으로는 도저히 납득할 수 없는 것이었다. 따라서 나이키를 구매하는 사람들은 일반 신발 가격의 10배에 해당하는 나이키 신발의 미묘한(?) 차이를 읽어 내는 '소수 스포츠 전문가 집단'이 될 것이라 생각했다. 하지만 정작 나이키 신발을 신는 사람들은 대부분 학생이었다. 단순히 가격 비교로 본다면 현재 10만 원 안팎으로 구성된 신발 시장에 나이키가 '누가 아직도 나이키를 신는가?'라는 광고 카피로 100만 원대 신발을 들고 나올 때 과연 학생들이 자신의 용돈으로 그 신발을 살 수 있을까? 그러나 이런 질문과 함께 한국에 런칭한 나이키는 지금까지도 '아직도 나이키를 신지 않았는가?'를 질문하면서 한국은 물론 전 세계의 신발을 바꾸어 버렸다.

그리스 신화에 나오는 괴물 중의 괴물로 알려진 메두사Medusa의 강력한 무기는 그녀와 눈만 마주치면 '돌'이 되는 것이다. 이런 설정에서 과연 누가 메두사를 죽일 수 있을까? 이런 이야기를 만든 고대 그리스 이야기꾼들의 상상력은 탄복할 만하다(디지털 시대에 우리는 주로 이야기 대신 비주얼과 소리로 느낌을 재현할 뿐, '신들의 이야기'만 한 것은 더 이상 나오지 않는 것 같다). 그리스 신화 관점에서 볼 때, '누가 나이키를 신는가?'라고 질문하면서 사람을 혼미하게 만드는 것은 승리의 여신 나이키Nike스럽지 않고 오히려 메두사의 마력과 비슷한 종류다. '나 좀 쳐다봐!(누가 나이키를 신는가?)'라는 나이키의 캠페인으로 사람들은 길거리에서 누가 나이키를 신고 있는지 쳐다보게 되었다. 메두사의 방법대로 길거리에서 나이키를 신은 사람을 쳐다본 사람들은 돌로 변하지는 않았지만 나이키 여신을 따라 다니게(나이키를 구매하여 신게) 되었다.

메두사의 눈을 보면 돌이 된다는 설정을 두고 아마 이것을 만든 이야기꾼들도 초반에는 이야기를 어떻게 풀어 갈지 고민했을 것이다. 신화에서 페르세우스는 메두사의 눈을 정면으로 보지 않고 청동 방패에 반사된 잠자는 메두사를 보고 머리를 잘랐다고 한다. 페르세우스식 해결은 오늘날의 표현으로 하면 '창의적 혁신 방법'이라고 할 수 있다. 여하튼 30년이 지나서야 '누가 나이키를 신는가?' 하는 마력의 비밀이 풀렸다. 청동 방패가 아니라 바로 '브랜드'에 관한 지식 때문이다. '누가 나이키를 신는가?'라는 질문은 사실 '누가 브랜드를 아는가?'라는 질문이었던 것이다.

당시 대부분의 학생들이 신고 다니는 신발은 기차표, 범표, 그리고 말표 운동화였다. '브랜드'라는 단어가 없었던 시절의 마케팅marketing이란 마킹(marking : 표하기, 표시, 심볼 마크)이었다. 그래서 샘표, 곰표, 번개표 등 자신의 상품에 '표'를 붙여 '상표'를 만들었다. 그렇다고 상품의 질이 떨어지는 것은 아니다. 그래도 메이커(당시에는 '기업'이라는 단어가 거의 사용되지 않았다)가 만든 것으로, 현재 시장을 주도하는 브랜드와 같은 신뢰와 품질로 시장을 움직였던 상표였다. 여하튼 나이키의 출현과 함께 나이키를 따르는 브랜드들이 생기면서 종전의 신발 시장은 브랜드와 상표 시장으로 나뉘어졌다. 당시 신발 업계에 있던 사람은 상황이 이렇게 될 줄 알았을까?

'왜 나이키를 신는가?'의 대답은 1990년대 초반에 이르러 브랜드라는 학문이 체계화되면서 말할 수 있게 되었다. 나이키를 신는 이유에 대한 궁금증은 '그냥 좋으니까'라는 단순한 대답 뒤에 사회·인류·문화적인 복잡한 알고리즘이 있다는 것을 알고서야 풀렸다. 또한 나이키에는 그냥 '신발'이 갖지 않은 기능적 이익, 정서적 이익, 자아 표현적 이익이 있으며 관계적 차원의 것으로 사람들의 지배와 자극 시스템을 자극한다는 것도 알았다.

사람들은 이성적인 단어들을 통해 감성적인 브랜드 지식들(브랜드가 어떻게 감정과 이성을 작동시키는지)을 깨달은 것이다. 결국 '나이키'가 '나이키' 이상의 의미와 가치가 있다는 것, 그리고 이와 같은 브랜드에 대한 지식을 통해서

존 매켄로가 등장하는 나이키의 TV CF와 1980년대 '누가 나이키를 신는가?'라는 카피로 집행되었던 한국의 나이키 잡지 광고. 나이키는 현재도 많은 스포츠 스타를 광고 모델로 선택하고 있다.

브랜드가 실제적 가치뿐만 아니라 미래적 자산 가치가 있다는 것도 깨달았다. 또한 브랜드가 문화를 만들고, 문화에서 브랜드가 파생되는 것도 알게 되었다.

쇠갈비를 그냥 먹는 사람은 '고기'를 먹는 것이고, 쇠갈비에서 갈빗살, 마구리, 토시살, 안창살, 제비추리를 나눠서 먹을 수 있는 사람은 '맛'을 먹는 것이다. 이처럼 브랜드를 보고 브랜드의 품질 대신 보이지 않는 구조, 속성, 가치와 감성을 읽을 수 있는 사람은 브랜드만이 가지고 있는 독특한 맛을 알아낼 수 있다. 그 맛을 안다면 그 브랜드가 가져올(몰고 올) 미래의 시장도 내다볼 수 있다.

'누가 스타벅스를 마시는가?' 10년 전 사람들은 스타벅스 앞에서 이렇게 서로 물어보았다. 정확히 말하면 '누가 스타벅스처럼 비싼 커피를 마시겠는가!'라고 할 수 있다. 과연 지금 누가 스타벅스를 마시는가? 나이키 때와 상황은 똑같다. 2009년 12월에도 '누가 아이폰을 쓰는가?'와 '누가 아이폰을 쓰겠는가!' 라는 질문과 의문으로 가득 차 있었다. 나이키 때와 똑같다.

이런 질문들에 답하기 위해 브랜드를 공부(교육)하기로 결심했다면 나이키와 스타벅스, 그리고 아이폰이라는 브랜드에 초점을 맞추지 말아야 한다. 전체 시장을 읽고 이런 브랜드가 시장을 어떻게 이끌며, 어떻게 경쟁 상황을 만들고, 어떤 시장을 사라지게 할지 살펴보아야 한다. 휴대폰 시장으로 사라진 시계 시장, 디지털 시장으로 사라지는 아날로그 시장, 게임 시장에게 엉뚱하게 공격받는 패션 시장 등 어떤 브랜드의 출현은 새로운 브랜드군을 만들고, 이것은 다른 시장을 소멸하게도 한다. 따라서 브랜드를 공부하는 것은 단순히 로고와 심볼, 형이상학적 마케팅이나 디자인 용어를 외우는 것이 아니라 '마음의 경제'와 '실물 경제'를 역사적 관점(과거)으로 보고 동시에 미래학을 공부하는 것이다.

브랜드를 공부하는 목적은 '누가 왜 쓰는가?'의 답을 찾는 것이다. 마케팅 관점에서는 이것을 '소비자 조사'를 통해 알 수 있다고 말한다. 하지만 소비자들은 자신들이 나이키를 구매하는 것을 기능적 이익, 정서적 이익, 자아 표현적 이익과 같은 전문 용어를 들어 설명하지 않는다. 또한 자신

이 신고 있는 나이키가 연예인이 TV에 신고 나와서, 길 가다가 본 멋진 사람이 신어서, 폼 나서, 마트에서 싸게 팔아서, 우울해서, 길 가다가 갑자기 사고 싶어서 샀더라도 이 부분을 명료하게 이야기하지 않는다. 왜냐하면 이들이 꼭 한 가지 이유만으로 구매를 결정한 것은 아니기 때문이다. 소비자는 자신이 왜 샀는지 정확히 '한 줄로' 설명하기 어렵다. 따라서 소비자 조사로 브랜드를 알 수 있다(학습·교육할 수 있다)고 믿어서는 안 된다.

방법은 한 가지다. 거리로 나가야 한다. 지하철을 타고 다른 사람들의 신발과 얼굴을 보면서 '왜'와 '어떻게'를 찾아야 한다. 나이키를 신고 있는 사람의 바지, 가방, 화장한 얼굴, 머리카락 길이, 친구들의 모습, 몸매, 눈빛, 다른 액세서리, 손에 든 커피의 브랜드 등을 보며 직관과 통찰로 통계 프로그램(SPSS, Statistical Package for the Social Sciences)을 돌려야 한다. 특정 브랜드를 착용한 사람 수만 명을 위와 같은 방법으로 본다면 아마 마음(머리가 아니다) 속에 '척 보면 아는' 통찰적인 브랜드 지도가 생길 것이다.

'통찰'이라는 것을 깨닫거나 인식하면 '지식으로 배울 수 있는 지혜와 통찰로 배울 수 있는 지혜가 있다'는 사실을 인정하게 될 것이다. 브랜드와 관련된 수많은 사람들과 인터뷰하면서 얻은 결론은 제한적이지만 브랜드를 공부하기 위해서는 49%의 지식과 51%의 통찰이 필요하다는 것이다. 브랜드로 성공한 사람에게 성공의 이유를 물어보면 대답을 못 하는 경우가 대부분이다. 그들이 대답을 못 하는 것은 브랜드의 성공 과정에서 벌어진 체험적 사건과 개념을 논리적으로 설명할 만한 단어가 없기 때문이다. 그러나 이상하게도 서점에 나와 있는 두꺼운 브랜드 관련 책을 읽으면 이해가 된다. 왜냐하면 그 책들은 정확히 말하면 이해하도록(혹은 되도록) 쓰였기 때문이다.

어떤 책은 브랜드에 관해서 너무 쉽게 말하고 게다가 논리적이기까지 하다. 하지만 여기에 함정이 있다. 책의 지식은 지혜(지식과 통찰)를 일반화해서 정보로 매뉴얼화한 것이다. 이런 책만 믿고 브랜드를 공부하려는 것은 매우 위험한 일이다. 앞서 말했듯이 성공한 브랜드 경영자들은 대부분 자신이 성공시킨 브랜드에 대해 은유와 상징으로만 정의할 뿐, 논리적으로 설명하지 못한다. 그런데 브랜드 지식만을 아는 사람들이 브랜드의 지혜를 정리할 수 있을까? 아주 쉽게 정리된 내용대로 브랜딩을 하면 성공할 수 있을까? 컨설팅 회사가 프레젠테이션에서 보여 준 현란한 전략대로 하면 성공할 수 있을까? 그런데 왜 대기업은 수천억 원을 쏟아 부으면서 제대로 된 브랜드 하나 못 만들까? 책에 나온 대로 따라 하면 똑같은 브랜드를 만들 수 있을까? 사실 현장에서 브랜드 경험 10년 차만 돼도 책만으로 브랜드를 배울 수 있을 것이라고 믿지 않는다.

세련된 지식일수록 위험하다. 거부감 없는 지식일수록 의심해야 한다. 왜냐하면 그것은 지나치게 가공되었기 때

문이다. 또 책으로 전달되는 지식은 태생적 한계가 있다. 독자에게 읽혀야 되고, 편집 방향과 구성을 따라야 하기 때문에 꼭 필요한 부분도 다른 부분에 맞추어 정리 삭제 되고, 문제가 되는 주제에 대해서는 비껴가기도 하며, 자신도 아직 모르는 주제는 중요할지라도 쓰지 말아야 한다. 물론 브랜드 교육의 첫 단계는 책 읽기다. 그러나 여기서 말하고자 하는 것은 책을 읽는 것이 브랜드 학습의 처음이자 마지막이 되어서는 안 된다는 점이다(브랜드 교육 과정 중 필수 과정인 책 읽기에 대해서는 다음 장에서 자세히 다룰 것이다).

다시 한 번 짚어 보지만 '누가 나이키를 신는가?'라는 질문에 나이키를 신은 '누구'를 보고 싶다면 '거리로 나가야 한다.' 책에서는 나이키를 신는 사람을 '소비자'와 '타깃'이라고 일반화 할 뿐, 나이키를 신은 수백만 명은 지면이 부족하다는 이유로 세부적으로 말하지 않는다.

단순히 평균과 표준편차 사이에서 브랜드의 차이를 발견하려는 것은 시장 논리로 물건을 사는 사람을 '소비자'나 '구매자'로 구분하는 것뿐이다. 이 두 단어의 미묘한 차이를 얼마나 크게 느끼고 있는가? 이 글을 읽는 독자는 자신이 단순한 소비자일 뿐이라고 생각하는가? 브랜드를 알려면 소비자를 보지 말고 '사람'을 보아야 한다.

아마 독자는 마음만 먹으면 개인 블로그를 만들어서 지금 구매한 상품에 대해 전문적인 지식을 동원하여 수백만 명이 볼 수 있는 글과 영상을 만들 수 있을 것이다. 상품을 사용하다가 이 상품을 만든 사람이 전혀 알지 못하는 핵심 지식을 찾거나 알아낼 수도 있다. 마음만 먹으면 주변 사람 200명에게 이 브랜드의 가치를 전달할 수 있을 것이다. 우리는 이런 사람을 소비자가 아닌 브랜든brandon이라고 정의한 바 있다(유니타스브랜드 Vol.11 p30 참고). 브랜드 관련 책들은 브랜드를 해부학적으로 말하지만, 정작 '나이키를 신는 사람들'에 대해서는 인류학적으로 말하지 않는다.

거리로 나가 사람을 찾아라
브랜드를 런칭할 때 반드시 만들어야 하는 것이 소비자가 자신의 브랜드로 누릴 수 있는 브랜드 라이프스타일 맵이다. 이것은 새롭게 런칭할 브랜드를 누가, 왜 좋아할 것이며 그들은 어떤 삶을 살고 있을지 이미지와 단어로 구성하는 매우 (없던 것을 보여 주는) 창조적이며 (있던 것 중에 특이함을 찾는) 기계적인 작업이다.

예전에 어떤 의류 브랜드가 자신이 기획한 브랜드를 구매하는 사람들의 라이프스타일 중에 '주말에는 코스트코Costco에서 물건을 구매한다'는 가설을 세운 적이 있다. 그래서 필자는 양재동 코스트코 카운터 앞에서 수일 동안 사람들을 관찰했다. 특히 스파게티와 치즈를 구매한 사람들의 장바구니를 보면서 어떤 음식과 어떤 상품을 사는지 파악하는 것이다. 과연 그럴듯하게 만들어 놓은 브랜드 맵과 실생활의 맵이 일치할까? 거리에 나가 사무실 책상에서 본 것과 비교해 보면 (일부 아닌 것도 있지만)대부분의 브랜드 맵은 기획자의 상상화인 경우가 많다. 문제는 그럴듯한 브랜드 맵 때문에 날카롭게 검증 받아야 할 전략서가 아무런 검증 없이 흘러가는 경우다. 코스트코 방문을 통해서 검증했던 브랜드 맵은 폐기되었다.

그렇다고 거리에 무조건 나가면 안 된다. 트렌드에 따라, 때와 장소에 따라 거리에 흐르는 '물'은 다르다. 애플 상품을 파는 홍대 프리스비 매장에서 아이폰을 예약하고 일주일 동안 기다려 마침내 자신의 물건을 수령하러 온 사람들의 모습을 관찰한 적이 있다. 시베리아 호랑이를 찾기 위해 호랑이의 발자국만 따라다니는 사냥꾼처럼, 온라인에서 댓글 흔적으로 보던 애플 마니아를 줄 세워서 볼 수 있는 그야말로 유일한 기회였기 때문이다.

연세대학교 정문 앞에는 횡단보도가 있다. 건너편에서 사람들이 입은 옷의 로고를 관찰하면서 우리나라 20대의 기본적인 착장 스타일을 볼 수 있는 장소다. 홍대 5번 출구 앞 KFC 매장에서 관찰하는 홍대입구 역은 그야말로 트렌드, 스타일, 괴상한 취향, 미래의 모습 등을 3D가 아니라 4D로 볼 수 있는 장소다. 신촌 방향에서 오는 사람들과 영등포 방향에서 오는 사람들이 다르고, 요일별·시간별로 천양지차다. 이대 정문 앞, 혜화역 2번 출구, 압구정 갤러리아백화점 앞 건널목, 백화점 세일 첫날, 금요일 신촌 거리, 동대문 시장에 오는 사람들, 영화 개봉 첫날 사람들의

모습 등 브랜드를 파악할 수 있는 결정적인 찰나가 있다. 이때가 브랜드 마니아, 트렌드 리더, 그리고 얼리어답터를 볼 수 있는 기회다. 책과 뉴스로만 듣던 사람들을 직접 볼 수 있다.

'이 사람은 나이키를 청바지에 신었구나! 그런데 아까 본 여자와 같은 모자를 썼잖아. 그 여자는 나이키가 아니라 푸마를 신었는데. 저 친구는 나이키에 면 바지를 입었는데 비타민워터를 먹고 있어. 그런데 비타민워터를 먹는 사람은 대부분 나이키를 신고 있잖아!' 수만 명을 보면 머릿속에 이런 순차별 시트가 만들어지면서 나이키를 신은 사람들에 대한 도표가 만들어질 것이다. 중요한 것은 '상관관계'와 '인

> **브랜드를 공부하는 것은 사람을 공부하는 것이다. 문화와 상징을 배우는 것이며, 이미지의 소비가 어떻게 마음에서 일어나는지 파악하는 것이다.**

사진 | flickr_ michael-kay's photostream, buts

과관계', '비연관성으로 구성된 연관성'을 찾는 것이다. 누가 나이키를 신겠는가? 반복된 대답이지만 사람이 신는다. 사람이 어떻게 신는지 파악하기 위해서는 반드시 거리로 나가야 한다.

추천하고 싶지는 않지만 편한 방법도 물론 있다. 백화점과 매장에 가서 사람을 지켜보는 것이다. 비록 몸은 편하지만 여기에는 치명적인 판단의 오류와 지식의 함정이 있다. 그들이 나이키를 어떻게 신는지 볼 수 없다는 것이다. 구매하는 사람이 실제로 사용하는 사람인지도 모르고, 매장에 들르는 사람도 단순하게 구경하러 온 사람일 경우가 많다.

만약 나이키를 신는 사람을 관찰한다면 나이키를 신은 사람만 보면 안 된다. 나이키 신발이 신제품인지, 아니면 마트에서 할인받아 산 것인지 알아야 하기 때문에 먼저 나이키 매장에 수 차례 방문하여 제품의 카테고리를 익혀야 한다. 또 나이키 중에 에어포스는 문화가 있는 신발이기 때문에 이것을 신은 사람들은 아주 자세히 살펴보아야 한다. 만약에 한국에서는 전혀 보지 못한 독특한 나이키를 신었다면 마니아 카페를 통하거나 직접 해외에 나가서 구매한 사람일 것이다. 관찰자는 드물게 독한 브랜드 마니아를 보게 될 것이다.

거리에서 나이키만 보아서도 안 된다. 다른 경쟁자들은 나이키의 어떤 신발을 벤치마킹하는지도 보아야 한다. 다른 신발을 신었지만 나이키를 신은 사람과 비슷하게 옷을 입은 사람들의 미묘한 차이도 발견해야 한다. 또 나이키를 신어야 할 것 같은 사람이 다른 것을 신고 있을 때는 따라가서라도 왜 나이키를 신지 않았냐고 물어보아야 한다. 고정관념으로 굳어질 자신의 생각과 기준을 다시 한 번 업그레이드(혹은 혁신)할 기회기 때문이다. 브랜드를 공부하는 것은 사람을 공부하는 것이다. 문화와 상징을 배우는 것이며, 어떻게 마음에서 이미지의 소비가 일어나는지 파악하는 것이다.

하루 종일 거리를 돌아다니면서 목적 없이 상점을 기웃거리며 사람을 쳐다보는 브랜드 교육도 있다. 방법은 하루 종일 수천 개의 매장 혹은 수만 명을 지켜 보는 것이다. 그리고는 저녁에 가장 특이한 매장과 사람을 기억해 내는 것이다. 이 방법은 주로 해외 시장조사에서 특이한 컨셉을 찾는 방법으로 많이 사용한다. 기억에 남는 것은 곧 차별화된 것이기 때문에 왜 기억에 남았는지 연구하여 역으로 그 브랜드를 알아 갈 수 있다. 거리에서 배워야 하는 것은 패턴이다. 연속적이고 규칙적인 법칙을 우리는 흔히 문화라고 본다. 문화를 아는 것은 어떻게 사용할 것인지 예측하고 파악하는 일이라고 할 수 있다.

먼저 책을 보고 거리로 나서라

브랜드를 공부하기 위해 책을 읽기로 결정했다면 수학을 풀기 위한 공식을 찾듯이 '정답'이 있는 것처럼 생긴 책들을 좋아해서는 안 된다. 도표와 매뉴얼, 요점정리가 잘 된 책은 '지식'을 전달하기 위한 책이지 '진리'가 있는 책은 아니다. 그리고 브랜드의 지식은 계속 변한다.

책을 통한 브랜드 교육의 방법은 첫째, 특정 주제를 가지고 비슷한 책을 계속 내는 저자들의 책을 모두 읽는 것이다. 중복된 내용도 있고 수정·첨가된 내용도 있지만, 그것보다 중요한 것은 저자가 처음에는 막연하게 다룬 부분이 점차 책의 주제가 되어 가는 것들이다. 그래서 브랜드에 관한 책을 읽는다면 지금 막 발간된 책을 읽기보다는 오히려 2000년대 초반에 나온 책을 보는 것도 좋다. 10년 전 책을 읽으면서 지금과 다른 것은 무엇이고 같은 것은 무엇인지 파악할 수 있기 때문이다. 2000년대 초반에 나온 브랜드 관련 책들은 대부분 예언서에 가까운 톤으로 '세상은 변한다'고 말한다. 특히 애플과 스타벅스의 사례를 보면서 지금과 비교하면 브랜드의 미래를 읽는 방법까지 배울 수 있을 것이다.

두 번째는 같은 주제를 다룬 다른 저자들의 책들도 위에서 말한 방식과 동일한 방법으로 읽는 것이다. 그러면 같은 현상에 대해 다른 관점을 배울 수 있다. 저자들이 비슷한 이야기를 한다면 그것은 '정답에 가까운 정답'이다.

세 번째는 가급적 실무 경험이 있는 저자의 책을 읽거나 실무 경험이 없다면 같은 주제에 대해 책을 여러 권 낸 저자의 책을 읽어야 한다. 물론 실무 경험자가 낸 책은 자신만의 경험으로 확고한 관점이 생겨서 오히려 편협한 지식을 고집할 수도 있다. 반면에 같은 주제의 책만 여러 권 쓴 사람은 지식의 편집으로 화려하지만 실제가 없는 경우가 많다.

네 번째는 브랜드에 관한 새로운 지식을 처음 소개한 책을 읽는 것이다. 어느 저자가 새로운 개념을 알게 되었더라도 다른 책이 먼저 나와서 그 개념을 소개했다면, 그 책을 의식해서 처음 생각과는 매우 다른 형태의 개념으로 소개하는 경우가 많다. 저자들은 대부분 자신의 책을 쓰기 위해서 다른 책을 연구한다. 그러나 다른 저자의 개념을 좀더 보완하여 완벽하게 만들려고 했더라도 사실과 달리 현란하게 왜곡되는 경우가 많다. 반대로 최초로 새로운 개념을 가지고 나온 책들은 신선하지만, 그 개념을 설명하기 위해 내용이 많아지고 어려워져서 시장에서 사라지기 쉽다. 그럼에도 불구하고 이런 책을 찾아서 읽어야 하는 이유는 이런 책의 저자들은 브랜드가 지금처럼 변하기 전의 모습, 즉 브랜드의 '발화점'을 다른 사람보다 '먼저' 보았기 때문이다. 브랜드 학습에서 이것은 매우 중요하다.

책을 읽은 다음에는 거리로 나가야 한다. 거리로 나가 책에서 말한 내용들이 거리에서 그대로 작동되고 있는지 파악해야 한다. 거리에 나가서 책과 반대로 혹은 다르게 움직이는 것들이 있다면 그것을 설명한 책을 찾아서 읽어야 한

> 브랜드에 관한 책을 읽는다면
> 지금 막 발간된 책을 읽기보다는 오히려
> 2000년대 초반에 나온 책을 보는 것도
> 좋다. 10년 전 책을 읽으면서 지금과
> 다른 것은 무엇이고 같은 것은 무엇인지
> 파악할 수 있기 때문이다.

다. 브랜드 학습은 책과 현장, 현장과 책을 통합적으로 이해해야 한다. 책을 읽고 거리로 나가는 것은 지식을 입체적인 지혜로 만들기 위함이다.

누가 나이키를 신었는가?
나이키(브랜드)를 알기(공부하기) 위해서 나이키 직원과 미팅하고, 나이키 본사에 방문하고, 나이키에 관련된 책을 쓴 사람을 인터뷰하며, 전 세계 나이키 온라인 동호회에 모두 가입해서 관계를 맺고 정보를 나누고, 나이키 한국 사장에게 뵙고 싶다고 편지를 보내고, 나이키 신발을 사서 신어 보고, 나이키에서 근무하다 퇴사한 사람들을 만나서 이야기를 듣고, 우리나라에서 나이키를 신은 사람을 만 명 정도 인터뷰해 보고, 나이키의 경쟁 브랜드 사람들을 만나서 나이키에 관한 정보와 이야기도 듣고, 그리고 필요하다면 나이키에 입사한다. 만약 이렇게 공부한다면 나이키와 같은 브랜드를 만들 수 있을까? 확률은 높일 수 있겠지만 장담은 할 수 없다.

하지만 어떤 브랜드를 공부하거나 '브랜드'에 관해서 연구한다면 앞서 말한 방법은 지나친 것이 아니라 필수적인 것이다. 연구 시간과 노력의 강도에는 차이가 있겠지만, 새로운 브랜드를 런칭하는 사람들은 이와 유사한 방식으로 브랜드를 연구한다. 연구하는 사람들이 쉽게 놓치는 것은 브랜드가 사람들의 감정에 따라 성장한다는 점이다. 특정 브랜드의 연구는 그 브랜드에 대한 감정 없이는 그럴듯한 전략과 결과적인 매출 숫자만 보일 것이다.

모든 지식은 '내가 무엇을 모르는지 아는 것'에서 시작한다고 했다. 브랜드를 공부하기 위해 브랜드 제품을 소유하거나 사용해 봤다고 그 브랜드에 대해 모두 안다고 생각해서는 안 된다. 물론 소유와 사용의 경험도 없이 지식만으로 그 브랜드를 판단해서는 더욱이 안 된다. 예전에는 탁월했지만 지금은 별 볼일 없다고 무시해서도 안 된다. 브랜드는 '시대정신'과 '문화의 상징'이라고 할 수 있기 때문이다. 그 시대에는 탁월하고 차별화된 '혁신'이었다.

'누가 나이키 신고 다니라고 그랬어!'라고 윽박지르며 골목에서 나이키 신발만 빼앗는 깡패들 있던 시절을 지금의 10대들이 상상하지 못하는 것처럼, 그때의 10대들은 자신이 40대가 되는 때는 누구나 휴대폰을 들고 다니리라는 것을 상상도 못 했을 것이다. 우리는 한 세대가 또 다른 세대의 삶에 대해 서로 상상하지도 못할 시절에 살고 있다. 브랜드에 관한 책들은 대부분 브랜드에 관한 수많은 현상들 중 검증되고, 성과로 나타난 것만을 다루는 경우가 대부분이다. 그래서 브랜드가 출현하고 3~4년이 지나야 그 브랜드에 관해서 각종 책의 저자들이 이야기하기 시작한다. 그러나 누구도 그때의 상황을 겪지 않고는 언급하지 못하기에 놓치는 것이 많다. 그래서 지금 거리로 나가 직접 눈으로 시장을 파악해야 한다. 브랜드의 교육장은 거리다. UB

지식생태학자가 말하는 브랜드 교육
브랜드 교육? 인터러뱅 interrobang!

The interview with 한양대학교 교육공학과 교수 유영만

인터러뱅은 물음표와 느낌표가 합쳐진 형태의 역설적인 감탄부호로 '의구심?'과 '놀라움!'의 공존을 의미한다. 이 부호는 출발과 끝이 물음이든 느낌이든, 두 가지 감각이 만났을 때 창조해 내는 발상의 전환을 상징하기도 한다. 한양대학교 교육공학과의 유영만 교수를 찾은 것은 유니타스브랜드가 정리한 '브랜드 교육'에 대한 전문가의 의견을 듣기 위함이었다. 그렇지만 '교육'의 문제를 '공학'적으로 해결하는 교육공학자는 '마음' '사람' '감성'과 같은 단어로 브랜드 교육을 설명했으며, 두어 시간의 인터뷰 동안 '의구심?'이 '놀라움!'으로 해결되는 인터러뱅의 순간을 경험하게 해 주었다.

우리는 브랜드 교육의 다른 이름으로 '브랜드 싱크Brand Sync'라는 개념어를 뽑아냈다. 브랜드 교육이란 브랜드와 직원 들이 마치 아이튠즈와 아이팟이 동기화를 이루듯 동기화synchronization 되어 창업자와 직원이 같은 생각과 같은 행동을 하는 것이라는 결론이다.
취지에 대해 상당히 공감한다. 브랜드 교육이란 브랜드와 관련된 사람들이 생각하고 행동하는 것에 관한 교육이기 때문이다. '브랜드 싱크'라는 단어에 대해서는 스펠링을 보고서야 동기화의 synchronization이라는 단어를 떠올릴 수 있었지만, '생각하다'를 의미하는 think나 시너지synergy와 같은 단어도 연상시킨다.

의도한 것은 아니지만, 세 단어 모두 우리가 생각하는 브랜드 교육과 완전히 다른 개념은 아닌 것 같다. 오히려 그런 생각을 불러일으킨다는 것은 긍정적이다. 그런데 사실 궁금한 것은 브랜드 교육이 하나의 기업문화로 자리잡아야 한다는 주장에 대한 당신의 의견이다. 교육공학자는 가장 효율적인 교육 방법을 고민하는 사람들 아닌가.
이 부분에서 나는 일반적인 교육공학자의 길을 걷는 사람이 아니라는 점을 일러두고 싶다. 알다시피 교육공학은 'educational technology'라고 한다. 목표를 세우고 그것을 가장 효율적으로 이룰 수 있는 교수·학습활동을 기술적으로 분석 하기도 한다. 하지만 내가 강조하는 것은 감성적 교육이다. 결국 교육도 사람의 마음을 움직이는 것이기 때문이다.
1온스의 감성이 1톤의 사실보다 파워풀하다고 하지 않나. 그래서 브랜드 교육의 핵심도 논리적 설명만 있어서는 안 된다고 본다. 기업 교육의 심각한 문제가 교육 내용을 논리적으로 설명하려다 보니, 사람들이 지루해하는 것이다. 세계적인 기업들의 변화 관리 컨설팅을 한 존 코터가 말하길 기업 교육은 보고see 느끼게feel 한 후 변화시켜야change 한다고 한다. 이성적인 눈과 뇌로 봤다면, 가슴으로 느껴야 변화한다.

상당히 공감이 가는 이야기다. 브랜드라는 것도 결국 '마음 산업'이라고 하지 않나. 얼마 전에 애플의 아이패드 런칭 키노트에서 들었던 스티브 잡스의 "애플은 테크놀러지와 인문학 사이에서 늘 갈등한다"는 말이 떠오른다.
맞다. 애플과 다른 기업의 차이는 기술의 차이라기보다는 철학의 차이일 것이다. 요즘 인문경영이라는 말이 유행인 이유도 알게 모르게 이런 부분의 중요성을 감지하고 있기 때문이다. 스티브 잡스가 시와 문학에 심취해 있고, 아인슈타인이 바이올린에 미쳐있었던 것도 같은 맥락이라고 본다. 인문학이나 예술은 결국 인간에 대한 진지한 고민에서 비롯된다. 따라서 그러한 철학을 가지고 있는 브랜드와 그렇지 않은 브랜드는 상당히 다른 결과물을 만들어 낸다. 그런데 문제는 기업의 HRD 담당자들은 모든 문제를 교육으로

만 풀어내려고 한다는 것이다. 눈이 교육이기 때문에 모든 사람이 교육의 대상으로 보이는 것은 당연하다. 예를 들어 교육공학자에게 기업을 진단하라고 하면 교육공학적으로 진단하지 문화인류학적으로 진단하지 않는다.

그럼 어떻게 해야 하나? 교육 담당자가 관점을 스스로 전환하기 어렵다면 말이다.

그래서 브랜드 교육과 관련해서는 최고경영자가 중요한 역할을 하지 않을까 한다. 현재 상당수의 기업이 브랜드라는 이슈에 대해서는 중요성을 공감한다. 그렇지만 유니타스브랜드가 말하는 '자기다움'에 대한 고민은 많지 않은 것이 사실이다. 당장 영업실적을 올리고 상품을 팔아야 한다는 미시적 관점이 지배하는 경우가 많다. 브랜드 경영은 최고경영자가 누구냐에 따라 판이하게 달라진다. 현대카드를 보자. 현대 계열사임에도 현대 같지 않은 것은 정태영 사장의 경영 스타일이 있기 때문이고, 그 리더의 머릿속에 브랜드에 대한 인식이 남다르기 때문이다. 그래서 브랜드 교육의 1차 교육 대상은 최고 경영자가 되어야 할 것이다. 의사결정권자들을 대상으로 자기다움의 필요성과 중요성, 그리고 그것이 없을 시의 심각성에 대해서 구체적인 사례를 드는 설명이 필요하다. 자기다움을 잘 표현하면 매출액을 높일 수 있고, 결국 지속적인 성장이 가능하는 실증적 사례를 제시하며 그렇게 하지 않아 실패한 사례도 함께 제시해야 한다.

최고경영자가 그런 부분에 상당 부분 공감해서 자기다움을 찾는 BrandNess 교육이 시작되기 전에 교육담당자가 알아두어야 할 것은 무엇일까?

트레이닝 솔루션만으로는 자기다움을 만들거나 해결할 수 없다고 하고 싶다. 트레이닝 솔루션^{training solution}과 넌트레이닝 솔루션^{non-training solution}이 동시다발적으로 이루어져야 한다. 트레이닝 솔루션으로 구체적인 교육 프로그램이 구성되고, 이와 함께 직원들의 일상적 행동이나 업무 방식의 변화를 가져올 수 있는 방법도 고안되어야 한다. 기업문화를 바꿔야 한다는 말이다. 이때 변화의 촉발점이 교육이 될 수 있다. "앞으로 이러한 필요성에 의해 이렇게 변할 것이다"라는 일종의 이니셔티브^{initiative}를 주고 함께 고민하며 솔루션을 찾아가는 것이다. 그때의 HRD 담당자들은 가르치는 사람이 아니라, 돕는 사람인 퍼실리테이터^{facilitator}나 이네이블러^{enabler} 역할을 하게 된다.

그렇다면 자기다움을 알게 하고, 그것으로 직원들과 동기화를 이루기 위한 교육 과정을 설계할 때 트레이닝 솔루션과 넌트레이닝 솔루션은 각각 어떻게 설계해야 하나?

먼저 트레이닝 솔루션을 개발할 때는 표준 모델과 차별화 모델이 병행되어야 한다. 예를 들어 교육설계를 BrandView, BrandNess, BrandShip이라는 모듈로 개발한다면, 사원급, 과장부터 부장까지의 간부급, 이사부터 경영자까지의 임원급이 공통적으로 받아야 할 공통 모듈이 필요하다. 쉽게는 각 개념에 대한 설명을 온라인을 통해 의무 교육화 한다거나, 우리 브랜드의 '자기다움'에 대해서 논의해보는 교육 시간을 개설할 수도 있고, 직무 교육이든 리더십 교육이든 모든 교육을 시작할 때 '자기다움'에 대한 20분짜리 동영상을 보게 하는 방법도 있다. 하지만 세 그룹에 따라 강조되어야 할 것은 다르다는 면에서 직급별 차별화 모델이 필요하다. 사원급은 BrandView, BrandNess, BrandShip 교육의 비율이 20%, 50%, 30%라면, 의사결정자일수록 BrandShip 교육의 비율을 높이는 식의 조율 말이다.

넌트레이닝 솔루션은 자기다움을 일상 속에서 습득하게 하는 방법이다. 예를 들어 자기다움을 상징하는 문구나 이미지를 디자인 해서 전 직원의 컴퓨터 첫 화면에 띄운다든지, 그것으로 마우스 패드를 만들어서 나누어 줄 수도 있다. 이벤트를 할 수도 있고, 회의 진행 방식꿀 수도 있다. 사실 회의 진행 방법만 바꿔도 조직 문화가 상당히 바뀐다. 이런 식으로 직원들의 생활 속에서 직간접적으로 각인되게 하는 것이다. 조직문화를 바꾼다는 것은 소나기가 아니라, 가랑비에 옷 젖듯이 서서히 젖게 해야 한다.

정말 트레이닝 솔루션이든 넌트레이닝 솔루션이든 그룹별 심화과정이 필요할 것 같다. 그럼에도 표준 모듈에서 공통적으로 사원부터 CEO까지 모두가 스스로 고민할 수 있는 질문을 던진다면 무엇이라고 하겠는가?
'자기다움'일 것이다. 애플이라고 하면 아이팟, 아이패드, 스티브 잡스, 창조 카리스마와 같은 단어들이 떠오른다. 이 모든 것이 합쳐져서 애플다움이 완성된다. 언젠가 국내 최고 기업인 A, B, C사의 리더십 교육 커리큘럼을 비교해본 적이 있다. 그런데 똑같더라. A사라고 한다면, A사다운 리더십 교육이 있어야 하고, B사라면 B사다운 리더십 교육이 이루어져야 하는데 모두 GE의 파이프라인 모델을 따르고 있었다. 각각 기업의 기업문화가 판이하게 다른데 세 기업이 같은 리더십 교육을 하는 것은 치명적 실수라 생각한다. 이를테면 A사는 도전적인 현장형 기업문화를 가지고 있어서 식당에서 사과를 주더라도 통째로 준다. 그렇지만 C사의 경우 철저한 관리문화를 가지고 있기 때문에 식당에서 사과를 주더라도 통째로 주기보다 조각을 내서 효율을 높이려고 한다. 리더십 교육이라 하더라도 자기다운, 자기 기업문화에 맞는 교육이 이루어질 때 시너지가 난다.

다시 돌아가서, 넌트레이닝 솔루션 부분에서 궁금한 것은 기업문화에 관한 것이다. 사실 브랜드의 자기다움이 기업문화로 정착한다면 더 이상 교육이 필요하지 않을 것 같다.
필요하지 않다기 보다는 궁극의 모습일 것이다. 브랜드와 기업문화는 상당히 밀접하다. 최근 브랜드들이 기업문화에 관심이 굉장히 높아졌다. D기업의 경우 기업문화 팀이 따로 생겼을 정도다. 종전에는 브랜드는 마케팅 팀에서, 기업문화는 조직문화 팀에서, 경영혁신은 전략부서에서, 교육 개발은 이와 별개로 HRD 팀에서 이루어지고 있었다. 하지만 기업 문화는 모든 부서가 함께 변해야지 기업문화 팀이 따로 할 수 있는 것은 아니다. 이때 각 부서가 하나로 모일 수 있는 공통 화두가 될 수 있는 것이 브랜드일 것이다.

어떻게 하면 모든 부서 사람들이 브랜드를 중심으로 함께 움직일 수 있을까? '우리 모두 브랜드를 중심에 두고 움직입시다'라고 선언한다고 될 일은 아닌 것 같다.
조직문화를 바꾸는 데 가장 중요한 것은 핵심가치$^{core\ value}$다. 대부분의 브랜드들이 자신의 핵심가치를 가지고 있지만 핵심가치를 교육장에서 2박 3일간 교육 하고 끝낸다면 이것은 하나의 이벤트에 불과하다. 이벤트로 BrandShip이 생길 수는 없다. 조직문화가 바뀌어야 하는데 그 기준이 핵심가치가 되어야 한다는 말이다. 한 기업의 조직문화를 바꾸는 프로젝트를 1년 반 정도 진행한 적이 있는데, 그때도 가장 중요한 결정이 핵심가치를 정하는 부분이었다. 핵심가치는 자기다움과 아주 밀접하게 연계되어 있어야 한다. 그래서 그 기업의 일하는 방식을 알기 위해 가장 많이 고려한 것이 창업자의 경영철학이 담긴 어록들이었다. 어록을 면밀히 살펴본 결과 '도전, 열정'과 같은 몇 가지 공통적인 키워드가 발견되어 핵심가치를 '열정과 혁신'으로 정하고 문화로 정착시키려는 노력을 했었다.

그런데 사실 '혁신'이라는 단어는 많은 기업에서 핵심가치로 삼고 있다.
맞다. 그래서 같은 혁신이라 하더라도 A브랜드에서 말하는 혁

> "이벤트로 BrandShip이 생길 수는 없다. 조직문화가 바뀌어야 하는데 그 기준이 핵심가치가 되어야 한다는 말이다."

신과 B 브랜드에서 말하는 혁신은 다르고, 또 달라야 한다. 각 기업별로 혁신의 개념을 기업 문화 맞게 적용해야 한다는 것인데 그러기 위해서는 행동이 필요하다. 핵심가치에 근거해서 생각하고, 의사결정과 직원 평가가 이루어져야 한다. 또한 이에 맞게 상사가 리더십을 보여주고, 회의를 진행하고, 조직원을 육성해야 한다. 많은 기업들이 핵심가치는 액자 속에만 걸어두지만 사실 핵심가치가 모든 활동에 연결되지는 않는다. 그 기준에 의해 광고든 사보든, 브로셔의 메인 컬러 등 일거수일투족에 일관성이 있어야 한다. 사내용 책자를 하나 만들더라도 표지의 컬러가 왜 블랙인지를 자기다움으로 설명하는 페이지가 정리되어 들어가 있다면 처음에는 잘 모르던 사람들도 어느새 자기도 모르게 생각과 행동이 자기다움으로 바뀔 것이다.

조금 이야기를 바꿔보겠다. 당신은 당신만의 독특한 포지셔닝이 있다. '유영만다움'을 찾고 일거수일투족을 유영만답게 하려고 하기 때문인가?

그렇다. 그런데 그것은 내가 찾았다기보다 다른 사람이 그렇게 느낄 것 같다.

이 연구실만 해도 유영만다움이 느껴진다. 지식생태학자의 방 같다는 느낌이다. 자기다움을 고민했을 것 같은데, 돌이켜보면 '지식생태학자'라는 자기다움을 위해 어떤 고민을 했나?

나는 기본적으로 모든 것의 답은 자연에 있다고 생각한다. 자연은 보호의 대상이 아니라 학습의 대상이라는 것이다. 그런데 여기까지 올 때 전통적인 교육공학을 공부하는 것이 재미가 없다는 고민에서 출발했다. 요즘 문장부호 중에 인터러뱅이라는 기호가 있다. 이 기호처럼 교육공학은 물음표를 잡아당겨 느낌표를 만들거나 느낌표를 구부려 물음표를 만드는 것인데, 전통적인 교육공학에서는 이 거리를 최소화하는 직선 로직을 만든다면, 나는 곡선 로직을 만들려 한다. 일종의 차별화를 택한 것이다. 교육공학자의 90%가 직선 로직을 만들고 있는데, 나도 그렇다면 레드오션에 들어가는 것이다. 그래서 나만의 블루오션을 찾은 것이다.

스스로 나는 어떤 사람인가. 나는 무엇이 되어야 할까를 고민할 때 첫 질문이 '어떻게 하면 달라질 수 있을까'라는 차별화에 대한 것이었다고 할 수 있나?

차별화일 수도 있지만 첫 질문은 '내가 잘 할 수 있는 것이 무엇일까?'였다. 내가 잘할 수 있는 것, 내가 하면 신나는 것들을 떠올려 봤다. 그 다음에 나는 교육공학을 할 사람이니까, 어떻게 하면 교육공학을 남다르게 할 수 있을지에 대한 방법을 고민했다. 교육이라는 것이 사람을 변화시키는 것이라면 먼저 사람을 알아야 겠다고 생각했고, 사람의 무늬를 다루는 학문인 인문학에서 답을 찾기로 했다. 그래서 인문학적 교육공학을 하게 된 것이다. 그 다음에 나만의 코어밸류를 정했다. PITCH, 피치를 올려라 할 때의 피치다. P는 passion열정, I는 Innovation혁신, T는 Trust신뢰, C는 Challenge도전, H는 Happy행복다. 열정을 다해서 피치를 올렸는데 불행하면 의미없다. 그래서 결국 내가 하는 것은 학습자를 어떻게 하면 행복하게 만들어줄까를 고민하는 것이다. 그리고 그 답을 공학이 아니라 자연에서 찾겠다는 것이다.

지금의 대답을 브랜드가 자기다움을 찾는데 그대로 적용해도 될 것 같다.

예를 들어 커피 브랜드를 런칭하는 사람이라면, 지금 레드오션인 커피시장에 들어가면 경쟁이 안 될 것인데 어떻게 할까를 고민한다고 가정해보자. 그렇다면 자기다움을 찾아서 유지하는 것이 차별화이자 경쟁력이 될 것인데, 그때 첫째, 자기가 가장 잘 할 수 있는 것이 무엇인지 찾고, 둘째, 어떻게 그 장점으로 시장에서 '다름'을 유지할 수 있는 경쟁우위요소를 고민한 후에 셋째, 피치와 같은 핵심가치 키워드를 정리할 수 있을 것 같다. 그리고 '학습자를 행복하게 해 주는 교육공학자'와 같은 그 브랜드의 존재가치도 재정의 할 수 있지 않을까. UB

유영만 한양대학교 교육공학과 석사과정을 마치고 미국 플로리다 주립대학교에서 교육공학박사 학위를 받은 후, 플로리다 주립대학의 학습체제연구소 연구원을 역임했다. 삼성경제연구소와 삼성인력개발원에서 기업 교육을 담당했으며 저서 및 역서로 《상상하여 창조하라》《청춘경영》《펄떡이는 물고기들처럼》《에너지버스》 등이 있다.

BrandSync를 위한 Think
브랜드 교육을 위한 서재

"독서는 약처방처럼 당장 효과가 나타나거나 행복을 만들어 주지 않는다. 그러나 한 권 한 권 읽어가는 동안 내가 무엇을 알고, 무엇을 모르고 있는지 스스로 깨닫게 해준다." 미국 작가이자 문학 비평가인 앤 패디먼[Anne Fadiman]의 명언은 브랜드 교육에도 똑같이 적용된다. 브랜드 학습과 교육에 앞서 스스로 점검이 필요하다고 느낀다면 이 여섯 권의 책이 도움을 줄 것이다. 책의 수많은 내용 중 어떤 부분을 우리 브랜드에 맞게 적용할 지 결정하는 것은 물론, 오롯이 당신의 몫이다.

위대한 기업을 위한 경영 전략
위즈덤하우스 | Jim Collins, William Lazier

브랜드 교육을 위해 기업이 가장 먼저 해야 할 것은 무엇일까? 저자들은 스탠포드 대학에서 사례와 이론을 같이 탐구하며 위대한 기업이 되기 위해서 갖춰야 할 것을 분석하여 크게 리더십, 비전, 전략, 혁신, 전술로 나누어 정리하고 있다. 그 중 비전을 다룬 2장은 비전을 확고하게 구축하고 이를 공유하는 것이 전 조직원을 하나로 모으는 비결임을 지적한다. 온전한 브랜드 교육을 위해서도 바로 이것이 첫 단계가 아닐까.

브랜드, 비즈니스를 움직이는 힘
청림출판 | Scott M. Davis, Michael Dunn

이 책의 8장과 9장에서는 각각 브랜드 기반 문화 구축과 브랜드 기반 조직 구축에 대해 다루고 있으며 특히 8장에서는 브랜드 동화[assimilation]라는 새로운 시각을 제시한다. 브랜드를 중심으로 하는 기업 문화를 구축하기 위해서는 브랜드의 구성원 모두가 브랜드에 동화되어야 한다는 것이다. 이것은 브랜드 교육이 직원을 브랜드의 분신[avatar]으로 만들 수 있어야 한다는 유니타스브랜드의 관점과도 일치한다. '브랜드를 사원들의 손과 머리뿐 아니라 마음속에 남게 하는' 교육을 원한다면 참고하라.

기업이 원하는 변화의 기술
김영사 | John P. Kotter, Dan S. Cohen

이제 막 조직이 BrandView를 갖기 시작했다면, 그 기업은 변화를 위한 큰 혼란을 겪을 것이다. 이 책은 기업의 변화는 직원 한 명 한 명의 감정으로부터 기인하며, 이들 스스로 문제를 보고see 느끼고feel 변화change하지 않으면 기업 전체도 변화할 수 없다고 말한다. 더불어 변화를 이끌어 내는 요소 중 하나로 뚜렷한 비전을 언급하며 새롭게 비전을 구축하는 방법도 설명하고 있으니, BrandView로의 전환에 앞서 기업의 변화를 효과적으로 관리하고 싶다면 참고하자.

비즈니스 DNA의 발견, 4D 브랜딩
커뮤니케이션북스 | Thomas Gad

브랜드 교육을 하기에 앞서 브랜드의 필요성이나 중요성을 모르는 기업의 의사결정권자를 먼저 설득해야 한다면 이 책이 도움이 될 것이다. 이성보다는 감성을 자극하는 저자에게 설득된 리더라면 "길 주변에는 풀들이 무성히 나 있고 매력적인 목초지가 유혹의 손짓을 전해오더라도 길을 벗어나서는 안 되는 것, 이것이 브랜딩의 모든 것"이라는 BrandWay에 대한 그의 설명도 충분히 이해할 것이다. 그리고 리더가 설득되어 실제로 교육을 실행할 때 교육 담당자는 '퍼스널 브랜딩'을 다룬 p246~251을 참고할 수 있다. 리더뿐만 아니라 교육 담당자의 교육 지침서로도 충분한 역할을 해낼 것이다.

섬기는 기업 문화가 경쟁력이다
비전과리더십 | Dan J. Sanders

"인간의 DNA는 본래, 섬기기 위해 만들어졌다." 스티븐 코비는 책의 추천사를 열며 이렇게 말한다. 이 명제를 누구보다 믿고 있는 저자는 유나이티드 슈퍼마켓의 CEO로, 경영자가 브랜드라면 마땅히 지녀야 할 철학을 토대로 서로를 섬기는 기업 문화를 만들기 위해 가져야 할 태도와 교육 방법에 대해 이론보다는 사례를 들어 설명하고 있다. 같은 철학을 공유한 직원들이 어떤 시너지를 내는지 확인할 수 있는 책이다. (p202 참고)

브랜드 챔피온
책든사자 | Nicholas Ind

브랜드 교육이 키워내야 할 이상적인 직원상이 필요하다면 실제로 여러 기업에서 활용하고 있는 브랜드 챔피온을 모델로 삼을 수 있다. '브랜드를 전파하는 이야기꾼'이라는 의미의 브랜드 챔피온은 저자가 브랜드 내부 구성원들 사이에서 꼭 키워내야 한다고 말하는 인물상이다. 브랜드 챔피온은 브랜드의 가치를 믿고, 동료의 참여를 독려하며, 조직 내부에서 브랜드의 내실을 다져간다. 또한 이 책은 브랜드 챔피온의 예로 국내에는 잘 알려져 있지 않은 파타고니아의 사례를 자세히 들고 있어 참고할 만하다. (p198 참고)

HRD 담당자의 브랜드 교육 기획 점검 매뉴얼

유니타스브랜드 이사 김경필 / 편집팀

HRD^{Human Resource Development} 인사교육 담당자로서 당신은 어떤 브랜드 교육을 기획하고 있습니까?

☐ 당신의 회사가 커피를 판매한다면, 최고의 커피 바리스타 과정을 개설하겠습니까?
☐ 당신의 회사가 헤어 스타일링 서비스를 제공한다면, 최고의 미용기술 과정을 개설하시겠습니까?
☐ 당신의 회사가 전자기기를 판매한다면, 최고의 엔지니어링 과정을 개설하시겠습니까?

그러나 우리가 만난 스타벅스, 준오헤어, 필립스 등의 브랜드는 단순히 자신이 속한 전문영역의 기술만을 교육하고 있지 않았습니다. 왜냐하면 그들이 판매하는 것은 제품이나 서비스가 아니라, 그 이상의 '브랜드'기 때문입니다. 유니타스 브랜드와 브랜드 교육 전문 기관 유니타스클래스는 최고의 브랜드 교육 사례를 중심으로 당신 브랜드의 효과적인 브랜드 교육 매뉴얼 기획에 도움이 도움을 드리고자 합니다.

BRAND LECTURE NOTE 241

STEP 1
BrandView

회사에서 일하는 사람들은 회사원처럼 일하지만 브랜드에서 일하는 사람들은 브랜드처럼 생각하고 행동한다. 즉, 그들은 브랜드 관점으로 일한다. 브랜드 관점으로 사고하고 일한다는 것은 그 동안 비즈니스에서 우선시 되어왔던 가격, 품질, 스피드, 전략적 투자와는 차원이 다른 패러다임을 요구한다. 애플과 같은 브랜드를 만들고 싶어하지만 애플과 같은 스페셜한 제품은 만들 수 있지만 애플과 같은 감성적 브랜드를 만들 수는 없다. 그래서 브랜드를 도입하려면 모든 부서와 직원이 '브랜드 관점으로 생각하는, 즉 패러다임 전환'이 이루어져야 한다.

브랜드 교육 기획 점검 포인트

점검 포인트	점검 질문	의의	사례	적용
V1. 브랜드 교육의 대상	당신 브랜드의 브랜드 교육 대상은 유관부서 사람들인가, 전 사원인가?	브랜드 교육은 유관부서 뿐 아니라 전사원을 대상으로 해서 조직 전체가 브랜드 관점으로 일하게 될때 완성된다.	• Daum, GS SHOP 현재 유관부서 혹은 TFT를 중심으로 교육이 이루어지고 있지만 추후 전사적 교육을 목표로 함 • 본죽, 스타벅스, 펠립스, 교보생명 등 특정사에서 다른 대부분의 브랜드가 전사를 대상으로 브랜드 교육 중	.
V2. 최고 경영진의 지지	당신 브랜드의 경영진은 브랜드 교육을 지지하고 있는가?	BrandView를 갖는 것은 전직원의 과정적 전환이 이루어져야 가능해지는 이슈다. 따라서 최고 경영진의 지지가 선행되어야 교육이 성공할 수 있다.	• 펠립스 : CEO 자체는 클라이스타라는 simplicity day를 열기 전 직원들에게 이메일을 보내 브랜드 약속 재현율 독려하는 등 직원들이 simplicity를 체화하는데 지원을 아끼지 않음 • Daum : 임원(주도하)의 브랜드 교육에 적극 참여 및 브랜드 마켓 독려	.
V3. 브랜드의 이해를 위한 컨텐츠	당신 브랜드의 교육 과정 중에는 브랜드란 무엇인가를 설명하기 위한 컨텐츠가 있는가?	브랜드 관점으로 일하기 전 '브랜드' 자체에 대한 이해가 선행되어야 한다.	• Daum : 브랜드를 이해하기 위하여 브랜드 관련 도서를 읽고, 자기 브랜드에 적용시켜봄으로써 브랜드를 이해하는 워크숍 진행 • SK텔레콤 : 브랜드컨설팅에서 브랜드 기본 등 브랜드 용어를 쉽게 이해할 수 있는 자료를 개발하여 전사적으로 공유 • 교보생명 : 브랜드 뿐만 아니라 자사의 브랜드에 관한 정보뿐 아니라 브랜드란 무엇인가를 교육하기 위한 컨텐츠를 제공	.

※ 아래 메뉴얼은 단순한 기업이 아니라 브랜드를 운영하거나 브랜드로 성장하고자 하는 기업의 교육 담당자가 브랜드 교육 기획 시 필요한 '브랜드 교육 기획 메뉴얼'입니다. 점검 질문에 따라 '적용'란에 자사 브랜드의 점검 포인트를 기재해 보십시오.

※ 아래 메뉴얼의 사례는 각 단계에 가장 적합한 케이스를 제시하여 개념적 이해를 돕고자 함입니다. 그 브랜드가 해당 단계에만 속해있다는 의미는 아닙니다.

STEP 2 BrandNess

제품과 서비스를 판매하는 회사는 제품과 서비스에 대한 전문적 교육이 필요하지만, 독특한 브랜드를 판매하는 브랜드에서는 독특한 자기만의 브랜드 정체성을 체험하게 하는 교육이 필요하다. 명품 브랜드들이 돋보이는 이유는 디자인이 좋아서가 보다는 자신만의 고유한 정체성이 있기 때문이다. 브랜드도 제품, 광고, 매장, 그리고 삶의 현장에서 자신만의 독특함을 나타낸다. 일반된 브랜드 정체성이 발견, 즉 자사 브랜드의 자기다움을 찾아 강화할 것은 강화하고 나머지는 버리며, 이것을 직원들과 동기화하는 교육 과정이 필요하다.

브랜드 교육 기획 점검 포인트

점검 포인트	점검 질문	의미	사례	적용
N1. 업의 재정의	당신 브랜드에는 직원 스스로가 누구나를 재정의할 수 있는 만의가 존재하는가?	직원들이 브랜드 정체성에서 자신이 누구인지를 재정의할 수 있을 때 브랜드의 차별성이 생긴다.	• 프레리시: 프리랜서는 성공이 아니라 돌아볼 • 스타벅스: 커피 사람이 아닌 사람 사업을 하는 곳 • 연속: '프로'라는 사진사가 아닌 성공 도우미	• •
N2. 자기다움 교육	당신 브랜드의 자기다움을 자기답게 몸을 알고 있는가? 또한 자기다움을 경험하게 하는 교육 프로그램이 존재하는가?	브랜드의 독특성을 교육함이 위해 자신만의 자기다움을 알고, 직원들이 모든 브랜드 경험 접점에서 그 브랜드만의 독특한 문화를 그대로 담아낸다.	• 스타벅스: '내 삶의 한 잔' 교육, 사람을 위하는 브랜드인 만큼 고객이 아니라 소중한 사람들을 위해 서비스트를 만드는 법 훈련 • 존슨앤존슨: 셀러브리티트 교육 단순히 셀러브리티스를 양성하는 교육이 아니라 브랜드가 고객에게 즐거움을 전달하게 교육이 즐겁게 즐거운 삶을 선도하는 법 진행 • 얼벨스: 'Kfundoday' 모든 직원들이 sense and simplicity라는 브랜드 약속을 이해하기 위해 전 세계 모든 직원을 대상으로 한 달 하사에 교육 진행	• •
N3. 브랜드성과 과정	당신 브랜드에는 직원 스스로가 보랜드와 동일시를 할 수 있는 브랜드성과 과정을 찾아 강화할 것은 강화하고 성공과정이 있는가?	직원이 브랜드를 교육 소스로 배우는 것이 아니라 브랜드의 아이콘을 닮을 사람로 전환.	• 선생: 브랜드의 핵심가치가 '그대로 직원들이 실어가 키기 됨 • 존오아티: 직원들은 스스로 사정들 중에게 아이콘이라 확신하여 CEO 역시 사장님 것이 아닌 직원을 함께 일을 수 있도록 브랜드 교육을 진행함	• •
N4. 사내강사	당신 브랜드에는 내부 사장에서 받는 사내강사를 적극 활용하는가?	자기다움을 교육하기 위한 최고 교감을 사내강사다.	• 메리아트: 프리시 존스에 직원 중 주체에 맞는 내부 인재를 사내당 감사로 활용	• •

STEP 3 BrandShip

BrandShip을 가진 브랜드에서 일하는 그들은 더 이상 명령과 지시로 동기부여를 받지 않는다. 마치 사람에 빠진 연인처럼 자발적이고, 자유로우며, 창의적으로 움직이지만 그들의 행동은 일사분란하고 일관성이 있다. 또한 그들은 리더가 바뀌다고 사고의 기준과 행동이 변하지 않는다. 그들의 내부속에는 브랜드 미선, 혹은 사명선, 인사이기 때문이다.

브랜드 교육 기획 점검 포인트

점검 포인트	점검 질문	의미	사례	적용
S1. 최고 의사 결정자	당신 브랜드의 최고 의사 결정은 CEO가 하는가, 브랜드의 비전 (핵심가치)가 하는가?	직원들이 명령과 지시가 아니라 브랜드의 핵심가치에 의해 동기부여를 받을 때 열정 에너지, 창의성, 책임이 다른 성실가 있어낸다.	• 교보생명: '사장 위에 회장 있고, 회장 위에 뜻(비전) 있다'라는 개념을 공유하고 이에 따른 의사결정 진행 • 유니클로: 정답 좋은 옷을 만들기 위한 FR WAY가 모든 의사 결정의 기준 • 몬족: CEO 마저도 브랜드에 지신이 속한다는 느낌 갖고 행동으로 그대로 옮김 • 얼벨스: 업무, 회의, 커뮤니케이션 모두가 sense and simplicity에 부합하는지 아닌지를 두고 판단	• •
S2. 평가의 기준	당신 브랜드는 비전(핵심가치)이 직원들을 평가의 기준인가?	선생: 자기 개발자라는 평가(동기부여)의 기준이 및 효율가들 진행하는데, 그 질문의 기준의 핵심가치와 처럼 등	• 필립스: 매네지 진행하는 직원 모두에 조직에서 자기가치 및 행복함이 자기행동으로 자기평가 이를 흐름기를 진행하는데 그 질문의 기준이 선생원의 핵심이 처럼 동	• •

위의 세 가지 스템별 점검 질문을 중심으로 다음 페이지에 당신 브랜드의 브랜드 교육을 기획해 보십시오. 교육은 2박 3일 간의 이벤트가 아닙니다. 보고, 느끼고 후에 직원들 스스로 변화할 수 있게 하고, 공국적으로 자기다움이 문화로 정착될 수 있는 장기적 플랜이 필요합니다.

Tip 1. 위의 BrandView, BrandNess, BrandShip의 세 단계 교육의 '점검 포인트'를 중심으로 설계하십시오. 특히 V3, N1, N2, N3는 컨텐츠 개발 시에, V1은 브랜드 교육의 대상 고려 시에, V2, N4는 브랜드 교육의 환경 조성 시에 중점을 두어야 할 항목입니다. S1, S2는 교육 기획 당시보다 브랜드 교육이 어느 정도 진행된 후에 반드시 이벤트가 아닙니다.

2. p12 'Vol.14 Timetable'에서 보여지는 대로 Vol.14에서 다루어진 기사 자체를 교육 자료로 활용할 수 있습니다.

3. 전 직원 공통의 표준화 모델과 직급별 차별화 심화 모델을 동시에 고려하십시오. 또한 교육 프로그램 개발과 함께 아래 시트에 적어 넣을 수 없는 년-트레이닝 솔루션도 동시다발적으로 기획·진행되어야 합니다.

브랜드 교육 기획 SHEET의 예시

구분			2010.03	2010.04	2010.05	2010.06	2010.07	2010.08	2010.09	2010.10	2010.11	2010.12	2011.01	2011.02
주제			N1. 업의 재정의	V1. 브랜드 교육의 대상	V3. '브랜드다움'의 해를 위한 컨텐츠	N2. 자기다움의 교육	N2. 자기다움의 교육	N2. '자기다움'의 교육	N4. 사내강사 교육	N3. 브랜드싱크 과정	N3. 브랜드싱크 과정	N3. 브랜드싱크 크래킹	N3. 브랜드싱크 과정	N3. 브랜드싱크 과정
컨텐츠	공통과정		UB V14 브랜드 변화관리편, Daum	UB V14 비전이 되는 브랜드, 교보생명	UB V14 브랜드 지식수준은 SK텔레콤	UB V14 브랜드 0층 배행론, 프리스비	UB V14 브랜드 공 유신을, 장 노열 카메라	UB V10 어느 다시 인 씁는 브랜드, 크레파스	UB V14 브랜드 이 학습의, 현대 자동차	UB V14 브랜드 이이덴티 러게는, 스타벅스	UB V14 브랜드 체험 관계를, 딘니 센터스	UB V14 브랜드 학습무대로, 나를로	UB V14 브랜드 개척하는, 준오헤어	UB V14 브랜드 성 황학습존, 컬럼스
	심화과정	사원급	UB V10 현대카드 스케줄 그리고 현대카드 스스텝 현대카드	UB V7 집단 판타지	UB V7 브랜드 노란	UB V7 이생의 정글 놀이, 폴리네 이번 UB V2 BMW 모터 사이클을 운다 할 라이브러신이다	UB V8 브랜드 컨셉, 그 존재의 이유	UB V7 감성작이 o17 큐브, 10X10	UB V12 슈퍼 아이 멘탈티를 만드는 일체감, 모두 UB V10 닥클한다 차이나를 관리한 리더는 것	UB V11 이이덴 티로 소통하다, 로또크로&크로스	UB V12 truly Only One, 누이지	UB V9 6루에 한 번씩 흥분하다, 한 아디아	UB V12 오리플 마니아 만재야 모제가 되다, 다 터비	UB V12 슈퍼 건수 바, 오리를 마니아
		팀장급	UB V10 영향하고, 긴장하고, 리지 않는 Brand Statement	UB V6 위대한 정 신을 찾아서, 미래인 1 칫신트마이어	UB V1 브랜드 창사이기	UB V6 영혼에 전 양, 기고 도울 아 보며	UB V8 컨셉의 재구성	UB V11 존재는 질 문으로부터 시작되다, 네이버	UB V4 휴먼브랜 드의 세 가지 분석 방법론	UB V1 온브랜딩 은 가장 자신나 운이다	UB V1 온브랜딩 유니클로	UB V9 자동동체 유니클로	UB V1 핵심인재 메이킹	UB V4 네이름은 브랜드다
		임원급	UB V6 100년 전구 관창파트너	UB V9 블랜의 독심 리더십바이러스	UB V10 디자인의 영혼 unbody	UB V8 브랜드의 아우서라이징	UB V8 브랜드의 영혼 컨셉추얼리 이제이션	UB V8 스마트 컨셉	UB V12 하엥싱을 치유하는 슈마 추머니, 풍물탕	UB V11 Warmheart ON, 김인내 알이 브랜드 경영	UB V10 동원, 둥디, 통일, 그리고 통를 이 브랜드 경영	UB V10 자동동체 와 강정동물식, 미 바우스 경영	UB V12 Super-natural code Super Brand	UB V12 애뻘에중 독되다
주제	담당부서		HRD팀 브랜드팀	HRD팀	브랜드팀	브랜드 교육 TF	브랜드 교육 TF	브랜드 교육 TF	브랜드 교육 TF	브랜드 교육 TF	브랜드 교육 TF	HRD팀 브랜드팀	브랜드 교육 TF	HRD팀 브랜드 교육 TF
	강사	내부	브랜드 전략실 박해정 실장	기획조정실 민수홍 부장	브랜드 혁신실 김두승 차장	마케팅실 조성민 상무	브랜드 자산관리팀 이지만 부장	HRD팀 김한주 부장	글로벌 영업본부 김예진 부장	커뮤니케이션실 김지텔 차장	HRD팀 김현성 팀장	한양대 교육공학과 유영만 교수	브랜드 교육 운동선 차장	
		외부	소디움파트너스 정일선 대표	현대카드 박세훈 상무	–	힐리데이비슨 코 리아 안성형 팀장	러시 코리아 우미영 대표	네이버 조수용 이사	–	탐스슈즈 임충준 메니저	크리재버가 인명식 대표	닥터 마틴테이에에어 인채용 차장	모토로라 황성경 상무	
방식	전체교육		CEO 특강	–	VTR 제작 및 배포	브랜드의 가본 제작 및 배포	1사 1브랜드 워크숍	1사 1브랜드 워크숍	CEO 특강	3차 브랜드 워크숍	브랜드 교육 TF	크리재버가 인명식 대표	CEO 특강	–
	기타		신임사원 교육 과정행	임원진 사진미팅	HRD팀과 사진 미팅	브랜드팀 세미나 및 배포	전국 영업 마라톤	1사 브랜드 워크숍	사내강사 프레젠 테이션 교육 3회	–	–	Brand Day 선포 및 시행	링고(UNGO) 아이디어수렴	–

BRAND LECTURE NOTE 243

브랜드 교육 기획 SHEET

Vision :

Mission :

구분			2010.03	2010.04	2010.05	2010.06	2010.07	2010.08	2010.09	2010.10	2010.11	2010.12	2011.01	2011.02
주제														
컨텐츠	공통과정													
	심화과정	사원급												
		팀장급												
		임원급												
주체	담당부서													
	강사	사내												
		사외												
방식	집체교육													
	기타													

THINK TO SYNC

알면서 실천하지 않는 것은 참된 앎이 아니다. 브랜드 교육이 무엇인지 알았다면 직원들이 '일상'에서 '서서히' '행동'으로 옮기게 해야 한다.

사람은 학교가 아니라 일상생활에서 배운다. 세네카

별로 대단하지 않은 준비로부터 항상 대단한 성과가 이뤄진다. 로져 스토바하

언젠가 날기를 배우려는 사람은 우선 서고, 걷고, 달리고, 오르고, 춤추는 것을 배워야 한다. 사람은 곧 바로 날 수는 없다. 니체

배운 것을 항상 복습하고 연습하면 그 참 뜻을 알게 된다. 논어

실천하는 것이 곧 학습이다. 존홀트

교육의 최대 목표는 지식이 아니라 행동이다. E. 스펜서

UB
SEASON I
2.0

유니타스브랜드 시즌2에서는 시즌1에서 다루었던 12가지 특집 주제 중 6가지 (Vol.3 고등브랜드, Vol.4 휴먼브랜드, Vol.7 RAW, Vol.10 디자인 경영, Vol.11 온브랜딩, Vol.12 슈퍼내추럴 코드)를 선정하여 2.0 버전으로 연재할 예정입니다.

- Higher Brand
- Human Brand
- RAW
- Design Management
- On-Branding
- Supernatural Code

적극적인 CSR 활동, 프로보노 pro bono 를 실천하다

대한민국 0.0004%를 위한 밥을 짓는 사람들, CJ햇반

The interview with CJ제일제당 햇반 브랜드 매니저 **과장 박현웅**

'밥이 약보다 낫다'는 속담이 있다. 건강에는 밥을 잘 먹는 것이 우선이자 기본이라는 뜻이다. 또 한국 사람들은 '밥심으로 산다'고들 한다. 여기서 '밥'이란 '쌀로 지은 끼닛거리'를 말한다. 국어사전에도 '밥'을 '쌀, 보리 등의 곡식으로 만든 음식, 끼니로 먹는 음식'으로 정의하고 있으니 한국 사람에게는 '밥=쌀'인 셈이다. 그런데 위와 같은 속담들이 무색할 사람들이 있다. 밥(쌀)을 먹으면 먹을수록 몸에 해가 되는 PKU 환우들이다. 대한민국 국민의 0.0004%, 약 200명에 해당하는 이들은 단백질 분해효소가 결핍돼 고기류는 물론 밥에 든 당단백질도 소화하기 힘들어 전분, 감자류, 채소 등만 섭취해야 한다. '밥이 곧 독약'이 되는 그들을 위해 2009년 10월, CJ제일제당은 'CJ햇반 저단백밥'을 출시했다. 우리나라 즉석밥 시장의 시장점유율 70%를 보이는 이들이 왜 우리나라 인구 0.0004%라는 말도 안 되는 (극)니치(?) 시장을 위해 이런 제품을 내놓았을까?

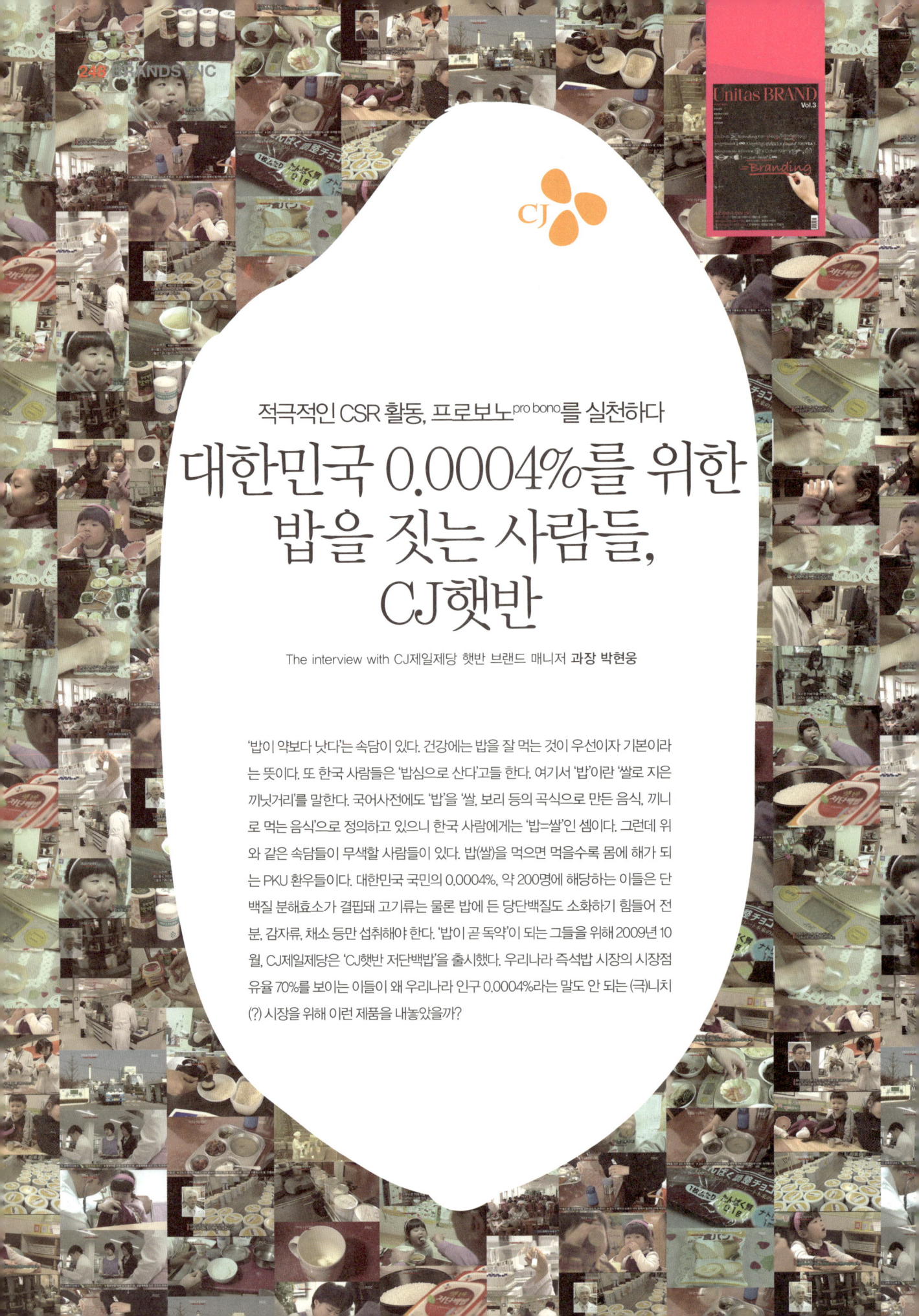

800,000,000
총 투자비 약 8억 원

8,000,000
월 평균 매출

100
매출기준, 투자비 회수에 걸리는 시간 약 100개월

8.3
연수로 환산 시 약 8.3년

48
제품 생산 준비, 48시간

120,000
일반 햇반 120,000개 생산할 수 있는 시간동안

3,000
저단백밥 3,000개 생산

200
단 200명을 위하여

8억 원과 800만 원

투자수익률(ROI, Return On Investment)은 비즈니스의 가장 기본이 되는 개념이다. 그런데 CJ제일제당이 이번 저단백밥 출시를 위해 투자한 비용은 총 8억 원(게다가 앞으로 신규 투자가 3~4억 원이 더 일어날 예정)인 데 반해, 매출은 지난 3개월간 (2009년 10월~2010년 1월) 월 평균 800만 원에 불과하다. 투자비를 회수하려면 순이익이 아닌 매출 기준으로만 계산해도, 약 100개월(8.3년)이 걸리는 셈이다.

뿐만 아니라 이 제품을 출시하는 데 감수해야 하는 기회비용 또한 만만치 않다. 저단백밥을 생산하는 데 걸리는 시간은 단 1시간 30분 정인데, 이를 위한 준비 과정에 소요되는 시간은 약 48시간이며 생산라인 두 곳을 일반 햇반이 아닌 이 제품만을 위해 가동시켜야 한다. 일반 햇반을 12만 개 생산할 수 있는 에너지와 시간을 저단백밥 3,000개를 생산하기 위해 포기하는 것이다. 어떤 CEO가 이런 신상품 출시에 결제 도장을 찍을 수 있을까? CEO를 떠나 이를 시행하는 브랜드 담당자 역시 난감하기는 마찬가지였을 것이다. 이 프로젝트의 첫 지령이 담긴 이메일을 받은 햇반의 브랜드 매니저 박현웅 과장의 말이다.

0.0004%

모두 포함해야 겨우
200명 정도

참으로 슬픈 일이다

엄마가 해주신 밥

그들의 '브랜드적 사명'

제품의 수익성에 상관없이
제품을 출시

우리나라에서는 최초로
이루어지는 저단백 연구분야

R&D팀도 난감하기는
마찬가지였을 것

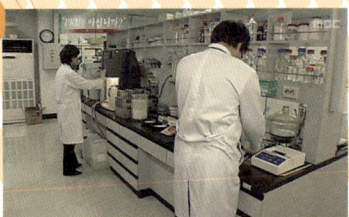

*PKU
PKU란 페닐케톤뇨증 phe-nylketonuria의 축약어로 단백질에 포함되어 있는 페닐알라닌이 혈액·뇌 조직 중에 축적되어 지능 장애가 나타나는 질환이다. 우리가 일반적으로 섭취하는 동물성·식물성 단백질 식품은 약 2~6%의 페닐알라닌을 포함하고 있는데 PKU 환우들은 이를 대사시킬 수 있는 효소가 선천적으로 결핍되어 단백질이 거의 없거나 적은 식품인 전분면, 사탕, 감자류, 채소와 과일만 섭취해야 한다. 우리나라의 경우 신생아 5만 3,000명 중 1명의 빈도로 나타난다.

박현웅(이하 '박') 맨 처음 식품연구소 소장님으로부터 "최대한 빠른 시간 내에 저단백밥의 상품화를 진행했으면 좋겠다"는 메일을 받고 상당히 당황했다. 한 사람의 인간으로서, 아이를 키우는 아빠의 입장에서 심적으로는 충분히 공감하는 이야기지만 시장성이 전혀 없는 투자였기 때문이다. 우리나라의 *PKU 환우 140명에 그와 비슷한 증상 때문에 저단백 식품을 먹어야 하는 아미노산 대사질환 환우들을 모두 포함해야 겨우 200명 정도인데 그들을 위해 새로운 제품을 출시하는 것은 팔면 팔수록 손해를 보는 마이너스 수익 비즈니스다.

R&D팀도 난감하기는 마찬가지였을 것이다. 당장 진행중인 다른 연구 개발 과제가 있을 뿐만 아니라 우리나라에서는 최초로 이루어지는 저단백밥 연구를 새로 떠맡게 된 셈이니 말이다. 대체 당장 기업에도 손실이고, 브랜드 매니저를 당혹스럽게 하고, R&D팀에게도 과중한 일이 되는 이 프로젝트는 어떻게 시작된 것일까?

"우리는 누구입니까?"

시작은 이렇다. 2009년 2월, 사원간담회에 참석한 CJ제일제당의 김진수 대표는 한 직원에게 다음과 같은 말을 듣게 된다. "PKU라는 질병이 있다. 그런데 국내에는 이 아이들이 먹을 수 있는 밥이 없다. 즉석밥 시장의 리딩 브랜드

> "식품연구소가 제품을 개발할 수만 있다면, 제품의 수익성에 상관없이 제품을 출시하겠다. 우리의 R&D 역량을 믿고 기다려 보자."

로서 CJ가 이들을 위한 밥을 만들어 줘야 하지 않겠나. 한국인으로 태어나 쌀밥을 못 먹고 일본 즉석밥 제품을 수입해 먹는 아이들이 있다는 것은 참으로 슬픈 일이다." 그 직원은 CJ제일제당 하나로마트 서울영업팀 팀장인 윤창민 부장이었다. 사실 그의 쌍둥이 두 딸 중 한 명이 PKU 환아였고 아이에게(그것도 쌍둥이 중 한 명에게만) 밥을 '먹지 말아야 하는 이유'를 설명해야 하는 아버지의 심정을 담아 대표에게 건의한 것이다.

이 말을 들은 김진수 대표는 "CJ가 지금까지 15년 가까이 즉석밥에 대해 연구하며 고객들에게 '엄마가 해주신 밥'을 약속해 왔는데 우리가 지은 밥을 먹지 못하는 사람이 있다는 것 자체가 어찌 보면 창피한 일"이라며 즉석에서 제품 개발을 결정했다고 한다. 그리고는 바로 다음날 제품 연구와 개발을 담당하는 식품연구소에 저단백 즉석밥 개발을 지시했고 윤창민 부장에게는 직접 다음과 같은 내용의 이메일을 보냈다. "식품연구소가 제품을 개발할 수만 있다면, 제품의 수익성에 상관없이 제품을 출시하겠다. 우리의 R&D 역량을 믿고 기다려 보자."

그들은, 그리고 김진수 대표는 'CJ햇반'이란 브랜드가 어떠한 '존재^{being}(참고 p186)'인지를 알고 있던 것이다. 단순히 '전자레인지에서 2분이면 조리가 되는 즉석밥'을 팔아 수익을 만드는 '제조사'를 넘어서, '엄마가 해주신 밥' 즉 정성과 따뜻함 그리고 (심리적, 육체적) 든든함을 고객에게 전한다는 그들의 '브랜드적 사명'을 제대로 이해했기에 내릴 수 있던 결정이었다.

CEO가 몸소 '업에 대한 정의'를 명확히 하고 든든한 지원자가 되어 진행된 이 프로젝트는 계획했던 1년보다 더 빠른 시간 내에 이루어졌다. 여기에는 프로젝트에 참여한 직원들이 실제 환우들을 만나 그들이 먹는 음식을 먹어 본 경험이 크게 작용했다.

박 프로젝트가 시행되고 얼마 후에 PKU 환우들이 먹는다는 옥수수 전분으로 된 '모양만 밥알인' 음식을 연구원들과 함께 먹어 봤다. 어른인 나도 먹기 힘든 음식을 아이들이 주식으로 먹는다는 게 너무 가슴 아팠다. 달고 맛있는 과자도 골라먹는 게 요즘 아이들인데 말이다. 정말 밥 같은 밥을 만들어야겠다는 생각이 간절해졌다. 그렇게 해서 그 해 7월, 연구 착수 5개월 만에 처음으로 만들어진 프로토타입^{prototype}을 들고 'PKU 가족캠프'를 찾았다. 환우들을

연구 착수 5개월 만에 처음으로 만들어진 프로토타입

그 때를 생각하면 온 몸에 전율이 인다

직접 만나 시식 행사도 하고 많은 피드백을 받았다. 그 인터뷰를 하면서 정말 많이 울었다. 아직도 그때를 생각하면 온몸에 전율이 인다. 출시까지 스피드를 더 낼 수밖에 없었다. 그리고 단순하게 기능성으로 끝날 것이 아니라 일본밥보다 더 맛있게, 진짜 쌀밥의 맛을 아이들이 느낄 수 있게 만들고 싶어졌다. 연구원들은 주말도 없이 일했고 작년 말에 드디어 런칭하게 되었다. 브랜더로서 마케터로서 향후 몇 년간 이 같은 감동과 뿌듯함을 느끼긴 힘들 것 같다.

이렇게 개발된 CJ제일제당의 저단백밥은 현재 생산비 중 변동비 부분만을 반영한 1,800원에 PKU 환우들에게 제공된다. 일본의 저단백 즉석밥이 4,000원 정도인 것을 감안할 때 환우와 환우 가족들에게 상당 부분 경제적 도움이 될 것이다. 한 가지 더 반가운 소식은 그간 간식거리가 없어 속상했던 PKU 환아 부모들이 이제 저단백밥을 이용해 아이들에게 누룽지와 떡볶이를 간식으로 만들어 먹일 수 있게 되었다는 점이다.

비슷한 사례로 매일유업은 PKU 환아들을 위한 분유를 포함해 약 8종의 특수분유 생산을 1999년부터 해오고 있다. 이곳 역시 손해를 감수하기는 마찬가지다. 특수분유를 생산하기 위해서는 전 공정을 중단하고 오로지 이 제품을 생산하기 위한 과정이 필요하다. 제품별로 제한해야 하는 아미노산이 다르기 때문에 공정별로 설비를 세척하는 데도 상당한 에너지가 들 뿐만 아니라, 제품 포장 단계에서는 기본 수량이 적어 모두 수작업으로 라벨을 붙인다. 상황이 이렇다 보니 지금까지 제품 생산을 위한 연구개발비와 판매되지 않아 폐기 처분한 제품에 따른 손실을 따지면 수억 원에 이른다. 하지만 그들이 이러한 작업을 계속하는 이유는 자신의 업의 본질을 생각하면 '손실보다 아이들의 건강이 우선'이라는 생각 때문이라고 한다. 이는 매일유업의 김복용 초대 회장의 유업이라고도 하니 조직원들에게 가장 큰 메시지를 던지고 떠난 셈이다.

이들의 이러한 활동을 어떻게 해석해야 할까? 니치시장을 보고 시장을 개척하기 위해 뛰어든 것도 아닐 것이다. 전 세계 PKU 환자들 수가 많은 것도 아니며, 그중에서도 쌀을 주식으로 하는 아시아 국가를 따져 보면 시장은 더더욱 작아진다. 한편 일반 기업들이 진행하는 메세나 활동이나 기부 방식의 CSR 활동도 아니다. 이들의 모습은 '프로보노 활동'이라 말하는 것이 옳을 것이다.

적극적 CSR 활동, 프로보노 pro bono CSR

'프로보노'는 '공익을 위하여'라는 의미의 라틴어 'pro bono publico'에서 온 말이다. 좁은 의미로 사용될 때는 의사, 변호사, 컨설턴트 등 전문가가 자신의 전문성을 사회에 환원한다는 의미로 사용되어 주로 의사들의 의료봉사, 변호사들의 무료 법률상담 등이 프로보노 활

매일유업의 특수분유와 그 생산 과정

이제 프로보노라는 단어는 그 의미를 확장해 기업에 적용할 필요가 있다.
즉 자사의 전문성을 이용해 사회에 환원하는 방법을 찾는 것이 옳은 방향성이라는 것이다.

-?00,000,0

동이라고 불린다. 때로는 '가진 자의 도덕적 의무'를 뜻하는 '노블리스 오블리제noblesse oblige'와 같은 맥락으로 해석되기도 한다. 하지만 이제 프로보노라는 단어는 그 의미를 확장해 기업에 적용할 필요가 있다. 즉 자사의 전문성을 이용해 사회에 환원하는 방법을 찾는 것이 옳은 방향성이라는 것이다. 그렇다고 종전 기업들의 CSR 활동이 의미 없다거나 그릇되었다는 것은 아니다. (기업의 의도야 어찌되었든) '결과적'으로는 수혜자가 있다는 것은 감사한 일이기 때문이다. 하지만 프로보노 CSR 활동은 다음과 같은 이유에서 더 '효과적'이다.

1) 살아 있는 '브랜드 교육'

자신의 전문성을 이용한 프로보노 CSR을 하기 위해 선행되는 작업은 자사의 전문 분야가 무엇인가를 찾는 일이고, 그것을 알기 위해서는 스스로 정체성을 찾아야 한다. 즉 자사가 무엇을 하는 사람들인지, 고객에게 궁극적으로 전달해야 할 가치가 무엇인지에 대해 고민하게 된다. 이 질문은 자신의 업에 대한 정의를 내릴 수 있도록 돕는다. 이번 특집 주제인 '브랜드 교육'을 살펴보기 위해 만났던 브랜드들이 '그들다움'이 무엇인지 알아내기 위해 노력하고 그것을 직원들에게 전하기 위해 얼마나 많은 노력을 기울이는지 보았을 것이다. CJ제일제당과 매일유업은 CEO가 위와 같은 행동을 보임으로써 브랜드를 통해 고객에게 주려는 가치와 브랜드 약속을 직원들이 확실히 알게 하는 기회를 마련했다. 이처럼 자사 브랜드 존재 이유에 대해, 자신들의 사명에 대해 알게 해주는 실질적인 프로젝트(프로보노 CSR)는 집체교육이나 브랜드북 등을 통한 이론 교육보다 정체성을 증명하는데 효과적일 수 있다. 실제 박현웅 과장 역시 이와 비슷한 경험을 했다.

박 '햇반은 밥이다' '세상에서 가장 맛있는 밥이다' '엄마가 지어 주신 사랑과 정성이 담긴 밥이다'라는 우리 햇반에 대한 정체성을 다시금 생각하게 된 계기가 되었다. 이제 우리 아이와 마트를 가서 햇반을 보면 햇반이 의미하는 것이 무엇인지 당당히 소개할 수 있을 것 같다. 햇반은 그냥 밥이 아니다. 사랑이고 정성이고 노력이다. 내가 할아버지가 되었을 때도 손자에게 진지하게 말해 줄 수 있는 스토리가 담긴 제품의 브랜드 매니저인 것이 자랑스럽다.

CJ제일제당의 직원 수는 약 4,600명이다. 그들을 위한 브랜드 교육을 위해 1년에 투자되는 비용은 얼마일까? 이번 저단백밥 개발에 투자된 연구비용 8억 원을 오로지 전 직원 교육비로 사용했다고 해도, 계산해 보면 1인당 약 17만 4,000원이다. 이보다 저렴하면서도 확실한, 그래서 '효과적'인 브랜드 교육법이 또 있을까?

2) 자사 전문성에 대한 역량 강화

프로보노 CSR은 해당 분야에서 더욱 높은 전문성을 보유할 수 있게 한다. CJ제일제당도 저단백 제품 개발에 대한 R&D는 이번이 처음이었다. 결국 해냈고, 이번 프로젝트를 통해 국내 최초로 햇반을 생산해 낸 기술력과 더불어

- 햇반은 밥
- 세상에서 가장 맛있는 밥
- 엄마가 지어주신 사랑과 정성이 담긴 밥

- 더 큰 가능성을 지닌 새로운 분야에의 '투자' 개념
- 선한 기업 이미지로의 포지셔닝뿐만 아니라 그들의 기술력에 대한 신뢰

- 활발히 일어나고 있는 온브랜딩 현상
- '효과적'인 브랜드 교육법
- 최초 저단백 햇반을 출시하게 된 실력
- "우리 회사에서 이런 제품을 만들었다니 너무 감동적이다."

이제는 국내 최초 저단백 햇반을 출시하는 실력을 갖추게 되었다. 이러한 기술은 앞으로 어떠한 분야에 어떠한 방법으로 새롭게 접목되어 시장을 바꾸는 혁신적 기술로 진화할지 모른다. 상상해 보건대, 이번에 갖춘 새로운 기술을 이용해 다이어트 시장에서 '저단백'을 원하는 소비자를 공략할 수 있는 제품들을 만들게 될지도 모르고, 단백질 수치를 낮추기 위해 추출해 낸 단백질을 따로 모아 새로운 제품을 만들 수 있지 않을까? 이를테면 고형 단백질 제품을 만들어 단백질 섭취량이 부족한 환자들이나 제3세계 아이들을 돕는 제품이 탄생될지도 모를 일이다. 이처럼 자신의 전문성을 이용한 프로보노 CSR 활동은 단순한 지출이 아닌, 더 큰 가능성을 지닌 새로운 분야에 '투자'하는 개념이 될 수 있다. 실제로 변호사나 의사들의 프로보노 활동도 더 많은 사건 케이스와 임상 케이스를 접할 수 있다는 점이 장점으로 꼽히기도 한다.

3) 확고한 포지셔닝

실제 이번 CJ제일제당과 매일유업의 사례는 이미 많은 입소문을 탔다. 이미 '저단백 햇반' '저단백 분유'들을 검색해 보면 소비자들 사이에서 활발히 일어나고 있는 온브랜딩 현상(유니타스브랜드 Vol.11 참고)을 확인할 수 있다. 이러한 소비자 간의 입소문은 도덕적이고 선한 기업 이미지로 포지셔닝할 수 있을 뿐만 아니라 기술력에 대한 신뢰도 높일 수 있다. CJ제일제당 같은 경우는 이미 시장 1위 브랜드지만 만약 이러한 제품이 시장 2, 3등 브랜드에서 나왔다면 어떠한 현상이 일어났을지 궁금하다. 한편 CJ제일제당 입장에서 중국 및 동남아 시장 진출을 생각하고 있다면 이러한 제품으로 포문을 열어 그곳 PKU 환자들에게 실질적인 혜택을 줄 뿐만 아니라 현지 시장에서 확고한 포지셔닝을 선점하며 새로운 시장에 진출할 수 있을 것으로 예상된다. 시장이 확대되면(앞서 언급했던 것처럼 꼭 PKU 환자를 대상으로 하는 판매가 아닌 다양한 분야에서 저단백밥 시장을 창조해 낼 수 있다면) BEP를 넘기게 될 수도, 그래서 더 다양한 제품군으로 저단백 시장을 열 수도, PKU 환아들에게 더 큰 도움을 줄 수도, 더 다양한 특수 상품을 개발해 세계적으로 존경받는 기업이 될 수도 있지 않을까.

이러한 프로보노 CSR 활동은 당연히 종전 CSR 활동과 늘 함께 회자되던 '내외부 고객을 대상으로 한 이미지 개선 효과'에서도 탁월하다. CJ 직원들 역시 이번 프로젝트를 통해 내부 직원들로부터 그러한 피드백을 받았다고 한다.

박 이번 프로젝트의 성공이 대내외적으로 알려지면서 회사 구성원들의 로열티가 상당히 높아졌다. 정량적으로 측정하기는 힘들지만 정성적으로 체감하는 부분이 상당하다. "우리 회사에서 이런 제품을 만들었다니 너무 감동적이다" "CJ를 다닌다는 것이 너무 자랑스럽다" "다른 회사 사람들이 상당히 부러워한다" "역시 CJ라는 생각이 들었다"는 말들이 많이 들리고 사내 게시판에도 줄을 잇는다. 그래서 이제는 저단백밥에서는 손익 개념을 전부 머릿속에서 말끔히 지웠다.

프로보노 CSR을 위한 조건, DEEP thought

똑똑한 CSR, 프로보노 CSR을 하기 위해서는 좀 더 신중한 자세가 필요하다. '깊이 생각하고 신중하게 고민해 본 후'에 이루어져야 한다는 것이다. 그러나 분명한 것은 현업과는 괴리되고 일회적인 기부 활동이나 봉사활동보다 수혜자와 수여자 모두에게 훨씬 더 큰 효과를 가져올 것은 확실하다. 여기서 말하는 DEEP, '깊은'이란 단어에는 또 다른 의미가 있다. 이것을 프로보노 CSR을 위한 준비 자세라 말해도 좋다. 현재 프로보노 CSR에 대해 생각하고 있는 기업이라면 참고해 보길 권한다.

1) D, Definition : 업에 대한 정의

프로보노 CSR을 위해서는 자사가 하고 있는 업에 대한 정의를 내릴 수 있어야 한다. 이러한 정의를 내릴 때는 현재 생산하고 있는 제품과 서비스에 국한하기 보다 그 재화와 용역을 통해 궁극적으로 고객에게 전달하고자 하는 '가치'에 대해 생각하는 것이 더 획기적이고 올바른 정의를 가능케 하는 경우가 많다. 그러한 정의를 내린 후 시장을 보면 달리 보일 것들이 많다.

2) E, Engagement : 공적인 약속

자신의 업에 대한 정의를 바탕으로 고객에게 전달하고자 하는 가치를 내외부적으로 '공공연하게 약속하는 것'이 필요하다. 이때 필요로 하는 과정들을 브랜드 교육이라 해도 좋다. 고객에게 전달하고자 하는 가치에 대한 약속, 그 전달의 과정을 함께하자는 내부 구성원들과의 긴밀한 약속의 과정이 필요다는 의미다. 이러한 약속의 모습은 사명선언서, 핵심가치와 핵심사명, 미션 등 어떤 모습으로 등장해도 좋다. 약속을 잊지 않고 실천할 수 있는 자사만의 방법을 찾았다면 그것이 정답이다.

내외부 고객을 대상으로 한 이미지 개선 효과

손익 개념을 전부 머릿속에서 깔끔히 지웠다

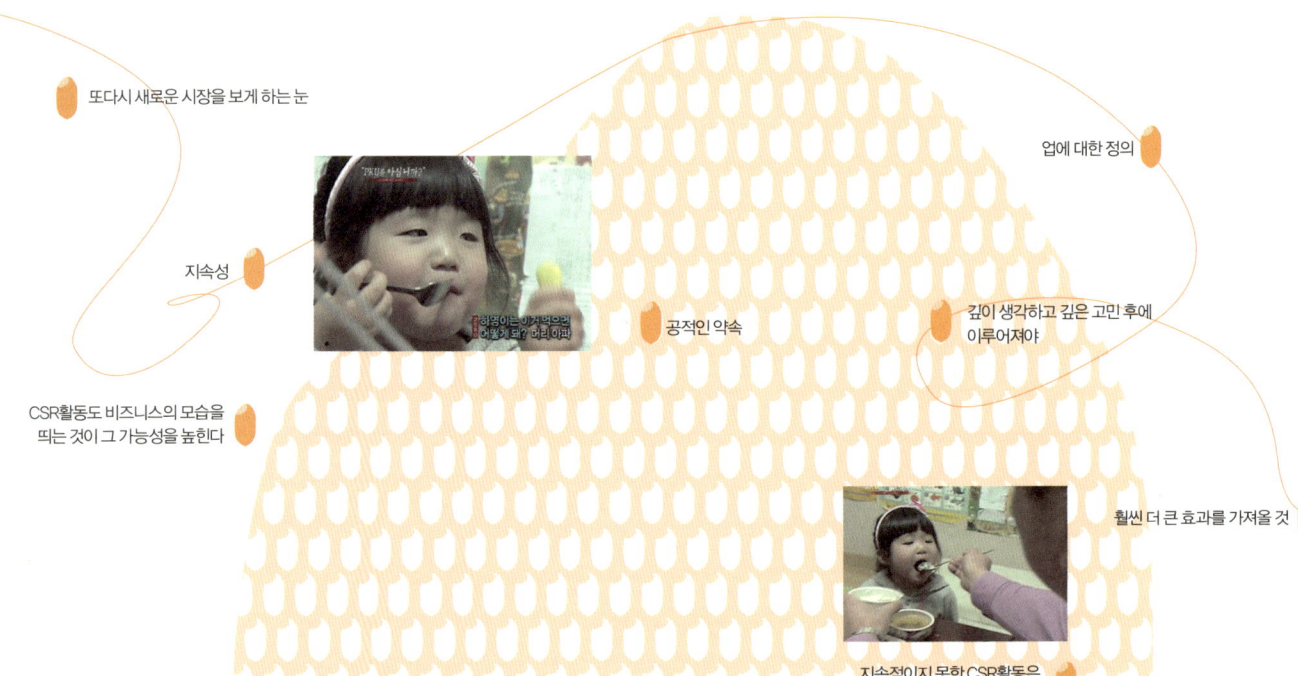

또다시 새로운 시장을 보게 하는 눈

업에 대한 정의

지속성

공적인 약속

깊이 생각하고 깊은 고민 후에 이루어져야

CSR활동도 비즈니스의 모습을 띠는 것이 그 가능성을 높인다

훨씬 더 큰 효과를 가져올 것

지속적이지 못한 CSR활동은 오히려 더 큰 상처

3) E, Enthusiasm : 열정

CJ제일제당의 경우에도 자신의 업을 바탕으로 하는 고객에 대한 약속을 지켜 내겠다는 CEO의 열정이 없었다면, 하루빨리 PKU 환자들에게 맛있는 쌀밥을 제공하겠다는 연구원들과 브랜드 매니저의 열정이 없었다면 이루기 힘든 프로젝트였을 것이다. 뿐만 아니라 열정은 관심의 폭을 넓힌다. 자사가 제공하고 있는 가치에 열정을 가지고 있다면 이러한 가치를 필요로 하는 사람들이 누구인지 더 깊은 고민을 하게 만들 것이고 그들에게 그 가치를 제공할 수 있는 다양한 방법들을 연구하게 만들 수 있다. 그 방법 하나하나는 또다시 새로운 시장을 보게 하는 눈을 만들 것이다.

4) P, Permanence : 지속성

예리한 독자들은 혹시나 이번 CJ제일제당의 저단백밥을 놓고 이러한 생각을 했을지도 모른다. '그 정도 대기업이면 그냥 만들어서 무료로 제공해도 되는 것 아닌가?' 하지만 꾸준한 제공을 위해서라면 CSR 활동도 비즈니스의 모습을 띠는 것이 그 가능성을 높인다. 유니타스브랜드 Vol.12에서 소개한 탐스슈즈의 창립자 블레이크 마이코츠키의 말처럼 일회적이고 단발적인 CSR 활동이나 기부는 수혜

좀더 신중한 자세가 필요

열정

자사가 제공하고 있는 가치에
대해 열정을 가지고 있다면

수혜자나 수여자 모두를
상생하게 하는 길

자에게 지속성을 약속할 수 없을뿐더러, 좀 더 깊이 생각해보면 지속적이지 못한 CSR 활동은 오히려 더 큰 상처를 남길 수 있다. 사실 제3세계로 봉사활동을 가서 달콤한 사탕을 맛보게 할 때는 앞으로도 그것을 지속적으로 제공해 줄 용기가 있을 때만 해야 한다. 지속적이지 못하면 '아예 몰랐기에 아쉽거나 부족함을 몰랐던 사탕 맛'을 알게 한 후 더 그리워하게 하는, 더 큰 상처를 남기게 된다.

CJ제일제당의 저단백밥이 무상이 아닌 유료인 것도 마찬가지일 것이다. 이것을 무상으로 제공한다면 지속성을 가질 확률이 낮아질 수 있다. 현재의 경영진은 이 제품에 대해 굉장한 지원을 보이지만 만약 CEO가 바뀐다거나 담당자가 바뀐다면 어떠한 의사결정이 내려질지 모를 일이기 때문이다. 물론 이 제품이 현재 수익을 내는 것은 아니지만 변동비 부문 정도는 스스로 소화하는 구조기 때문에 그 외 영역을 최소화할 수만 있다면 (혹은 의미를 부여할 수 있다면) 적어도 위기 시에 단번에 접을 사업 대상에서는 제외될 수 있을 것이기 때문이라 해석된다. 이것이 현재 CJ제일제당의 저단백밥을 지속시키기 위한 최선의 선택일 것이다.

이왕 할 것이면 제대로, 그리고 효과적으로 하는 것이 수혜자나 수여자 모두 상생하는 길이다. 이것이 DEEP thought를 통해 얻어지는 프로보노 CSR이다.
또한 이러한 방향성이야말로 목표가 아닌 목적이 이끄는 브랜드의 참 모습일 것이다.

전국경제인연합회의 *집계만 보더라도 이제 CSR은 대세를 넘어 필수적 요소가 되었다. 이왕 할 것이면 제대로, 그리고 효과적으로 하는 것이 수혜자나 수여자 모두 상생하는 길이다. 이것이 DEEP thought를 통해 얻어지는 프로보노 CSR이다. 또한 이러한 방향성이야말로 목표가 아닌 목적이 이끄는 브랜드(p22 참고)의 참 모습일 것이다. UB

※본 기사에 소개된 동영상 이미지는 MBC 〈시사매거진 2580〉, 2009년 12월 6일 방영분을 캡쳐하여, 사용하였음을 밝힙니다.

*집계
2008년 기업당 평균 사회공헌비용은 103억 원으로 경상이익의 4.0%에 해당한다. 5년 전 평균 54억 원(경상이익의 1.9%)에 비하면 (비율상) 3배 이상의 증가다. 뿐만 아니라 사회공헌활동을 명문화하는 기업(68.9%), 전담 인력과 부서를 두는 기업(86.5%), 연 단위 예산을 배정하는 기업(83.9%) 또한 늘고 있다.

박현웅 전북대학교 경제학과를 졸업한 그는 1999년 CJ제일제당에 입사하여 서부RC팀, 2005년 백설양념장 브랜드 매니저를 거쳐 2008년부터 현재까지 햇반의 브랜드 매니저로 근무 중이다. 강원대학교, 한국능률협회에서 마케팅 실무에 대한 강의도 진행하고 있다.

258 BRANDSYNC

21C, 아슐리안 문화의 계승자

도구의 원형을 찾아 나서다, OXO GOOD GRIPS

The interview with 코스모양행 옥소 브랜드 매니저 **과장 박재경**

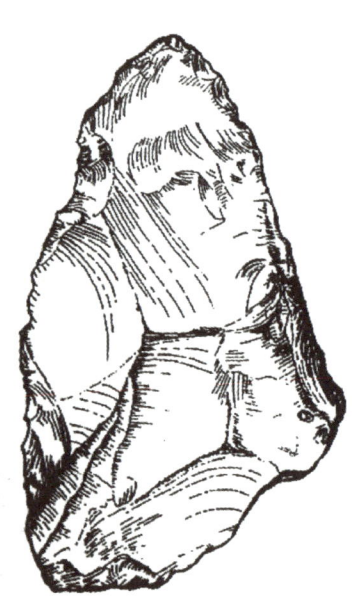

지금 주변에 있는 것들 중 '도구'가 아닌 것을 찾아보기는 힘들다. 몸을 두르고 있는 옷과 신발은 피부의 연장[expansion]으로서 도구며, 안경은 시력을 보강하기 위한 도구, 노트북은 연장된 뇌라 보아도 무방하다. 그런 측면에서《생각의 탄생》의 저자 루트번스타인이 실생활에서 사용하는 도구나 장비를 두고 (몸의 확장이기에) 유령사지[phantom limbs]라 표현한 것도 그리 억지스럽지 않다. 이처럼 도구는 이제 인간의 생활에서 떼려야 뗄 수 없는, 삶의 일부이자 몸의 일부가 되었다.

그런데 도구의 원형(原形, 본디의 꼴, 복잡하고 다양한 모습으로 바뀌기 이전의 단순한 모습)은 무엇일까? 당신이 위에서 처음 대면한, 바로 '주먹도끼'다. 직립보행을 하게 된 인간이 사용한 '최초의 도구'라는 측면에서 그러하다. 이러한 주먹도끼가 제작되던 구석기 시대의 석기 제작 기술과 관련된 문화를 아슐리안 문화라 하는데, 21세기를 사는 요즘 아슐리안 문화를 (그들이 의도했는지는 모르겠지만) 계승하는 브랜드를 발견했다. 옥소[OXO], 그중에서도 굿그립[GOOD GRIPS]이라는 제품 라인이 그렇다. 왜 그들의 제품이 도구의 날것[RAW]을 계승한다고 볼 수 있을까?

'원형'이 갖는 RAW함에서 감感 찾기

도구의 원형에 해당하는 주먹도끼에서 우리가 주목해야 하는 부분은 도끼의 날edge에서 느껴지는 편각偏角이나 석재의 견고함 같은 기능적 측면이 아니라, 이 도구를 잡을 때 손아귀에 들어오는 둥근 부분이다. 어떤 사물의 원형이 가진 RAW함에서 우리가 발견해야 할 것은 그것의 기능적 측면이 아니다. 기능은 시대를 거듭하면서 진화하게 마련이기에 현대의 것을 따라오기 힘들다. 하지만 원형들의 RAW함에는 브랜딩을 위한 인사이트와 좋은 스토리텔링 소스가 숨겨져 있다. 그것에서 느껴지는 감感(오감을 통해 전해지는 느낌이나 생각)을 찾는 것이 RAW를 연구하는 이유다. 주먹도끼에서는 어떠한 감을 얻을 수 있을까.

주먹도끼의 손잡이 부분은 사용자의 빈번한 손놀림에 의해 자연적 마모를 겪으면서 사용자의 연장expanded된 손, 즉 연장tool이 되었다. 하지만 이러한 자연적 마모는 시간이 오래 걸릴 뿐만 아니라 그리 편리하지도 않았을 것이다. 구석기를 지나 신석기, 청동기, 철기를 지나면서 손잡이 부분에 점차 '의도된 마모'가 가미된 것도 좀 더 '편리함'과 '안전감' 그리고 '안정감'을 찾기 위한 인류의 노력이었을 것이다. 이 세 가지 요소(편리함, 안전감, 안정감)를 한 번에 표현할 수 있는 단어는 없을까? 영어 표현으로 'grip'은 어떨까? '그립감(grip感, 움켜잡았을 때의 느낌)' 말이다.

"이 골프채는 그립감이 별론데?"
"손잡이는 그립감이 좋아야 해."
"이 카메라는 그립감이 좋군."

우리가 평상시에 꽤나 자주 사용하는 표현에서 보이는 그립이란 단어에는 편리함, 안전감, 안정감이란 측면이 모두 들어있다고 볼 수 있다. 그리고 이 그립감은 그 도구와 사용자의 관계에 있어 상당히 중요한 역할을 한다. 과거 어떠한 도구(제품)를 잡았을 때 느껴지는 접촉감의 호불호가 추후 그것을 선택(구매)하는 것에 얼마나 큰 영향력을 행사했는지 떠올려 보면 쉽게 이해할 수 있을 것이다. 싱거운 이야기처럼 들리겠지만 어쩔 수 없이, 그 그립감이 '훌륭할 때' 좋은 관계가 시작된다. 그렇다면 '좋은 그립감'이란 무엇일까? 이를 알기 위해서는 우선 'grip'이란 단어에 대해 더 알아볼 필요가 있다.

Grip & Good Grip

도구를 움켜잡는 행위를 표현하는 이 '그립grip'이란 단어에는 의외의 의미들이 숨어 있다. 이 단어를 영어사전에서 찾아보면 다음과 같은 뜻이 있다.

grip
꽉 붙잡음, 움켜쥠 / 통제, 지배 /
이해, 파악

먼저, '통제'와 '지배'. 무엇인가를 움켜쥔다는 것은 그 대상을 사용자의 목적에 따라 움직임을 제한하고 복종시킬 수 있어야 한다는 것이다. 그래서 도구를 움켜쥔다는 것은 그 도구'를' 사용자'가' 통제하고 지배하는, 즉 주객主客의 서열이 정리되는 행위다. 이로써 사용자는 '안전감'을 느끼게 된다.

또 다른 의미를 보자. '이해'와 '파악'이다. 잡았을 때 느껴지는 촉감으로 그 대상을 직관적으로 이해하고 그것의 역할이 무엇인지 파악할 수 있는 행위가 grip인 것이다. 잡아 보는 것만으로도 이해되고 파악되는 도구가 있다면 불안감을 없애 주고 뇌의 지적 수고도 덜어 줄 것이다. 그러면서 사용자는 안정감과 편리함을 느낄 수 있게 된다.

단어의 의미 그대로만 따져 보더라도 good grip, 즉 좋은 그립감이란 어떠한 대상을 움켜쥐었을 때 통제 가능하며 그것이 무엇인지 직관적으로 이해되고 파악되는 대상에게서 느껴지는 감정이다. 만약 도구가 이 같은 good grip을 가질 수 있다면 그 제품은 적어도 사용자 중심user friendly의 기준에서는 최고점을 받을 수 있을 것이다. 뿐만 아니라 시각장애인이나 노인, 아이들도 어렵지 않게 사용할 수 있다. 이러한 의미를 가진 grip, 그리고 good grip이란 단어를 뼛속까지 이해하고 표현하고자 하는 브랜드가 옥소 굿그립OXO GOOG GRIPS이다.

박재경(이하 '박') 이름 그대로 '옥소 굿그립'의 가장 큰 특징은 훌륭한 그립감이다. 어떤 인종이든, 남성이든 여성이든, 어린이든 노인이든, 장애가 있든 없든 모든 사람들이 옥소 제품을 쥐었을 때 '안정감'을 느끼고, 이 도구로 요리할 때 '안전감과 편리함'을 느끼게 하는 것이 옥소의 목표다.

그런데 박재경 과장의 말을 들어 보면 의아한 점이 있다. 옥소의 굿그립 제품들은 '모든 사람'을 대상으로 한다고 한다. 사람마다 손의 모양도, 크기도, 잡는 방식도 다른데 어떻게 하나의 제품 모델로 모든 사람에게 good grip을 선사할 수 있을까? 게다가 막상 그들의 제품을 보면 '뭐가 다르지?'하는 의아함이 든다. 모양새가 그리 독특하지도 않고, 흔히 '손에 쥐었을 때 최고의 그립감을 준다'는 인체공학제품스럽게 생기지도 않았기 때문이다.

옥소에 대한 궁금증을 해결하기 전, 잠시 도구의 RAW, 주먹도끼로 돌아와 보자. 주먹도끼 역시 도구이므로 grip이라는 단어에 충실하면 할수록 도구로서의 제 역할을 다하게 될 것이다. 당신에게 이 주먹도끼에서 인사이트를 얻어 최고의 grip감을 줄 수 있는 제품을 만들라고 한다면 어떤 작업물을 내놓을까? 만약 당신이 손잡이 부분에 지점토나 흙을 덧대고 앞으로 이것을 사용할 사람에게 쥐어 보라 한 뒤, 그의 손 모양이 남긴 그대로 굳혀서 제품을 만들겠다고 한다면 참으로 인체공학적(?) 설계를 떠올린 사람이라 할 수 있겠다. 사용자의 손에 가장 적합한 모양이 결국 최적의 그립감을 제공할 것이라 생각하기 때문이다. 하지만 한 가지 간과한 점이, 도구는 손에 '잡힌 상태'에 머무는 것이 아니라 인간의 특정 행위(움직임)를 통해 어떤 역할을 한다는 것이다. 아마도 도끼를 단순히 쥐고 있을 때와 그것으로 짐승의 가죽을 벗길 때, 가죽에 구멍을 뚫기 위해 힘을 줄 때의 손이 취하는 모양새는 달라질 것이다. 그래서 손 모양을 찍어 만든, 그래서 특정 행위의 '틀'이 되어버린 손잡이는 생각보다 편하지 않다. 작업할 때 손은 계속 움직이기 때문이다. 주변에서 이 같은 실수를 한 제품을 찾아보는 것은 어렵지 않다. 혹시 손의 굴곡을 '나름' 고려해서 만든 장우산의 손잡이를 잡아 본 적이 있는가? 그 굴곡은 오히려 더 불편한 경우가 많다. 게다가 왼손잡이라면 더욱 그럴 것이다.

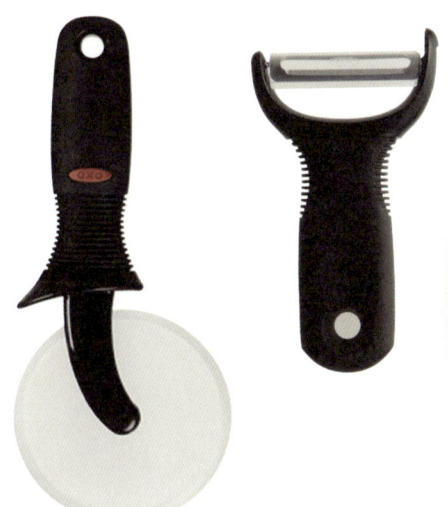

RAW와 RAWlish

위에서 말한 것처럼 손의 '틀'을 찍은 듯한 손잡이가 있는 제품을 제공한다면 그것은 정말, 말 그대로 RAW하다. 날것 그대로의 상태일 뿐인 것이다.

이제 옥소의 제품을 한번 보자. 옥소는 그러한 1차적인 디자인보다는 가다듬고 더 가다듬어 마치 사람이 오랫동안 사용해서 닳아 없어질 부분은 없어지고 손에 맞게 남겨져야 할 부분만 남겨진 듯한 자연스러운 매무새를 만들어냈다. 즉 전혀 가공하지 않은 듯 보이지만 오히려 상당한 가공이 들어간 RAWlish(RAW스러운, 유니타스브랜드 Vol.7 참고)한 브랜드다.

박 보통 제품 하나당 평균 2년 정도의 개발 기간을 갖는다. 그렇게 연구한다 해서 만들어도 모든 제품이 시장에 출시되는 것은 아니다. 나름의 명확한 기준이 있어서 그 모든 것을 통과해야만 시장에 나올 수 있다. 이러한 모든 노력은 고객에게 최고의 그립감을 선사하기 위함이다. 그래서 옥소의 제품은 만져 보기 전에는 모른다. 그래서 소비자들에게 가장 어필하기 힘들기도 하다. 움켜쥐었을 때의 그 느낌을 어떻게 글로, 이미지로 표현할 수 있겠나. 하지만 한 번 실제로 만져 보면 이야기가 달라진다.

실제로 만져 보아야, 잡아 보아야 알 수 있다는 박재경 과장의 설명(혹은 변명 아닌 변명)도 궁금증과 의심을 누그러뜨리기에 충분치 않다면 옥소의 탄생 스토리와 그들의 연구 과정을 엿볼 필요가 있다. 그러면 이처럼 밋밋한(?) 디자인이 어째서 최고의 그립감을 제공하는 디자인이고, 도구의 본질에 가까운 것인지 이해하게 될 것이다.

사실 옥소의 창립자 샘 파버Sam Farber는 관절염 때문에 조리도구를 사용하는 데 어려움을 겪던 아내를 보고 쉽게 잡을 수 있고, 손을 다칠 확률이 적으며, 편리하고 안전한 조리도구를 만들기로 결심했다. 그러다가 그 대상이 점차 환자뿐만 아니라 일반인으로까지 넓혀졌고, 소비자와 주방장, 조리도구 판매상, 그리고 저명한 노인학자 패트리시아 무어Patricia Moore 등을 이사회에 영입하면서 회사를 설립하기에 이르렀다. 수백 개의 모델들을 만들어 보고 수십 차례 디자인 작업을 거쳐 1990년 'OXO'라는 이름으로 15개의 상품을 시장에 선보인 것이다.

그렇게 시작된 옥소는 현재 1,000여 개의 제품을 생산하고 있으며 환자는 물론 인종, 연령, 성별, 그리고 왼손잡이나 오른손잡이에 관계없이 모두가 사용하기 편리하고 좋은 그립감을 선사하는 제품을 개발하기에 이르렀다.

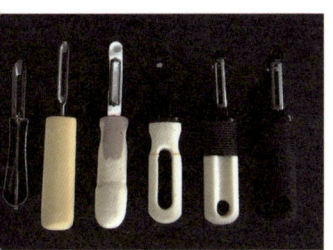

하나의 제품이 탄생되기까지 수십, 수백 번의 소재 연구와 모델링을 거치는 옥소의 제품들

2년이라는 연구 기간은 물론이고 옥소의 인적 구성에서도 '최적의 그립감'을 찾기 위한 노력이 엿보인다. 누구에게나 좋은 그립감을 만들어 내기 위해서는 다양한 인종, 연령, 성별에 따른 시현이 필요할 것이다. 그래서인지 옥소의 직원은 다국적, 다인종으로 구성되었으며 사내에서 들을 수 있는 모든 언어를 따져 보면 15개 국어나 된다. 새로운 제품에 대한 피드백과 아이데이션을 위해서라면 모든 직원뿐만 아니라 그들의 가족까지 동원하고 있다. 이 모든 것이 그들이 다양한 손으로부터 공통되고, 결과적으로 수렴되는 '최적의 그립감'을 찾기 위한 노력이다. 이러한 과정을 거쳐 옥소니언(OXOnian, 직원들이 스스로를 지칭하는 용어)만의 까다로운 심사기준에 통과해야만 간결하면서도 오묘한 그립감을 살린 신제품으로 생산된다.

Good Grip For All, 유니버셜 디자인

앞선 설명들이 말해 주듯 옥소의 디자인은 *유니버셜 디자인universal design이다. OXO라는 그들의 브랜드 네임도 유니버셜 디자인답다. 앞으로 읽어도 뒤로 읽어도, 위에서 보아도 아래서 보아도, 거울에 반사되거나 물에 반사되어도, 어떠한 위치에서 이 브랜드를 보아도 OXO라는 같은 이름을 읽게 되는 것이다. 병상에 누워 있는 환자나 시신경에 문제가 있는 환자들의 시선까지도 배려한 이름이 아닐까?

유니버셜 디자인 By Smart Function

옥소의 제품 중 가장 독특한 제품을 꼽자면 단연 계량컵이다. 이미 10여 년 전 특허를 받은 이 제품을 단순히 '뛰어난 기술'이라고 표현하기에는 부족하다. 도구를 사용하는 사용자의 자연스런RAW 상태를 고려한 디자인이다. 일반 계량컵처럼 옆에서 계량이 가능한 것은 물론, 위에서 내려보는 것으로도 계량이 가능한 이 제품은 허리를 굽히는 수고(일반인에게는 수고 정도일지 모르지만 환자나 노약자에게는 노고가 되는)를 덜어준다. 또한 물이 끓

> '뛰어난 기술'이라고 표현하기에는 부족하다.
> 도구를 사용하는 사용자의
> 자연스런RAW 상태를 고려한 디자인이다.

었을 때 손잡이를 들어 기울이기만 하면 중력과 무게중심이라는 '자연RAW의 원리'를 이용해 자동으로 주둥이 뚜껑이 열리고 닫히는 주

> *유니버셜 디자인
> 흔히 '평생 디자인'이라고도 불리는 유니버셜 디자인은 장애인이나, 노인, 어린이 등 사용자가 처한 상황에 관계없이, 특히 약자 입장을 배려한 디자인을 말한다. '더 편하게, 더 안전하게, 더 풍요롭게'를 주된 가치로 두는 유니버셜 디자인은 1980년대 미국의 건축가이자 공업 디자이너인 론 메이스가 배리어 프리(barrier free, 장애물로부터 자유로워지기) 개념을 말하면서 생겨났다. 모든 사람이 사는 데 불편함이 없는 디자인이란 신체적 장애뿐 아니라 상황적 장애까지 고려한 디자인이란 점에서 단순히 '노약자'를 위한 배려가 아니라 '사람'을 위한 휴머니즘이 담긴 디자인이라 할 수 있다.
> 하지만 옥소의 유니버셜 디자인이라는 컨셉은 '손맛'을 통해 직감적으로 느껴지는 최적의 그립감을 모두에게 주는 것에 그치지 않는다. 그들은 '도구'라는 것의 본질을 궁리하고 그것을 기능으로 풀어 낸다.

전자도 뜨거운 증기에 손을 델 염려를 덜어 준다. 뿐만 아니라 모든 제품에 의도된 무게감과 각종 숨은 기능을 심어 놓음으로써 사용자들로 하여금 '안정감과 안전감 그리고 편리함'을 느끼게 한다. 이러한 효익을 전달하는 옥소라는 브랜드 역시 슈퍼내추럴 현상(유니타스브랜드 Vol.12 참고)을 보이는 소비자가 있었다.

박 기억에 남는 고객들이 있다. 미국에서 옥소를 구매해 쓰던 분이셨는데 사용하던 집게의 중앙 스프링이 빠지면서 꼭지가 없어져 A/S를 요청하셨는데, 그런 경우 A/S는 불가능하고 무상 교환을 하게 되어 있다. 그런데 그 고객은 한사코 교환을 거부하고 A/S를 요청했다. 자기가 쓰던 것을 계속 쓰고 싶다는 것이다. 미국 본사에까지 그 부품을 요청했지만 결국 구할 수 없어 고객에게 사정을 알리고 다시 교환을 제안했다. 하지만 결국 교환하지 않고 자신이 쓰던 것을 계속 쓰겠다는 답변을 받았다. 주전자도 비슷한 경우가 있었다. 그 주전자만 7년을 써온 고객이 뚜껑 윗부분이 부러져 A/S를 요청했다. 간혹 그렇게 시작해서 새 상품으로 할인 받아 교환하려는 고객들이 있어 그런 줄로 알고 내규에 대해 말씀드리려 했는데, 유상으로라도 A/S를 해서 자기 것을 계속 쓰고 싶다는 것이었다. 굿그립 제품은 뭔가 손맛과 관련된 독특한 애착의 대상이 되는 것 같다.

이처럼 옥소의 (도구에 관한) 본질과 원형 연구는 소비자를 또 다른 코드로 감화시킨다. 그 그립감을 잊지 못하고 계속해서 자신이 사용하는 제품을 고수하려는 현상을 보이는가 하면, 제품에서 느껴지는 안정감과 안전감 때문에 브랜드 자체에 대한 일종의 믿음과 기대를 갖게 하는 것이다. 다음은 박재경 과장이 들려주는 소비자 피드백에 관한 이야기다.

박 소비자들의 피드백을 받아 보면 크게 두 가지다. 옥소 제품은 생각지도 못했던 부분에서 배려가 느껴진다고 한다. 아마도 곳곳에 숨겨진 기능이나 눈금선 등 작지만 세심한 부분에서 감동하는 것 같다. 그래서인지 '기대감'이 크다고 한다. 어떤 기능이 숨어있을지, 또 어떤 배려가 담긴 세심함을 경험하게

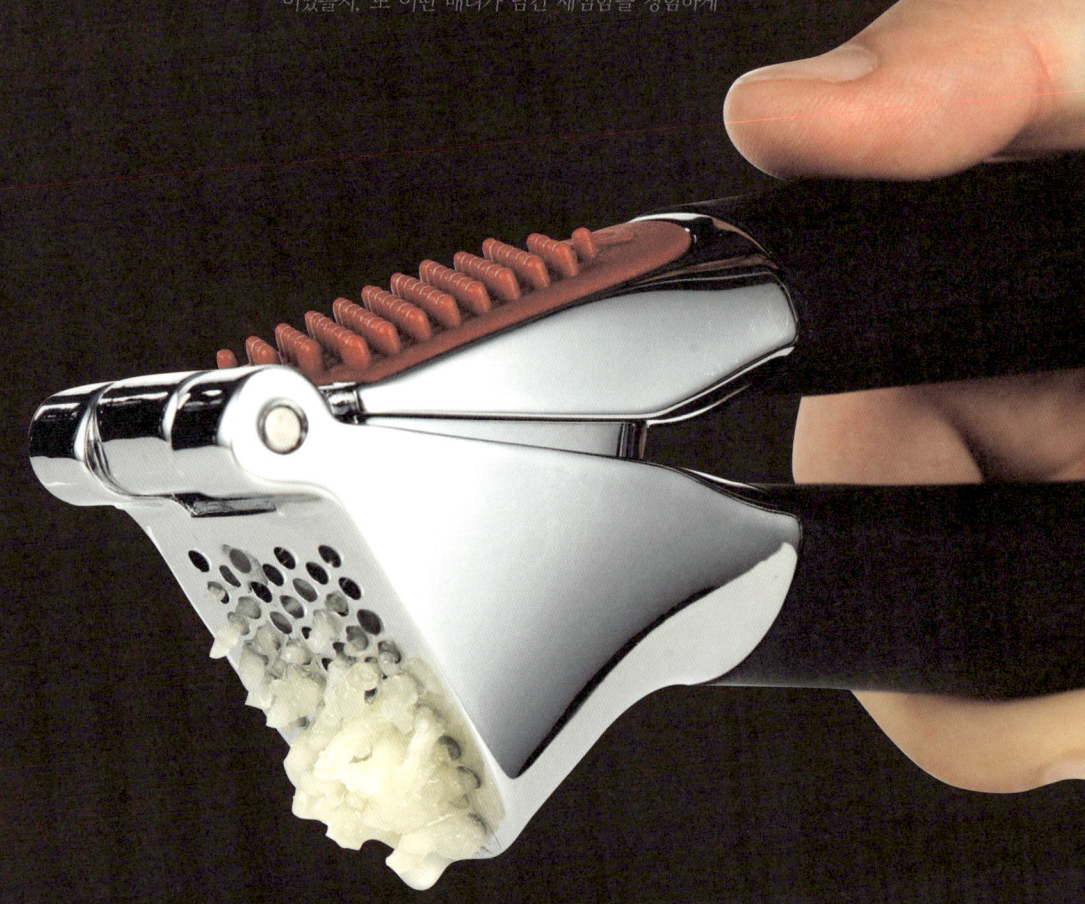

'도구의 원형'에 대해 고민하고 '최적의 그립감'을 제공하고자 하는 노력의 산물이며, 이를 소재와 기능으로 RAWlish하게 표현한 결과다.

될지 요리를 하는 내내 기대감에 부푼다는 것이다. 또 한 가지는 '믿음'이다. 솔직히 처음에는 어떠한 부분에서 '믿음'이란 단어를 표현했는지 브랜드 매니저로서도 의아했다. 특히 감자칼을 두고 그런 반응을 많이 보였다. 이유인 즉, 다른 회사의 필러(감자깎이 등) 제품들을 사용하다가 다친 경험이 많이 있었는데 옥소 제품은 그런 적이 없어서 믿음이 간다는 것이었다. 안전에 대한 믿음이 가장 많이 듣는 피드백이다.

원형을 살린 브랜드, 원형이 된 브랜드
옥소에서 이러한 제품들이 탄생하고 그 제품들이 소비자에게 전달되어 위와 같은 관계를 맺게 된 것은 우연이 아니다. '도구의 원형'에 대해 고민하고 '최적의 그립감'을 제공하고자 하는 노력의 산물이며, 이를 소재와 기능으로 RAWlish하게 표현한 결과다.

원형이라는 단어는 브랜드와 만나면서 여러 의미로 사용된다. 옥소처럼 자신이 제공하는 제품의 원형原形에서 찾은 RAW함을 RAWlish하게 풀어 내 소비자의 본능(옥소의 경우 안전감, 안정감, 편리함에 관한)을 자연스럽게 충족시키는 브랜드를 '원형을 살린 브랜드'라고 표현할 수 있다. 또 한 가지 '원형'과 조합을 이루는 브랜드 표현은 '원형元型이 된 브랜드'다. 이는 해당 카테고리에서 원형이 된 브랜드를 말한다. 말하자면 대부분의 사람들이 해당 제품 군에서 제일 먼저 떠올릴 수 있는, 즉 비보조 인지도에서 1위를 차지 하는 브랜드라는 의미에 가깝다. 이해를 돕기 위해 원형의 두 가지 사전적 의미를 덧붙인다.

원형(原形)
본디의 꼴, 복잡하고 다양한 모습으로 바꾸기 이전의 단순한 모습.

원형(元型)
어느 민족이나 인종이 같은 유형의 경험을 반복하는 동안 일정한 정신적 반응을 나타내게 되어 특유의 집단적·무의식적 경향을 지니게 된다. 그것을 구체화한 것이 아키타이프이며, 신화나 전설에 많이 나타난다.
〈문학〉본능과 함께 유전적으로 갖추어지며 집단 무의식을 구성하는 보편적 상징.민족

> 이처럼 어떤 사물의 원형이 갖는 RAW함을 RAWlish하게 구현해 내는 것은 인간의 본능적 욕구를 충족시키는 똑똑한 표현법이다.

이나 문화를 초월하여 신화, 전설, 문예, 의식 따위의 주제나 모티프로 되풀이되어 나타나는 것으로 오랜 역사 속에서 겪은조상의 경험이 전형화되어 계승된 결과물이라고 할 수 있다.

두 단어의 차이에서 보듯, 모든 사물의 원형原形은 단 하나일 가능성이 높다(보통 최초의 것이 원형으로 인정받는다). 하지만 '(카테고리 내의) 원형元型'은 변할 수 있다. 예를 들면 만년필의 원형原形은 새의 깃털에 잉크를 찍어 쓰던 시절의 '그것'이거나 상품으로 보자면 세계 어딘가에서 '최초로 만년필을 만든 '그 누구의 작품'일 것이다. 만약 이 만년필의 RAW함(디자인이나 재질에서 느껴지는 감感)에서 인사이트를 받아 RAWlish하게 풀어냈다면 이것은 원형原形을 살린 브랜드라 말할 수 있다. 하지만 그 브랜드가 시장에서의 원형元型은 아닐 수 있다는 의미다. 만년필이라는 제품군에서 원형元型이 된 브랜드는 (현재로서는) 아마도 몽블랑일 것이다. 그러나 미래, 2500년의 만년필의

원형元型이 무엇이 될지는 모른다. 만약 몽블랑이 지금의 명성을 유지하면 그 때에도 원형이 겠지만 새로운 강자 A라는 브랜드에 의해 시장 판도가 바뀌면 그때는 A가 그 카테고리의 원형元型이 될 것이다.

이처럼 어떤 사물의 원형이 갖는 RAW함을 RAWlish하게 구현해 내는 것은 인간의 본능적 욕구를 충족시키는 똑똑한 표현법이다. 무언가의 '최초'는 그간의 잠재되고 누적된 욕구를 만족시키기 위한 인간의 노력이 가장 적나라하게RAW 들어가 있기 때문이며 그만큼 인류에게 커다란 충격을 주기에 각인 효과도 클 것이기 때문이다. 주먹도끼처럼 말이다. 그 원형의 RAW를 활용할 줄 안다면 풍부한 브랜딩 소스를 얻을 수 있다는 얘기다.

옥소는 원형原形을 살린 브랜드라고는 말할 수 있지만 아직 카테고리의 원형元型이 되었다고 말할 수는 없다. 그들이 앞으로 어떤 스토리텔링을 통해 브랜딩하는가에 따라 최고의 브랜드 작위라 할 수 있는 '원형元型이 된 브랜드'로의 등극 여부가 결정될 것이다. UB

박재경 한국토지공사 기획실에서 근무 바 있으며, 2001년 세계적인 엔터테인먼트사 랜드마크의 아시아 합작 법인인 랜드마크아시아에서 사장실 홍보 마케팅팀을 거쳐 전시기획본부에서 기획 및 마케팅 업무를 담당하였다. 현재는 코스모양행에서 옥소 브랜드 매니저로 활동 중이다.

MINI INTERVIEW

'사용자 관찰'에서 감(感) 찾기
The interview with Lily Sei

옥소의 뉴욕 본사 사무실 한편에는 전 세계 각 지사 직원들이 길에서 주운 장갑들을 모아 전시해 두었다. 장갑 주인의 인종, 성별, 취향, 연령 등을 알 수는 없지만, 이들 모두가 옥소의 잠재적 고객이며 이들 중 그 누구도 소외되는 사람 없이 편안하게 사용할 수 있는 제품을 만들겠다는 유니버설 디자인의 철학을 조직원이 늘 상기할 수 있도록 하기 위함이다.

'좋은 그립감good grip'은 정의하기가 매우 애매하다. 옥소는 이를 어떻게 정의하는가?

1차적으로는 단어 의미 그대로다. 사용자가 옥소 제품을 움켜쥐었을 때 편안하고 안정감을 느낄 수 있다면 그것이 '굿 그립'이다. 하지만 2차적으로는 '자신감'을 주는 도구를 제공하는 것이 목표다. '옥소라면 어떤 요리라도 잘 해낼 수 있을 것 같은 자신감'이 드는 것이 좋은 그립감이라 생각한다.

그러한 가치를 전달하기 위해 한 제품당 2년 정도의 연구 개발 기간이 있다 들었다. 그 외 또 어떤 측면에 신경 쓰는가?

아무래도 소재 측면을 빼놓을 수 없다. 옥소의 굿그립 제품은 손잡이 부분을 위한 소재로 산토프렌(Santoprene, 대표적인 열 가소성 신소재 고무로 높은 내마모성과 방수성, 가공 형상 용이성이 특징)을 사용한다. 반복적인 손동작이 많은 주방일에 적합하도록 내구성과 유연성도 뛰어나야 하며 물과 기름이 닿을 일이 많기에 미끄럼 방지 기능도 있어야 하기 때문이다. 종전의 일반 고무와는 달리 고온에서의 변형도 적다. 참고로 식기세척기 내부에 사용되는 가스켓gasket에도 산토프렌이 사용된다. 제품 개발 연구 방법부터 소재까지 옥소에는 흔한 제품이란 없다. 심플하기도 하고 다른 제품과 큰 차이가 없어 보이지만 만져 보고 잡아봐야 알 수 있는 것이 옥소의 굿그립 제품이다.

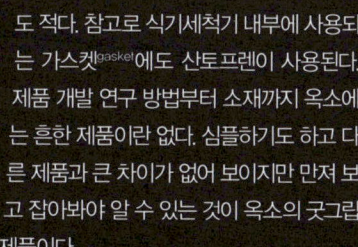

'편안함'과 '안정감', 나아가 '자신감'을 주려면 '편안함'부터 갖춰야 할 것 같다. 그런데 유니버설 디자인을 추구하는 옥소는 하나의 모델로 어떻게 모든 사람의 편안함을 만족시키는가?

물론 쉬운 일은 아니다. 편안하다는 것을 정의하는 것 자체가 어렵기 때문이다. 개인별로 편안함을 느끼는 대상과 이유가 달라서 더욱 그렇다. 뿐만 아니라 사용자도 편안하면 왜 편안한지, 그 이유를 적절히 설명하지 못한다. 그래서 옥소의 제품 생산 프로세스는 면밀한 '소비자 조사'로부터 시작된다. 그 과정을 통해 사용자가 어떻게 도구와 상호작용을 하는지, 도구별로 가장 많이 힘을 쓰는 손가락은 어떤 손가락인지, 도구는 어느 부분에 가장 큰 하중을 받는지, 각 도구마다 약간의 유연성이 가미되면 좋을 부분은 어디인지를 끊임없이 관찰한다. 관찰 대상의 유효 표본 수를 최대화하고 그 안에서 다양한 사용자의 스타일을 고려하여 가급적 최대한 많은 사람에게 편안함을 제공하기 위해 노력할 뿐이다.

실제로 그러한 '사용자 행동 관찰'을 통해 얻은 수확이 있다면 무엇인가?

소비자 스스로도 '표현해내지 못하던 잠재 욕구'를 발견할 수 있다. 주변 사람에게 "종전의 계량컵에서 무엇이 불편한가?"를 물어보라. '유리라 떨어뜨리면 깨진다' '손에 기름이 묻은 채로 잡으면 잘 미끄러진다' '눈금이 잘 지워진다' 정도의 '사용상의 가시적 답변'을 들을 것이다. 하지만 계량컵을 사용하는 모습을 관찰해 보면 우리가 너무 당연하게 여겨서 큰 문제라고 느끼지 않지만, 실제로는 굉장히 비효율적으로 행동하는 것을 보게 된다. 계량컵에 용액을 따르고 허리를 굽혀 수치를 확인한 뒤, 이내 몸을 세워 더 붓고, 다시 허리를 굽혀 눈금을 확인한다. 많이 부었을 경우에는 다시 덜어내는 수고까지 한다. 이것은 소비자 조사에서는 절대 나오지 않는 답변이다. 하지만 이를 개선한 제품을 선보이자 상당한 호응을 얻었다. 잠재되었던 욕구를 만족시켰기 때문이다. 그렇게 개발된 것이 2001년 출시된 '위에서 보아도 측량이 가능한 계량컵'이다. 이처럼 사용자와 도구의 자연스러운 상호작용을 관찰하는 것이 좋은 아이디어 소스가 될 때가 많다. 그것이 도구를 사용하는 소비자를 면밀히 '관찰'해야 하는 이유다. **UB**

릴리 세이 옥소 인터내셔널 비즈니스팀의 이사로 근무하고 있는 그녀는 미국, 일본을 제외한 약 40여 개국에서 옥소의 브랜딩을 담당하고 있다.

딸기 꼭지를 따낼 수 있는 '스트로베리 헐러(Strawberry Huller)'

디자인(의 대상이 가치임을 아는) 경영 2.0
가치를 재단하고,
가치에 의해 재단되는 디자인

The interview with 성균관대학교 공과대학 기계공학부 교수/창의적 디자인 연구소장 김용세

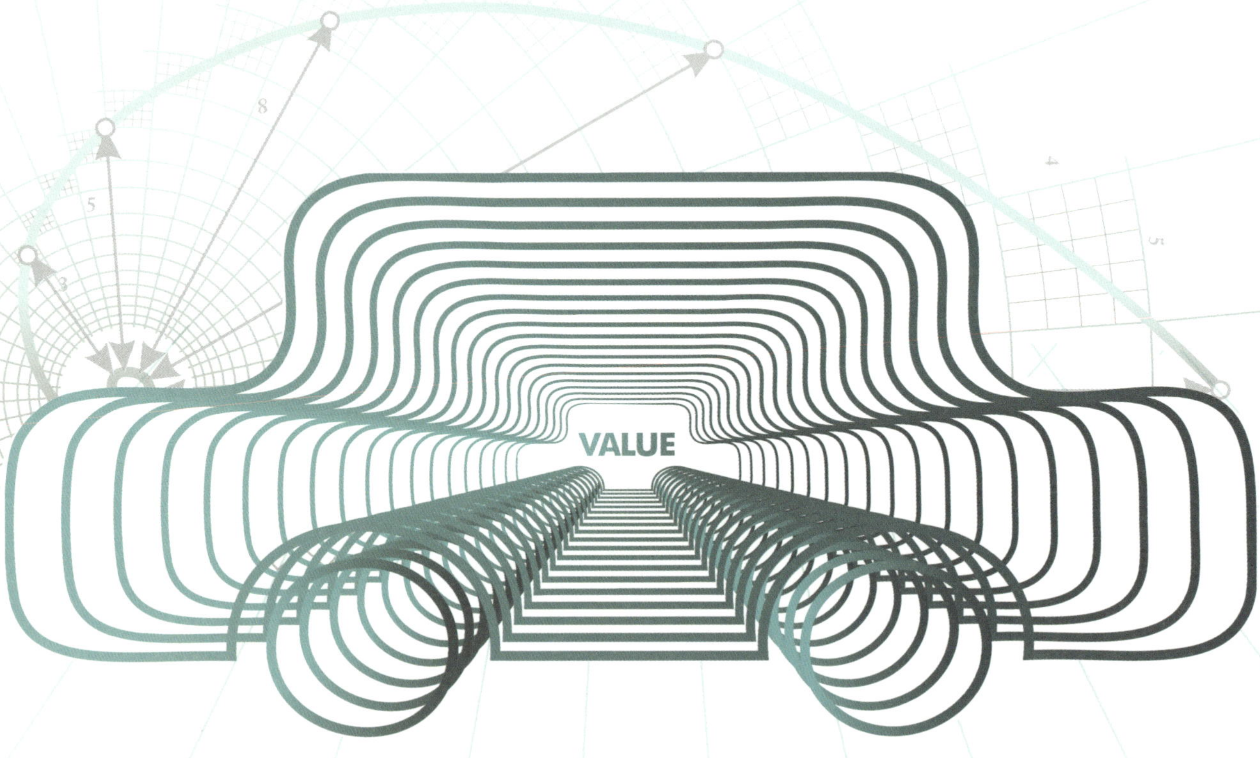

가치value, 기능function, 형태structure. '디자인을 한다'고 할 때, 이 셋 중 '디자인의 대상'은 무엇이라고 생각하는가?'
창의적 디자인 연구소의 소장이자 엔지니어이기도 한 김용세 교수와의 인터뷰는 의미 있는 한 가지 질문을 남겼다. 물론 위의 질문에 대한 대답은 '셋 모두'다. 그러나 요점은 어떤 디자인이든 기능과 형태 이전에 가치를 디자인해야 한다는 점이다. 김용세 교수를 소개할 때, 그가 디자이너이자 '엔지니어'라는 사실에 의아했을 수도 있다. 하지만 디자인이 형태보다 먼저 가치를 디자인하는 것이라면 엔지니어인 그가 동시에 디자이너일 수 있는 이유도 짐작이 갈 것이다. 모든 디자인이 사실 외형structure 이전에 가치를 디자인해야 하고, 이것은 단순히 디자이너만의 몫이 아니다. value, function, structure의 디자인과 그 중에서도 가치 중심의 디자인을 말하는 그와 디자인(의 대상이 가치임을 아는) 경영의 첫 단계를 함께 밟아보도록 하자.

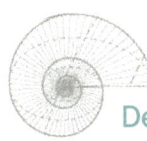

Design Value, Designed by Value

'Designed by Apple in California, Made(Assembled) in China'

누구든 한 번이라도 애플의 iPod을 찬찬히 훑어본 경험이 있다면 위와 같은 문장을 어디에서 볼 수 있는지 쉽게 알 수 있다. 만약 한 번도 보지 못한 문장이라면 지금 테이블 한 쪽 귀퉁이에 있는 iPod을 뒤집어, 한 입 베어먹은 사과 로고 아래 쓰여진 글귀를 읽어보자.

Made in China. 하드웨어 생산의 대부분을 아웃소싱하는 것으로 알려진 애플의 제조 공정은 우선 차치하자. 중요한 것은 어디에서 만들었는가보다, 애플이라는 브랜드 혁신이 어디에서부터 '디자인'되었는가 하는 점이다. Designed by Apple. 그러나 이 '디자인'의 대상을 오로지 제품의 형태^{structure}로만 생각한다면 애플의 디자인 경영과 비즈니스 혁신을 제대로 이해하기 어렵다.

애플이 어떤 전문가들에게서든 대표적인 디자인 경영 기업으로 꼽히는 것은 그들이 이상하리만치 똑같은 디자인을 매해 반복하고 있어서도 아니고 제품 뒷면의 매끄러운 곡선 때문도 아니다. 애플이 디자인 경영 기업일 수 있는 이유는 자신이 고객에게 어떤 가치를 주는 브랜드인지 알고 있기 때문이다. 애플 제품을 사용해 본 사람들 대부분이 느끼는 것처럼, 애플은 그들이 고객에게 주고자 하는 가치 그 자체, 즉 '혁신'이다. 그래서 대부분의 애플 제품이 중국에서 '만들어'지더라도 '디자인'을 하는 것은 애플이라는 점을 자랑스럽게 내세울 수 있다. 그들이 디자인하는 것은 '제품' 이상의 것, 바로 '가치'기 때문이다. 디자인이 외형만을 디자인하는 것을 의미했다면 애플에게 '제품을 생산하는 것'은 매우 중요한 일이었을 것이다. 그래서 생산을 전적으로 아웃소싱에 의존하지 않고, 혁신적인 '브랜드'가 되기보다 예쁜 것만 만들려는 '제품에 머물렀을 지도 모를 일이다. 그러나 애플은 제품과 서비스가 있기 이전에 가치를 세우고 디자인을 시작한 기업이었다(재미있는 것은 디자인의 대상인 애플의 가치가 디자인의 성과이기도 한 '혁신'이라는 점이다). 애플의 모든 디자인은 가치에 의해 재단된다. value를 디자인함과 동시에 value에 의해 디자인되는 것이다.

디자인에 대한 오해

어쨌든 이쯤에서 디자인이 '외형을 예쁘게 꾸미는 일'만을 뜻하는 것이 아님은 눈치챘을 것이다. 그러나 아직도 많은 부분에 있어 우리는 '디자인'을 오해하고 있다. 디자인 경영에 대한 새로운 시각을 얻고자 만난 김용세 교수도 디자인을 다음과 같이 정의하며, 동시에 문제를 제기한다.

"디자인이 무엇인가? 이 세상에 형태로 존재하지 않는, 자연이 주지 않는 것에서 인간에게 무엇이 필요한 지 찾아내고^{value}, 그 가치를 전달하는 기능을 만들고^{function}, 기능을 구현할 형태^{structure}를 찾아내는 것이다. 어떻게 생각하면 기업이 항상 하고 있었어야 하는 일이다. 그런데 최근 기업들은 너무 제품의 형태^{structure}에 집중하는 디자인을 하고 있다. 그러나 디자인은 사실 앞서 말한 셋 모두를 아우르는 일이다."

디자인에 대한 정의는 전문가마다 의견이 분분하지만 모두가 디자인이 외형을 아름답게 하는 것에만 국한되어서는 안 된다는 것에는 동의하고 있다(유니타스브랜드 Vol.10 참고). 김용세 교수가 말하는 디자인 또한 가치를 찾고, 기능을 구성하고, 형태를 만드는 value, function, structure 디자인 전체를 통칭한다. 이렇게 디자인을 이해하고 나면, 디자인에서 중요한 것이 structure 이전에 value라는 사실을 알 수 있다. 이해가 어렵다면 다음 예를 들어보자.

"'물'에 대해서 생각해 보자. 물을 섭취하는 것은 어디에서나 누구에게나 필요한 것, value가 있는 것이다. 그리고 이것을 컵structure으로 마시는 행위가 바로 function이다. 그런데 우리는 종종 '컵'에만 집중해서 디자인을 말한다. 어떤 색깔과 크기를 가진 컵이 아름다울까만 생각하는 것이다. 그러나 디자인 본래의 의미를 생각한다면 디자인은 value에서부터 시작해야 한다. 잘 생각해 보면 컵보다는 물이 더 중요한 것이다. value에 집중하여 생각하면 누구도 생각 못한, 종전의 컵과 전혀 다른 새로운 structure와 그에 따른 function이 세상에 나올 수 있다. 이것이 진정한 의미의 디자인이다."

그가 들어준 예를 가만히 생각해 보면 컵을 아름답게 하는 것보다 중요한 것은 물을 마신다는 가치를 어떻게 우리에게 이로운 것으로 가져올 것인가임을 알 것이다. 그러나 아직도 많은 사람들이 디자인을 오해하고 '컵'에만 집중하기 때문에 '컵'이라는 형태에서 벗어나지 못하고 있다. 그러나 만약 '컵을 디자인한다'는 명제에서 벗어나 '가치를 디자인한다'는 명제를 가진다면 컵 이상의 어떤 형태, 컵을 들고 마시는 기능 이상의 것을 발견할 수도 있다. 우리가 이전에 보아왔던 많은 디자인 경영의 사례들이 마치 경영 혁신의 사례처럼 느껴지는 것도 그들의 디자인이 외형보다 가치를 디자인하는 것이었기 때문이다. 이처럼 디자인 경영은 그들이 무엇을 디자인하고 있는 지를 재정의하는 데서부터 시작한다.

제품 없이 시작한 디자인 경영, streetcar

디자인을 비즈니스에 적용한다면 기업이 어떤 가치를 전달할 것인가를 정하는 것부터 고객 접점까지 모든 것(value, function, structure)을 설계하는 것일 테다. 영국의 streetcar는 가치를 디자인한다는 관점에서 비즈니스를 구축하고 성공한 좋은 사례다. streetcar는 영국에서 런던 시내와 몇 개의 도시 전역에 많은 자동차를 주차해두고 멤버십을 만들어 가입 고객이 그 차를 미리 예약하고 사용한 시간만큼 돈을 지불하는 시스템을 만들었다. 2004년 4월, 유럽의 새로운 자동차 오너십 문화(원할 때만 차를 사용하는 pay-as-you-go 문화)를 만들 것이라는 비전과 함께, streetcar는 '낭비없고 효율적인 자동차 공동 소유'라는 명확한 가치만을 세우고 이 비즈니스를 시작한 것이다.

그들에게는 '제품'이라는 것이 없었다. (이미 만들어진) 자동차를 구입하고, 평소에 자동차를 주차할 공간을 마련한 뒤 오로지 그들이 원하는 가치의 공유를 위해 시스템을 조직하고 세부적인 부분을 디자인해 나갔을 뿐이다. 따라서 streetcar가 디자인한 것은 처음부터 형태가 있는 제품 structure이 아니라 이들이 고객에게 주고자 했던 가치였던 것이다. 가치가 명확했기에 그 가치를 실현시키는 기능과 형태는 이를 따라가기만 하면 됐다.

우선 기능을 살펴보자. streetcar의 멤버가 되어 자동차를 이용할 수 있는 PIN코드가 있는 스마트카드를 받게 되면, 예약 후 어디에서건 가까이 있는 자동차를 30분에서 6시간까지 필요할 때만 돈을 지불하고 사용할 수 있었다. 제아무리 좋은 가치도 이를 이용하는 사람들이 쉽고 편리하게 받아들일 수 없다면 가치 있게 제 역할을 할 수 없게 된다. 따라서 streetcar가 전달하고자 하는 가치를 디자인하는 작업을 맡았던 영국의 서비스 혁신·디자인 회사 livework는 streetcar를 고객이 이용하기 편리하도록 4단계로 정리하였고, 이에 따라 온라인 예약 시스템을 비롯한 서비스 시스템을 디자인했다(그래서 streetcar는 ◎서비스 디자인의 성공 사례로도 자주 언급된다). 최근에는 아이폰 어플리케이션을 이용한 예약 시스템도 선보였다. 또한 형태적인 측면에서 이들

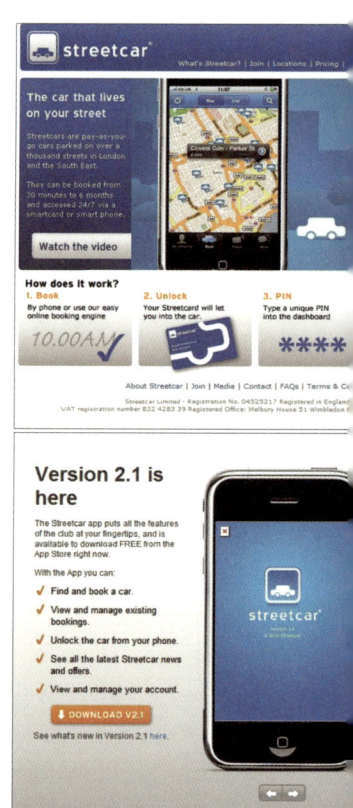

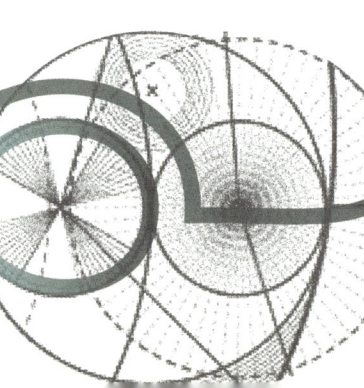

> **🔍 서비스 디자인**
> "우리는 모든 것이 서비스로 전달되는 미래 사회로 이동 중이다." 최근 기업의 모든 역량을 서비스 중심으로 전환하고 있다는 HP의 수석 부사장인 셰인 로빈슨$^{Shane\ Robison}$의 말이다. 고객 서비스, 애프터 서비스$^{A/S}$, 호텔 서비스, 배달 서비스…. 그야말로 서비스는 모든 비즈니스에서 회자된다. 이런 서비스를 디자인적 사고와 방법론으로 설계하는 것이 바로 서비스 디자인이다. 서비스 디자인은 김용세 교수의 전문 분야이기도 한데, 그는 다음과 같이 설명한다. "서비스 디자인이란 사람들에게 필요한 것을 찾아서 그것이 생활에서 제대로 구현되도록 설계하는 것이다. 공공 서비스 디자인을 예로 들어보자. 지난 겨울 눈 때문에 모두 고생이 많았을 것이다. 이런 겨울에 필요한 서비스 디자인은 도로와 주변을 '예쁘게' 디자인하는 것이 아니라, 도로에서 사고가 없도록 하고 인도에서 사람들이 넘어지지 않도록 모든 것을 재정비하는 것이다."

은 파란 streetcar 로고를 이용해 어디에서건 이 서비스를 알아보기 쉽도록 하고 웹사이트를 이해하기 쉽도록 정리했다.

streetcar는 짧은 시간 자동차를 이용하는 개인에게는 편의(가까이 있는 자동차를 이용)와 절약(매일 이용하지 않는 경우 자동차를 소유하는 것보다 약 75%의 경비 절감)를 제공할 뿐만 아니라 궁극적으로 온실 가스 배출로 생기는 환경오염을 줄일 수 있다는 장점(개인 소유의 자동차 6대를 1대의 streetcar가 대신한다면 2년간 약 200만 kg의 CO_2 발생을 줄일 수 있다)이 있다. streetcar는 외형 디자인에서 벗어나 가치 중심(효율성, 절약, 친환경)으로 사고하고 디자인 경영을 한 덕에 결국, 영국 내 7개의 도시, 1만여 곳의 streetcar를 이용하는 7만여 명의 회원을 둔 비즈니스로 성장하게 되었다.

당신은 무엇을 먼저 디자인할 것인가?

streetcar 사례에서 보듯, '디자인 경영을 한다'고 했을 때 가장 먼저 준비해야 할 것은 디자인할 제품을 찾는 것이 아니다. 그보다 먼저 디자인할 가치를 찾는 것이다. 디자인의 주재료인 가치를 준비하지 않고 디자인 경영을 하겠다는 것은 부엌에서 아무 재료도 없이 칼을 휘두르려 하는 것과 마찬가지다. 따라서 그간 제품에 집중한 경영을 하던 기업이라면 김용세 교수가 말하는 대로 관점의 변화부터 만들어 디자인 경영을 시작하면 된다.

"대부분의 기업이 제품에만 집중했기 때문에 처음부터 다시 가치를 세우고 그 다음 제품을 만드는 공정을 하기는 어렵다고 생각한다. 하지만 가치 중심의 디자인 관점을 가지려고 노력한다면 차츰 제공할 가치를 먼저 생각한 뒤 필요한 제품은 그에 맞게 만들게 될 것이고, 필요하다면 직접 만들지 않고 외부에서 제품을 가져올 수도 있다고 생각한다. 애플의 사례도 마찬가지 아닌가. 그들은 제공할 가치가 명확했기 때문에 iPod과 같은 제품의 제조는 다른 곳에 맡길 수 있었다. 앞으로는 제품'만' 만드는 것은 중요한 것이 아니다. 오히려 그것이 담고 있는 가치를 디자인한다는 생각을 갖는 것이 더 중요하다."

디자인의 대상이 가치가 되면, 그 순간 디자인은 디자이너만의 몫이 아니라 우리 모두의 몫이 된다. 자사의 브랜드가 중요하게 생각하는 가치, 그래서 고객에게 전달하고 싶은 가치의 디자인은 디자이너뿐만 아니라 경영진, 마케터, 브랜더, CS담당자, 엔지니어까지 모두가 함께 해야 가능한 일이기 때문이다. 디자인 경영을 하고 싶다면, 그리고 이를 통한 변화를 경험하고 싶다면 지금 사용하고 있는 자신의 명함 속 직책은 잊고 가상의 명함 하나를 만들어 보자. 물론 명함 속 당신의 직책은 디자이너다. 이제, 당신은 디자이너로서 과연 무엇을 먼저 디자인할 것인가? 당신의 디자인이 브랜드를 디자인 경영으로 이끌 것이다. UB

김용세 서울대학교 기계공학과, 스탠포드대학교 Design Division 기계공학 박사 과정을 마치고 일리노이대학교 조교수, 위스콘신대학교 부교수로 재직하였으며, 현재 성균관대학교 창의적디자인 연구소 연구소장 및 기계공학부 교수다. 또한 디자인 기업협회 자문위원, 서비스디자인연구회 회장, 제품—서비스 통합시스템 디자인 전략기술개발과제 총괄책임자를 겸하고 있다.

안녕하신가, 민과장!

오래된 메일 계정을 우연히 열었을 때 스팸메일 속에서 반가운 사람의 소식을 발견하는 것은 꽤나 감동적이더군. 그것도 의외의 사람이라 더욱 그런 것 같네. 아마도 박차장이 퇴사하면서 내 메일 주소를 알려 준 모양이지?

나야 오랜만에 반가운 일이었지만 자네는 속 좀 탔겠군. 자주 이야기를 해보지도 않은 내게 메일을 보낼 때의 그 어려움과 기대감… 아마도 내가 예전에 대표님께 리뉴얼 프로젝트 건의안을 낼 때와 비슷한 심정일 것 같군. 충분히 이해되니, 앞으로는 어려워 말고 종종 메일 보내게.

민과장! 우선 자네, 대단하다는 생각이… 아니, 대견하다는 표현이 더 맞겠군. 그런 고민을 갖는다는 것 자체가 브랜드를 굉장히 사랑하고 존중한다는 증거이니 말일세. 민과장처럼 브랜드에 진지한 사람, 오랜만에 보는군. 우선 결론부터 이야기하자면, 어떤 조직이든 그런 사람은 있게 마련이니 혼자 너무 힘들어하거나 마음 쓰지 말게. 왜 여행할 때도 그런 사람 있지 않은가. 루브르 박물관까지 함께 걸어가기로 해놓고는 가는 내내 볼멘소리로 투덜거려서 옆사람까지 맥 빠지게 하는 사람들. 그런 사람이 또 막상 박물관에 도착하면 사진은 제일 많이 찍지 않나. 나중에 보게나. 자네의 에너지를 뺏는 그 사람들이 브랜드가 성공하면 아마도 제일 많은 공치사를 받으려 할 테니 말이야.

물론 자네가 옳아. 브랜드의 약속이 무엇인지, 우리의 핵심가치에 이번 프로젝트가 합당한 것인지 다시 재고해 보자는 제안은 훌륭하다 생각하네. 최부장이 자네 제안을 여러 사람 앞에서 묵살한 것도 견디기 힘들겠지만, 아마도 자네가 힘든 이유는 브랜드를 대하는 김부장의 태도겠지.

내 생각은 이렇네. 조직원 모두가 민과장과 같은 마음, 같은 농도의 진지함으로 브랜드를 바라볼 수는 없을 걸세. 평생 말이야. 왜냐하면 그 사람들은 민과장과는 다른 이유로 이 회사를 택했을 확률이 높을 테니까. 짐작하건대 민과장 위에 있는 사람들은 별 생각 없이 전공을 살려서, 아니면 잘나가는 회사고 연봉이 괜찮아서 입사한 경우가 많을 테고, 민과장 아랫 사람들은 아마도 회사 홈페이지에 나와 있는 인재상에 맞게 옷을 잘 재단해 입고는 면접을 통과했을 확률이 높기 때문이지. 이제 자신에게 맞지 않는 그 옷이 갑갑해진 터라 슬슬 벗어던지고 본색을 드러내는 것일세. 사실 그게 그 사람들의 진짜 모습일지 모르지.

그런 사람들을 어떻게 민과장과 같은 마음으로 일하게 만드느냐, 쉽지는 않지. 그렇다고 아예 포기할 생각은 말게. 자네 같은 사람이 결국에는 브랜드를 살릴 테니 말일세. 이번 기회에 인사부의 최부장에게 전사적으로 브랜드 교육을 실시해 보자고 제안해 보면 어떻겠나? 나야 말이 좋아 고문이지 이빨 빠진 호랑이고 실세는 그들이니 말이지. 자네가 제안하면 최부장도 진지하게 고민해 볼 걸세. 최부장도 그 전에 나에게 비슷한 이야기를 한 적이 있으니 쇠귀에 경 읽기 정도는 아닐 걸세. 언질을 한 번 넣어 보게나. 만약 안 된다면 민과장이 시작해 보는 것도 방법일 게야. 너무 어렵게 생각 말고 가까운 팀원들에게 질문을 던져 보는 건 어떤가? 단도직입적으로 "당신은 여기에 왜 있나요?"라고 말야. 좋은 시작일 수 있지. 물론 시간과 장소는 민과장이 알아서 조절해야겠지.

혹시 프랙탈 구조에 대해 들어 본 적 있나? 간략히 설명하자면 전체의 모양과 그 전체를 구성하고 있는 구성물의 모양이 같은 게지. 왜 그 아이들이 가지고 노는 큐빅 있잖아. 한 면이 같은 색이 되도록 돌려 가며 맞추는 장난감 말일세. 그것도 전체의 모양이 직육면체이면서 그것을 구성하는 작은 큐빅도 직육면체지. 부분과 전체가 똑같은 모양을 하고 있는 이런 구조들을 '자기유사성'과 '순환성'이 오묘하게 조합된 프랙탈 구조라고 하네. 사실 내가 아는 것도 여기까지네. 사진을 보여 주면 바로 이해가 갈 텐데, 아이폰으로 쓰는 이메일은 아직 익숙지가 않아서 이미지를 첨부하는 것은 엄두가 안 나네. 미국은 한국만큼 인터넷 환경이 좋지도 않고, 자꾸 버튼 두 개가 동시에 눌려서 적응하기가 쉽지 않네.

여튼 인터넷에서 사진은 꼭 한번 찾아서 보게나. 프랙탈 구조라는 용어까지 들먹이며 하고 싶은 말은, 브랜드를 구성하는 조직도 결국 이런 모습을 가져야 한다는 게야. 각기 다른 개인이 모여서 불규칙하게 움직이는 듯해도 그들이 구성하는 브랜드를 전체 그림으로 보면 브랜드와 개인이 상당히 닮아 있는 모습 말일세. 눈을 '반쯤' 뜨고 멀리서 그 브랜드 조직원들을 지켜보았을 때 그들에게서 그 브랜드 로고나 CEO의 모습이 보여야 제대로 된 브랜드란 게지. 아침에 감기 기운이 있어 약을 먹긴 했지만 상태는 멀쩡하니 어떻게 된 것 아니냐 의심은 말게나.

민과장이 말하는 것, 고민하는 부분도 이것과 크게 다르지 않을 걸세. 다만 나와는 경험과 사고 프로세스가 달라 표현이 다를 뿐이지. 자네는 어떻게 하면 그렇게 되는지 되묻고 싶겠지? 방법은 사람들 가슴속에 꺼져 있는 스위치를 켜주는 거야. 기억하게나. 머리가 아닌 가슴일세! 머리에 있는 것은 다들 이미 켜져 있어서 오히려 문제일 때가 더 많으니까 말일세.

시작? 좀 전에 말했지 않는가, 질문부터 해보라고. 우선 민과장 자네부터 시작해 보게. 자네는 이 회사에 왜 있는가? 그 답을 얻으면 동료들에게 차차 물어 보기 시작하게나. 그러다 보면 민과장이 고민하는 것을 똑같이 고민하는 동지를 만날 수 있을 걸세. 아무래도 하나보단 둘이 낫지.

다음 이메일에는 그 동지와 무슨 이야기를 나누었는지 알려 주게나. 참, 서울은 이제 한참 봄내음이 나겠군. 여기 일리노이에서는 보이는 거라곤 옥수수 밭뿐이라 꽃 본 지도 한참 된 것 같네. 여튼 기운 내고… 그럼 수고하게. UB

Consilience Exhibition, tech⁺ forum
기술+경제+문화+인간, 세상을 바꾸는 이종異種 생각들의 장場

통섭의 시대, 이종異種의 생각

로마는 '일곱 언덕으로 이루어진 도시'로 불린다. 고대 로마는 7개의 언덕을 중심으로 발전했는데 이 언덕 위에는 주로 귀족이, 언덕 사이 평지에는 주로 서민이 살았다고 한다. 언덕 위에서 각종 정책을 결정하는 귀족들은 이따금 평지로 내려와 서민들의 말을 듣고, 널리 의견을 구했다. 이러한 의사소통과 의견청취의 장소를 포럼forum이라 불렀다. 서로 다른 생각을 공유하고 이해하는 문화가 있었기 때문에 고대 로마는 민주공화정을 도입한 대국이 될 수 있었을 것이다. 작년 12월 9일과 10일, 양일간 열린 2009 테크플러스포럼은 '포럼'의 원래 의미를 되새기게 했다. 각각의 언덕 위에 있던 각계의 전문가들이 한 자리에 모여 서로 다른 생각을 말하고 듣는 시간이었기 때문이다. 언덕에서 내려온 엔지니어, 경영자, 미래학자, 디자이너들은 서로의 이종異種 생각을 나눴다.

통섭의 시대, 이종異種의 생각

테크플러스포럼은 한국산업기술진흥원 주최로 열린 포럼이었던 만큼 공학 기반의 전문가들이 상당수 참석했다. 그리고 강연에서 가장 많이 들을 수 있던 단어는 '개방형 혁신open innovation'이었다. 이 단어는 공학 기반의 전문가들이 주로 사용하는 어휘지만 통섭consilience이나 협업collaboration, 융합convergence과 크게 다르지 않다. 결국은 '함께' 해서 '시너지'를 만들자는 것이었고, 이 중요성은 어느 영역에서나 공감하고 있었다. 단, 분야별로 다른 단어로 사용하기에 거리감을 느낄 뿐이었다.

통섭이란 '벽'을 깨는 것이다. 테크플러스포럼의 기조연설에서 벽을 허무는 퍼포먼스가 있었던 이유도 이와 같다. 연구실, 실험실, 강의실 간의 벽을 무너뜨려 서로 다른 생각을 공유하는 장을 마련하겠다는 의지다. 공학 기반의 전문가가 모인 포럼에서 강연을 하는 연사들의 다양성만 봐도 그 의지가 엿보인다. 엔지니어 출신의 전문가들은 물론이고, '포지셔닝'이라는 개념을 만든 마케팅 전문가 잭 트라우트, 로스아일랜드디자인스쿨의 총장이자 세계적인 디자이너 존 마에다 교수, 미래학자 조엘 가로 등 각계의 내로라하는 연사들이 이종 생각들을 공유했다.

세상을 바꾸는 아이디어의 주인공

피터 드러커는 "모든 비즈니스는 자신의 모든 전제를 의심할 수 있어야 한다"고 했다. 따라서 자신이 옳다고 여기는 것이 때로는 그렇지 않을 수도 있음을 인정하고, 다른 영역의 흐름을 알고 다른 영역의 전문가의 조언을 받는 것이 필요하다. 통섭(지식의 대융합)의 시대는 기회이기도 하지만 위기이기도 하기 때문이다. 문을 여는 자에게는 기회지만, 문을 열지 않는(언덕을 내려오지 않는) 이들은 상상도 못할 누군가에게 언제 자신의 영역을 공격당할지 모른다. 따라서 통섭은 유행이 아니라 '필수'의 영역이고, 이 시대에 테크플러스포럼과 같은 의견교류의 광장은 당연한 모습이다.

테크플러스포럼은 1박 2일 간의 지식충전소 역할을 했다. 그들의 슬로건이 'Ideas changing the world'인 이유 역시 지식을 충전한 사람들이 새로운 아이디어로 더 나은 세상을 만들 것이기 때문이다. 전 세계의 지식인들이 언덕에서 내려와 정보가 아닌 지식과 지혜를 구하는 이러한 '현상'이 브랜드 관점에서 의미 있는 이유는 모든 산업군에서 브랜드가 반드시 필요한 것임을 알 수 있었기 때문이다.

테크플러스포럼이 주장하는 기술, 경제, 문화, 인간 간의 더하기plus도 중요하지만, 그것이 무엇을 향해 수렴할 것인가에 대한 고민도 더해져야 하는데, 그 중심에 브랜드가 설 수 있을 것이다. 브랜딩은 '관계 맺음'을 기본으로 하는 더하기의 기술이기 때문에 인간과 기계, 현재와 미래, 디자인과 마케팅의 통섭을 전제로 한다.

그래서인지 기조연설에서부터 마지막 연설에까지 뜨겁게 이야기 된 혁신 사례 역시 '애플'이었다. 브랜드 언덕의 가장 높은 곳을 차지하고 있는 브랜드 말이다. 기술자들도, 디자이너도, 미래학자도, 인문학자도 이야기하는 애플은 단연 최고의 '브랜드'다. 브랜드는 각 영역의 전문가들이 통섭력을 발휘할 때, 공통의 화제이자 정신적 기준점이 될 것이다. 2010 테크플러스포럼에는 '브랜드'와의 오픈이노베이션이 시도되길 기대해 본다. UB

Unitas BRAND Book Collection
Today a Reader, Tomorrow a Leader

유니타스브랜드를 만들며 보는 책, 브랜드 경영자들이 집에서 혼자 보는 책, 브랜드에 관련된 사람이라면 무조건 읽어야 하는 책. 뜨는 책이라 불리는 베스트셀러가 아닌 브랜더들이 읽어야 할 Must-read Book만 모아놓은 비밀스러운 서점인 유니타스브랜드 북 컬렉션에서 추천한다.

번 슈미트의 미학적 마케팅

번 슈미트, 알렉스 시몬슨 | 2007년 | 15,000원 | 445P

이 책은 브랜드의 강력한 영향력의 원천을 미학aesthetics에서 찾는다. 여기서 말하는 미학이란 물리적 특질이 오감을 통해 한 개인의 경험에 미치는 영향을 말한다. 저자는 이러한 개념을 소비자들이 상품을 지각하는 과정에 대입한 후 '브랜딩'의 과정에서 발견되는 '미학'의 영향력들을 실제 사례를 들어 촘촘히 설명하고 있다. 유니타스브랜드 역시 남과 다른 라이프스타일과 차별화된 디자인으로 소비자에게 다가갔던 현대카드와 비주얼적인 요소의 강화로 수제 햄버거의 아이덴티티를 일관되게 표현했던 크라제버거의 사례를 통해 이를 증명한 바 있다. 이 두 브랜드가 자신의 아이덴티티를 만들어내고 확장시키는데 가장 유용하게 쓰였던 도구이자 방법론이 바로 '디자인'과 '컬러'이며, 이는 이 책이 말하는 '미학'적 접근과 일맥상통하기 때문이다.

감성 디자인 감성 브랜딩

마크 고베 | 2002년 | 16,000 원 | 439P

개인적으로 '새로운 개념과 다양한 사례'가 있느냐의 여부를 진짜 좋은 책의 기준으로 본다. 사람들은 정답을 좋아하지만 진짜 좋은 책은 지식보다는 '관점'을 알려주기 때문이다. 마크 고베의 책 역시 다분히 놀라운 통찰력으로 3년 정도 앞서 미래를 직접 보고 말해주는 것 같다. 이 책이 나왔던 시점은 바로 전 세계적으로 브랜드의 태동기였으며, 특히 고객과 브랜드와의 '새로운 관계'가 설정되었던 역사적 시기라고 말할 수 있다. 그는 감성적 브랜딩과 관계라는 새로운 관점을 제시했으며 특히 브랜드와 소비자의 관계에 대한 그의 직관적인 해석은 매우 탁월하다. 439페이지라는 책의 분량은 부담스러운 감이 있지만 다행히 83페이지 안에 핵심 정보가 모두 들어있다. 일찍이 마크 고베와의 인터뷰에서도 느꼈지만 디자이너 출신의 컨설턴트여서인지 디자인을 전략적으로 말하는 몇 안 되는 현장 스승 중 한 명이라 생각된다.

뉴 패러다임 브랜드 매니지먼트

장 노엘 캐퍼러 | 2009년 | 37,000 원 | 861P

데이비드 아커, 케빈 켈러와 함께 브랜드 관련 3대 석학 중 한 명으로 꼽히는 캐퍼러 교수는 '브랜드 아이덴티티'라는 개념을 최초로 주창한 사람이다. 그는 이 책을 통해 브랜드 아이덴티티가 브랜드의 일관성을 위한 틀을 제공한다고 말한다. 그 결과로 '무엇을 지켜야 하며 무엇을 바꿀 수 있는지'에 대한 분명한 기준이 생겨나며, 이는 단순한 시각적 상징 이상의 것을 보여준다. 캐퍼러의 아이덴티티, 에센스, 포지셔닝으로 이어지는 브랜드 용어에 대한 개념 정리는 유니타스브랜드의 컨셉과 아이덴티티, 브랜딩에 대한 정의의 복사판을 보는 것 같다. 복잡한 개념을 쉽게 설명하기 위한 캐퍼러의 '아이덴티티 프리즘'을 유니타스브랜드에서 소개한 사례들에 대입해 보는 것도 새롭고 유용한 브랜딩 학습법이 될 수 있을 것이다.

*위 책들은 유니타스브랜드 홈페이지에서 구입 가능합니다.

Unitas BRAND MEMBERSHIP

www.unitasbrand.com
TEL 02.545.6240
MOBILE 010.4177.4077
격월 짝수달 초 발행

등급별 가이드

회원 여러분의 필요에 맞춰 다양한 등급별 정기구독 제도를 마련하였으니, 각각의 혜택을 참조하여 꼭 필요한 멤버십 회원으로 신청하시기 바랍니다.

Red 기업단체구독 MEMBERSHIP 레드 450,000원

 유니타스브랜드 정기발송 (5권 X 연 6회)

 기업로고 노출 (BI/CI)

 유니타스브랜드 뉴스레터

 특별 세미나

구분	브랜드 매거진			지식 세미나		통합지식 네트워크
Purple 퍼플 300,000원	유니타스브랜드 정기발송 (연 6회)	유니타스브랜드 뉴스레터	무크지 or 단행본 (연 1회)	유니타스브랜드 컨퍼런스 (동반 2인 무료)	브랜딩 클래스 (연 2회)	북 세미나 (연 4회)
Black 블랙 120,000원	유니타스브랜드 정기발송 (연 6회)	유니타스브랜드 뉴스레터	무크지 or 단행본 (연 1회)	유니타스브랜드 컨퍼런스 (동반 1인 50% OFF)		
Green 그린 96,000원	유니타스브랜드 정기발송 (연 6회)	유니타스브랜드 뉴스레터				

세미나 및 교육 가이드

*사정에 의해 일정이 변경될 수 있습니다.

구분	횟수/시간	참가비	무료 참가자격	1월	2월	3월	4월	5월	6월	7월	8월	9월	10월	11월	12월
Branding Class (권민 편집장 브랜딩 클래스)	2회 (pm 7:00~8:30)	100,000원	퍼플 (동반 1인 50% OFF)						6/9					○	
UnitasBRAND Conference (유니타스브랜드 컨퍼런스)	4회 (pm 1:30~6:00)	70,000원	퍼플 (동반 2인 포함) 블랙 (동반 1인 50% OFF)				4/7		6/24				○	○	
Book Seminar (북 세미나)	4회 (pm 7:00~9:00)	20,000원	퍼플			3/4	4/12					○	○		
Knowledge Donation Conference (지식기부 컨퍼런스)	1회	–	–										○		
Red 특별세미나	1회	–	레드										○		

구입처

Unitas BRAND
ONLINE   YES24, 인터파크, 알라딘, 교보문고, 영풍문고, 반디앤루니스, 리브로, 11번가
OFFLINE 교보문고 전점, 영풍문고 전점, 반디앤루니스 전점, 리브로(수원점), 프라임문고(신도림점), 대교문고 외
         기타 자세한 내용은 홈페이지 www.unitasbrand.com FAQ 참조

UNITAS MATRIX
ONLINE   FUN SHOP, 10X10, YES24, 인터파크, 알라딘, 1300K, 비젠(베스트벤), 후추통.
OFFLINE 교보문고 핫트랙스(광화문점, 강남점, 영등포점, 잠실점, 목동점, 수유점) 영풍문고(종로점, 명동점),
         반디앤루니스(종로점, 신림점, 코엑스점, 롯데스타점), 북바인더스(가로수본점)

㈜모라비안유니타스   서울시 서초구 방배동 907-4 석교빌딩 3층   Tel 02.545.6240   Email unitas@unitasbrand.com    @UnitasBRAND

Unitas BRAND
ALL SET

유니타스브랜드의 **히스토리**History를
여러분의 **스토리**Story로 적용할 때입니다

Unitas BRAND는 총 22권, 약 5,600 페이지로 구성되어 있으며 기획기간 3년, 제작기간 4년 동안 성공적인 브랜드 사례 270여 개를 분석하고 국내 전문가 및 브랜드 현장 리더 500여 명, 해외 석학 및 전문가 90여명의 지식을 압축하여 만들어진 브랜드 매거북 시리즈입니다.

격월로 발행되는 유니타스브랜드를 Vol.21 '브랜드의 미래'까지 모두 모아 구성하는 **ALL SET**는 경영자는 물론 브랜더, 마케터, 디자이너의 참고서 입니다. 프로젝트 기획 및 프레젠테이션, 사내 그룹 스터디, 직원 교육 등에 활용되고 있는 유니타스브랜드 전 권을 이제, 당신의 서재에 보관하십시오.

SEASON I 브랜딩 + SEASON II 솔루션

~~410,000원~~

20% Off

328,000원

Vol.1 ~ Vol.21 총 21권 구성

ALL SET 세부구성

Vol.1 판타지 브랜드
정가 20,000원

Vol.2 브랜드뱀파이어
정가 15,000원

Vol.3 고등브랜드
정가 15,000원

Vol.4 휴먼브랜드
정가 15,000원

Vol.5 휴먼브랜더
정가 15,000원

Vol.6 런칭
정가 15,000원

Vol.7 RAW
정가 15,000원

Vol.8 컨셉
정가 15,000원

Vol.9 호황의 개기일식
정가 15,000원

Vol.10 디자인 경영
정가 23,000원

Vol.11 ON-Branding
정가 20,000원

Vol.12 슈퍼내추럴 코드
정가 20,000원

Vol.13 브랜딩
정가 28,000원

Vol.14 브랜드 교육
정가 23,000원

Vol.15 브랜드 직관력
정가 23,000원

Vol.16 브랜드십
정가 23,000원

Vol.17 브랜드 전략
정가 23,000원

Vol.18 브랜드와 트렌드
정가 23,000원

Vol.19 브랜드의 미래
정가 23,000원

Vol.20 브랜드의 창업
정가 23,000원

Vol.21 스마트 브랜딩
정가 23,000원

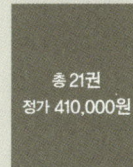
총 21권
정가 410,000원

브랜드를 꿈꾸는 '깨어있는 0.17%'를 위한 창업 솔루션

창업의 목표는 부업, 전업, 취업, 개업이 아니라 브랜드 런칭이다.

나이키, 아디다스, 이케아, 스타벅스, 레고, KFC 등
세계적인 브랜드도 그 시작은 자영업이었다!
이들의 숨겨진 성공 창업코드와 방법은 무엇일까?

많이 배우지도, 갖지도 못했던 창업주가 작은 가게로 시작해 글로벌 브랜드로 성장한 사례는 무수히 많다. 미약했던 그들의 시작은 어떻게 그토록 창대해질 수 있었을까? 한가지 분명한 것은 그들은 분명 고객에게 '새로운 의미와 가치'를 제안했고, 결국 '브랜드'가 되었다는 점이다. 이들처럼 그냥 가게가 아닌 브랜드를 창업하려는 사람들에게 '브랜드 창업 SET'를 제안한다.

Unitas BRAND
by MORAVIANUNITAS

서울시 서초구 방배동 907-4 석교빌딩 3층 문의 02-542-6240 www.unitasbrand.com

브랜드 창업 SET

브랜드 창업을 위한 마인드 셋 15,500원 + 브랜드 창업의 18가지 사례 23,000원 + 창업 후의 브랜드 솔루션 23,000원 + 창업 준비 리서치 노트 18,000원

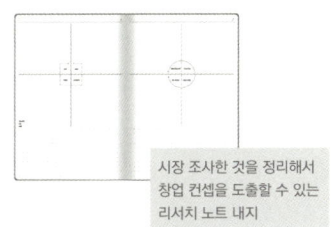

시장 조사한 것을 정리해서 창업 컨셉을 도출할 수 있는 리서치 노트 내지

총 79,500원 (25%OFF)
59,500원

창업을 준비하며 반드시 병행될 시장조사를 위한 '리서치 노트(18,000원 상당)' 증정

창업 솔루션 활용법

❶《아내가 창업을 한다》를 통해 '창업자가 갖춰야 할 태도'를 알아본다. 왜 우리나라 창업자들의 창업이 '폐점율 84.36%(2004~2008년 자영업자들의 연평균 폐점율)'로 끝날 수밖에 없었는지 알게 될 것이다. ⇨ ❷유니타스브랜드 Vol.20 '브랜드 창업'에서 창업의 구체적인 방법론과 실천법을 학습하고 ⇨ ❸Vol.21 '스마트 브랜딩'에서 강소브랜드로 거듭나는 비밀 코드를 확인해보자. ⇨ ❹뿐만 아니라 창업시 반드시 병행될 시장조사를 위해 사용할 '리서치 노트'가 잠시 스쳤다 흩어지고 말 당신의 귀한 아이디어를 단단한 컨셉으로 모아줄 것이다.

Unitas CLASS
School of Marketing and Strategy

마케팅과 전략의 교육 솔루션으로
10만 명의 전략가를 양성하는 기업 교육 회사입니다

Open Program

개인의 역량향상과 팀의 성과향상을 위해
최적의 전략과 솔루션을 제공하는 공개교육
프로그램

**Human Insight를 통한 Creative Ideation,
[Reading for Leading] 성과내는 책읽기**

Premium Program

체계적인 사전분석과 커뮤니케이션을 통해
해당 기업의 문제를 해결하고 성과를
도출하는 기업 맞춤형 교육 프로그램

**신입사원 브랜드 교육, 브랜드 내재화 교육, 디자이너를 위한 브랜
딩 스쿨, 브랜드 비전/미션개발, 임원들을 위한 BrandView교육,
브랜드마케팅 시장조사 방법론, 브랜드 컨셉 구축과 실행**

Network Program

최고의 전문가와 현장담당자들의 지식과 경험
을 공유하는 세미나 / 컨퍼런스 프로그램

**Book-Seminar, 정기 컨퍼런스, 24hr 컨퍼런스,
UNITAS MATRIX 세미나, Unitas Viewer Box**

㈜유니타스클래스 www.unitasclass.com
3F, 907-4, Seokgyo bldg., Bangbae-dong, Seocho-gu, Seoul, KOREA 137-060
T +82.2.517.1984 / +82.333.0478   F +82.2.517.1921   E class@unitasclass.com   담당 **신현선** 팀장

기업의 미래에 투자하는

신입사원 브랜드 교육

Why 브랜드 교육?

기업의 전략은 누구나 따라할 수 있습니다. 그러나 강력한 브랜드는 그 누구도 쉽게 넘볼 수 없습니다.

직무기술서에 쓰여진 일만 잘하는 신입사원을 만드시겠습니까, 자사 브랜드에 대한 주인의식을 통해 강력한 브랜드를 구축해가는 신입사원으로 육성하시겠습니까? 선배가 시키는 일만 잘하는 신입사원을 만드시겠습니까, 고객의 눈으로 시장과 기업을 읽고, 자사 브랜드의 미래가치를 찾는 신입사원으로 성장시키겠습니까?

유니타스클래스의 '신입사원 브랜드 교육'을 통해 신입사원과 기업의 미래에 투자하시기 바랍니다.

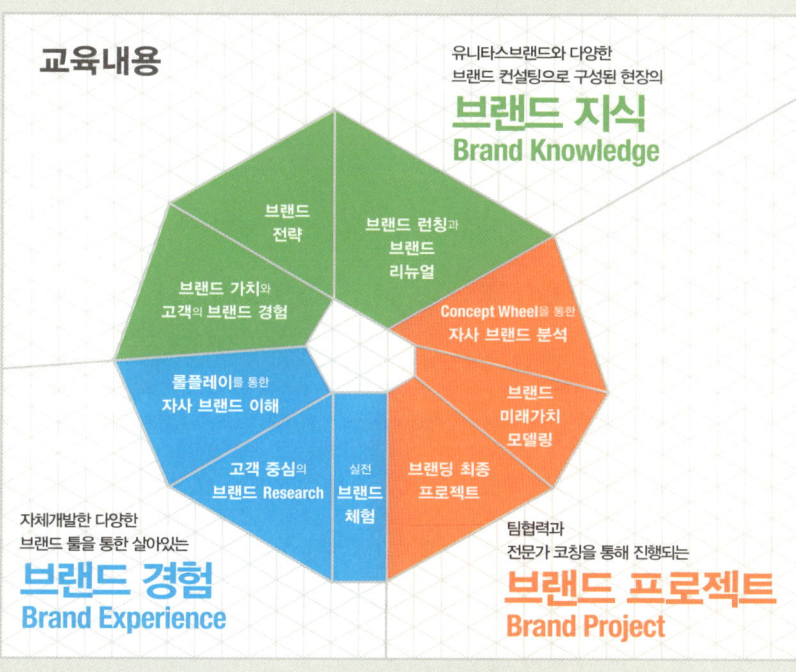

교육대상	각 기업의 **신입사원** 또는 **주니어급 사원**
교육기간	기본형 1~2일 프리미엄형 3~4일 기업에 따라 협의후 조정
교육방법	강의, 특강, 체험활동, 게임, 롤플레이, 모델링, 팀협력 프로젝트

※기준 인원은 **15명 이상**이며, 비용은 협의 후 결정합니다.

기대효과
- 고객 관점에서 브랜드 중요성을 인식하고 브랜드를 보는 시각을 갖게 합니다.
- 신입사원의 신선한 시각으로 자사 브랜드를 관찰할 수 있는 시각을 갖게 합니다.
- 자사 브랜드의 브랜드 정체성을 분석하여 미래 가치창출의 기회를 발견할 수 있습니다.
- 신입사원으로서 다양한 프로젝트에 능동적으로 참여할 수 있는 프로세스와 방법을 학습합니다.

Premium Program
체계적인 사전분석과 커뮤니케이션을 통해 해당 기업의 문제를 해결하고 성과를 도출하는 기업 맞춤형 교육 프로그램

Unitas BRAND
유니타스브랜드
SEASON II Vol.14

PUBLISHER / EDITOR-IN-CHIEF 권 민
ART DIRECTOR 안은주

COMMUNICATION MANAGER 조선화

EDITOR 윤현식, 조아라, 박지연, 문지호

FEATURE EDITOR 배근정

WEB EDITOR 박요철

SPECIAL FEATURE EDITOR
UNITAS CLASS 김우형, 김경필

BOOK DESIGN AND ARTWORK
ART DESIGNER 이상민, 이진희, 박혜림

UNITAS FINDER
PHOTOGRAPHER 김학중

BUSINESS MANAGER 진경은
MARKETING MANAGER 김일출
MARKETING 윤인섭, 최승원
CONSUMER MARKETING 양성미
EDUCATION MANAGER 신현선

WEB CHIEF EXECUTIVE OFFICER 주로니

SPECIAL COMMITTEE OF DIREICER
주우진, 홍성태, 나건

도서등록번호 서울 라 11598
ISBN 978-89-93574-31-9
출판등록 2007. 7. 3
초판 1쇄 발행 2010.3.1
초판 2쇄 발행 2011.9.30
인쇄 ㈜프린피아

3F, 907-4, Seokgyo bidg., Bangbae-dong,
Seocho-gu, Seoul, Korea, 418-843
서울시 서초구 방배동 907-4 석교빌딩 3층
Tel 02) 542-8508 Fax 02) 517-1921
광고문의 02) 333-0628
구독문의 02) 545-6240 010) 4177-4077

이 책은 저작권법에 따라 보호 받는 저작물이므로 무단전재와 무단복제를 금지하며, 이 책의 전부 또는 일부를 이용하려면 반드시 ㈜모라비안유니타스의 서면 동의를 받아야 합니다. 이 책에 수록된 글, 사진, 그림 등은 ㈜모라비안유니타스에 저작권이 있으며, 이미지는 저작권자의 허락을 얻어 사용하였습니다. 계약을 얻지 못한 일부 이미지들에 대해서는 편집부로 연락하여 주시기 바랍니다.

www.unitasbrand.com

기업구독자

경기도교육정보연구원(문헌자료실), 한국광고단체연합회, 스튜디오바프㈜, ㈜뉴데이즈, ㈜애드쿠아 인터렉티브, ㈜해피머니 아이엔씨, ㈜이투스, ㈜컨셉, 한국우편사업지원단, 우리컴, ㈜한국용기순환협회, ㈜디자인원, 얼반테이너, 민주화 운동기념 사업회, 광고인, 디자인수목원, ㈜에스마일즈, 다우그룹, 비아이티컨설팅㈜, ㈜카길애그리코리아, 한국수입협회, 송추가마골, 굿앤브랜드, 마더브레인, 브랜드36.5, 브랜들리, ㈜위즈덤하우스, ㈜작인, ㈜반디모아무역, ㈜브릿지 래보러토리, 한양애드, TBWA KOREA, ssp company, ㈜더크림유니언, MDSPACE, 유니버설문화재단, ㈜준코토미컴퍼니, ㈜아티포트, ㈜휴먼컨설팅그룹, ㈜한빛인터내셔널, 대림통상, ㈜디자인컨티늄코리아, ㈜에이션패션, 동화홀딩스㈜서울사무, 더아이디어웍스 주식회사,중소기업 기술정보진흥원, 익사이팅월드커뮤니케이션㈜, ㈜인디부니, 프린서프, 아이비즈웍스, 에리트베이직, ㈜빅솔, 브랜드아큐멘, ㈜아이듀오, rogmedia, ㈜위즈코리아, 지아이지오, 서하브랜드네트웍스, ㈜에스앤씨네트웍스,㈜씨엔엠인터라거티브, 주식회사 오디바이코, ㈜엑스프라임, 삼화페인트공업㈜, CDR어소시에이츠, 시니어커뮤니케이션, 에이다임, 고양아람누리, ㈜세라젬, ㈜기독교텔레비전, 시티그룹글로벌마켓증권, 서울장애인종합복지관, ㈜네시삼십삼분, obs경인tv, 금양인터내셔날, ㈜에프앤어스, 아시아저널, 한국생산성본부, 이다커뮤니케이션즈㈜, ㈜플립커뮤니케이션즈, 여름커뮤니케이션, ㈜인터내셔널 비아이에프, ㈜줌톤, ㈜이덴엠에듀케이션, ㈜에듀인피플, ㈔한국성서유니온선교회, ㈜휴맥스, 대구전문서적, ㈜이름네트워크, 리빙디자인연구소, ㈜루키스, 더브레드앤버터, ㈜웁스, 아크앤팬컴, ㈜코리아더커드, 롯데삼강, 유엠엑스, ㈜투데이아트, ㈜더블유알지, ㈜패션홀링

외부 교육 프로그램 진행

LG 전자 CVI그룹(고객가치 혁신팀) 마케팅 교육, 서울시청 해외 마케팅팀 브랜드 마케팅 교육, 펀 마케팅 클럽, PMC프러덕션 교육, 이화여대 평생교육원 MD과정 교육, 연세대학교 브랜드 전문가 과정(BM스쿨), ㈜세정그룹 마케팅 교육, ㈜톰보이 임원 워크샵 특강,㈜티디코 브랜드 특강, 프랭클린 플래너 마케팅 특강, 한국디자인진흥원 실무디자이너 재교육 기획마케팅 과정, ㈜알파코 2008 우편원격교육 교재지정(노동부), 라퀴진 아카데미 트렌드 강의, 특허청 디자인트렌드 강의, 한국관광공사 온라인 브랜드 강의, 대우 일렉트로닉 디자인 트렌드 강의, Daum 브랜드 강의, 신세계 유통 연수원 교육, MD들의 수다장 정기세미나, 브랜드 커뮤니티「링크나우」세미나, 제1회 인사이트 포럼「패션 인사이트 창간10주년 기념」특강, 웹어워드 2010 온라인 브랜드 마케팅 세미나, 서울 패션 소싱 페어 2010, 마포청년 창업아카데미「마포명물가게만들기」브랜드특강, ㈜하이트 임원 역량 강화 교육, 연세대학교 브랜드 전문가 과정, 대구 경북 디자인센터, 세정 시장조사 교육, GM 브랜드강의, 디자인코리아 2010 브랜딩스쿨, 서울디자인재단 디자이너스테이블, 호서선도대학「창업실무」강의, 2011 프랜차이즈 서울 spring「브랜드창업」특강, 콘텐츠진흥원「청년창의와 열정 취업특강」, 지콜론 3rd 세미나「브랜드 특강」, SK커뮤니케이션즈「브랜딩, 자기다움과 남과 다름」특강, 이마트 신입사원 브랜드 교육, '아내가 창업을 한다 cafe' 북세미나 3회, 하나은행「마케팅 챌린지코스」, 이랜드 전략기획본부「브랜드 특강」, 중소기업유통센터 신진디자이너「브랜드 창업」특강, 서울디자인재단「브랜드 디자인」창업 특강, LG패션「해외시장조사」특강, 연세대 창업선도대학「브랜드 창업」, 성공창업패키지「브랜드 창업」특강